동주 열국지 사전

김영문 엮음

글항아리

　　『동주열국지東周列國志』는 주周 선왕宣王의 중흥 시기와 주 평왕平王의 동천
東遷 시기에서 시작하여 진시황秦始皇의 전국 통일 시기까지를 소설의 배경
으로 삼고 있다. 거의 600년에 가까운 기간 동안 수많은 인물 군상이 역사
의 무대에서 명멸했다. 아마도 지금까지 나온 전 세계의 소설을 통틀어본
다 해도 『동주열국지』보다 더 많은 인물이 등장하는 소설은 드물지 않을까
싶다. 대체로 세어본 바에 의하면 『동주열국지』에는 무려 1650여 명의 인
물이 등장한다. 나관중羅貫中의 『삼국지연의三國志演義』에는 1190여 명, 시내
암施耐庵의 『수호전水滸傳』에는 830여 명, 조설근曹雪芹의 『홍루몽紅樓夢』에는
970여 명의 인물이 등장하는 것과 비교해봐도 그 인물의 규모가 매우 방
대하다는 것을 알 수 있다. 뿐만 아니라 등장인물의 형상도 매우 다양하여
어쩌면 이후 역사에 등장하는 모든 인물 형상이 이미 『동주열국지』에 집대

성되어 있다는 느낌이 들 정도다.

이에 더하여 『동주열국지』에는 제후국마다 동일한 시호를 받은 임금이 계속 등장하는가 하면 수많은 동명이인도 등장하여 각각 상이한 활동으로 소설의 각 페이지를 다양하게 장식하고 있다. 예를 들면 제齊, 노魯, 위衛, 진秦, 진陳 등의 나라에는 모두 환공桓公이란 시호를 받은 군주가 존재한다. 또 군주 부인의 경우에도 송宋, 기紀, 진秦, 노潞나라에 모두 백희伯姬라는 이름이 있다. 또 노魯, 위衛, 초楚에는 모두 공자 신申이 있고, 위魏나라와 조趙나라에 모두 이극李克이란 신하가 있다. 이 때문에 『동주열국지』를 읽는 과정에서 생기는 어려움 중 하나는 바로 동명이인 또는 비슷한 이름의 인물을 어떻게 일목요연하게 인식할 수 있느냐는 점에 있다고 해도 과언이 아니다. 앞에서 읽은 인물이 뒤에 등장하는 인물과 헷갈리고, 이 나라의 임금이 저 나라의 임금과 혼동된다. 전체 108회를 읽고 나면 1650여 명에 달하는 풍부하고 다양한 인물 형상에 놀라움을 금치 못하지만, 이와 동시에 같거나 비슷한 이름의 역사 인물들로 인해 각종 수목이 우거진 삼림森林에 갇혀 있는 느낌이 들기도 한다.

이 우거진 삼림의 수목을 감상하며 길을 찾기 위해서는 친절한 내용의 식물도감과 정확한 나침반이 필요하다. 이 사전은 『동주열국지』 속 인물의 숲을 살피며 길을 찾는 독자들에게 아쉬운 대로 작은 식물도감과 나침반의 역할을 할 수 있도록 기획되었다. 그러나 그에 걸맞은 친절한 내용을 담았는지 또 정확한 방향을 제시하고 있는지는 감히 장담할 수 없다. 어쩌면 너무 간단하고 소략하다는 혐의는 있더라도 산길의 방향과 노정의 원근을 표시한 작은 이정표의 역할은 할 수 있을 것으로 믿는다.

『자치통감自治通鑑』이니 『동국통감東國通鑑』이니 하는 책의 제목에서 보듯 역사는 흔히 거울로도 비유된다. 원시시대 이래 인간은 삶의 경험과 역사의 지혜를 통해 '서로 함께 어울려 사는 사회'를 추구해왔다. 인간의 경험과 지혜가 켜켜이 축적된 역사의 거울을 들여다보면 우리 자신이, 우리 시대가, 우리 언행이 어느 시대 어느 인물을 닮아 있는지 자각할 수 있다. 특히 중국 춘추전국시대에는 각양각색의 인물이 명멸하고 백화제방의 학설이 난무했다. 우리를 비춰볼 수 있는 거울이 매우 풍부한 시대였다고 할 수 있다. 망국의 폭군과 간신, 중흥의 성군과 현신, 사리사욕에 탐닉하는 악인과 살신성인의 삶을 추구하는 선인, 사악하고 간교한 악녀와 어질고 지혜로운 여인, 음험하고 이기적인 친구와 신의 있고 헌신적인 벗 등 인간 세상의 인물 군상이 모두 등장한다. 이처럼 다양한 거울을 통해 나와 우리 시대를 조감하며 돌아볼 수 있다면 그것이 전신 거울이든 작은 손거울이든 '서로 함께 어울려 사는 사회'를 위한 현미경과 망원경의 역할을 할 수 있을 것으로 믿는다.

역사를 밝은 거울로 삼을 줄 아는 사람은 현명하고 지혜로운 사람이다. 그러나 역사를 녹슨 청동거울 정도로 여기는 사람에게는 비극의 수렁이 기다리고 있을 뿐이다. 『동주열국지』를 읽는 독자들께서 이 사전을 옆에 두고 작은 손거울로라도 삼아주신다면 이보다 더한 기쁨은 없겠다.

2015년 새해에
청청재靑靑齋에서
엮은이 김영문 삼가 씀

◉ 일러두기 ◉

1. 『동주열국지 사전』(이하 '이 사전')은 소설 『동주열국지』(풍몽룡馮夢龍·채원방蔡元放 편저)를 읽는 사람들에게 독서의 편의를 제공하기 위해 등장인물, 제후국, 고사성어 및 채원방이 쓴 '열국지 독법'을 엮은 것이다.

2. 이 사전에서는 인물의 성명, 제후국의 명칭이 『좌전左傳』이나 『사기史記』 등 역사서에 나온 것과 다르더라도 소설 『동주열국지』의 성명과 명칭을 우선시했다.

3. 이 사전에 실린 1650여 명의 인물, 그리고 제후국에 대한 설명도 소설 『동주열국지』에 나오는 내용을 요약한 것이다. 따라서 정사正史와 다른 경우도 있다.

4. 이 사전의 인물 배열순서는 다음과 같다.

① 한글 가나다순으로 배열했다.

② 인물의 성명은 붙여 썼고 성과 이름에 모두 두음법칙을 적용해서 읽었다.

　예) 누호累虎, 인주鱗朱, 영속寧速, 범여范蠡, 사이斯離

③ 인물 성명은 보통 본명을 대표 표제어로 올렸지만 더러 일반인들에게 많이 알려진 칭호가 있을 경우에는 그것을 대표 표제어로 올렸다.

　예) 공자孔子, 맹자孟子

④ 인물이 두 가지 이상의 칭호로 불릴 경우 대표 표제어에서 설명했다.

　예) 경가慶軻 → 형가荊軻(대표 표제어)

⑤ 제후의 시호(칭호) 앞에는 나라 이름을 붙여서 쉽게 인식할 수 있게 했다. 나라 이름과 제후의 시호는 띄어 썼다.

　예) 제齊 환공桓公, 노魯 환공桓公, 오왕吳王 부차夫差, 연왕燕王 희喜

⑥ 나라 이름 다음의 빈칸은 공백 문자로 인식하여 가나다 순서보다 앞에 배열했다.

　예) 초楚 혜왕惠王, 초楚 회왕懷王 등의 인물을 초구흔椒邱訢 앞에 배열했다.

⑦ 각 제후국 공자公子의 경우, 이름 앞에 한 칸 띄우고 '공자'를 붙였다. 왕자의 경우도 마찬가지 원칙을 적용했다.

　예) 공자 검모黔牟, 공자 낙樂, 왕자 계啓, 왕자 고조姑曹

⑧ 공손公孫과 왕손王孫의 경우는 이미 성으로 굳어진 경우도 많아서 모두 붙여 썼다.

　예) 공손활公孫活, 공손획公孫獲, 왕손미용王孫彌庸, 왕손유王孫游

⑨ 한자가 다르고 발음이 같은 경우에는 획수가 적은 쪽을 앞세웠다.

　예) 경사慶舍를 경사慶嗣 앞에 배열. 왕손가王孫賈를 왕손가王孫嘉 앞에 배열.

⑩ 한자가 완전히 같은 동명이인의 경우에는 소설에서 등장하는 순서에 따랐다.

예) 공자 신申(제73회에 등장)을 공자 신申(제83회에 등장) 앞에 배열.

5. 인물의 생몰 연대를 알 수 없는 경우는 아무 표시도 하지 않았지만 생몰 연대가 밝혀진 경우에는 괄호 안에 서기西紀 연도를 표시했다.

예) 백기白起(?~기원전 257), 진秦 장양왕莊襄王(기원전 281~기원전 247)

6. 인물 설명 마지막에는 그 인물이 『동주열국지』에 등장하는 장회章回를 모두 표시하여 쉽게 찾아볼 수 있게 했다.

7. 기타 봉호나 관직명과 함께 쓰인 이름의 경우, 해당 봉호나 관직명을 앞에 붙여서 쉽게 구별되게 했고, 그 사이는 띄웠다.

예) 괵공虢公 기보른父, 대왕代王 가嘉, 사마司馬 독督, 우공사右公子 직職, 서상庶長 무武, 원백原伯 관貫, 우재右宰 곡穀

차 례

제 1 장

인물 사전

● **가**嘉 │ 심沈나라 군주. 채蔡나라가 초楚나라를 칠 때 동참하지 않아서 채소후昭侯가 파견한 공손성公孫姓의 공격을 받고 나라가 멸망함. 제75회.

● **가거**賈擧 │ 제齊 장공莊公의 용작勇爵. 제 장공의 진晉나라 정벌 때 병사邶師과 함께 어가를 호위함. 거莒나라 정벌 때 장공에게서 수레 5승을 하사받고 '오승지빈五乘之賓'이라고 불림. 최저崔杼의 변란 때 대청에서 최강崔彊의 칼에 맞아 죽음. 제63회. 제64회. 제65회.

● **가군**賈君 │ 가희賈姬의 여동생. 진晉 헌공獻公의 후실. 제강齊姜이 낳은 딸을 맡아 기름. 제20회. 제28회.

● **가보**嘉父 │ 무종국無終國 군주. 대부 맹낙孟樂을 진晉나라로 보내 표범 가죽 100장을 바치고 우호의 맹약을 맺게 함. 제60회.

● **가복도**家僕徒 │ 진晉 혜공惠公의 장수. 한원韓原 전투에서 진秦나라 장수 공손지를 막다가 패배함. 혜공과 함께 진秦나라에 포로로 잡혀갔다 귀환함. 혜공 사후 진晉 문공文公에게 투항하여 즉위를 도움. 제30회. 제31회. 제36회. 제37회.

● **가사인**賈舍人 │ 소진蘇秦의 심복. 소진의 명령으로 장의를 찾아 조趙나라로 인도하여 소진과 만나게 해준 뒤 다시 장의를 진秦으로 데리고 가서 등용하게 함. 제90회.

● **가수**賈豎 │ 제齊 장공莊公의 내시. 장공에게 곤장 100대를 맞고 원한을 품음. 최저崔杼와 모의하여 제 장공을 시해함. 제64회. 제65회.

● **가신**賈辛 │ 진晉 도공悼公의 사공司空. 제59회.

● **가씨**賈氏 │ 오자서伍子胥의 부인. 오자서가 부형의 원수를 갚으러 떠난다는

말을 듣고 목매 자결함. 제72회.

● **가화**賈華 | 진晉 헌공, 혜공의 신하. 헌공의 명령을 받고 공자 이오夷吾(진晉 혜공)를 잡으러 굴屈 땅으로 가서 이오를 놓아줌. 나중에 공자 중이重耳를 보위에 올리려다 극예郤芮와 여이생呂飴甥의 계략에 걸려 주살당함. 제27회. 제29회.

● **가희**賈姬 | 진晉 헌공獻公의 정실. 자식이 없었음. 제20회.

● **간사보**簡師父 | 주周 양왕襄王의 대부. 태숙 대帶가 적翟나라 군사의 힘을 빌려 주 왕실을 공격하자 진晉나라로 파견되어 위급함을 알림. 제38회.

● **간장**干將 | 오왕吳王 합려闔閭 때 명검을 주조한 장인匠人. 양검을 간장干將 이라 하고, 음검을 막야莫邪라고 함. 제74회.

● **갈**竭 | 진왕秦王 정政의 좌익佐弋. 노애嫪毐의 심복. 노애의 반란이 실패한 뒤 참수됨. 제104회.

● **갈영**葛嬴 | 제 환공桓公의 넷째 여부인如夫人. 공자 반潘의 모친. 제32회.

● **감나**甘羅(기원전 247~?) | 감무甘茂의 손자. 어린 나이로 진秦 여불위呂不韋의 빈객이 되어 믿을 수 없는 지혜를 발휘함. 연燕나라 상국으로 가기를 거부 하는 장당張唐을 지혜로운 변론으로 설득하여 결국 연나라로 가게 함. 조趙 나라에 사신으로 가서 조왕에게 진秦에 땅을 바치고 우호를 맺게 함. 12세 에 상경上卿에 임명됨. 자주색 옷을 입은 관리가 하늘의 부절符節을 가져오 는 꿈을 꾸고 병도 없이 요절함. 제104회.

● **감무**甘茂 | 진秦 혜문왕惠文王의 부장. 남전藍田을 침략한 초楚나라 장수 굴 개屈匄의 목을 자름. 진秦 무왕武王 때 좌승상에 임명됨. 진 무왕을 삼천三川 으로 인도했다고 관직이 박탈됨. 이후 위魏나라로 망명함. 제91회. 제92회.

● **감용**甘龍 | 진秦 효공孝公의 대부. 위앙衛鞅의 변법을 비난했다가 서민으로

강등됨. 제87회. 제89회.

● **감지**闞止(?~기원전 481) | 자字는 자아子我. 제 경공景公의 서장자인 양생陽生의 가신. 공자 도茶가 즉위하자 공자 양생과 함께 노魯나라로 망명. 오왕 부차夫差의 공격을 받고 오吳나라에 사신으로 가서 황금과 비단을 바치고 사죄함. 제 간공簡公 즉위 후 좌상에 오름. 진항陳恒이 자신의 앞날에 방해가 될 것으로 생각하고 감지를 공격하여 죽임. 제81회. 제82회.

● **감평공**甘平公 | 어추魚酋. 주周 경왕景王의 서자 조朝를 추종함. 제73회.

● **감회**甘回 | 진秦 장양왕莊襄王 때 장수 이신李信의 아장牙將. 군량미 운송을 늦게 하여 이신에게 곤장 100대를 맞고 원한을 품음. 초나라 진영으로 도망가서 진秦나라의 기습을 밀고함. 제103회.

● **갑섭**蓋聶 | 형가荊軻의 친구. 검술의 명인. 형가가 진왕秦王 정을 암살하기 위해 갑섭과 함께 가길 원했으나 조급한 연나라 태자 단丹이 기다리지 못하고 진무양秦舞陽과 함께 가게 함. 제107회.

● **강서**強鉏 | 정鄭나라 채족祭足의 심복. 공자 의儀를 보위에 올렸다가 정 여공厲公에 의해 발이 잘림. 제11회. 제19회.

● **강씨**姜氏 | → 출강出姜

● **강왕**康王 | 본명 희쇠姬釗. 주周 성왕成王의 아들. 주周 무왕武王의 손자. 성왕과 강왕의 시대를 성강지치成康之治라 부르며, 주나라 전성기로 일컬음. 제1회.

● **강충**江忠 | 진晉 경공景公의 내시. 진 경공을 업고 하늘을 나는 꿈을 꿨다가 경공이 죽은 후 순장됨. 제58회.

● **강후**姜后 | 주周 선왕宣王의 왕후. 현숙한 부덕婦德으로 선왕을 내조함. 제1회.

● **개동**蓋同 | 조趙 효성왕孝成王의 도위都尉. 염파廉頗의 명령으로 개부蓋負와 함께 동서東西 장성鄣城을 지키다가 진秦나라 장수 왕흘王齕과의 싸움에서 전사. 제98회.

● **개부**蓋負 | 조趙 효성왕의 도위都尉. 염파의 명령으로 개동과 함께 동서 장성을 지키다가 진秦나라 장수 왕흘과의 싸움에서 전사. 제98회.

● **개자추**介子推(?~기원전 636) | 개지추介之推 또는 개자介子라고도 함. 진晉 문공의 공신. 망명 시절 굶주리는 진 문공에게 자신의 넓적다리 살을 베어 먹이고 허기를 면하게 함. 진 문공 즉위 후 논공행상에 일절 참여하지 않은 채 어머니를 모시고 면산綿山으로 은둔함. 진 문공이 그를 산에서 나오게 하기 위해 면산에 불을 질렀으나 두 모자는 나무를 끌어안고 불에 타서 죽음. 이를 추모하기 위해 화식火食을 금지한 것이 한식절寒食節의 기원이 됨. 제27회. 제31회. 제35회. 제36회. 제37회.

● **거공**渠孔 | 위衛 의공懿公의 대부. 학鶴을 좋아하는 의공을 위해 북적北狄을 막으러 나섰다가 전사함. 제23회.

● **거백옥**蘧伯玉 | → 거원蘧瑗

● **거원**蘧瑗 | 거백옥. 자는 백옥伯玉. 본명이 거원임. 위衛나라의 현인. 위 헌공獻公이 무도한 것을 알았지만 손임보孫林父의 반란에 가담하지 않고 노魯나라로 피신함. 헌공 복위 후 다시 귀국하여 본래의 직위를 회복함. 공자孔子가 위나라에 들렀을 때 자신의 집에 묵게 함. 제61회. 제65회. 제66회. 제79회.

● **건병**蹇丙 | 건숙蹇叔의 아들. 자字가 백을白乙이어서 흔히 백을병白乙丙이라 불림. 백리시, 서걸술과 함께 진秦나라 삼수三帥로 일컬어짐. 한원韓原 용문산 전투에서 진晉나라 장수 도안이屠岸夷와 맨손으로 박투를 벌여 그를 사로

잡음. 성복城濮 전투에서 부장으로 출전하여 전공을 세움. 정나라 정벌에 나섰다가 귀환 도중 효산崤山에서 진晉나라에 대패함. 3년 후 맹명시孟明視 등과 진晉나라 군사를 격파하고 원한을 갚음. 제26회. 제30회. 제40회. 제44회. 제45회. 제46회. 제47회. 제48회.

● **건숙**蹇叔 | 제나라 출신으로 송宋나라 명록촌鳴鹿村에 거주함. 백리해百里奚의 결의형제. 백리해의 추천으로 진秦 목공穆公의 좌서장左庶長에 임명됨. 백리해와 함께 진 목공을 보좌하여 부국강병을 이룸. 정나라 정벌의 불가함을 아뢰었으나 진 목공이 듣지 않자 벼슬을 내놓고 명록촌으로 은퇴함. 제25회. 제26회. 제28회. 제29회. 제30회. 제35회. 제38회. 제44회.

● **건타**蹇他 | 현고弦高의 친구. 진秦나라 대군이 정나라를 침략한다는 소식을 현고에게 알려줌. 제44회.

● **걸왕**桀王 | 하夏나라 마지막 임금. 무도한 폭정으로 민심이 이반됨. 상商나라 탕왕湯王에 의해 남소南巢로 쫓겨나서 죽음. 제1회.

● **검부**黔夫 | 제 위왕威王이 연나라를 막기 위해 임명한 서주徐州 태수. 제86회.

● **게**揭 | 주周 고왕考王의 동생. 고왕에 의해 하남河南의 왕성王城에 봉해져 서주공西周公으로 불림. 제85회.

● **겸계**鍼季 | 노魯 장공莊公의 대부. 공자 반班을 보위에 올리기 위해 계우季友와 모의하여 숙아叔牙를 자신의 집에서 독살함. 제22회.

● **겸장자**鍼莊子 | 위衛 성공成公의 대부. 온溫 땅 회맹에서 공자 숙무叔武의 피살과 관련된 재판이 열렸을 때, 원훤元咺의 논리에 맞서 위衛 성공을 잘 변호하지 못해 다리를 잘림. 제42회.

● **겸호**鍼虎 | 진秦 목공의 현신. 목공 사후 순장됨. 삼량三良. 제47회.

● **겹오**郟敖(?~기원전 541) | 공자 균麇. 웅균熊麇.『동주열국지』에서는 초 강왕康王의 아우라고 했으나 칭화간清華簡『초거楚居』에는 강왕 다음에 사자왕嗣子王이란 명칭을 쓰고 있으므로 강왕의 아들이 되어야 마땅함. 강왕의 뒤를 이어 초나라 보위에 올랐으나 공자 위圍(영왕靈王)에게 시해됨. 시호를 받지 못하고 겹郟 땅에 묻혀서 겹오郟敖라 불림. 제67회.

● **경가**慶軻 | → 형가荊軻

● **경감**景監 | 진秦 효공의 내시. 위앙衛鞅을 효공에게 추천하여 부국강병을 이루게 함. 제87회.

● **경강**慶姜 | 경사慶舍의 딸. 경사가 노포계盧蒲癸에게 출가시킴. 제67회.

● **경기**慶忌 | 오왕吳王 요僚의 아들. 용력이 뛰어남. 공자 광光(합려)이 오왕 요를 시해하고 경기를 공격하자 그는 애성艾城으로 도피하여 결사대를 모아 오왕 합려에 대항함. 합려는 요이要離를 보내 경기를 죽임. 제73회. 제74회. 제75회.

● **경기**景騏 | 초왕楚王 부추負芻의 대장. 초나라 도성 수춘성壽春城이 함락되자 스스로 목을 찔러 자결함. 제108회.

● **경봉**慶封 | 제 영공靈公의 대부. 제 장공을 옹립. 최저와 함께 제 장공을 시해하고 제 경공景公을 옹립. 이후 최저의 가문을 몰락시킨 뒤 혼자 국정을 오로지함. 이후 노포계盧蒲癸에게 쫓겨나 노魯나라를 거쳐 오나라에 정착함. 오나라 주방朱方에서 호의호식하다가 초 영왕靈王에게 사로잡혀 처형당함. 제62회. 제63회. 제64회. 제65회. 제66회. 제67회.

● **경사**慶舍 | 제나라 경봉慶封의 아들. 경봉 대신 국정을 좌우함. 자신의 딸을 노포계에게 출가시켜 서로 장인 사위 관계가 됨. 상제嘗祭 때 노포계와 왕하王何의 공격을 받고 죽음. 제65회. 제66회. 제67회.

● **경사**慶嗣 | 제나라 경봉의 친척. 경봉과 함께 동래東萊로 사냥을 갔다가 진무우陳無宇가 도성으로 돌아가려 하자 행동이 의심스럽다고 말함. 그러나 경봉은 그의 말을 무시함. 제67회.

● **경성**景成 | 송 강왕康王의 무도함에 대한 간언을 올리다가 강왕이 쏜 화살에 맞아 죽음. 제94회.

● **경승**慶繩 | 경봉의 친척. 제 경공景公이 상제嘗祭를 지낼 때 헌작獻爵을 주관하다가 반란을 일으킨 노포계에 의해 피살됨. 제67회.

● **경양**景陽 | 초 고열왕考烈王의 장수. 주周 난왕赧王의 연합군 모집 당시 초나라 장수로 파견되어 사태를 관망함. 진秦나라가 위魏나라를 침략하자 신릉군信陵君의 휘하로 파견되어 진나라의 공격을 막아냄. 겹주郟州에서 진나라 몽오蒙驁의 군사를 격파함. 제101회. 제102회.

● **경양군**涇陽君 | 공자 회悝. 진秦 소양왕昭襄王의 아우. 무관武關에서 소양왕으로 변장하여 초 회왕懷王을 유인함. 위魏나라 대량으로 달아나는 초 회왕을 다시 잡아 함양으로 압송함. 제나라로 가서 맹상군孟嘗君을 초청함. 진으로 온 맹상군을 소양왕이 억류하려 하자 그 사실을 맹상군에게 알리고 탈출하게 함. 양후穰侯 위염魏冉, 화양군華陽君 미융羋戎, 고릉군高陵君 공자 시市와 함께 사귀四貴로 불리며 진나라 정사政事를 오로지함. 범수范雎가 승상이 된 후 관외關外로 추방됨. 제92회. 제93회. 제97회.

● **경영**敬嬴 | 출강出姜을 따라 노魯 문공文公에게 온 잉첩. 왜倭와 숙힐叔肸을 낳음. 자신의 아들이 서자여서 보위를 잇지 못하자 동문수東門遂에게 뇌물을 먹이고 공자 왜倭를 보위에 올려달라고 부탁함. 제49회. 제50회.

● **경유**慶遺 | 제나라 경봉의 친척. 경봉과 함께 동래로 사냥을 나감. 제67회.

● **경정**慶鄭 | 진晉 혜공의 대부. 한원 전투에 나서기 전 혜공에게 여러 가지 간언을 올렸으나 모두 거절당함. 이후 혜공이 진秦나라에 포로로 잡혀갔다 귀국한 뒤, 패전의 책임을 지고 억울하게 주살당함. 제30회. 제31회.

● **경진**慶秦 | 연왕燕王 희喜의 장수. 조나라 장수 이목李牧에 패하여 참수됨. 제101회.

● **경쾌**景快 | 초楚 회왕의 대장. 진秦나라 저리질樗里疾의 군사를 맞아 싸우다가 전사함. 제92회.

● **계량**季梁 | 수隨나라 현신. 수나라 군주가 간신 소사少師의 말만 듣다가 초나라와의 전쟁에서 패배하자, 계량이 초나라와의 강화講和를 성사시킴. 제10회.

● **계무일**季無佚 | 노魯나라 계손씨季孫氏 계우季友의 아들. 계손행보季孫行父의 부친. 제49회.

● **계미**季羋 | 초 소왕昭王의 여동생. 피란길에 자신을 업어준 종건鍾建에게 시집감. 제76회. 제77회.

● **계손비**季孫肥(?~기원전 468) | 계손사季孫斯의 아들. 계강자季康子. 노魯나라 상국. 위衛나라로 가서 공자의 제자 염유冉有을 초빙했고, 이 일로 인해 공자孔子까지 노나라로 귀국함. 제79회.

● **계손사**季孫斯(?~기원전 492) | 노魯나라 계손의여季孫意如의 아들. 계환자季桓子. 노魯 소공昭公, 정공定公 때의 권력자. 맹손씨孟孫氏, 숙손씨叔孫氏와 노나라 권력을 삼분함. 공자孔子를 등용하여 중도재中都宰에 임명하고, 나중에 대사구大司寇로 승진시킴. 맹손씨, 숙손씨와 함께 가신 양호陽虎의 반란을 막아냄. 공자의 제자 자로子路과 자유子有를 가신으로 등용함. 제나라에서 미인계로 보낸 여악女樂을 받아들여 노 정공과 함께 즐기며 정사政事를 소

홀히 함. 이로 인해 공자가 벼슬을 그만두고 국외로 떠남. 제78회. 제79회. 제81회.

● **계손의여**季孫意如(?~기원전 505) │ 계평자季平子. 노魯나라 상경上卿. 평구平邱 회맹 때 진晉 소공昭公에게 감금되었다가 풀려남. 막강한 권력으로 노魯 소공을 추방함. 노 소공의 세자 연衍 및 그 아우 무인務人을 폐하고 서자 송宋 (노 정공)을 보위에 올림. 제70회. 제71회.

● **계손행보**季孫行父(?~기원전 568) │ 계문자季文子. 노魯 문공文公의 상경. 공자 악惡과 공자 시視를 죽인 동문수東門遂의 만행을 눈감아줌. 노魯 선공宣公이 죽은 후 공자 흑굉黑肱을 보위에 올리고 권력을 장악함. 동문수의 가족을 모두 국외로 추방함. 위衛나라 손양부孫良夫, 조曹나라 공자 수首와 함께 제 경공頃公에게 모욕을 당한 뒤 나중에 함께 제나라를 정벌함. 제나라 사신 使臣 국좌國佐의 말을 듣고 제나라와 강화함. 제49회. 제50회. 제56회. 제57회.

● **계예**計倪 │ 월왕 구천勾踐의 태사太史. 월왕 구천이 오나라를 멸망시킨 후 미치광이를 가장함. 제80회. 제83회.

● **계외**季隗 │ 진晉 문공 중이重耳의 부인. 고여咎如의 여인. 진 문공이 제나라로 떠날 때 헤어졌다가 진 문공 즉위 후 진나라로 옴. 제31회. 제37회.

● **고강**高彊 │ 고채高蠆의 아들. 나이가 어려서 제나라 정권이 모두 난시欒施의 수중으로 들어감. 난시와 음주와 유희를 일삼다가 진무우와 포국鮑國에 의해 노魯나라로 추방됨. 제67회. 제68회.

● **고거미**高渠彌(?~기원전 694) │ 정鄭 장공莊公의 대부. 정鄭 소공昭公을 시해 하고 공자 미亹를 보위에 올렸다가 이듬해 제齊 양공襄公의 토벌을 받아 거 열형에 처해짐. 제5회. 제6회. 제7회. 제8회. 제9회. 제10회. 제12회. 제

13회.

● **고경**高傾 | 제齊 의공懿公의 상경. 병촉邴歜과 염직閻職이 제 의공을 시해하자 고경과 국귀보國歸父 등 대신들은 공자 원元(齊 惠公)을 보위에 올림. 제49회.

● **고고**高固 | 제齊 경공頃公의 장수. 좌군 대장. 신축新築에서 위衛나라 손양부孫良夫의 군사를 유인하여 대파함. 그러나 안鞍 땅 전투에서는 진晉나라의 유인책에 걸려들어 대패함. 제56회.

● **고릉군**高陵君 | 공자 시市. 진秦 소양왕昭襄王의 아우. 소양왕이 선태후와 그 일족 미씨羋氏의 권력을 분산시키려고 아우 공자公子 회悝를 경양군涇陽君에 봉하고, 다음 아우 공자 시市를 고릉군高陵君에 봉함. 범수范睢가 승상이 된 후 관외關外로 추방됨. 제97회.

● **고리적**古里赤(?~기원전 771) | 견융犬戎의 선봉장. 신후申侯의 요청으로 견융의 군주와 함께 주周나라 도성을 침략하여 주 유왕幽王을 추격하다가 정백鄭伯 우友(정 환공桓公)의 창을 맞고 죽음. 제3회.

● **고무평**高無平 | 제나라 고장高張이 살해된 후 고씨高氏 집안의 후계자가 됨. 진항陳恒이 고씨와 국씨國氏의 세력을 약화시키기 위해 국서를 대장으로 삼고 고무평을 부장을 삼아 노魯나라를 침. 노나라를 구원하기 위해 달려온 오나라 군사들과 애릉艾陵에서 싸우다가 패배한 후 도주함. 제81회. 제82회.

● **고성**苦成 | 월왕 구천의 태재太宰. 제80회.

● **고수**高竪 | 고지高止의 아들. 부친이 북연北燕으로 추방된 후 노읍盧邑을 근거지로 반란을 일으킴. 실패 후 진晉나라로 망명. 제67회.

● **고수**鼓須 | 중산국中山國 군주인 희굴姬窟의 대장. 위魏나라 군사의 화살을

맞고 전사. 제85회.

● **고시**高柴 ┃ → 자고子羔

● **고신**高信 ┃ 조趙 혜왕惠王의 상국인 비의肥義의 심복. 안양군安陽君 장章이 전불례田不禮와 함께 반란을 일으키고 조 혜왕을 불러서 죽이려 하자, 고신이 그 사실을 상국 비의에게 알리고 혜왕을 보호하게 함. 제93회.

● **고야자**占冶子 ┃ 제 경공景公의 용사. 황하黃河에서 경공의 말을 물속으로 끌고 들어간 거대한 자라의 목을 벰. 안영晏嬰의 계략에 걸려 전개강田開疆, 공손첩公孫捷과 복숭아를 다투다가 자결함. 제70회.

● **고여**皋如 ┃ 월왕 구천의 사농司農. 제80회.

● **고완**高緩 ┃ 진秦나라 태의太醫(어의). 편작扁鵲에게서 의술을 전수받음. 위상魏相과 함께 진晉으로 가서 진 경공의 병이 고황지질膏肓之疾임을 진단함. 제58회.

● **고장**高張(?~기원전 489) ┃ 제나라의 세신世臣. 제 경공景公이 어린 아들 도荼를 보위에 올려달라고 부탁함. 양생陽生(제 도공悼公)을 지지하는 진걸陳乞과 포목鮑牧의 공격을 받고 목숨을 잃음. 제81회.

● **고점리**高漸離 ┃ 형가의 친구. 축筑 연주의 명인. 형가가 진왕秦王을 암살하기 위해 진으로 떠날 때 역수易水 가에서 축을 타며 형가를 전송함. 당시에 형가가 부른 노래가 유명한 「역수가易水歌」임. 제106회. 제107회.

● **고지**高止 ┃ 고후高厚의 아들. 제나라 대부. 고채高蠆에게 축출되어 북연北燕으로 망명. 제65회. 제67회.

● **고채**高蠆 ┃ 제 경공景公의 대부. 경봉이 축출된 후 정권을 잡음. 고지를 쫓아내고 여구영閭邱嬰을 참소하여 죽임. 제67회.

● **고포자경**姑布子卿 ┃ 유명한 관상가. 조앙趙鞅의 막내아들 조무휼趙無卹의

출세를 예상함. 제83회.

● **고혁**高赫 │ 진晉나라 조무휼의 가신. 지요智瑤에게 포위된 성안에서 침착하고 경건하게 군신 간의 예를 잃지 않음. 제84회.

● **고혜**高傒(?~기원전 637) │ 자는 경중敬仲, 호號는 백토白兔. 강태공姜太公의 후예로 주周나라 왕실에서 임명한 제나라 상경. 고혜의 후손은 대대로 상경 직을 세습하며 제나라의 귀족으로 군림함. 연칭連稱과 관지보管至父가 반란을 일으켜 제 양공襄公을 시해하고 공손무지公孫無知를 보위에 올리자, 고혜가 주동이 되어 공손무지 일당을 주살하고 공자 소백小白(제 환공)을 보위에 올림. 제14회. 제19회. 제22회.

● **고호**高虎 │ 고혜의 아들. 제 환공의 상경. 제 환공 사후 두 달 동안 방치된 환공의 시신을 수습하여 장례를 치름. 국의중國懿仲과 함께 공자 무휴無虧와 수초豎貂를 죽이고 공자 소昭(제 효공孝公)를 보위에 올림. 제30회. 제32회. 제33회. 제39회.

● **고화**高和 │ 진秦나라의 태의. 편작에게서 의술을 전수받음. 제58회.

● **고후**高厚 │ 제 영공靈公의 두 번째 세자인 공자 아牙의 태부. 추량溴梁 회맹에 제 영공 대신 참석함. 진晉나라가 중심이 된 제후 연합군의 공격을 받고 도성 임치臨淄를 굳게 지킴. 첫 세자 광光을 지지하는 경봉에 의해 살해됨. 제62회.

● **고흑**高黑 │ 포숙아鮑叔牙의 아장. 제 환공이 산융山戎을 정벌할 때 포숙아의 아장으로 군량미 운송을 담당함. 제21회.

● **곡양**穀陽 │ 초 공왕共王의 중군원수인 공자 측側이 총애하는 시동侍童. 언릉鄢陵 전투에서 공자 측에게 술을 올려 만취하게 함. 이로 인해 공자 측이 패퇴하자 이후의 처벌이 두려워 자취를 감춤. 제59회.

● **곡옥무공**曲沃武公(기원전 754~기원전 677) | 성은 희姬이고 이름은 칭稱인데, 『동주열국지』에서는 칭대稱代로 잘못 적고 있음. 곡옥장백曲沃莊伯의 아들. 진晉과 곡옥으로 갈라져 있던 이진二晉을 통일하고 주周 희왕僖王에 의해 진晉나라 제후로 인정받음. 아들 궤제詭諸가 진 헌공임. 제20회.

● **곤**髡 | 호胡나라 군주. 오왕 요의 군대에 사로잡혀 참수됨. 제73회.

● **공기**孔羈 | 위衛 헌공의 대부. 제65회.

● **공누**工僂 | 고당高唐의 동문지기. 숙사위夙沙衛을 배반하고 식작殖綽과 곽최郭最에게 투항. 숙사위가 사로잡혀 처형된 후 고당 고을지기가 됨. 제62회.

● **공달**孔達 | 위衛나라 대부. 공보가孔父嘉의 후예. 위衛 성공의 충신 영유甯俞와 모의하여 주천周歂 야근冶廑을 시켜 원훤元咺과 공자 하瑕를 죽이게 함. 위 성공 복위 후 상경에 임명됨. 제43회.

● **공보가**孔父嘉(?~기원전 710) | 송나라 상공殤公의 대사마大司馬. 태재 화독華督과 불화하여 화독의 공격을 받고 죽음. 후손들이 난을 피해 노魯나라로 피신함. 공자孔子의 조상. 공보가 → 목금보木金父 → 기보祁父 → 방숙防叔 → 백하伯夏 → 숙량흘叔梁紇 → 공구孔丘(공자)로 계보가 이어짐. 제5회. 제6회. 제7회. 제8회.

● **공보정숙**公父定叔 | 정나라 공숙共叔 단段의 손자이고 공손활公孫滑의 아들. 시호는 정定. 채족祭足이 위衛나라로 보내 정 소공昭公 홀忽을 맞아오게 함. 정 여공 복위 후 위나라로 도망감. 공숙의 후예를 끊을 수 없다는 이유로 정 여공이 3년 만에 귀국시킴. 제11회.

● **공사**共賜 | 진晉 혜공 때의 신하. 공화共華의 동생. 중이를 보위에 올리려던 계획이 발각된 후 그의 형 공화에게 피신할 것을 권함. 그러나 공화는 자신의 발로 조정으로 나아가 주살당함. 제29회.

● **공삭**鞏朔 | 진晉 경공景公의 상군 대부. 신상군 원수. 필성郯城 전투 때 순임보荀林父의 우유부단한 태도에 실망하여 사회士會, 극극郤克, 한천韓穿 등의 계책에 따라 오산敖山 전방에 군사를 매복시켜 패배를 면함. 안鞍 땅 전투에서 초나라에 승리를 거둠. 제54회. 제57회.

● **공산불뉴**公山不狃 | 노魯나라 계손씨 가문의 비읍費邑 읍재. 숙손첩叔孫輒과 반란을 일으켰다가 공자孔子에게 쫓겨 오나라로 달아남. 제78회.

● **공손가**公孫賈 | 진秦 효공의 세자인 사駟의 태사太師. 세자가 위앙의 천도 계획을 비난하여 세자 대신 얼굴에 먹물로 문신을 새기는 형벌黥刑을 받음. 진秦 혜문왕 때 대부가 됨. 위앙에게 원한을 품고 혜문왕에게 참소하여 추방한 뒤 사로잡아 조정으로 압송함. 제87회. 제89회.

● **공손감**公孫敢 | 위衛 출공出公 때의 도성 문지기. 공회孔悝를 구원하러 도성 안으로 들어가려는 자로子路를 막아섰지만 끝까지 막지 못함. 제82회.

● **공손건**公孫乾 | 조趙 효성왕의 대부. 진秦나라 인질 이인異人을 감시함. 여불위와 이인이 도주하여 귀국하고 난 다음 감시 소홀의 책임을 지고 자결함. 제99회. 제100회.

● **공손고**公孫固(?~기원전 620) | 송 장공莊公의 손자. 송 양공襄公의 사촌형제. 송 양공 때 대사마를 역임함. 송 양공이 초나라에 포로로 잡혀가자 공자 목이目夷를 임시로 보위에 올리고 양공이 석방되도록 노력함. 제33회. 제34회. 제35회. 제39회. 제40회. 제41회.

● **공손공숙**公孫孔叔 | 송 소공昭公의 측근. 소공과 사냥이나 유희를 함께하며 국사를 전횡함. 제49회.

● **공손교**公孫僑(?~기원전 522) | 공자 발發의 아들. 자는 자산子産. 정자산鄭子産. 반란을 일으킨 울지尉止를 공격하여 패망시킴. 공손흑公孫黑의 공격으로

살해된 양소良霄의 시신을 거두어줌. 정 간공簡公의 재상이 되어 국정을 바로잡고 제도를 개선하여 나라를 크게 안정시킴. 정치를 어지럽히던 공손흑을 주살함. 양소와 공자 가嘉의 후사를 세워 제사를 받들게 함. 제61회. 제66회. 제67회. 제72회.

● **공손귀보**公孫歸父 | 노魯나라 동문수東門遂의 아들. 노魯 성공成公 즉위 후 실권을 잡은 계손행보에 의해 제나라로 축출됨. 제56회.

● **공손귀생**公孫歸生 | 채蔡 영공靈公의 대부. 채 영공이 초 영왕을 만나러 가는 것을 극구 만류함. 세자 유有를 보필하며 채나라 도성을 지키기 위해 헌신함. 그러나 채나라 도성이 초나라에게 함락된 후 병사함. 제69회.

● **공손대중**公孫戴仲 | 제 희공僖公의 대신. 북융北戎의 침입 때 제나라 군사를 이끌고 전공을 세움. 제8회.

● **공손면여**公孫免餘 | 위衛 헌공의 신하. 위 헌공 복위 때 국경으로 나가 수레를 맞음. 영희寧喜의 전횡이 극심해지자 군사를 이끌고 영희를 공격하여 살해함. 정경正卿 자리를 태숙 의儀에게 양보하여 나라를 안정시킴. 제65회. 제66회.

● **공손무지**公孫無地 | 위衛 헌공의 대부. 영희를 공격하다 함정에 빠져 포로가 된 뒤 참수됨. 제65회. 제66회.

● **공손무지**公孫無知(기원전 729~기원전 685) | 제 희공의 친동생인 이중년夷仲年의 아들. 제 양공이 음란 무도하자, 연칭과 관지보가 양공을 시해하고 공손무지를 보위에 올림. 이후 대부 옹늠雍廩이 또 공손무지와 연칭을 죽이고 공자 소백小白(제 환공)을 임금으로 추대함. 제11회. 제12회. 제14회. 제15회.

● **공손발**公孫拔(?~기원전 286) | 송宋 강왕의 장수. 송나라 도성인 수양성睢陽城

수비 담당. 제 민왕湣王에게 항복하고 수양성을 내줌. 제94회.

● **공손사지**公孫舍之 | 정 목공穆公의 손자. 공자 희喜의 아들. 자는 자전子展. 정나라 육경六卿. 초나라에게 진晉나라의 속국인 송나라를 치게 하여, 진나라가 초나라와 싸우게 함. 초나라가 지쳐서 더 이상 진과 싸울 수 없게 되자 공손사지는 진 도공과 우호의 맹약을 맺음. 제60회. 제61회. 제62회.

● **공손석**公孫奭 | 진秦나라 대부 저리질樗里疾의 빈객. 진 소양왕이 맹상군을 승상으로 임명하려고 하자, 저리질의 지시를 받고 진왕에게 맹상군을 모함하여 억류하게 함. 제93회.

● **공손설**公孫洩 | 정나라 공자 가嘉의 아들. 공손교(자산)에 의해 부친의 제사를 받들도록 허락받음. 제67회.

● **공손성**公孫姓 | 채蔡나라 대부. 채 소후의 명령으로 심沈나라를 멸망시킴. 초나라의 공격을 받고 오나라로 파견되어 구원병을 얻음. 제75회.

● **공손성**公孫聖 | 오나라 양산陽山의 선비. 오왕 부차夫差의 꿈이 망국을 예견하는 것이라고 해몽한 뒤 주살됨. 제82회. 제83회.

● **공손수**公孫壽 | 송 소공의 사성司城. 송 소공이 무도하자 벼슬에서 물러남. 그의 아들 탕의제蕩意諸가 사성 직을 계승함. 제49회.

● **공손습붕**公孫隰朋(?~기원전 644) | 제 장공의 증손이자 제 환공의 대부. 대사행大司行. 제 환공 추대 및 산융 정벌에 큰 공을 세움. 관중管仲 사후 잠시 제나라 정사를 맡았지만 한 달도 되지 않아 세상을 떠남. 제15회. 제16회. 제17회. 제18회. 제21회. 제23회. 제24회. 제28회. 제29회. 제30회.

● **공손신**公孫臣 | 위衛 헌공의 대부. 영희를 공격하던 중 함정에 빠진 공손무지를 구출하려다 피살됨. 제65회. 제66회.

● **공손알**公孫閼 | 자는 자도子都. 춘추시대의 유명한 미남. 정나라 종친. 정

장공莊公의 장수. 허許나라를 정벌할 때 영고숙潁考叔과 전공을 다투다가 영고숙을 시기하여 몰래 화살로 쏘아 죽임. 그 뒤 영고숙의 귀신이 붙어서 스스로 목을 졸라 죽음. 제6회. 제7회.

● **공손앙**公孫鞅 | → 위앙衛鞅

● **공손양소**公孫良霄 | 정 간공의 대부. 태재 석착石㚟과 함께 사신으로 파견되어 초나라가 도와주지 않으면 진晉에 복속하겠다고 초 공왕에게 통보했고, 이 일로 초나라에 구금됨. 제61회.

● **공손연**公孫衍 | 진秦 혜문왕의 상국. 상앙商鞅이 참수된 후 진나라 상국으로 임명됨. 혜문공惠文公에게 파촉巴蜀을 병합하게 하고 왕호를 사용하게 함. 소진의 재주를 시기하여 등용하지 않음. 육국六國의 합종책을 깨기 위해 위魏나라에 일곱 성을 돌려주고 위나라와 혼인을 맺게 함. 장의張儀가 진나라 상국으로 임명되자 위나라로 가서 애왕哀王의 재상이 됨. 장의와 공로를 다투며 경쟁함. 제89회. 제90회. 제91회. 제92회.

● **공손열**公孫閱 | 제나라 상국 추기騶忌의 문객. 추기와 모략을 꾸며 전기田忌와 손빈孫臏을 조정에서 몰아냄. 제88회.

● **공손영**公孫嬰 | 한韓 이왕釐王의 장수. 진秦나라와의 전투에서 몽오에게 패하여 죽음. 제102회.

● **공손영제**公孫嬰齊 | 공자 숙힐叔肸의 아들. 숙힐의 절개를 높이 사 노魯 성공이 공손영제를 대부로 임명함. 제50회.

● **공손오**公孫吳 | 진陳 애공哀公의 세자 언사偃師의 아들. 부친이 피살된 후 공자 승勝과 함께 초나라로 망명하여 초 영왕에게 부친의 억울함을 호소, 초나라에게 진나라 정벌군을 일으키게 함. 제69회.

● **공손오**公孫敖(?~기원전 613) | 시호가 목穆이어서 흔히 맹목백孟穆伯이라 칭

함. 노魯 환공桓公의 손자. 공자 경보慶父의 아들. 노魯나라 맹손씨 가문을 일으킴. 두 아들 곡穀과 난難을 둠. 성郕 땅을 봉토로 받음. 거莒나라 기씨己氏 여인을 사랑하여 평생 정처 없이 떠돎. 제22회. 제24회.

● **공손오**公孫傲 | 제 장공의 용작勇爵. 최저의 변란 때 최성崔成의 팔을 부러뜨렸다가 최강의 창에 찔려 죽음. 제63회. 제65회.

● **공손우**公孫友 | 송 소공의 좌사左師. 화우華耦가 소공을 시해하자 양부인襄夫人 왕희王姬의 뜻을 받들어 공자 포鮑(송 문공文公)를 보위에 올림. 제49회.

● **공손이**公孫耳 | 위衛 혜공惠公의 대부. 혜공에게 건의하여 사로잡은 송나라 선봉장 맹획猛獲을 돌려주게 함. 제17회.

● **공손자**公孫茲(?~기원전 644) | 시호가 대戴여서 흔히 숙손대백叔孫戴伯이라 칭함. 노魯 환공의 손자. 공자 숙아叔牙의 아들. 노나라 숙손씨 가문을 일으킴. 두 아들 숙중팽생叔仲彭生과 숙손득신叔孫得臣을 둠. 후郈 땅을 봉토로 받음. 제22회.

● **공손저구**公孫杵臼(?~기원전 597) | 진晉 조돈趙盾의 문객. 조씨 고아 조무趙武를 살리기 위해 정영程嬰의 아들을 조무라고 속이고 도안고를 유인하여 아이와 함께 참살당함. 제47회. 제57회.

● **공손정**公孫丁 | 위衛나라 명궁. 위衛 헌공의 궁술 스승. 위 헌공을 보위하여 제나라로 망명. 제61회. 제62회. 제65회.

● **공손종리**公孫鍾離 | 송 소공의 측근. 송 양공과 목공穆公의 자손을 제거하려다 오히려 반격을 받고 공자 앙卬과 함께 피살됨. 제49회.

● **공손주**公孫周 | → 진晉 도공悼公

● **공손지**公孫枝 | 자는 자상子桑. 진晉나라 사람이나 공자 칩繁의 추천으로 진秦 목공의 장수가 됨. 한원 용문산 전투에서 진晉 혜공을 사로잡음. 진晉

혜공을 죽이려는 진秦 목공을 설득하여 살려서 돌려보냄. 진晉 공자 중이 (진晉 문공文公)를 초나라에서 맞아와 진晉나라 보위에 올림. 진晉 문공에게 반란을 일으킨 여이생呂飴甥과 이극里克을 진秦나라로 유인하여 주살함. 건숙의 뒤를 이어 좌서장左庶長이 됨. 제25회. 제26회. 제28회. 제30회. 제31회. 제35회. 제36회. 제44회. 제45회. 제47회.

● **공손채**公孫蠆 | 정 목공의 손자. 공자 언偃의 아들. 자는 자교子蟜. 정나라 육경六卿. 제나라를 정벌 중인 진晉 평공平公에게 초나라가 정나라를 정벌하려다 퇴각한 상황을 자세히 알림. 제60회. 제61회. 제62회.

● **공손철**公孫哲 | 당唐나라 대부. 당 성공成公이 초나라 영윤 낭와囊瓦에게 명마 숙상肅霜을 바치지 않아서 억류되어 있자, 숙상을 훔쳐서 낭와에게 바친 후 성공이 풀려나도록 함. 제75회.

● **공손첩**公孫捷 | 전개강田開疆이 제 경공景公에게 추천한 용사. 동산桐山에서 맨손으로 호랑이를 때려잡고 제 경공을 구출함. 안영晏嬰의 계략에 걸려 고야자古冶子, 전개강田開疆과 복숭아를 다투다가 자결함. 제71회.

● **공손첩**公孫輒 | → 위衛 출공出公

● **공손첩**公孫輒(?~기원전 563) | 정 목공의 손자. 공자 거질去疾의 아들. 자는 자이子耳. 정나라 육경. 정나라 대부 울지尉止에게 살해당함. 제60회. 제61회.

● **공손초**公孫焦 | 중산국 대부. 위魏나라 장수 악양樂羊과 중산국 장수 악서樂舒가 부자 관계임을 이용해 아들 악서를 죽여서 부친 악양을 물러가게 하려 했으나 실패함. 악양이 중산국을 멸망시킨 후 공손초를 잡아서 참수함. 제85회.

● **공손초**公孫楚 | 자는 자남子南. 정 목공의 손자. 공자 언偃의 아들. 서오범

徐吾犯의 누이동생을 아내로 맞아오기 위해 사촌 형제간인 공손흑公孫黑과 다툼. 동실조과同室操戈란 고사성어가 여기에서 나옴. 제67회.

● **공손표**公孫剽 | → 위衛 상공殤公

● **공손하**公孫夏 | 공자 비騑의 아들. 자는 자서子西. 정 간공의 대부. 울지가 반란을 일으키자, 공손교 등과 함께 집안의 사병을 일으켜 끝까지 추격하여 주살함. 초나라와 내통한 공자 가의 음모를 알아채고 단속을 철저히 하여 음모를 분쇄함. 제61회. 제62회.

● **공손하**公孫夏 | 제 간공의 대부. 애릉 전투에서 오나라 대장 전여展如에게 사로잡혀 참수됨. 제81회. 제82회.

● **공손활**公孫活 | 정나라 공숙公叔(태숙太叔) 단段의 아들. 태숙 단이 정 장공에 대항해 반란을 일으켰다가 실패하자 공손활은 위衛나라로 망명함. 위나라의 힘에 의지하여 다시 정나라를 쳤으나 실패하고 위나라에서 늙어 죽음. 제4회. 제5회.

● **공손획**公孫獲 | 정 장공의 대부. 장공이 허나라 땅을 점령하고 동과 서로 갈라 서쪽 땅을 공손획에게 맡기고 허나라를 통치하게 함. 제7회.

● **공손휘**公孫揮 | 제 간공의 부장. 애릉 전투에서 오나라 장수 서문소胥門巢에게 피살됨. 제81회. 제82회.

● **공손흑**公孫黑(?~기원전 540) | 자는 자석子晳. 정 목공의 손자. 자사子駟의 아들. 공손하의 동생. 서오범의 누이동생을 아내로 맞이하는 일을 두고 사촌 간인 공손초와 다툼. 양소良霄가 자신을 초나라 사신으로 보내려 하자 불복하고 양소의 저택에 불을 지르고 공격함. 정나라 정치를 어지럽히다가 공손교에게 주살됨. 제67회.

● **공손희**公孫喜 | 한韓 이왕의 장수. 이궐伊闕 싸움에서 진秦나라 장수 백기

의 포로가 됨. 제94회.

● **공숙**孔叔 │ 정 문공文公의 대부. 삼량三良의 한 사람. 제23회. 제24회.

● **공숙**共叔 **단**段 │ → 공자 단段

● **공숙영**公叔嬰 │ 한韓 양왕襄王의 장수. 진秦 무왕武王이 의양성宜陽城을 공격할 때 군사를 이끌고 구원에 나섰으나 대패함. 제92회.

● **공숙좌**公叔痤(?~기원전 360) │ 전문田文 사후 임명된 위魏 혜왕惠王의 상국. 위앙을 등용하려 했으나 실패함. 제87회.

● **공약막**公若藐 │ 노魯나라 숙손씨 가문의 후읍郈邑 읍재. 후읍의 마정馬正 후범侯犯에게 살해당함. 제78회.

● **공염무인**公冉務人 │ 숙중팽생叔仲彭生의 가신. 동문수(중수仲遂)가 세자 악惡과 공자 시視를 살해한 뒤 다시 세자의 사부 숙중팽생을 죽이기 위해 어명으로 부르자, 공염무인은 동문수의 흉계를 알아채고 숙중팽생의 입궁을 강력하게 만류함. 그러나 숙중팽생은 어명을 어길 수 없다 하고 입궁하여 역시 살해됨. 제50회.

● **공염양**公斂陽 │ 노魯나라 맹손씨 가문의 성읍郕邑 읍재. 양호의 반란 때 맹손무기孟孫無忌의 요청을 받고 군대를 동원해 양호와 싸움. 공산불뉴의 반란에 가담하지 않음. 소정묘少正卯의 참언을 듣고 성읍의 성벽을 낮추라는 맹손무기의 명령을 거절함. 제78회.

● **공영**孔寧 │ 진陳 영공靈公의 대부. 의행보儀行父과 함께 하희夏姬와 사통하고, 다시 진 영공까지 그 일에 끌어들여 세 남자가 하희와 음란 행각을 벌임. 하희의 아들 하징서夏徵舒가 진 영공을 시해하자 초나라로 도망침. 이후 초 장왕莊王의 명으로 귀국했으나 하징서의 유령에게 시달리다가 연못에 뛰어들어 자살함. 제52회. 제53회.

- **공영제**孔嬰齊 | 위衛 의공의 장수. 위 의공은 학을 좋아했는데, 학을 기르는 데만 열중하고 국사를 돌보지 않다가 북적北狄에게 침략을 당함. 공영제는 후위 대장으로 임명되어 적을 막다가 패배한 후 자결함. 제23회.

- **공윤**工尹 **양**襄 | 초 공왕의 장수. 언릉 전투에서 진晉나라 위기魏錡과 싸워서 패배함. 제58회.

- **공윤**工尹 **제**齊 | 초 장왕의 대부. 필성邲城 전투 때 진晉나라 하군下軍을 공격하여 승리함. 제54회.

- **공의휴**公儀休 | 노魯나라 재상. 오기吳起를 노魯 목공穆公에게 추천하여 제나라 군사를 물리침. 제86회.

- **공자**孔子(기원전 552~기원전 479) | 숙양흘叔梁紇의 아들. 모친은 안징재顏徵在. 본명은 구丘, 자는 중니仲尼. 노魯나라 중도재中都宰와 대사구大司寇 역임. 명실상부한 어진 정치로 노魯나라를 강국으로 이끎. 협곡夾谷 회맹에서 제나라의 무례한 처사를 꾸짖고 오히려 제나라에게 뺏긴 땅을 되찾음. 양호와 공산불뉴의 반란을 진압함. 제나라가 미인계를 쓰기 위해 보내온 여악女樂을 노魯 정공과 계손사季孫斯가 받아들이고 정사政事를 돌보지 않자 벼슬을 내놓고 천하를 주유함. 유가학파儒家學派의 성인聖人. 제78회. 제79회. 제82회.

- **공자 가**嘉 | → 대왕代王 가嘉

- **공자 가**嘉 | 정 목공의 아들. 자는 자공子孔. 정나라 육경六卿. 울지의 잔당이 소탕된 후 정나라 상경에 추대됨. 제52회. 제60회. 제61회. 제62회.

- **공자 각**角 | 위衛 상공殤公의 세자. 영희의 반란 때 상공을 구조하러 오다 공손정公孫丁에게 살해당함. 제65회.

- **공자 개방**開方 | 위衛 의공의 장자로 제 환공의 신하가 됨. 제 환공의 넷

째 아들 공자 반潘과 친분이 두터움. 관중은 역아易牙, 개방開方, 수초豎貂를 간신으로 규정함. 제20회. 제21회. 제23회. 제29회. 제30회. 제31회. 제32회.

◉ **공자 거질**去疾 | 정 영공靈公의 아우. 자는 자량子良. 공자 송宋과 공자 귀생歸生이 정 영공을 시해한 후 공자 거질을 보위에 추대했으나 공자 거질은 사양함. 이후 정 양공襄公에 의해 초나라에 인질로 보내졌다가 공자 장張과 교대되었음. 제52회. 제53회.

◉ **공자 건**虔 | 진秦 효공의 세자인 사의 태부. 세자가 위앙의 천도 계획을 비난하자 효공은 세자 대신 공자 건에게 코를 자르는 형벌劓刑을 내림. 제87회. 제89회.

◉ **공자 건**建(?~기원전 522) | 초 평왕平王의 세자. 자는 자목子木. 오사伍奢를 세자의 스승(태사)으로 삼음. 간신 비무극費無極이 진秦 애공哀公의 누이동생 맹영孟嬴을 본래 공자 건建의 부인으로 데려왔으나, 맹영을 초 평왕에게 바치고 부자간을 이간질함. 비무극은 결국 초 평왕을 부추겨 세자 건을 성보城父로 추방하게 함. 성보에서 분양奮揚의 귀띔을 받고 제녀齊女와의 사이에서 태어난 아들 승勝을 데리고 송나라로 탈출함. 송나라 정정이 불안하여 다시 오자서와 처자를 데리고 정나라로 도피. 진晉나라의 꼬임에 빠져 정나라 공격을 준비하다가 발각되어 참수됨. 제70회. 제71회. 제72회.

◉ **공자 건**乾 | 채蔡 소후의 둘째 아들. 채 소후가 그를 오나라에 인질로 바치고 군사를 빌림. 제75회. 제76회.

◉ **공자 검모**黔牟 | 위衛나라 공자. 혜공 삭朔을 쫓아내고 잠시 위후衛侯에 올랐다가 제 양공의 공격을 받고 보위에서 쫓겨남. 제12회. 제14회.

◉ **공자 격**擊 | 위魏 문후文侯의 세자. 중산군中山君으로 봉해짐. 중산 땅으로

가는 도중 현인 전자방田子方을 만나 그의 고고한 태도에 감명을 받음. 제85회.

◉ **공자 견**堅 ┃ 정 목공의 대부. 초 목왕穆王의 장수 투월초鬪越椒에게 패배해 포로가 되었다가 강화 후 석방됨. 제48회.

◉ **공자 결**結 ┃ 진陳나라 공자. 진나라에 망명 와 있던 남궁장만南宮長萬을 잡아 위衛나라로 압송함. 제17회.

◉ **공자 결**結(?~기원전 479) ┃ 자는 자기子期. 초 평왕의 아들. 초 소왕 때 오왕 합려의 침략을 극복한 후 좌윤에 임명됨. 초 혜왕惠王 때 백공白公 승勝이 반란을 일으키자, 백공 승의 용사 웅의료熊宜僚와 싸우다가 함께 죽음. 제76회. 제77회. 제83회.

◉ **공자 겹**鋏 ┃ 진秦 경공景公의 동생. 진나라 군사를 이끌고 초 강왕의 오나라 정벌을 도와줌. 제66회.

◉ **공자 경보**慶父(?~기원전 660) ┃ 자는 맹孟. 노魯 환공의 서장자庶長子. 노魯 장공의 서형. 노 장공의 부인 애강哀姜과 사통한 후 보위에 오르려고 장공의 아들 공자 반般과 노魯 민공閔公을 시해함. 그러나 경보의 악행을 질책하는 여론이 들끓어 오르자, 여러 나라에 망명하려다 실패한 뒤 문수汶水가 피신지에서 자결함. 노魯 희공僖公이 공실公室의 화합을 위해 계우의 건의를 받아들여 경보의 아들 공손오에게 경보의 제사를 잇게 함. 이 가문이 노魯나라 삼환三桓의 하나인 맹손씨임. 제13회. 제18회. 제21회.

◉ **공자 계**啓 ┃ → 노魯 민공閔公

◉ **공자 계우**季友(?~기원전 644) ┃ 노魯 장공의 친동생. 비읍 문양汶陽을 봉토로 받음. 현명하고 공정한 처신으로 노魯나라 공실을 보호함. 공자 경보의 반란을 수습하고 노나라를 안정시킴. 노나라 삼환의 하나인 계손씨 가문

을 일으킴. 제13회. 제22회. 제23회.

◉ **공자 계찰**季札 | 봉토가 연릉延陵이어서 흔히 연릉계자延陵季子라고 불림. 오왕吳王 수몽壽夢의 넷째 아들. 재주가 뛰어나고 성품이 어질어 오왕 수몽이 보위를 물려주려고 했으나 완강하게 거절하고 받지 않음. 수몽의 유언으로 형제 차례에 따라 보위에 오르게 되었으나 계찰은 자신의 차례가 되어도 보위에 오르지 않음. 제61회. 제71회. 제73회.

◉ **공자 곡신**穀臣 | 초 장왕의 아들. 필성 전투 때 진晉나라 장수 순수荀首의 화살을 맞고 포로가 되었다가 처형됨. 제53회. 제54회. 제57회.

◉ **공자 과**過 | 진陳 애공哀公의 동생. 공자 유留의 소부. 태부 공자 초招와 함께 세자 언사偃師를 시해하고 공자 유를 보위에 올림. 초 영왕이 토벌에 나서자 공자 초가 공자 과의 목을 베어 그에게 모든 죄를 덮어씌움. 제69회.

◉ **공자 광**光 | → 오왕吳王 합려闔閭

◉ **공자 광**光 | → 제齊 장공莊公

◉ **공자 괴귀**蒯瞶 | → 위衛 장공莊公

◉ **공자 교**蟜 | 정 간공의 대부. 진晉을 도와 진秦을 칠 때 독약을 풀어놓은 경수涇水를 맨 먼저 건넘. 제61회.

◉ **공자 굴돌**掘突 | → 정鄭 무공武公

◉ **공자 궤**軌 | → 노魯 환공桓公

◉ **공자 귀생**歸生(?~기원전 599) | 정나라 대부. 자는 자가子家. 초나라로 망명. 나중에 다시 정나라로 귀국하여 공자 송宋과 함께 정나라 정치를 관장함. 공자 송과 모의하여 정 영공을 시해함. 사후 공자 거질에 의해 부관참시剖棺斬屍당함. 제46회. 제50회. 제51회. 제52회.

◉ **공자 규**糾(?~기원전 685) | 제 양공의 장자. 노魯나라 여인 소생. 부친 양

공의 음행에 간언을 올렸으나 받아들여지지 않자 노魯나라로 망명함. 대부 옹늠雍廩이 공손무지를 죽인 뒤 서둘러 제나라로 귀국해 보위에 오르려고 했으나, 아우인 공자 소백小白과 포숙아의 계책에 밀려 보위에 오르지 못함. 결국 제나라의 요청을 받은 노魯 장공에 의해 살해됨. 제15회. 제16회.

● **공자 균廩** | → 겹오郟敖

● **공자 급자急子**(?~기원전 701) | 이름을 급伋이라고도 함. 위衛 선공宣公의 세자. 선공이 아버지 위 장공莊公의 비첩인 이강夷姜과 사통하여 낳은 아들. 천성이 효성스럽고 우애가 깊음. 이복동생 공자 삭朔(위 혜공)의 계략에 의해 살해됨. 제12회.

● **공자 기起** | 제나라 진항陳恒이 위衛 공자 반사班師를 구금하고 보위에 올림. 제83회.

● **공자 기질棄疾** | → 초 평왕平王

● **공자 낙樂**(?~기원전 621) | 진晉 문공의 아들. 진영辰嬴의 소생. 진陳나라로 보내졌고 그곳에서 벼슬함. 진晉 양공襄公 사후 호야고狐射姑가 보위에 추대했으나 조돈趙盾의 반대에 막힘. 호야고의 고집에 의해 진나라로 귀국 도중 조돈이 파견한 자객에게 암살당함. 제44회. 제47회.

● **공자 난欒** | 송 원공元公의 세자. 화씨華氏 집안에 인질로 보내졌다가 송 원공이 화씨 집안을 공격하자 화씨 집안에서 석방함. 제72회.

● **공자 난蘭** | → 정鄭 목공穆公

● **공자 난蘭** | 초 회왕의 막내아들. 진秦 혜문왕惠文王의 딸과 혼인함. 근상 靳尙과 함께 아첨하여 초 회왕과 경양왕頃襄王의 총애를 얻었으나 나라를 망침. 근상을 시켜 충신 굴원屈原을 추방하게 함. 제92회. 제93회.

● **공자 녹祿** | 초 영왕의 세자. 영왕이 서徐나라 정벌에 나섰을 때 영윤 위

피蓮罷와 도성을 지키다가 채공蔡公 기질의 공격을 받고 피살됨. 제67회. 제
70회.

● **공자 단**段(?~기원전 722) │ 공숙共叔 단. 정鄭 무공武公과 무강武姜 사이에서
태어난 둘째 아들. 경성태숙京城太叔. 모후 무강의 편애를 믿고 정 장공에게
반란을 일으켰다가 실패하고 자결함. 제4회.

● **공자 담**談 │ 진晉 양공襄公의 서장자庶長子. 조돈이 진晉 영공靈公을 옹립하
자 주나라로 몸을 피해 선양공單襄公의 문객이 됨. 그 후 아들 하나를 낳았
는데, 주나라에서 낳았기 때문에 이름을 주周(진 도공)라고 함. 제59회.

● **공자 당**黨 │ 오왕 제번諸樊의 대장. 초나라 신궁 양유기養繇基의 화살을 맞
고 죽음. 제61회.

● **공자 도**荼(?~기원전 489) │ 제 경공의 막내아들. 모친 육사鬻姒가 제 경공
의 총애를 받아 그 어린 아들 공자 도荼도 안유자安孺子라 일컬어짐. 경공
사후 보위에 오름. 이후 진걸陳乞이 공자 양생(제 도공)을 보위에 올린 후 안
유자를 시해함. 제81회.

● **공자 돌**突 │ → 정鄭 여공厲公

● **공자 동**同 │ → 노魯 장공莊公

● **공자 동국**東國 │ → 채蔡 도공悼公

● **공자 막**麋 │ 초왕 웅균熊麋의 아들. 공자 위圍에게 살해됨. 제67회.

● **공자 면**免 │ 진陳 환공桓公의 세자. 숙부인 공자 타佗에게 시해당함. 제
9회.

● **공자 목이**目夷 │ 자는 자어子魚. 송 환공桓公의 아들. 송 양공의 서형. 송
나라 현인賢人으로 일컬어짐. 송 양공이 보위를 양보했으나 받지 않음. 초
나라와의 전투 때 강을 다 건너지 못한 초나라 군사를 공격해야 한다고 건

의했으나 양공이 받아들이지 않음. 양공이 이 전투에서 대패하여 송양지 인宋襄之仁이란 유명한 고사성어가 만들어짐. 제17회. 제24회. 제33회. 제34회.

● **공자 무인**務人 | 노魯 소공昭公의 동생. 권신權臣 계손의여에 의해 폐서인이 됨. 제78회.

● **공자 무지**無地 | 진秦 경공景公의 대부. 진나라에 쳐들어온 난겸欒鍼을 화살로 쏴서 죽임. 제61회.

● **공자 무휴**無虧(?~기원전 642) | 제 환공의 맏아들. 제 환공과 첫째 여부인 如夫人 장위희長衛姬 소생. 제 환공 사후 장위희의 총애를 받은 역아易牙와 수초豎貂에 의해 보위에 올랐으나, 송 양공이 제 환공의 세자 소昭를 제나라 보위에 올리기 위해 군사를 동원해 정벌에 나서자 무휴는 성난 백성에 의해 살해됨. 제23회. 제32회.

● **공자 미**亹(?~기원전 694) | 자미子亹. 정 장공의 아들. 세자 홀忽의 아우. 정 여공이 즉위한 후 채蔡나라로 망명. 고거미가 정 소공을 시해한 후 보위에 추대함. 수지首止 회맹에 갔다가 제 양공의 문책을 받고 잡혀서 죽음. 제8회. 제12회. 제13회.

● **공자 반**般 | → 채蔡 영공靈公

● **공자 반**般 | 노魯 장공과 맹임孟任 사이에서 태어난 맏아들. 노 장공 사후 잠시 보위에 올랐다가 공자 경보의 사주를 받은 어인御人 낙犖에게 시해당함. 제22회.

● **공자 반**潘 | → 제齊 소공昭公

● **공자 반사**班師 | 위衛 장공이 융戎으로 달아나자 위나라 백성이 반사를 보위에 올림. 그러나 제나라 진항陳恒에 의해 구금됨. 진항은 다시 공자 기

起를 보위에 올림. 제83회.

● **공자 발**勃 | 송 강왕의 무도함에 간언을 올리다가 강왕이 쏜 화살에 맞아 죽음. 제94회.

● **공자 발**發(?~기원전 563) | 정 목공의 아들. 자는 자국子國. 정나라 육경. 정나라 대부 울지尉止에게 살해당함. 제52회. 제60회. 제61회.

● **공자 방**龐 | 정 목공穆公의 대부. 초 목왕穆王의 장수 투월초鬪越椒에게 패배해 포로가 되었다가 강화 후 석방됨. 제48회.

● **공자 방**魴 | 초 평왕의 사마司馬. 오나라 공자 광光에게 죽임을 당함. 제71회.

● **공자 비**非 | → 한비자韓非子

● **공자 비**騑(?~기원전 563) | 정 목공의 아들. 자字는 자사子駟. 정나라 육경. 진晉나라로 입조하려는 정 희공僖公을 역사驛舍에서 시해함. 정나라 대부 울지에게 살해당함. 제52회. 제60회. 제61회.

● **공자 빙**馮 | → 송宋 장공莊公

● **공자 사**舍 | 제 소공昭公의 세자. 모후는 소희昭姬. 잠시 보위에 올랐다가 상막喪幕에서 공자 상인商人(제 의공懿公)에게 시해당함. 제49회.

● **공자 사**駟 | → 진秦 혜문왕惠文王

● **공자 사예**士洩 | 정 문공의 장수. 활滑나라를 정벌할 때의 대장. 제37회.

● **공자 삭**朔 | → 위衛 혜공惠公

● **공자 산**山 | 오왕 합려의 아들. 초나라 공격 때 군량미를 담당한 장수. 손무孫武는 공자 산에게 오왕 합려를 보호해 한음산漢陰山으로 군영을 옮기게 함. 오자서와 함께 맥성麥城을 공격하여 함락시킴. 진秦과 초의 반격 때 영도郢都를 지킴. 제75회. 제76회. 제77회.

◎ **공자 상신**商臣 | → 초楚 목왕穆王

◎ **공자 상인**商人 | → 제齊 의공懿公

◎ **공자 서**舒 | 정 목공의 아들. 자는 자인子印. 제52회.

◎ **공자 석**碩 | 자는 소백昭伯. 『사기史記』「위강숙세가衛康叔世家」에는 석碩이 완頑으로 되어 있음. 위衛 선공과 이강 사이에서 태어난 둘째 아들. 급자의 동생이고 형 급자가 살해된 후 제나라로 망명함. 나중에 제 양공의 강압에 의해 부친 위 선공의 비빈이었던 선강宣姜과 다시 짝을 이뤄 5남매를 낳았음. 장남인 제자齊子는 요절했고, 차남은 위衛 대공戴公 신申, 그다음은 위衛 문공文公 훼燬임. 딸 둘은 각각 송 환공과 허許 목공穆公의 부인이 됨. 제12회.

◎ **공자 선**善(?~기원전 664) | 자원子元. 초 문왕文王의 아우. 초 성왕成王의 숙부. 초나라 영윤. 초나라 보위와 형수 식규息嬀를 넘보며 궁궐 안에서 전횡을 일삼다가 투누오도鬬穀於菟와 투반鬬班 등에 의해 주살됨. 제20회.

◎ **공자 성**成 | 정나라 세자 굴돌掘突의 측근. 황급하게 견융과 맞서 싸우려는 굴돌을 만류했지만 굴돌이 말을 듣지 않아 패배함. 제3회.

◎ **공자 성**成 | → 봉양군奉陽君

◎ **공자 성**成 | 송 장공의 아들. 송 민공閔公과 환공의 아우. 진晉나라 선저거先且居, 진陳나라 원선轅選, 정鄭나라 공자 귀생歸生과 함께 진秦나라를 정벌하여 강江과 팽아彭衙 두 고을을 빼앗음. 제46회.

◎ **공자 소**昭 | → 제齊 효공孝公

◎ **공자 소관**少官 | 진秦 효공의 장수. 상국 위앙魏鞅과 위魏나라를 정벌하여 하서河西 땅을 빼앗음. 제89회.

◎ **공자 소백**小白 | → 제齊 환공桓公

● **공자 송**宋 | → 노魯 정공定公

● **공자 송**宋 | 정 영공의 대부. 자는 자공子公. 공자 귀생과 정나라 정치를 관장함. 자신의 식지食指가 떨리면 별미를 먹게 된다고 믿음. 그러나 식지가 떨렸는데도 정 영공이 자라 국을 나눠주지 않자 공자 귀생과 모의하여 정 영공을 시해함. 정 양공 즉위 후 공자 거질에 의해 참수됨. 제51회. 제52회.

● **공자 수**首 | 조曹나라 대부. 제齊나라에 사신을 갔다가 꼽추라는 이유로 제 경공頃公과 소태부인蕭太夫人에게 치욕을 당함. 이후 치욕을 씻기 위해 진晉, 노魯 등의 군사와 연합하여 제나라를 정벌함. 제56회.

● **공자 수**須 | 송 문공(공자 포鮑)의 동생. 형 송 문공 즉위 후 사성司城에 임명됨. 제49회.

● **공자 수**遂(?~기원전 601) | 양중襄仲. 동문수東門遂. 중수仲遂. 노魯 장공의 서자이자 노 희공의 동생. 혼인하고자 한 거莒나라 기씨己氏 여인을 공손오公孫敖에게 빼앗기자 공손오를 추방함. 보위에 오른 공자 악惡과 그 동생 공자 시視를 시해하고 공자 왜倭(노 선공)를 보위에 올림. 노 선공이 죽은 후 계손행보는 동문수의 죄를 물어 그의 친족을 모두 국외로 추방함. 제34회. 제39회. 제48회. 제49회. 제50회. 제56회.

● **공자 수**壽(?~기원전 701) | 위衛 선공과 선강宣姜 사이의 첫째 아들. 효성스럽고 우애 깊음. 친아우 공자 삭朔이 이복형인 세자 급자急子를 살해하려는 것을 알고, 자신도 급자와 함께 죽음. 제12회.

● **공자 숙무**叔武(?~기원전 632) | 위衛 성공의 동생. 위 성공이 축출된 후 섭정으로 위나라를 다스리며 위 성공의 복위를 위해 사심 없는 노력을 기울였으나 위 성공이 복위되는 과정에서 간신 천견歂犬에 의해 원통하게 살해

됨. 제39회. 제41회.

● **공자 숙아**叔牙(?~기원전 662) ┃ 노魯 환공의 아들. 노魯 장공의 서제庶弟. 공자 경보의 아우. 시호가 희僖여서 흔히 희숙僖叔으로 불림. 형인 공자 경보를 보위에 올리려다 실패하고 집안이 기울었음. 이후 노魯 희공이 공실公室의 화합을 위해 계우季友의 건의를 받아들여 숙아의 아들 공손자에게 숙아의 제사를 잇게 함. 이 가문이 노魯나라 삼환三桓의 하나인 숙손씨叔孫氏임. 제13회. 제22회.

● **공자 숙힐**叔肸 ┃ 노魯 문공의 서자. 경영敬嬴 소생. 공자 왜倭의 아우. 사람이 충직하여 형 노 선공의 보위 찬탈을 잘못된 것이라 생각함. 선공이 주는 벼슬이나 녹봉을 받지 않고 신발을 짜서 끼니를 해결하며 평생을 보냄. 제49회. 제50회.

● **공자 승**勝 ┃ → 평원군平原君

● **공자 승**勝 ┃ 진陳 애공과 셋째 부인 사이에서 태어난 아들. 세자 언사偃師가 시해된 후 언사의 아들 공손오와 함께 초나라로 망명하여 진나라를 토벌할 군사를 요청함. 제69회.

● **공자 승**勝(?~기원전 479) ┃ 초 평왕의 세자 건建과 제녀齊女 사이에서 태어난 아들. 오자서와 함께 곤경에서 벗어나 오나라에 정착함. 오자서와 오왕 합려가 초나라를 정벌한 후 귀국하여 백공白公에 봉해짐. 백씨白氏의 시조. 부친인 세자 건의 원수를 갚기 위해 초나라에서 반란을 일으켰으나 섭공葉公 심제량沈諸梁에게 진압당해 자결함. 제71회. 제72회. 제73회. 제77회. 제83회.

● **공자 시**市 ┃ → 고릉군高陵君

● **공자 시**視(?~기원전 608) ┃ 노魯나라 공자 악惡의 동생. 동문수에 의해 형

과 함께 마구간에서 살해됨. 제49회.

● **공자 신**申 ㅣ → 노魯 희공僖公

● **공자 신**申 ㅣ → 위衛 대공戴公

● **공자 신**申(?~기원전 479) ㅣ 자는 자서子西. 초 평왕의 서장자庶長子. 평왕 사후 보위 추대를 사양함. 오왕 합려의 공격을 받아 도성 영성郢城이 함락되었으나 국난을 극복하고 초 소왕을 복위시킴. 초 소왕에 의해 영윤에 임명됨. 백공 승의 반란 때 사로잡혀 효수됨. 제73회. 제74회. 제76회. 제77회. 제79회. 제83회.

● **공자 신**申 ㅣ 위魏 혜왕의 세자. 방연龐涓이 손빈孫臏에게 패배한 후 제나라 장수 전영田嬰에게 사로잡혔다가 자결함. 제89회.

● **공자 신생**申生(?~기원전 656) ㅣ 진晉 헌공의 세자. 헌공과 제강(제 환공의 맏딸로 곡옥무공의 후실) 사이에서 태어난 아들. 헌공이 부친 곡옥무공의 후실과 사통하여 신생을 낳은 뒤, 헌공의 정실부인 가희賈姬가 죽자 제강을 정실부인으로 삼음. 헌공의 후실 여희驪姬의 참소를 당하고도 신생은 부친 헌공의 명령에 항거하지도 도망가지도 않고 스스로 목을 매어 죽음. 진晉 혜공 이오夷吾가 즉위한 후 공세자共世子라는 시호를 추증함. 제20회. 제25회. 제27회.

● **공자 아**牙 ㅣ → 공자 숙아叔牙

● **공자 아**牙 ㅣ 제 영공靈公과 중자仲子 사이에서 태어난 아들. 제 영공은 세자 광光을 폐위하고 공자 아牙를 세자로 세움. 그러나 옛 세자 광과 최저에 의해 살해됨. 제62회.

● **공자 악**惡(?~기원전 608) ㅣ 노魯 문공의 세자. 노 문공 사후 잠시 보위에 올랐으나 경영의 사주를 받은 동문수에 의해 마구간에서 시해됨. 제49회.

• **공자 알**闕 | 정 여공 때 채족祭足의 심복. 채족과 함께 정 여공을 축출하고 정 소공을 복위시켰다가, 나중에 정 여공이 귀국한 후 죽임을 당함. 제11회. 제19회.

• **공자 앙**卬 | 송 성공成公, 소공의 사마司馬. 송 목공과 양공의 파당이 일으킨 반란 때 피살됨. 제48회. 제49회.

• **공자 앙**卬 | 위魏 혜왕 때의 공자. 위앙을 등용하려 했으나 위 혜왕이 거절함. 진秦나라 상국 위앙의 계략에 속아 서하西夏 옥천산玉泉山에서 진나라의 포로가 됨. 제87회. 제89회.

• **공자 앵**罃 | → 진秦 강공康公

• **공자 양간**楊干 | 진晉 도공의 아우. 군율을 어기다가 사마 위강魏絳에 의해 엄벌을 받음. 중군 융어中軍戎御. 제60회.

• **공자 양생**陽生 | → 제 도공悼公

• **공자 어**圉 | → 진晉 회공懷公

• **공자 어구**御寇 | 진陳 선공의 세자. 진 선공에게 역모를 의심받고 주살당함. 제19회.

• **공자 어열**御說 | → 송宋 환공桓公

• **공자 어융**御戎 | 송나라 공자. 송 원공과 화씨華氏 집안 제거를 모의하다가 가짜 병을 빙자한 화해華亥의 유인에 걸려 살해당함. 제72회.

• **공자 언**偃 | 노魯 장공의 장수. 낭성郎城 전투에서 호랑이 가죽을 씌운 기마병을 이용하여 송나라 남궁장만南宮長萬을 물리침. 제13회. 제16회. 제17회.

• **공자 언**偃 | 정 목공의 아들. 자는 자유子游. 제52회.

• **공자 언사**偃師 | 진 애공과 원비元妃인 정희鄭姬 사이에서 태어난 맏아들.

세자로 책봉되었다가 공자 유留의 사부 공자 초招와 공자 과過의 음모로 피
살됨. 제69회.

● **공자 여**呂 | 자는 자봉子封. 정 무공의 아우. 정 장공의 상경. 정 장공을
도와 공숙共叔 단의 역모를 궤멸시킴. 제4회. 제6회. 제7회.

● **공자 여이**與夷 | → 송宋 상공殤公

● **공자 여제**餘祭 | 오왕 수몽의 둘째 아들. 자신의 형 오왕 제번이 초나라
와의 싸움에서 전사한 후 보위에 오름. 처음으로 월越나라를 정벌함. 뱃놀
이 도중 술에 취해 잠이 들었다가 포로로 잡혀온 월나라 종인宗人에게 피살
됨. 제60회. 제61회.

● **공자 연**衍 | 노魯 소공의 세자. 권신 계손의여에 의해 폐서인됨. 제78회.

● **공자 연**然 | 정 목공穆公의 아들. 제52회.

● **공자 영제**嬰齊 | 자는 자중子重. 초 목왕穆王의 아들이자 초 장왕莊王의 동
생. 초 장왕의 좌군대장. 초 장왕이 진陳나라를 멸망시킨 후 진공陳公에 봉
함. 진나라가 복국復國된 후 다시 신공申公에 봉해짐. 초 공왕의 영윤. 오나
라와의 싸움에서 패배한 후 울분으로 죽음. 제51회. 제52회. 제53회. 제
54회. 제55회. 제57회. 제58회. 제59회. 제60회.

● **공자 예**洩 | → 좌공자左公子 예洩

● **공자 오**午 | 자는 자경子庚. 초 강왕의 대부. 정나라를 정벌하기 위해 정
나라 공자 가嘉와 내통하려 했으나 성공하지 못함. 이에 어치산魚齒山 아래
에 주둔했다가 심한 눈비로 인해 철군함. 제62회.

● **공자 오생**寤生 | → 정鄭 장공莊公

● **공자 옹**雍 | 제 환공과 송화자宋華子 사이에서 태어난 막내아들. 환공이
죽은 후 형제간에 치열한 보위 쟁탈전이 벌어지자 국외로 탈출해 초나라로

망명하여 대부가 됨. 제32회. 제40회.

● **공자 옹**雍 | 진晉 문공의 아들. 두기杜祁의 소생. 진秦나라로 보내졌고 그곳에서 벼슬함. 진晉 양공 사후 조돈趙盾에 의해 보위에 추대되었으나 조돈이 다시 세자 이고夷皐(진晉 영공靈公)를 보위에 올리는 바람에 진晉과 진秦의 전투 중에 사망함. 제44회. 제47회.

● **공자 완**完 | → 위衛 환공桓公

● **공자 완**完 | 자는 경중敬仲. 진陳 여공厲公의 아들. 공자 어구御寇의 파당으로 몰리자 제나라로 망명해 공정工正 벼슬에 임명됨. 제 환공이 그를 전田 땅에 봉하여 전씨田氏의 시조가 됨. 그의 후손들이 나중에 제나라를 장악함. 제19회.

● **공자 왕신**王臣 | → 송宋 성공成公

● **공자 왜**倭 | → 노魯 선공宣公

● **공자 우**友 | 오왕 부차의 세자. 오왕 부차가 황지黃池로 회맹을 떠난 이후 월왕 구천의 공격을 받고 자결함. 제79회. 제82회.

● **공자 우**羽 | 정 목공의 아들. 제52회.

● **공자 웅완**熊完 | → 초楚 고열왕考烈王

● **공자 원**元 | → 제齊 혜공惠公

● **공자 원**元 | 공자 여呂의 아우. 공자 여가 세상을 떠난 후 정 장공에 의해 대부로 임명됨. 주 환왕桓王의 연합군이 정나라를 정벌하러 오자, 정나라에서는 공자 원의 계책으로 환왕의 군사를 물리침. 이 전공으로 정 장공은 공자 원에게 역읍櫟邑을 봉토로 주었고 부용국附庸國의 대우를 해줌. 제7회. 제9회. 제11회.

● **공자 원**元 | 제 희공의 대신. 공손대중과 함께 북융의 침략을 물리침. 제

8회. 제10회.

• **공자 원**元 | 채 소후의 세자. 채 소후가 진晉에 인질로 바치고 초나라 정벌 군사를 얻음. 제75회.

• **공자 위**圍 | → 초 영왕

• **공자 유**有 | 채蔡 영공靈의 세자. 공손귀생과 함께 채나라 도성을 끝까지 지키다가 결국 초나라 공자 기질棄疾의 포로가 됨. 초 영왕이 구강산九岡山 산신령에게 제사 지낼 때 희생으로 바쳐짐. 제69회.

• **공자 유**柔 | 노魯 환공의 신하. 각 제후국과의 외교를 원만하게 이끎. 제11회.

• **공자 유**留 | 진陳 애공과 둘째 부인 사이에서 태어난 아들. 공자 초招와 공자 과過가 세자 언사를 시해하고 공자 유留를 보위에 올렸으나, 초 영왕이 정벌에 나섰다는 소식을 듣고 정나라로 도주함. 제69회.

• **공자 유**游 | 송 장공의 신하. 송 민공의 사촌 동생. 송 민공을 시해한 남궁장만에 의해 보위에 추대되었다가, 송나라 공족公族들의 연합 공격 때 살해됨. 제11회. 제17회.

• **공자 유**猶 | → 초楚 애왕哀王

• **공자 유**繇 | 진秦 혜문왕의 서자. 위魏나라에 인질로 보내졌으나 장의의 유세를 듣고 위 양왕襄王이 풀어줌. 제91회.

• **공자 은**憖 | 진秦 목공의 둘째 아들. 성복 전투 때의 진나라 대장. 제나라 장수 국귀보國歸父와 함께 초나라 본영을 점령하고 각종 군수물자와 군량미를 노획함. 제40회. 제41회.

• **공자 의**儀 | 공자 영嬰이라고도 함. 정 장공의 아들. 공자 홀(소공)과 돌突(여공)의 아우. 공자 미亹가 제 양공에게 잡혀 죽은 후 잠시 보위에 오름. 그

후 복위를 위해 정 여공의 군사가 쳐들어왔을 때 여공에게 항복한 장수 부하傅瑕에게 속아서 살해됨. 제8회. 제19회.

◉ **공자 의**儀 | 위衛나라 공자 하瑕의 동생. 위 성공의 복위 과정에서 주천周歂에 의해 피살됨. 제43회.

◉ **공자 이고**夷皐 | → 진晉 영공靈公

◉ **공자 이매**夷昧 | 오왕吳王 수몽의 셋째 아들. 오왕 여제餘祭가 월나라 종인宗人에게 피살된 후 보위에 오름. 서산 싸움에서 초나라 군사에게 포위되었다가 굴호용屈狐庸에 의해 구출됨. 제60회. 제61회. 제66회. 제67회. 제71회.

◉ **공자 이오**夷吾 | → 진晉 혜공惠公

◉ **공자 익**溺 | 노魯 환공의 장수. 노魯 장공의 대부. 제11회.

◉ **공자 인**印 | 채나라 장수. 성복 전투에서 진晉나라 장수 서신胥臣의 도끼를 맞고 죽음. 제40회.

◉ **공자 인**寅 | 송나라 공자. 송 원공과 화씨 집안 제거를 모의하다가 가짜 병을 빙자한 화해의 유인에 걸려 살해당함. 제72회.

◉ **공자 임**壬 | → 제齊 간공簡公

◉ **공자 임부**任夫 | 자는 자신子辛. 초 공왕의 우윤右尹, 우군 대장. 언릉 전투에 참전하여 패배. 어석魚石 등을 앞세워 송나라 팽성을 점령함. 영윤 공자 영제嬰齊가 죽은 후 초나라 영윤에 오름. 타고난 성격이 탐욕스러워 속국에 뇌물을 요구함. 초나라 속국이었던 진陳나라가 진晉에 복속하자 그 죄를 뒤집어쓰고 초 공왕에게 처형당함. 제58회. 제59회. 제60회.

◉ **공자 자보**茲父 | → 송宋 양공襄公

◉ **공자 장**章(?~기원전 295) | 조趙 무령왕武靈王의 맏아들. 이복동생 하何가

세자에 책봉된 후 폐위됨. 안양_{安陽} 땅에 봉해져 안양군_{安陽君}으로 불림. 전불례_{田不禮}와 반란을 일으켰다가 패배한 후 태부 이태_{李兌}에게 참수당함. 제93회.

● **공자 장**_張 | 정 양공의 아우. 공자 거질 대신 초나라에 인질로 보내짐. 제54회.

● **공자 장**_臧 | 정나라 세자 화_華의 아우. 세자 화와 함께 정나라 세 현신_{三良}의 처벌을 바라다가 실패함. 결국 송나라로 도망가다가 중도에서 정 문공이 보낸 자객에게 피살당함. 제24회.

● **공자 저구**_{杵臼} | → 제_齊 경공_{景公}

● **공자 저구**_{杵臼} | → 진_陳 선공_{宣公}

● **공자 전**_鱄 | 자는 자선_{子鮮}. 위_衛 헌공의 동생. 헌공과 함께 제나라로 망명. 헌공을 복위시키려는 영희_{寧喜}에게 장차 위나라 정권을 모두 영희에게 맡기겠다는 헌공의 결심을 알려주고 보증해줌. 영희가 권력을 농단하다가 공손면여에게 살해당하자, 진_晉나라 한단_{邯鄲}으로 망명하여 은둔함. 제62회. 제65회. 제66회.

● **공자 정**_貞 | 초 장왕의 아들. 임부가 처형된 후 초나라 영윤이 됨. 진_晉과 초 사이에서 줄타기를 하던 정을 복속시키기 위해 노력했으나 결국 실패함. 제60회. 제61회. 제62회.

● **공자 제아**_{諸兒} | → 제_齊 양공_{襄公}

● **공자 조**_朝 | 송나라 공자. 위_衛 영공_{靈公}의 부인인 남자_{南子}의 정인_{情人}. 제79회.

● **공자 좌**_佐 | → 송_宋 원공_{元公}

● **공자 좌**_痤 | 송 평공_{平公}의 세자. 내시 이여_{伊戾}의 참소로 송 평공에 의해

살해됨. 제72회.

● **공자 주**朱 │ 식息나라의 공자. 초 목왕穆王이 정나라를 정벌하면서 동시에 식나라 장수를 시켜 진陳을 치게 함. 제48회.

● **공자 주**朱 │ 채 평공平公의 세자. 평공이 죽은 후 잠시 보위에 올랐으나 서자 동국東國의 뇌물을 받아먹은 초나라 비무극費無極의 계략으로 쫓겨남. 제71회.

● **공자 주우**州吁 │ 위衛 장공과 궁녀 사이에서 태어난 서자. 위 환공의 이복동생. 성격이 포악하고 탐욕스러움. 측근 석후石厚와 함께 위 환공을 시해하고 보위에 오름. 춘추시대 최초로 신하가 임금을 죽이고 보위 찬탈에 성공한 사례를 만듦. 나중에 현신 석작石碏의 유인책에 걸려 진陳나라로 갔다가 진 환공에게 사로잡혀 처형됨. 제5회. 제6회.

● **공자 중이**重耳 │ → 진晉 문공文公

● **공자 지**地 │ 송나라 공자. 화씨 집안에 인질로 보내졌다가 송 원공이 화씨 집안을 공격하자 화씨 집안에서 석방함. 제72회.

● **공자 지**志 │ 정 목공의 아들. 제52회.

● **공자 직**職 │ → 우공자右公子 직職

● **공자 직**職 │ 초 성왕의 어린 아들. 성왕이 세자 상신商臣(초 목왕穆王)을 폐하고 공자 직을 세자로 세우려 함. 초 목왕 즉위 후 진晉나라로 달아나려 하다가 투월초鬪越椒에게 살해됨. 제46회.

● **공자 직**職 │ 연왕燕王 쾌噲의 서자. 세자 평平의 이복동생. 상국 자지子之가 보위에 오른 후 한韓나라로 망명. 제91회.

● **공자 진**辰 │ 송 원공의 동생. 화씨 집안에 인질로 보내졌다가 송 원공이 화씨 집안을 공격하자 화씨 집안에서 석방함. 제72회.

● **공자 진**珍 | → 초楚 소왕昭王

● **공자 진**晉 | → 위衛 선공宣公

● **공자 질**疾 | → 세자 질疾

● **공자 천견**歂犬 | 위衛나라 성공의 간신. 추방된 위 성공과 임시 섭정攝政. 공자 숙무叔武를 이간시키기 위해 온갖 참소를 일삼음. 위 성공이 귀국하는 과정에서 자신의 거짓말이 탄로 날까 두려워 한발 앞서 왕궁에 당도한 후 공자 숙무를 시해함. 이후 외국으로 도망치려다 사로잡혀 위 성공에게 참수됨. 제41회. 제42회.

● **공자 첩**踥 | → 정鄭 문공文公

● **공자 초**招 | 진陳 애공의 동생. 공자 유留의 태부. 소부 공자 과와 함께 세자 언사를 죽이고 공자 유를 보위에 올림. 이후 초나라의 토벌을 받자 공자 과의 목을 베어 초 영왕에게 바친 뒤, 모든 죄를 공자 과에게 전가하고 초 영왕에게 진나라를 초나라 속현屬縣으로 만들도록 건의함. 공자 승이 사실을 밝히자 초 영왕은 그를 월나라로 압송하여 감금하게 함. 제69회.

● **공자 측**側 | 자는 자반子反. 초 목왕穆王의 아들. 초 장왕의 동생. 초 장왕의 우군대장. 하희夏姬를 아내로 맞이하려 했으나 굴무屈巫의 반대로 실패함. 초 공왕의 사마, 중군원수. 술에 취해 깨어나지 못하고 후퇴의 빌미를 제공했다가 다음 날 깨어나 공자 영제의 질책을 듣고 목을 매 자결함. 제51회. 제53회. 제55회. 제57회. 제58회. 제59회. 제60회.

● **공자 칩**縶 | 진秦나라 대부. 진나라에 사신으로 갔다가 공손지를 천거하여 진나라 장수가 되게 함. 송나라 명록촌鳴鹿村으로 가서 건숙蹇叔을 맞아옴. 진晉나라 공자 중이重耳(진 문공)를 호송하여 보위에 오르게 함. 제25회. 제26회. 제28회. 제30회. 제36회. 제38회. 제40회.

● **공자 타**佗(기원전 754~기원전 706) | 자는 오보伍父 또는 오보五父. 진陳 문 공文公의 아들. 진 환공의 아우. 환공 사후 조카인 세자 면免을 죽이고 스 스로 보위에 오름. 이후 채희蔡姬가 낳은 약躍을 보위에 올리려는 채나라 계 략에 빠져, 채나라 공자 채계蔡季에게 살해됨. 제6회. 제9회.

● **공자 탁자**卓子 | 진晉 헌공獻公과 소희少姬 사이에서 태어난 아들. 헌공 사 후 대신들이 세자 신생申生을 죽인 여희驪姬에게 원한을 품고 공자 중이(진 문공)를 옹립하려 함. 이 과정에서 이극里克, 비정보丕鄭父, 도안이屠岸夷 등이 여희의 아들 해제奚齊와 소희의 아들 탁자卓子를 모두 죽임. 제20회. 제 25회. 제27회.

● **공자 탕**蕩 | → 진秦 무왕武王

● **공자 탕**蕩 | 송 환공桓公의 아들. 송 양공의 아우. 어진 성품으로 송 양공 에게 올바른 간언을 자주 올림. 그러나 송 양공이 송양지인宋襄之仁을 베푼 초나라와의 싸움에서 결국 전사함. 제33회. 제34회.

● **공자 파**波 | 오왕 합려의 세자. 오왕 부차夫差의 부친. 계실 소강少姜이 향 수병으로 죽은 뒤 자신도 상심에 빠져 병으로 앓다가 죽음. 제75회. 제 77회. 제79회.

● **공자 파**罷 | 초 공왕共王의 대신. 송나라 화원華元의 중재로 진晉나라 대부 사섭士燮과 전쟁 중지 맹약을 맺음. 제58회.

● **공자 패**筏 | 식息나라 공자. 초 목왕穆王이 정나라를 정벌하면서 동시에 식나라 장수를 시켜 진陳을 치게 함. 제48회.

● **공자 팽생**彭生 | 제 희공, 양공의 용사. 제 양공이 자신의 음행을 덮으려 고 팽생을 시켜 수레 안에서 노魯 환공을 살해하게 함. 팽생은 명령에 따 라 노 환공을 살해했지만 자신이 죄를 모두 뒤집어쓰고 주살됨. 나중에

귀신으로 나타나 제 양공이 주살되도록 함. 제11회. 제14회.

- **공자 평**平 | → 연燕 소왕昭王

- **공자 평국**平國 | → 진陳 영공靈公

- **공자 평하**平夏 | 초왕 웅균熊麇의 아들. 공자 위圍에게 살해됨. 제67회.

- **공자 포**蒲 | 진秦나라 공자. 초나라로 출가하는 진秦 애공의 누이동생 맹영孟嬴을 호송함. 제71회.

- **공자 포**鮑 | → 송宋 문공文公

- **공자 풍**豐 | 정 목공穆公의 아들. 초나라 투월초鬪越椒가 정나라 공자 견堅과 방厖 그리고 대부 악이樂耳를 포로로 잡아가자, 정 목공은 공자 풍을 보내 사죄하고 세 사람을 석방시킴. 제48회. 제52회.

- **공자 핍**偪 | 정 성공成公의 상경上卿. 정 성공이 공자 핍에게 초나라를 배신하지 말라는 유언을 남김. 제60회.

- **공자 하**何 | → 조趙 혜왕惠王

- **공자 하**瑕 | 본명은 적適, 자는 자하子瑕. 공자 숙무叔武의 피살과 관련하여 위衛 성공의 유죄가 확정된 후 원훤의 주도하에 보위에 오름. 주천周歂 야근冶廑 등이 옛 군주인 위 성공을 다시 복위시키려 반란을 일으키자 우물에 투신하여 자결함. 제42회. 제43회.

- **공자 한**捍 | → 초楚 유왕幽王

- **공자 해사**奚斯 | 노魯 희공의 대부. 노魯나라 공자 경보가 난을 일으켰을 때 제 환공의 도움으로 나라를 안정시킬 수 있었는데, 이 은혜에 감사를 올리기 위해 사신으로 파견됨. 제22회.

- **공자 해제**奚齊 | 진晉 헌공과 여희 사이에서 태어난 아들. 제20회. 제25회. 제27회. 제28회.

- **공자 홀**忽 | → 정鄭 소공昭公

- **공자 화**華 | 정 문공의 세자. 제 환공에게 삼량三良(정나라의 세 어진 신하)의 주살을 요구하다 일이 탄로 나서 정 문공에게 주살당함. 제20회. 제24회.

- **공자 화**華 | 진秦 혜문왕의 대장. 혜문왕의 명령으로 위魏나라 포양蒲陽 땅을 공격하여 함락시킴. 제91회.

- **공자 환**驩 | → 진晉 양공襄公

- **공자 회**悝 | → 경양군涇陽君

- **공자 횡**橫 | → 초楚 경양왕頃襄王

- **공자 훼**燬 | → 위衛 문공文公

- **공자 휘**翬 | 노魯나라의 대신. 노 혜공惠公의 서자인 노 은공隱公에게 혜공의 적자 공자 궤軌를 죽일 것을 요청했으나 은공이 화를 내며 듣지 않자, 오히려 공자 궤와 공모하여 위鴆 대부를 시켜 은공을 시해하고 공자 궤(환공)를 보위에 올림. 제5회. 제6회. 제7회. 제9회.

- **공자 흑견**黑肩 | 위衛 정공定公의 동생. 정공의 총애를 믿고 정사를 오로지함. 제61회.

- **공자 흑둔**黑臀 | → 진晉 성공成公

- **공자 희**喜 | 정 목공의 아들. 자는 자한子罕. 제52회.

- **공중니**孔仲尼 | → 공자孔子

- **공중련**公仲連 | 진晉나라 조씨趙氏 가문의 심복. 조적趙籍의 제후 책봉을 위해 주나라 왕실에 사신으로 파견됨. 조적이 제후가 된 후 상국에 임명됨. 제85회. 제86회.

- **공중치**公仲侈 | 조趙 성후成侯의 상국. 정나라를 멸망시키고 도읍을 그곳으

로 옮긴 한韓나라에 축하 사절로 파견됨. 제92회에 나오는 한나라 상국 공중치와 동일인인지는 불분명함. 제88회. 제92회.

◦ **공화**共華 | 진晉나라 좌행대부左行大夫. 진晉 혜공 즉위 후, 진 문공을 보위에 올리려다 극예郤芮, 여이생呂飴甥, 도안이屠岸夷 등의 음모에 걸려 주살당함. 제28회. 제29회.

◦ **공회**孔悝 | 공어孔圉와 공희의 아들. 위衛 출공을 모시고 권력을 장악했다가 모친 공희의 강압에 못 이겨 위 장공(괴귀蒯聵)을 보위에 올림. 나중에 장공의 의심을 받아 송나라로 추방됨. 제82회.

◦ **공희**孔姬 | 위衛 영공靈公의 딸. 위 영공의 세자 괴귀의 누나. 위 대부 공어에게 출가. 그녀의 아들 공회가 출공을 모시고 위나라 국정을 장악함. 공희는 공어가 죽은 후 공씨의 젊은 가신 혼양부渾良夫와 사통. 동생 괴귀를 귀국시켜 보위에 오르게 함. 제82회.

◦ **곽개**郭開 | 조趙 도양왕悼襄王의 대부. 평소 아첨을 일삼아서 염파와 상극이었고, 도양왕에게 염파를 참소하여 병권을 빼앗음. 조왕 안安을 주색잡기에 빠지게 하여 망국의 길로 이끎. 진秦나라 빈객 왕오王敖에게 막대한 뇌물을 받고 나라를 팔아먹음. 조나라가 망한 후 자신의 집 안에 숨겨둔 황금을 진나라로 옮기다가 도적의 습격을 받고 참살됨. 제102회. 제105회. 제106회.

◦ **곽언**郭偃 | 진晉 헌공, 진 혜공, 진 문공, 진 양공의 태복太卜. 진나라 공실의 대소사를 점술로 판단함. 제20회. 제25회. 제30회. 제35회. 제37회. 제38회. 제43회. 제44회. 제45회.

◦ **곽외**郭隗 | 연나라 세자 평平(소왕昭王)의 태부. 보위에 오른 자지子之의 핍박을 피해 세자 평과 함께 무종산無終山에 숨음. 세자 평이 보위에 오른 뒤

상국에 임명됨. 제91회.

◉ **곽최**郭最 | 제齊 영공靈公의 장수. 내시 숙사위夙沙衛가 후퇴하면서 길을 막아 진晉나라 장수 주작州綽에게 항복. 순언荀偃의 죽음을 틈타 제나라로 탈출. 난영欒盈과 함께 진나라를 치다가 패배한 후 진秦나라로 도망침. 제62회. 제63회. 제64회.

◉ **관**寬 | 초나라 사마 공자 결結(자기子期)의 아들. 초 혜왕이 복위된 뒤 부친의 사마 직위를 계승함. 제83회.

◉ **관수**管修 | 초나라 대부. 백공 승의 반란 때 자신의 사병을 거느리고 백공을 공격하다 패하여 살해당함. 제83회.

◉ **관이오**管夷吾 | → 관중管仲

◉ **관종**觀從 | 채蔡나라 재상. 채나라가 멸망한 뒤 공자 기질이 초나라 보위에 오르도록 전력을 다했으며, 이후에도 조오朝吳와 함께 채나라 광복을 위해 헌신함. 초 평왕 즉위 후 복윤卜尹에 임명됨. 제70회.

◉ **관중**管仲(기원전 725~기원전 645) | 이름은 이오夷吾, 자는 중仲. 제 환공은 그를 높여 중보仲父라 부름. 제 환공의 재상. 본래 공자 규糾의 사부로 소백(환공)을 죽이려 하다가 실패하여 사형당할 위기에 처함. 그러나 친구 포숙아의 추천을 받아 제 환공의 재상이 됨. 탁월한 전략과 능력으로 제 환공을 춘추시대 첫 패자覇者로 만듦. 제15회. 제16회. 제17회. 제18회. 제19회. 제20회. 제21회. 제22회. 제23회. 제24회. 제29회. 제30회.

◉ **관지보**管至父 | 제 양공의 장수. 제 양공이 관지보와 연칭을 시켜 규구葵邱를 지키게 하고 다음 해 참외를 먹을 때 다른 사람과 교대해주기로 했으나 약속을 지키지 않음. 관지보와 연칭은 앙심을 품고, 사냥에 나선 제 양공을 시해함. 두 사람은 공손무지를 보위에 올렸으나 나중에 고혜, 옹늠雍廩

등에게 주살당함. 제13회. 제14회. 제15회.

◉ **관평**管平 │ 제나라 대부. 공자 무휴를 보위에 올리려는 역아와 수초의 반란에 맞서다 살해됨. 제32회.

◉ **광장**匡章 │ 제 민왕의 대장. 연왕燕王 쾌가 상국 자지에게 양위하는 과정에서 연나라에 혼란이 발생하자 연나라를 정벌하여 연왕 쾌와 상국 자지를 죽이고 종묘사직을 불사름. 연나라 태부 곽외가 세자 평(소왕)을 보위에 올리고 저항하자 제나라로 귀환함. 초나라를 공격하는 진秦나라를 도움. 맹상군을 설득하여 진秦나라로 가게 함. 제91회. 제93회.

◉ **괴득**蒯得 │ 진晉나라 장수 선극先克의 부하. 진秦나라와의 싸움에서 패하고 선극에게 토지와 녹봉을 박탈당하자 원한을 품음. 사곡士穀, 양익이梁益耳, 기정보箕鄭父, 선도先都 등과 선극을 죽이고 다시 조돈趙盾을 죽이려 하다가 실패하여 처형됨. 제47회. 제48회.

◉ **괵공**虢公 **기보**忌父 │ 춘추시대 괵국虢國 군주. 정 장공이 주나라 왕실의 경사卿士 직을 소홀히 하며 왕실과 불화하자 주周 환왕은 괵공 기보를 경사 직에 임명하여 정 장공을 견제함. 제5회. 제6회.

◉ **괵공**虢公 **석보**石父(?~기원전 771) │ 괵석보虢石父. 괵공虢公 고보. 괵국의 군주로 주周 왕실의 삼공三公 직을 겸하면서 채공祭公, 윤구尹球와 함께 주 유왕의 잔학무도함을 조장함. 포사褒姒와 모의하여 유왕의 왕후 신씨申后와 태자 의구宜臼를 폐위하게 함. 포사를 기쁘게 하기 위해 여산驪山에서 거짓으로 봉화를 올리라는 아첨을 하여 제후들의 불신을 야기하고 망국의 빌미를 제공함. 견융과의 전투에서 견융의 우선봉장 패정孛丁의 칼을 맞고 죽음. 제2회. 제3회.

◉ **괵공**虢公 **임보**林父 │ 춘추시대 괵공 기보를 이은 괵국의 군주. 주周 왕실과

정나라 간에 벌어진 전투에서 주 왕실을 도우며 주 환왕을 보위함. 제9회.

● **곡공**虢公 **추**醜 │ 교만하고 전쟁을 좋아함. 진晉나라가 꾸민 미인계에 빠져 국사를 돌보지 않음. 진나라 순식荀息이 가도멸괵假道滅虢의 계책으로 괵을 멸망시키자 괵공 추는 주나라로 달아남. 제25회.

● **괵사**虢射 │ 진晉 혜공 이오夷吾의 외숙. 진 혜공의 망명을 함께함. 한원韓原 전투 패배 후 혜공과 함께 진秦나라에 잡혀 있다가 죽음. 제27회. 제28회. 제29회. 제30회.

● **괵석보**虢石父 │ → 괵공虢公 석보石父

● **교여**僑如 │ 적翟나라 거인. 노魯나라를 침략하여 용맹을 뽐내다가 부보종 생富父終甥의 계책에 걸려 함정에 빠져 살해당함. 제47회.

● **교여**僑如 │ 진陳나라 대부 원파轅頗의 아들. 부친 원파의 명령을 받고 하징 서를 잡으러 가려 했으나 가기도 전에 초나라 군사가 들이닥침. 제53회.

● **구계**臼季 │ → 서신胥臣

● **구목**仇牧(?~기원전 682) │ 송 애공哀公의 증손. 송 민공의 대부. 남궁장만이 송 민공을 죽인 걸 알고 공격하다가 남궁장만에게 살해됨. 제17회.

● **국귀보**國歸父 │ 제나라 장수. 상경上卿 국의중國懿仲의 아들. 성복 전투에 참가하여 초나라 본채를 점령함. 제 의공이 병촉邴歜과 염직閻職에 의해 살 해되자 공자 원(제 혜공)을 보위에 올림. 제40회. 제41회. 제49회.

● **국무**鞠武 │ 연燕 태자 단丹의 태부. 번오기樊於期를 후대하면 진秦나라의 분 노를 살 수 있다고 태자 단을 극력 만류했으나 태자 단은 듣지 않음. 진나 라에 복수하기 위해 태자 단에게 전광田光을 추천함. 역수 서쪽 전투에서 진나라 군사에게 피살됨. 제106회.

● **국서**國書 │ 국하國夏가 거나라로 추방된 후 제나라 국씨 집안의 후계자가

됨. 진항陳恒이 고씨高氏와 국씨國氏의 세력을 약화시키기 위해 국서를 대장으로 삼고 고무평高無平을 부장을 삼아 노魯나라를 침. 노나라를 구원하기 위해 달려온 오나라 군사들과 애릉에서 싸우다가 패배한 후 오나라 군사들 속으로 돌진하여 장렬하게 전사함. 제81회. 제82회.

● **국의중**國懿仲 | 국귀보의 부친이며, 국좌의 조부. 주周 왕실에서 임명한 제나라 상경. 고혜와 함께 제 환공을 보좌함. 제14회. 제16회. 제32회.

● **국좌**國佐(?~기원전 573) | 제 경공頃公의 상경. 우군 대장. 제 경공이 진晉 극극郤克, 노魯 계손행보, 위衛 손양부孫良夫, 조曹 공자 수首 등을 놀리려 할 때 국좌가 불가함을 아뢰었으나 경공은 듣지 않음. 안鞍 땅 전투 이후 제나라 도성까지 쳐들어온 진 극극의 군영으로 찾아가서 강화를 성사시킴. 제56회. 제57회.

● **국하**國夏 | 제나라 대부. 최저와 경봉이 제 장공을 시해한 일을 묵인함. 제나라가 아닌 진晉나라를 섬기는 노魯나라를 자주 공격함. 제 경공景公이 국하에게 어린 아들 도荼를 보위에 올려달라고 부탁함. 제65회. 제78회. 제81회.

● **군왕후**君王后 | 제나라 태사 교敫의 딸. 제 양왕襄王의 왕비. 태사 교의 집에서 머슴으로 숨어 지내던 제나라 세자 법장法章을 알아보고 사랑을 나눔. 세자가 즉위한 뒤 왕후에 봉해짐. 제 양왕 사후 어린 아들 건建이 보위에 오르자 수렴청정을 함. 제95회. 제98회.

● **굴개**屈匄 | 초 회왕 때의 대장. 회왕의 명령으로 진秦나라 남전藍田을 공격했으나 진과 제의 반격을 받고 진나라 장수 감무甘茂에게 목이 잘림. 제91회.

● **굴건**屈建(?~기원전 545) | 초 강왕의 영윤令尹. 송 상수向戍의 중재로 진晉

조무趙武와 전쟁 중지 회맹弭兵之會을 맺음. 오나라의 유혹으로 서구국舒鳩國이 초나라를 배반하자 군사를 거느리고 공격하여 멸망시킴. 제66회.

● **굴경**屈景 | 위衛나라 출신. 연 소왕의 객경. 제91회.

● **굴무**屈巫 | 초나라 굴탕屈蕩의 아들. 자는 자령子靈. 신공申公에 봉해짐. 하희夏姬의 남편 양로襄老의 시신을 찾는다는 핑계로 정나라로 가서 하희와 혼인함. 그 뒤 다시 하희와 진晉나라로 도주함. 진나라에 도착해서 진晉 경공景公의 환대를 받음. 진나라에 도착한 이후 본래 성 굴씨屈氏를 버리고 무씨巫氏를 칭했으며 이름도 신臣으로 바꿔서 흔히 무신巫臣으로 알려짐. 초나라를 경계하기 위해 초나라 동남쪽 배후에 있는 오나라와 진晉나라의 수교를 추진하고, 오나라에 처음으로 병거를 이용해 전쟁하는 방법을 전수함. 이후 오나라는 중원 국가와 대등한 국력을 갖게 됨. 제53회. 제57회. 제60회.

● **굴생**屈生 | 초楚 영왕의 대부. 굴신屈申이 영왕에게 주살된 후 그 대신 대부로 임명됨. 제67회.

● **굴신**屈申 | 초 영왕의 대부. 오나라 주방朱方을 포위하고 경봉을 사로잡아 영왕에게 바침. 오나라 깊숙이 진격해 들어가지 않았다고 영왕에게 의심을 받아 주살됨. 제67회.

● **굴완**屈完 | 초 성왕의 대부. 제 환공이 송宋, 진陳, 위衛, 정鄭, 허許, 노魯, 조曹, 주邾나라와 연합하여 초나라를 공격하자, 초나라에서는 굴완을 내세워 제나라 관중과 협상하게 함. 소릉召陵에서 두 나라는 무력을 과시하다가 결국 굴완과 관중의 주도로 화해의 맹약을 맺음. 제20회. 제23회. 제24회.

● **굴원**屈原(기원전 340~기원전 278) | 자는 영균靈均. 초 회왕의 대부. 초 회왕

에게 진秦나라로 들어가서는 안 된다고 간언을 올렸으나 받아들여지지 않았고, 결국 회왕은 진나라로 들어가서 돌아오지 못함. 이후 공자 난과 근상의 참소로 쫓겨나 강호를 방랑하다가 멱라수汨羅水에 투신하여 자결함. 제92회. 제93회.

◉ **굴정**屈定 | 초왕楚王 부추負芻의 부장. 진秦나라 왕전王翦과의 전투에서 전사. 제107회. 제108회.

◉ **굴중**屈重 | 초 무왕武王 웅통熊通의 막오莫敖. 초 무왕이 수隨나라 정벌에 나섰다가 중도에서 죽자 굴중은 무왕의 죽음을 숨기고 수나라 도성을 공격하여 수나라 군주의 굴복을 받아냄. 초 문왕을 보좌하여 초나라를 강국으로 만듦. 제14회. 제17회.

◉ **굴지고**屈志高(?~기원전 286) | 송 강왕의 장수. 제나라 상장 한섭韓聶에게 패하여 죽음. 제94회.

◉ **굴탕**屈蕩 | 초 장왕의 대부. 좌광左廣 대장. 초 공왕의 거우車右 장군. 필성邲城 오산敖山 전투에서 진晉나라 장수 조전趙旃을 공격하여 그의 갑옷과 병거를 노획함. 제50회. 제53회. 제54회. 제58회.

◉ **굴평**屈平 | 초 회왕의 대부. 대체로 굴원과 동일인으로 인정되나 『동주열국지』에서는 마치 다른 사람처럼 서술되고 있음. 제91회. 제92회.

◉ **굴하**屈瑕 | 초 무왕 웅통의 장수. 웅통이 수나라를 정벌할 때 사신으로 파견되어 수나라의 불복종을 질책함. 제10회.

◉ **궁열**宮湦 | → 주周 유왕幽王

◉ **궁지기**宮之奇 | 우虞나라 현신. 진晉나라에서 귀한 옥돌과 명마를 바치며 길을 빌려달라고 하자 궁지기는 진나라의 속셈을 간파하고 우공虞公에게 그것을 받아들여서는 안된다고 간언을 올림. 우공이 그의 간언을 듣지 않

자, 우나라의 망국을 예상하고 가족과 함께 자취를 감춤. 제25회.

● **궐유**蹶繇 │ 오왕吳王 이매夷昧의 친척 동생. 초나라에 사신으로 갔을 때 초영왕이 죽이려 하자, 자신을 죽이면 오나라가 더욱 철저하게 대비하여 항거할 것이라고 유세하여 살아 돌아옴. 제67회.

● **귀곡자**鬼谷子 │ 왕허王栩. 술수학術數學, 병학兵學, 유세학遊說學, 신선술에 모두 달통함. 귀곡에 숨어 손빈, 방연, 장의, 소진 등 유명한 제자를 길러냄. 제자들이 모두 떠난 후 바다에 배를 띄우고 유람길에 나섬. 혹자는 그가 신선이 되었다고 함. 제87회. 제88회.

● **극결**郤乞 │ 진晉 극예의 사촌 동생이자 극지郤至의 친동생. 진晉 혜공의 명으로 억울하게 죽은 세자 신생의 묘지를 좋은 곳으로 이장함. 한원 전투에서 패배한 후 진 혜공과 함께 진秦나라로 잡혀감. 진 혜공의 세자 어圉를 진秦나라에 인질로 보낼 때 사신으로 파견됨. 제29회. 제30회. 제31회. 제37회. 제58회.

● **극결**郤缺(?~기원전 597) │ 진晉 극예의 아들. 부친 극예가 진晉 문공에게 반란을 일으켰다가 처형된 후 민간에 숨어 살았음. 서신이 진 문공에게 천거함. 진晉 영공靈公의 상군원수. 조돈 사후 중군원수가 됨. 진나라 육경 중한 사람. 화살로 적翟나라 군주 백부호白部胡의 머리를 관통시켜 죽임. 진秦나라에 망명 중인 사회士會를 불러오게 함. 제44회. 제45회. 제46회. 제47회. 제48회. 제49회. 제52회.

● **극겸**郤鍼 │ 진晉 여공厲公의 상군원수. 언릉 전투에서 초나라 장수 공자 영제嬰齊와 맞서서 승리를 거둠. 제58회.

● **극곡**郤縠(기원전 682~기원전 632) │ 진晉 문공의 장수. 진 문공이 처음으로 삼군三軍을 창설할 때 조최趙衰의 추천으로 중군장에 임명됨. 엄격함과 관

대함을 갖춘 그의 용병술로 진나라 군대는 강군으로 거듭남. 위衛나라와 조曹나라를 정벌하는 도중 오록五鹿을 점령한 뒤 급환으로 세상을 떠남. 제39회.

● **극극**郤克(?~기원전 587) | 극예의 손자. 극결郤缺의 아들. 진晉 경공景公의 부장. 애꾸눈으로 알려짐. 필성 전투에서 사회와 함께 초나라 공격에 단단히 대비하여 군사를 온전히 보호함. 제나라에 사신으로 갔다가 제 경공頃公과 소태부인蕭太夫人에게 모욕을 당한 후 안鞍 땅에서 제나라 군사를 크게 격파함. 제54회. 제56회.

● **극기**郤錡(?~기원전 574) | 진晉 경공景公의 신하. 진 여공의 상군원수. 진 여공이 보낸 자객 청비퇴淸沸魋의 칼을 맞고 죽음. 제57회. 제58회. 제59회.

● **극보양**郤步揚 | 진晉 혜공의 장수. 한원 전투에서 진 혜공의 병거를 몰다가 진흙탕에 빠짐. 혜공과 함께 진秦나라에 포로로 잡혀갔다가 귀환함. 혜공 사후 진 문공에게 투항하여 즉위를 도움. 제30회. 제36회. 제37회. 제39회. 제40회. 제42회.

● **극신**劇辛(?~기원전 243) | 조趙나라 출신. 연 소왕의 객경. 위魏나라로 파견되어 제나라 공격을 함께하자고 유세하여 응낙을 받음. 계주薊州를 지킴. 장거將渠의 후임으로 상국에 임명됨. 조趙나라를 정벌하러 나섰다가 조나라 장수 방난龐煖에게 패배한 후 자결함. 제91회. 제95회. 제101회. 제102회.

● **극예**郤芮(?~기원전 637) | 진晉 혜공 이오의 중신. 진 혜공의 망명을 함께함. 혜공 즉위 후 진秦나라와의 약속을 지키지 말라고 사주함. 이극을 참소하여 죽임. 진晉 문공을 죽이기 위해 여이생呂飴甥 등과 반란을 일으켰으나 실패함. 결국 진秦나라의 유인책에 걸려 주살당함. 제27회. 제28회. 제

29회. 제30회. 제31회. 제35회. 제36회. 제37회.

◉ **극옹**郤雍 │ 진晉 경공景公 때, 사람의 마음을 읽어 도둑을 잡아내는 것으로 유명했음. 그러나 얼마 지나지 않아 도적 떼의 습격을 받고 죽음. 제55회. 제56회.

◉ **극완**郤宛 │ → 백극완伯郤宛

◉ **극의**郤毅 │ 극주의 아들. 진晉 여공의 대부. 제58회.

◉ **극주**郤犨(?~기원전 574) │ 극보양의 아들. 진晉 여공의 상군 부장. 진 여공이 보낸 자객 청비퇴淸沸魋의 칼을 맞고 죽음. 제58회. 제59회.

◉ **극지**郤至(?~기원전 574) │ 진晉 여공의 신군 부장. 진 여공이 보낸 자객 청비퇴를 피해 도망가다가 장어교長魚矯에게 참수됨. 제58회. 제59회.

◉ **극진**郤溱 │ 진晉 문공의 대부. 난지欒枝 등과 진晉나라 내부에서 공자 중이와 호응하며 즉위를 도운 공로로 2등 공신에 책봉됨. 주周 양왕을 복위시킬 때 우군대장을 맡음. 양왕을 복위시킨 공로로 온溫 땅의 대부로 임명됨. 진 문공이 삼군을 편성할 때 극곡을 중군장으로 임명하고 극진을 중군보좌로 임명함. 성복 전투에서 초나라를 격파하고 공을 세움. 제36회. 제37회. 제38회. 제39회. 제40회. 제41회.

◉ **근상**靳尙 │ 초楚 회왕의 측근. 회왕에게 아첨하여 총애를 얻음. 진秦나라 승상 장의의 뇌물을 받고 회왕에게 그를 소개하여 회왕을 곤경에 빠뜨림. 진나라에 속아 회왕을 진으로 가게 했고 회왕은 결국 객사함. 충신 굴원을 참소하여 추방함. 제91회. 제92회. 제93회.

◉ **금뢰**琴牢 │ 자는 자장子張. 전손사顓孫師와는 다른 인물임. 공자孔子의 제자. 노魯나라를 침공하려는 제나라의 계략을 공자에게 알림. 제나라로 가서 전쟁을 멈추게 하려 했지만 공자는 자공子貢을 보냄. 제81회.

◎ **금활**禽滑 ┃ 묵적墨翟의 제자. 순우곤淳于髡과 함께 위魏나라로 가서 손빈을 탈출시킴. 제88회.

◎ **기거**祁擧 ┃ 진晉 혜공의 신하. 진 문공을 보위에 올리려다 극예, 여이생, 도안이 등의 음모에 걸려 주살당함. 제29회.

◎ **기겁**騎劫 ┃ 연燕 소왕의 대부. 병권을 잡기 위해 악의樂毅를 참소함. 악의를 쫓아내고 병권을 잡은 뒤 무지하고 교만하게 제나라 즉묵성卽墨城을 공격하다가 제나라 장수 전단田單에게 패배하여 참수됨. 제95회.

◎ **기만**祁滿(?~기원전 632) ┃ 진晉 문공의 귀국을 국내에서 영접한 공신. 성복 전투 때 중군을 지키며 수비만 하라는 명령을 어겨서 참수됨. 제37회. 제39회. 제40회. 제41회.

◎ **기승**祁勝 ┃ 진晉나라 기씨祁氏 집안의 가신. 기승이 오장鄔臧의 아내와 간통하자, 기영祁盈이 그를 잡아 가둠. 기승은 순역荀躒(지역智躒)에게 뇌물을 주고 자신의 방면을 요청했고 순역은 그 일을 경공頃公에게 참소하여 경공은 오히려 기영을 잡아 가둠. 양설식아羊舌食我는 기씨祁氏와 한패여서 기영을 위해 기승을 죽임. 제71회.

◎ **기씨**己氏 ┃ 본래 노魯나라 맹손씨 공손오가 기씨를 자신의 육촌 동생 동문수의 아내로 맞아오기로 했으나 공손오가 기씨의 미모에 반해 자신의 첩으로 맞아들임. 이후 공손오는 평생 기씨와 염문을 뿌렸고, 동문수에게 배척당하다가 객사함. 제49회.

◎ **기양**杞梁 ┃ 제 장공의 장수. 거나라와 치렀던 저우문且于門 싸움에서 용력을 발휘하다가 온몸에 화살을 맞고 전사함. 제64회.

◎ **기영**祁盈 ┃ 진晉 경공頃公의 대부. 오장의 아내와 간통한 기승을 잡아 가두었다가 기승의 뇌물을 받은 순역에게 감금됨. 양설식아가 기영을 위해 기

승을 죽였고, 진 경공이 사실을 알고 기씨와 양설씨羊舌氏 집안 일족을 모두 죽임. 제71회.

⦿ **기오**祁午 | 기해祁奚의 아들. 부친의 천거로 진晉 도공의 중군위中軍尉가 됨. 양설적羊舌赤과 친분이 두터움. 양설적과 양설힐羊舌肹 형제가 이복동생 양설숙호羊舌叔虎에게 연루되어 난영欒盈의 파당으로 몰리자, 자신의 부친 기해에게 알려서 구제하게 함. 제60회. 제63회. 제64회. 제67회.

⦿ **기유**箕遺 | 진晉 평공의 대부. 난영欒盈 휘하의 맹장. 난영의 파당이 제거되는 과정에서 사로잡혀 처형됨. 제62회. 제63회.

⦿ **기자**杞子 | 진秦 목공의 장수. 정나라로 파견되어 북문을 지키다가 진나라의 침략 야욕이 탄로 나자 제나라로 달아남. 제43회. 제44회.

⦿ **기정**箕鄭 | → 기정보箕鄭父

⦿ **기정보**箕鄭父(?~기원전 618) | 기정箕鄭. 진晉 문공, 양공, 영공靈公의 상군원수. 조돈이 중군원수가 된 것에 불만을 품고 사곡, 양익이, 선도 등과 조돈을 죽이려 하다가 실패하여 처형됨. 제44회. 제47회. 제48회.

⦿ **기해**祁奚 | 진晉 헌후獻侯의 후예. 고양백高梁伯의 아들. 진 도공의 중군위. 기해천수祁奚薦讐의 주인공. 원수지간이었던 해호解狐와 자신의 아들인 기오祁午를 자신의 후임으로 추천함. 난영欒盈의 반란에 억울하게 연루된 양설적과 양설힐을 구제해줌. 제59회. 제60회. 제63회.

⦿ **기후**紀侯 | 기紀나라 마지막 군주. 기 은후隱侯로 알려져 있음. 제 양공의 공격을 받자 항복을 거부하고 기나라를 동생 영계嬴季에게 넘긴 후 종적을 감춤. 영계는 이미 제나라에 투항한 상태였기 때문에 형의 영토를 모두 제나라에 바침. 이로써 기나라는 역사 속에서 사라짐. 제14회.

● **난겸**欒鍼(?~기원전 559) │ 진晉 경공景公의 상경인 난서欒書의 아들. 난염欒魘의 동생. 어린 나이에 초나라에 사신으로 가서 양국 간의 화의를 성사시킴. 진 도공의 하군 융우戎右. 천연遷延 전투에서 전공 없이 귀환하기를 거부하고 진秦나라 군영으로 돌진하여 전사함. 제58회. 제61회.

● **난규**欒糾 │ 변규弁糾라고도 함. 진晉 도공의 친군융어親軍戎御. 제59회.

● **난기**欒祁 │ 사개士匃(범개范匃)의 딸. 난염의 아내. 난염 사후 가신 주빈州賓과 사통하고 재산 관리를 모두 맡김. 자신의 사통이 발각되어 해를 당할까 두려워 자신의 아들 난영欒盈을 참소함. 이 때문에 난씨가 멸문지화를 당하게 됨. 난기가 주빈과 음행을 계속하자 사개가 역사를 시켜 주빈을 죽임. 제61회.

● **난낙**欒樂 │ 진晉 난영欒盈의 친족. 고궁固宮 싸움에서 용맹을 떨치다가 수레에서 떨어진 후 비표費豹에게 살해됨. 제63회. 제64회.

● **난돈**欒盾 │ 난지의 아들. 진晉 영공靈公의 하군원수. 진晉 육경六卿의 한 사람. 부친 난지의 명령으로 진秦나라에 머물고 있던 공자 중이와 연락함. 적翟나라를 정벌할 때 우군대장을 맡음. 제36회. 제45회. 제46회. 제48회.

● **난방**欒魴 │ 난영欒盈의 친족. 난영의 반란 때 곡옥曲沃 싸움에서 패배한 후 송나라로 망명. 제63회. 제64회.

● **난서**欒書(?~기원전 573) │ 난지의 손자. 난돈欒盾의 아들. 진晉 경공景公의 하군 대장. 상경. 진晉 여공의 무도함을 보고 순언과 함께 정활程滑을 시켜 여공을 독살함. 진晉 도공이 즉위한 후 정활에게 죄를 물어 능지처참에 처하자, 난서는 벼슬에서 물러났다가 얼마 후 병으로 죽음. 제54회. 제56회.

제57회. 제58회. 제59회. 제62회.

● **난시**樂施 | 제나라 난조樂竈의 아들. 부친이 죽은 후 정권을 계승함. 술과 놀이를 좋아하여 고강과 의기투합함. 진무우, 포국 집안과 대립함. 결국 진무우와 포국에 의해 노魯나라로 추방됨. 제67회. 제68회.

● **난염**樂黶(?~기원전 556) | 난서의 아들. 난환자樂桓子. 진晉 여공의 대부. 진晉 도공의 하군원수. 팽성彭城 전투에서 순언과 함께 어부魚府를 사로잡음. 진秦나라를 정벌할 때 순언의 명령을 따르지 않음. 자신의 아우 난겸樂鍼과 사개의 아들 사앙士鞅이 진秦나라 군영에 돌진하여 난겸은 죽고 사개만 살아오자 사개를 추방하게 함. 제58회. 제60회. 제61회.

● **난영**樂盈 | 난염의 아들. 진晉 도공의 하군 부장. 자신의 모친 난기樂祁와 진晉나라 여러 가문에게 참소당한 후 제나라로 망명함. 그 후 제 장공의 도움으로 진晉나라를 공격하다가 곡옥성曲沃城에서 범앙范鞅에게 사로잡혀 살해당함. 제61회. 제62회. 제63회. 제64회.

● **난영**樂榮 | 난낙의 아우. 난씨 가문의 대표 난영樂盈과 한자가 다름. 난영樂盈의 반란에 참가했다가 곡옥성에서 난영樂盈과 함께 사로잡혀 참수당함. 제64회.

● **난조**樂竈 | 제 경공景公의 대부. 경봉이 축출된 후 정권을 잡음. 제67회.

● **난지**樂枝(?~기원전 622) | 시호가 정貞이어서 흔히 난정자樂貞子라 불림. 진晉 문공의 하군 장군. 극진 등과 진晉나라 내부에서 공자 중이(진 문공)와 호응하며 즉위를 도운 공로로 2등 공신에 책봉됨. 주周 양왕의 복위를 도운 공로로 진 문공이 온溫 땅을 봉토로 받자 그곳으로 가서 땅의 경계를 확정함. 성복 전투에서 선진先軫을 도와 큰 공을 세움. 제36회. 제37회. 제38회. 제39회. 제40회. 제41회. 제45회. 제47회.

● **남궁극**南宮極 | 주周 왕실 상장上將. 윤문공尹文公 고固, 감평공甘平公 어추魚餐, 소장공召莊公 환奐과 힘을 합쳐 유권劉卷을 공격. 제73회.

● **남궁우**南宮牛(?~기원전 681) | 송나라 남궁장만의 맏아들. 부친 남궁장만이 송 민공을 시해하고 공자 유游를 보위에 세우자 공자 어열御說은 박亳 땅으로 도주함. 남궁장만이 맹획과 자신의 아들 남궁우를 시켜 박 땅을 공격하자 다른 곳에 망명해 있던 송나라 공족公族들이 연합하여 맹획과 남궁우를 공격함. 남궁우는 이 전투에서 패배하여 죽음. 제11회. 제17회.

● **남궁장만**南宮長萬(?~기원전 682) | 송 민공 때의 장수. 승구乘丘 전투에서 노魯나라 포로가 되었다가 석방됨. 송 민공이 석방된 낭궁장만을 계속 조롱하자 낭궁장만은 홧김에 송 민공을 시해하고 공자 유游를 보위에 올림. 이후 송나라 공족들의 공격을 받고 공자 유가 살해되자 진陳나라로 망명함. 송나라의 요청으로 소환된 남궁장만은 역적죄로 주살되어 육젓으로 담가짐. 제10회. 제11회. 제17회.

● **남림처녀**南林處女 | 월나라 재상 범여가 초빙해온 검술에 뛰어난 처녀. 제81회.

● **남사씨**南史氏 | 제나라 사관史官. 태사 백伯 형제가 장공을 시해한 최저의 만행을 기록하다가 모두 살해되었다는 소문을 듣고, 죽간을 들고 달려옴. 그러나 태사 백의 막냇동생 계季가 최저의 만행을 기록으로 남겼다는 사실을 알고는 물러남. 제65회.

● **남윤**藍尹 **미亹** | 초 소왕의 대부. 오왕 합려에게 쫓기던 초 소왕을 배에 태워주지 않고 지나감. 제76회. 제77회.

● **남자**南子 | 위衛 영공의 부인. 출가 전 송나라에 있을 때 공자公子 조朝와 사통하고 혼인 이후에도 관계를 계속함. 아들 괴귀가 모후인 남자의 음란

함을 싫어하여 죽이려 하다가 일이 발각되어 추방됨. 제79회.

◉ **낭심**狼瞫 | 진晉나라 군영의 말단 군관. 포만자褒蠻子를 참수하고 거우에 임명됨. 대원수 선진先軫에게 인정받지 못하고 쫓겨남. 나중에 진秦나라와의 전투에서 용맹을 떨치다가 온몸에 상처를 입고 하루 만에 죽음. 제45회. 제46회.

◉ **낭와**囊瓦 | 공자 진眞의 손자. 자는 자상子常. 양개陽匄 사후 초 평왕에 의해 영윤에 임명됨. 비무극費無極의 참소를 믿고 백극완伯郤宛을 공격하여 자결하게 함. 이후 공자 신申과 심윤수沈尹戌의 간언을 듣고 비무극을 주살함. 채 소후의 양지백옥패羊脂白玉佩, 은초서구銀貂鼠裘, 당 성공의 명마 숙상肅霜을 탐내어 두 군주를 구금했다가 그 보물들을 받고서야 풀어줌. 이후 채나라와 당나라는 오나라를 도와 초나라를 망국지경에 몰아넣음. 오나라와의 전투에서 패하여 정나라로 달아났다가 자결함. 제69회. 제70회. 제73회. 제74회. 제75회. 제76회.

◉ **내구**萊駒 | 진晉나라 장수. 효산崤山 전투에서 포만자에게 패배함. 나중에 사로잡은 포만자를 참수하지 못하고 벌벌 떨다가 진晉 양공에게 쫓겨남. 제45회.

◉ **내사**內史 **요**廖 | 진秦 목공의 신하. 서융西戎의 군주 적반赤斑을 꺾기 위해 미인계를 쓸 것을 건의함. 목공은 그의 계책에 따라 미인계로 적반을 약화시킴. 제26회.

◉ **냉지**冷至 | 진秦 목공의 대부. 진나라에 사신으로 파견되어 극예郤芮와 여이생을 유인하려 했으나 실패함. 진晉나라에 가뭄이 들어 진晉나라에 식량을 빌리러 갔다가 역시 실패함. 제29회. 제30회.

◉ **노**魯 **문공**文公 | 성명은 희흥姬興. 노魯 희공의 아들. 모후는 성강聲姜. 노

희공을 이어 보위에 오름. 제47회. 제49회.

● **노**魯 **민공**閔公(?~기원전 660) ┆ 공자 계啓. 노魯 장공과 숙강叔姜 사이에서 태어난 아들. 공자 반般이 피살된 후 공자 경보와 애강에게 추대되어 8세에 보위에 오름. 재위 2년 만에 호시탐탐 보위를 노리던 공자 경보에게 시해됨. 제22회.

● **노**魯 **선공**宣公(?~기원전 591) ┆ 공자 왜倭. 퇴倭라고도 씀. 노魯 문공의 서자. 경영敬嬴 소생. 경영이 동문수에게 뇌물을 주고 공자 악惡과 공자 시視를 죽이게 한 뒤 보위에 올림. 삼환三桓 가문의 전횡을 막기 위해 진晉나라의 힘을 빌리고자 했으나 실패함. 제49회. 제50회. 제56회.

● **노**魯 **성공**成公(?~기원전 573) ┆ 노 선공의 세자 흑굉黑肱. 숙힐叔肸의 아들 공손영제公孫嬰齊를 대부로 삼음. 진晉과 연합하여 정을 정벌함. 제56회. 제57회.

● **노**魯 **소공**昭公(?~기원전 510) ┆ 초나라와 제나라를 방문하여 우호를 다짐. 계손의여를 토벌하려다 실패하여 제나라로 망명했다가 객사함. 제68회. 제71회. 제78회.

● **노**魯 **애공**哀公(?~기원전 468) ┆ 노 정공의 아들 장將. 계손씨에 의해 국외로 추방되어 월나라에서 죽음. 제81회. 제82회. 제83회.

● **노**魯 **은공**隱公(?~기원전 712) ┆ 본명 고姑. 노 혜공의 서자. 모친은 혜공의 계실繼室 성자聲子. 혜공이 죽었을 때 적자嫡子인 공자 궤軌가 어려서 서자인 공자 고(은공)가 보위에 오름. 벼슬을 탐하던 공자 휘翬의 계략에 빠져 시해됨. 제5회. 제7회.

● **노**魯 **장공**莊公(?~기원전 662) ┆ 공자 동同. 노 환공과 문강文姜의 아들. 공자 계우의 친형. 공자 경보는 그의 서형庶兄임. 모후 문강의 강요로 자신의

부친을 죽인 제 양공의 한 살 된 딸과 약혼하고 20년 후에 혼인함. 모후 문강의 음행 때문에 많은 고통을 겪음. 승구乘丘 전투에서 송나라 용장 남궁장만을 사로잡는 등 국력을 높이기 위해 노력함. 제13회. 제14회. 제15회. 제16회. 제17회. 제18회. 제19회. 제21회. 제22회.

● **노魯 정공**定公(?~기원전 495) ∣ 공자 송宋. 노魯 소공의 서자. 계손의여가 노소공을 국외로 추방하고 보위에 세움. 제 경공景公과 협곡夾曲에서 회맹. 공자孔子의 지혜와 기민한 대응으로 제나라의 무례한 만행을 물리치고 지난날 빼앗긴 땅까지 되찾음. 그러나 제나라에서 보낸 여악女樂에 빠져 정사를 돌보지 않자 공자는 벼슬을 내놓고 나라를 떠남. 제78회. 제79회.

● **노魯 혜공**惠公(?~기원전 723) ∣ 본명 불황弗湟. 노魯 효공孝公의 아들. 진秦나라가 제후국임에도 하늘에 제사를 지낸다는 소식을 듣고, 자신도 천자의 제례인 교체郊禘를 지냄. 제4회. 제7회.

● **노魯 환공**桓公(?~기원전 694) ∣ 공자 궤軌. 이름을 윤允이라고도 함. 노魯 혜공과 중자仲子의 아들. 노 은공은 그의 서형. 공자 휘翬가 은공을 시해한후 보위에 올림. 음란한 부인 문강文姜 때문에 제나라로 갔다가 제 양공의계략에 걸려 살해됨. 그의 세 아들 공자 경보, 공자 아, 공자 계우의 자손들이 이후 노나라의 정치를 좌지우지한 삼환三桓 가문을 형성함. 제7회. 제9회. 제11회.

● **노魯 희공**僖公 ∣ 공자 신申. 이공釐公이라고도 함. 노魯 장공과 풍씨風氏 사이에서 태어난 아들. 공자 계우와 제 환공의 도움으로 보위에 오름. 공자경보가 일으킨 반란의 후유증을 원만하게 수습하고 공실 자손들의 화합을 꾀함. 제22회. 제23회. 제32회. 제33회. 제34회. 제39회. 제41회. 제42회. 제43회.

◉ **노만**盧曼(?~기원전 286) | 송 강왕의 장수. 제나라와의 전투에서 전사. 제 94회.

◉ **노애**嫪毐(?~기원전 238) | 노대嫪大. 양물陽物이 커서 여불위가 장양후莊襄后에게 바침. 이후 장양후의 총애를 받으며 장신후長信后에 봉해짐. 장양후와 사통하여 두 아들을 낳았고, 이 일이 발각된 후 반란을 일으켰으나 진왕秦王 정에게 사로잡혀 참수됨. 제104회.

◉ **노좌**老佐 | 정 성공成公의 대부. 팽성에서 초나라 공자 영제嬰齊의 군사를 가볍게 보고 전투에 나섰다가 패배하여 전사. 제60회.

◉ **노중련**魯仲連(?~기원전 245) | 제나라 사람. 열두 살 때 이미 변론가 전파田巴를 굴복시킴. 조趙나라 한단에서 신원연新垣衍이 진秦나라에 제호帝號를 붙여주자고 하자, 그것을 반박하면서 차라리 동해를 밟고 들어갈지언정 진나라에 제호를 붙여줄 수 없다고 주장함. 여기에서 도해蹈海 고사가 나옴. 진나라 공격을 물리친 후 조나라에서 주는 황금과 작위를 모두 사양하고 동쪽 바닷가로 가서 은거함. 제100회.

◉ **노포계**盧蒲癸 | 제 장공의 우반右班 용작龍爵. 최저의 변란 때 아우 노포별에게 뒷일을 부탁하고 진晉나라로 망명. 노포별이 경봉에게 아첨하여 노포계는 다시 제나라로 귀환했고, 경봉을 축출한 후 자신도 아우 노포별과 함께 북연北燕으로 추방됨. 제63회. 제65회. 제66회. 제67회.

◉ **노포별**盧蒲嫳 | 제 장공의 용사 노포계의 아우. 최저와 경봉에게 아부하여 형 노포계가 귀국할 수 있도록 함. 경봉과 서로 아내까지 공유하며 친밀하게 지냄. 형 노포계와 함께 경봉의 집안을 몰락시켰으나 자신도 음란죄에 걸려 북연으로 추방됨. 제65회. 제66회. 제67회.

◉ **노포취괴**盧蒲就魁(?~기원전 589) | 제 경공頃公의 총신. 노魯나라 용읍龍邑

북문 군사들에게 사로잡혀 참수됨. 제56회.

- **녹모수**鹿毛壽 | 연왕燕王 쾌噲의 대부. 연 상국 자지를 위해 연왕에게 양위를 종용함. 제나라의 공격을 받고 전투 중에 죽음. 제91회.

- **농옥**弄玉 | 진秦 목공의 어린 딸. 소사蕭史와 결혼하여 신선이 됨. 제47회.

- **뇌환**雷煥 | 위진魏晉 시대 진晉나라의 풍성령豊城令. 천문에 뛰어남. 풍성 감옥 밑에서 간장검干將劍과 막야검莫邪劍을 찾아냄. 제74회.

- **누양견**獳羊肩 | 위衛나라 석작石碏의 가신. 공자 주우州吁와 석후石厚(석작의 아들)가 위 환공桓公을 시해하고 위나라 권력을 잡자, 석후의 부친 석작이 두 역적을 진陳나라로 유인하여 사로잡아 처단하게 함. 진나라에서 석후를 주살할 때, 석작은 자신의 가신 누양견을 보내 아들의 처형을 감독하게 하면서 공무公務의 엄정함을 보임. 제6회.

- **누영**樓嬰 | 진晉 경공景公의 신하. 조씨의 전횡에 간언을 올리다 추방됨. 제57회.

- **누인**僂堙 | 제 장공의 용작勇爵. 최저의 변란 때 제 장공을 위해 싸우다가 전사함. 제63회. 제65회.

- **누호**累虎 | 진晉 세자 신생申生의 문객. 비정보丕鄭父와 함께 진晉 문공을 보위에 올리려다 극예, 여이생, 도안이 등의 음모에 걸려 주살당함. 제29회.

ㄷ

- **단간목**段干木 | 위魏 문후 때의 현인. 위성魏成의 추천으로 위 문후의 상객

이 됨. 제86회.

● **단규**段規 │ 진晉 출공出公 때 한호韓虎의 모사謀士. 지요智瑤에게 모욕을 받고 원한을 품음. 조씨 집안의 모사 장맹담張孟談과 모의하여 지씨智氏를 멸망시킴. 제84회.

● **단백**檀伯 │ 정 여공의 장수. 역櫟 땅 대부 공자 원元이 죽은 후 역 땅을 지킴. 보위에서 쫓겨난 정 여공이 역 땅을 근거지로 삼기 위해 단백을 죽이고 역 땅을 차지함. 제11회. 제12회.

● **단붕**段朋 │ 제나라 전화田和의 장수. 노魯나라 오기吳起의 작전에 말려 대패함. 제86회.

● **단자**檀子 │ 제 위왕이 초나라를 막기 위해 임명한 남성南城 태수. 제86회.

● **달기**妲己 │ 은殷나라 마지막 임금 주왕紂王의 왕후. 주왕과 음란하고 무도한 생활을 하다가 주周 무왕의 정벌을 받고 주살됨. 제2회.

● **담백**聃伯 │ 정 문공의 대부. 정나라 순문純門을 지키다가 초나라 장수 투장鬪章의 포로가 됨. 소릉김陵 회맹이 끝난 후 제나라 재상 관중의 요청으로 석방됨. 제23회.

● **담백**譚伯 │ 주周 양왕의 대부. 양왕이 담백을 적나라 진영에 보내 태숙 대帶의 반란 사실을 알렸으나 적나라 대장 적정赤丁은 오히려 담백을 죽임. 제38회.

● **답리가**答里呵 │ 고죽국孤竹國 군주. 산융 영지국令支國의 군주 밀로密盧를 도와 제 환공에 대항하다가 왕자 성보에게 사로잡혀 참수됨. 이로써 고죽국이 역사 속에서 사라짐. 제21회.

● **당**唐 **성공**成公(?~기원전 505) │ 숙상肅霜이란 명마를 영윤 낭와에게 주지 않아서 초나라에 감금되었다가 그것을 바친 후 풀려남. 이후 오나라와 연

합하여 초나라를 망국지경으로 몰아넣음. 그러나 이후 당나라는 초나라와 진秦나라 연합군의 공격을 받고 망함. 제75회. 제77회.

● **당강**棠姜 | 동곽씨東郭氏. 최저의 후처. 동곽언東郭偃의 누이동생. 먼저 당공棠公에게 출가했기 때문에 당강棠姜이라 부름. 당공 사후 최저에게 개가함. 당공과의 사이에서 아들 당무구棠無咎를 낳았고 최저와의 사이에서 최명崔明을 둠. 제 장공과 사통했다가, 최저의 강압으로 제 장공을 시해하는 일에 가담함. 나중에 경봉이 최성崔成과 최강崔彊을 죽이고 집안의 재산을 약탈하자 목을 매어 죽음. 제63회. 제64회. 제65회.

● **당거**唐擧 | 위魏나라 대량大梁의 관상가. 장차 진秦나라 승상이 될 채택蔡澤의 관상을 봐주고 노자를 주어 진나라로 가게 함. 제101회.

● **당교**唐狡 | 초나라 연윤連尹 양로襄老의 부장. 초 장왕이 베푼 연회에서 누군가 허희許姬의 손을 잡아 허희가 그자의 갓끈을 끊어냈는데 당교가 범인이었음. 초 장왕의 용서를 받고 나중에 진晉나라와의 전투에서 혁혁한 전공을 세움. 초 장왕이 주는 상을 사양하고 종적을 감춤. 제53회.

● **당구**唐玖 | 조趙 도양왕의 내시. 제105회.

● **당매**唐昧 | 초 경양왕頃襄王의 장수. 송 강왕을 정벌하기 위해 제, 초의 군사와 함께 그를 유인하여 격파함. 제나라 장수 한섭韓聶이 송 강왕을 유인하는 틈에 위魏나라 장수 망묘芒卯와 직접 수양성睢陽城을 공격하여 함락시킴. 송나라를 멸망시킨 후 귀국하다가 송나라 땅 전부를 차지하려는 제 민왕의 공격을 받고 패주함. 제94회.

● **당무구**棠無咎 | 당강棠姜과 당공棠公 사이에서 태어난 아들. 최저가 당강과 재혼하면서 당무구를 데리고 와 가신으로 삼음. 최저의 지시로 제 장공을 시해함. 최성과 최강의 매복 군사에게 살해됨. 제65회. 제66회.

● **대규**戴嬀 ｜ 진陳나라 출신. 여규厲嬀의 누이동생. 위衛 장공과의 사이에서 완完(환공)과 진晉(선공)을 낳음. 완이 정실부인 장강莊姜의 양자로 들어가서 세자가 됨. 제5회.

● **대기**戴己 ｜ 거莒나라 여인. 노魯나라 맹손씨 공손오와의 사이에서 아들 곡穀을 낳음. 제49회.

● **대량**大良 ｜ 북융北戎의 장수. 제나라를 침략했다가 구원병을 이끌고 온 정나라 세자 홀(소공)의 칼을 맞고 죽음. 제8회.

● **대숙피**戴叔皮 ｜ 송 환공 어열御說의 대부. 공자 어열이 박亳 땅에서 남궁장만이 보낸 맹획猛獲과 남궁우南宮牛의 군사를 격파하고 송나라 도성으로 진격할 때 남궁우의 군사로 위장하라는 대숙피의 계책에 따름. 나중에 제 환공이 보낸 사신 영척寧戚을 죽이려고 했으나 송 환공이 영척에게 설득당하여 대숙피의 말을 따르지 않음. 제17회. 제18회.

● **대오**戴烏 ｜ 송 강왕의 무도함에 간언을 올리다가 강왕이 쏜 화살에 맞아 죽음. 제94회.

● **대왕**代王 **가**嘉(기원전 250년 추정~?) ｜ 조趙 도양왕의 적자嫡子. 태자에 책봉되었다가 도양왕이 서자 천遷을 좋아하여 폐위됨. 안취顏聚의 추대로 대왕代王이 되어 조나라를 재건하기 위해 노력했으나 실패함. 진秦나라 대장 왕분王賁의 공격을 받고 사로잡혀 자결함. 이로써 조나라는 완전히 망함. 제105회. 제106회. 제107회. 제108회.

● **대직**戴直(?~기원전 286) ｜ 송 강왕의 장수. 송 강왕을 호위하고 하남河南으로 도주하다가 제, 초, 위魏 연합군의 추격을 받고 참수됨. 제94회.

● **도격**屠擊 ｜ 진晉 문공의 귀국을 국내에서 영접한 공신. 진 문공의 우항대부右行大夫. 효산 전투에서 진나라 군사를 격파함. 제37회. 제45회.

● **도숙**堵叔 | 정 여공, 문공의 대부. 숙첨叔詹, 사숙師叔과 함께 삼량三良으로 불림. 제19회.

● **도안고**屠岸賈(?~기원전 583) | 진晉 영공靈公, 경공景公의 총신. 도격의 아들이자 도안이의 손자. 간신으로 이름이 높음. 조돈과 불화하여 조씨 가문을 거의 멸망시킴. 진晉 도공 즉위 후 조씨 고아 조무가 살아 돌아와 음모가 밝혀짐으로써 참수당함. 제50회. 제51회. 제56회. 제57회. 제58회. 제59회.

● **도안이**屠岸夷(?~기원전 645) | 동관오東關五의 문객. 동관오의 사주로 이극을 죽이기로 했으나 다시 추천騅遄에게 설득되어 탁자와 순식을 죽이는 일에 가담함. 진晉 혜공이 즉위한 후 극예 등의 사주에 의해 비정보 등에게 접근하여 공자 중이를 추대하자고 결의한 후 그 비밀을 폭로함. 결국 공자 중이를 추종하던 대신들이 모두 살해됨. 한원 용문산龍門山 전투에서 진秦나라에 사로잡혀 참수됨. 제28회. 제30회. 제31회.

● **도유미**堵俞彌 | 정 문공의 장수. 활나라를 정벌할 때의 부장. 제37회.

● **도자**桃子 | 주周 양왕의 대부. 적나라에 군사 원조를 요청하여 정나라를 치게 함. 양왕에게 적나라 군주의 딸 외후隗后를 왕비로 맞아오게 부추김. 적나라 군사의 힘을 빌려 태숙 대를 보위에 올렸다가, 진晉 문공의 공격을 받고 패배하여 죽음. 제37회. 제38회.

● **도주공**陶朱公 | 월나라 대부 범여는 제나라 상경 벼슬을 내던지고 도산陶山에 은거하며 다섯 가지 가축을 길러 번식에 성공해 천금의 이익을 남기고 스스로를 도주공陶朱公이라 불렀다고 함. 제83회.

● **도화부인**桃花夫人 | → 식규息嬀

● **독고진**獨孤陳 | 제나라 손빈孫臏의 부장部將. 손빈의 지시를 받고 원달遠達과 함께 마릉馬陵에 매복해 있다가, 유인책에 걸려든 위魏나라 방연의 군사

에게 화살을 퍼부어 대승을 거둠. 제89회.

● **독융**督戎 | 난영欒盈 휘하의 역사. 고궁固宮 싸움에서 비표에게 패하여 목이 잘림. 제62회. 제63회. 제64회.

● **동갈**董褐 | 진晉 정공定公의 대부. 황지黃池 회맹 때 오나라에 왕호를 버릴 것을 요구하여 이를 성사시킴. 제82회.

● **동고공**東皐公 | 편작의 제자. 오자서를 도와 소관昭關을 통과하게 해줌. 제72회.

● **동곽씨**東郭氏 | → 당강棠姜

● **동곽아**東郭牙 | 제 환공의 대부. 대간大諫. 웅늠, 고혜 등과 연칭과 관지보를 몰아내고 공자 소백(환공)을 보위에 올림. 이후 사심 없는 직간과 충직한 행동으로 제 환공을 보필함. 제15회. 제16회. 제18회.

● **동곽언**東郭偃 | 제 장공의 신하. 당강棠姜의 오라버니. 제 장공을 시해하기 위한 최저의 모의에 가담함. 최성과 최강이 집안 후계자의 자리를 최명에게 양보하고 최읍崔邑으로 가는 일에 반대했다가 최성과 최강의 매복 군사에게 살해됨. 제63회. 제65회. 제66회.

● **동관오**東關五 | 진晉 헌공의 총신. 양오梁五와 이오二五로 칭해짐. 헌공에게 아첨하고 여희와 작당하여 세자 신생을 모함하여 죽이고 중이 등 다른 공자들을 추방함. 여희의 아들 해제를 세자로 세우고 전횡을 일삼다가 공자 중이를 추종하는 신료들의 공격을 받고 죽음. 제20회. 제25회. 제27회. 제28회.

● **동문수**東門遂 | → 공자 수遂

● **동안우**董安于 | 진晉 경공頃公 때 조앙 집안의 모사. 순역의 총신 양영보梁嬰父가 경卿의 지위에 오르는 것을 반대하다가 그의 참소를 받고 자결함.

제79회.

• **동주군**東周君 | 주周 난왕이 진秦 소양왕의 장수 영규嬴樛에게 항복한 후 공鞏 땅을 근거로 주 왕실의 명맥을 유지하다가 진 장양왕莊襄王 때 여불위의 공격을 받고 항복함으로써 주 왕실의 명맥이 완전히 끊김. 주 무왕이 기유년己酉年에 천명을 받은 이래 동주군 임자년壬子年에 멸망함. 37명의 왕이 873년의 역사를 이어오다가 진秦나라에 의해 제사가 끊김. 제101회.

• **동호**董狐 | 진晉 영공靈公, 성공成公 때의 태사. 조돈과 조천趙穿이 진 영공을 시해한 일을 숨기지 않고 명확하게 기록함. 동호직필董狐直筆로 유명함. 제51회.

• **두백**杜伯 | 주周 선왕의 상대부. 주 선왕이 장차 나라의 혼란을 초래하게 만든다는 요녀妖女(포사褒姒)를 찾으라는 명을 내렸으나 요녀를 찾지 못하자 주 선왕은 책임을 물어 두백을 참수함. 두백의 아들 습숙隰叔은 진晉나라로 망명하여 사사士師 직을 역임함. 이에 자손들은 사씨士氏를 성으로 삼았고, 범范 땅에 식읍을 받아 다시 범씨范氏를 칭함. 제1회.

• **두수**頭須 | 진晉 문공 중이의 잠저潛邸 시 청지기. 중이가 발제勃鞮에게 쫓겨 제나라로 떠날 때 그의 재산을 갖고 잠적함. 그러나 그는 그 재산으로 중이의 둘째 아내 핍길偪姞이 낳은 1남 1녀를 양육함. 중이가 보위에 오른 후 다시 나타나 사면을 받음. 제31회. 제37회.

• **두씨**杜氏 | 백리해의 아내. 아들 백리시百里視를 둠. 가난 때문에 남편 백리해와 헤어짐. 백리해가 진秦나라 재상이 된 후 백리해의 집에 빨래하는 하녀로 들어가서 재회함. 제25회. 제26회.

• **두원관**杜原款 | 진晉 헌공의 세자 신생의 태부. 억울하게 죽은 신생의 원통함을 풀기 위해 헌공에게 직간을 올리다가 피살됨. 제20회. 제27회.

● **두주**竇犨 | 진晉 정공의 현신. 권력자 조앙에게 살해됨. 공자孔子가 진晉으로 가려다가 현신 두주와 순화舜華가 살해되었다는 소식을 듣고 발길을 돌림. 제79회.

● **두지**杜摯 | 진秦 효공孝公의 대부. 위앙의 변법을 비난했다가 서민으로 강등됨. 제87회. 제89회.

● **두회**杜回 | 본래 백적白翟 사람으로 힘이 천하장사였음. 120근이나 나가는 도끼를 마음대로 사용함. 진秦 환공의 거우. 노潞나라 땅을 놓고 진晉나라와 다투는 과정에서 진나라 장수 위과魏顆, 위기魏錡 형제에게 패배하여 죽음. 이 싸움에서 결초보은結草報恩이라는 고사성어가 생겨남. 제55회.

● **등**騰 | 진秦 장양왕, 진왕秦王 정 때의 내사內史. 초나라 춘신군春申君이 한韓, 위魏, 연과 연합하여 위남渭南을 공격하자 여불위 휘하에서 방어에 나섬. 이사李斯의 계책에 따라 군사 10만 명을 거느리고 한나라를 공격함. 상당에 주둔하고 왕전과 양단화楊端和를 지원했고, 한을 공격하여 탈취한 땅을 거두어들여 민심을 수습함. 제103회. 제105회. 제106회.

● **등요**鄧廖 | 초 공왕의 장수. 오나라 세자 제번에게 사로잡혔지만 굴복하지 않고 죽음. 제60회.

● **등혼**鄧惛 | 진晉 영호令狐성의 읍재. 진晉 문공의 귀국에 항거하다가 비표丕豹에게 패하여 참수됨. 제36회.

● **막야**莫邪 | 오왕 합려 때 명검 장인匠人이었던 간장의 아내. 자신의 몸을 용광로 안에 던져 명검이 완성되게 함. 제74회.

● **만백**曼伯 | 정 장공의 장수. 주周 환왕과의 싸움에서 정나라 우군右軍을 맡아 환왕을 곤경에 빠뜨림. 제9회.

● **만야속**滿也速 | 견융犬戎의 좌선봉장. 신후申侯와 함께 주周나라 도성을 침략하여 주 유왕의 도주로를 끊고 유왕과 그의 아들 백복伯服을 죽임. 정, 위衛, 진秦 등 연합군의 반격을 받고 도주했다가 3년 뒤 진秦 양공의 정벌을 받고 패하여 죽음. 제3회.

● **말희**妹喜 | 하夏나라 마지막 임금 걸왕桀王의 왕후. 걸왕의 폭정을 조장하며 음란한 생활을 함. 상商나라 탕왕의 정벌을 받고 걸왕과 함께 남소南巢로 도망갔다가 죽음. 제2회.

● **망묘**芒卯 | 위魏 소왕昭王의 장수로 송 강왕 정벌을 위해 파견됨. 제나라 장수 한섭韓聶이 송 강왕을 유인하는 틈에 초나라 장수 당매와 직접 수양성睢陽城을 공격하여 함락시킴. 진秦나라 객경 호상胡傷에게 패배하고 남양南陽 땅을 잃음. 제94회. 제96회.

● **맹**孟 **부인** | 진晉나라 대부 이극의 부인. 제27회.

● **맹가**孟軻 | → 맹자孟子

● **맹강**孟姜 | 제 장공의 장수 기양의 아내. 남편의 관을 사흘 동안 어루만지며 통곡하자 제나라 도성의 성곽이 무너짐. 후세에 전하기를 진秦나라 사람 범기량范杞梁이 만리장성을 쌓는 데 동원되었다가 죽었는데, 그의 처 맹강녀孟姜女가 겨울 솜옷을 가지고 성 아래로 왔다가 남편이 죽었다는 말을

듣고 통곡하자 만리장성이 무너졌다고 함. 그러나 이것은 제나라 장수 기양의 이야기가 잘못 전해진 것임. 제64회.

● **맹낙**孟樂 | 무종국 대부. 진晉나라에 사신으로 가서 표범 가죽 100장을 바치고 우호의 맹약을 맺음. 제60회.

● **맹명시**孟明視 | → 백리시百里視

● **맹분**孟賁 | 제나라 용사. 진秦나라로 가서 진 무왕의 총애를 받음. 진 무왕과 구정九鼎 들어올리기 내기를 하다가 무왕이 정강이뼈가 부러져 죽자 그 죄를 뒤집어쓰고 거열형에 처해짐. 제92회.

● **맹상군**孟嘗君(?~기원전 279) | 전문田文. 설공薛公 전영의 서자. 제 민왕湣王의 상국. 어진 성품으로 문객 3000여 명을 기름. 한韓, 조趙, 위魏, 연燕 연합군이 진秦을 공격할 때 시간을 지체하며 합류하지 않음. 진秦 소양왕昭襄王의 요청으로 진秦에 갔다가 억류됨. 계명구도鷄鳴狗盜의 노력으로 진나라를 탈출하여 귀국함. 문객 풍환馮驩의 계책으로 어려운 사람들의 빚을 모두 없애주어 크게 인심을 얻음. 제 민왕에게 파직된 후 위魏나라로 가서 신릉군信陵君에게 의지하며 상국에 임명됨. 만년에 설薛 땅으로 다시 돌아가 제후에 버금가는 생활을 함. 제 양왕襄王이 상국에 임명했으나 취임하지 않음. 제91회. 제92회. 제93회. 제94회. 제95회.

● **맹손곡**孟孫穀 | 노魯나라 맹손씨孟孫氏 공손오公孫敖의 맏아들. 제49회.

● **맹손난**孟孫難 | 노나라 맹손씨 공손오의 둘째 아들. 형 맹손곡이 죽은 후 어린 조카를 대신하여 가문을 돌봄. 제49회.

● **맹손멸**孟孫蔑(?~기원전 554) | 중손멸仲孫蔑. 맹헌자孟獻子. 맹문백孟文伯의 아들. 노魯나라 맹손씨의 5대 종주. 핍양성偪陽城을 공격하여 함락시킴. 제60회.

● **맹손무기**孟孫無忌(?~기원전 481) │ 중손확仲孫貜의 아들. 중손하기仲孫何忌라고도 함. 맹의자孟懿子. 노魯 소공昭公, 정공定公 때의 권력자. 공자孔子에게 예禮를 배움. 계손사季孫斯에게 공자를 등용하게 함. 숙손씨叔孫氏, 계손씨季孫氏와 연합하여 양호陽虎의 반란을 막아내고 그를 국외로 추방함. 공자를 추천하여 제齊나라와의 협곡夾谷 회맹에 대처하게 함. 후범侯犯의 반란을 진압함. 제78회.

● **맹양**孟陽 │ 제齊 양공襄公의 총신. 연칭連稱과 관지보管至父가 반란을 일으켜 양공을 죽이려 하자 양공의 침대에 대신 누워 있다가 살해됨. 제13회. 제14회.

● **맹염**孟黶 │ 위衛나라 공회孔悝 집안의 용사. 공회의 지시로 석걸石乞과 함께 세자 괴귀蒯聵의 수레를 몰아 괴귀의 귀국을 도움. 석걸과 함께 공자의 제자 자로子路를 살해함. 제82회.

● **맹영**孟嬴 │ 백영伯嬴. 진秦 애공哀公의 누이동생. 초楚 평왕平王의 세자 건建에게 출가할 예정이었으나 초楚나라 간신 비무극費無極의 계략으로 초 평왕에게 바쳐짐. 오吳나라 군사가 영성郢城을 함락시켰을 때, 오왕 합려闔閭의 강압에도 굴하지 않고 끝까지 절개를 지킴. 제71회. 제76회. 제77회.

● **맹요**孟姚 │ → 오왜吳娃

● **맹임**孟任 │ 노魯나라 당씨黨氏의 딸. 노 장공莊公의 측실. 노 장공이 제齊 양공襄公의 어린 딸 애강哀姜과 정식으로 결혼하기 위해 20년을 기다리는 동안 맹임이 노나라 정실부인 역할을 함. 공자 반般을 낳음. 제22회.

● **맹자**孟子 │ 맹가孟軻. 추鄒나라 사람. 자는 자여子輿. 자사子思의 문인. 위魏 혜왕惠王에게 등용되지 못하고 제齊나라로 가서 선왕宣王의 상빈上賓이 됨. 제87회. 제89회. 제91회.

● **맹작**孟綽 │ 제齊 도공悼公의 대부. 오왕 부차夫差에게 군사를 파견하지 말아달라고 요청했으나 거절당함. 제81회.

● **맹장**孟張 │ 진晉 여공厲公의 내시. 진晉 여공에게 바치려고 극지에게서 사슴고기를 빼앗아 가다가 극지의 화살을 맞고 죽음. 제59회.

● **맹피**孟皮 │ 숙양흘叔梁紇과 그의 첩 사이에서 태어난 아들. 공자孔子의 이복형. 다리에 병을 앓아 불구가 됨. 제78회.

● **맹획**猛獲 │ 송 장공莊公의 장수. 남궁장만의 선봉장. 노魯, 정鄭 연합군과의 싸움에 출전하여 포로로 잡혔다가 포로 교환 형식으로 귀환함. 남궁장만의 지시로 박亳 땅의 공자 어열御說(환공桓公)을 공격하다가 추방된 공실公室 연합군과의 싸움에 패배하여 위衛나라로 도주함. 송 환공 즉위 후 송나라의 요청으로 송환되어 송 민공閔公을 시해한 죄를 뒤집어 쓰고 남궁장만과 함께 주살됨. 제11회. 제17회.

● **맹희**孟姬 │ 제齊 경공景公의 모후. 진무우陳無宇의 뇌물을 받고 경공을 시켜 고당高唐 땅을 진무우에게 하사하게 함. 제68회.

● **모강**牟剛 │ 모등牟登의 아들. 진晉나라 순오荀吳 휘하의 맹장. 난영欒盈의 용장인 독융과의 싸움에서 패배함. 제64회.

● **모경**牟勁 │ 모등牟登의 아들. 진晉나라 순오荀吳 휘하의 맹장. 난영欒盈의 용장인 독융과의 싸움에서 패배함. 제64회.

● **모공**毛公 │ 조趙나라 도박판에서 몸을 숨기고 사는 처사. 조나라에 머물던 위魏나라 신릉군信陵君과 친밀하게 사귐. 신릉군을 위나라로 귀국하게 설득하여 진秦나라 공격을 막아내게 함. 제100회. 제102회.

● **모등**牟登 │ 진晉나라 순오荀吳 휘하의 노장. 난영欒盈의 용장인 독융과의 싸움에서 패배함. 제64회.

◉ **모벌**茅茷 │ 진晉 문공의 장수. 성복城濮 전투 참전. 제40회.

◉ **모수**毛遂 │ 조趙나라 평원군平原君의 빈객. 고사성어 모수자천毛遂自薦의 주인공. 평원군과 함께 초楚나라로 가서 명쾌한 논리와 당당한 용기로 고열왕考烈王을 설득하여 구원병을 보내게 함. 제99회.

◉ **모위**毛衛 │ 주周 양왕襄王의 장수. 적翟나라 공격을 방어하는 부장으로 임명됨. 태숙 대帶의 창에 찔려 포로가 됨. 제38회.

◉ **모초**茅焦 │ 제齊나라 출신. 태후를 별궁에 유폐하고 간언을 금지한 진왕秦王 정政의 불효를 꾸짖고 태후를 모셔오게 함. 진왕은 모초를 태부太傅에 임명하고 상경上卿의 작위爵位을 내림. 제105회.

◉ **목금보**木金父 │ 송宋 공보가孔父嘉의 아들. 공보가가 화독華督에게 억울한 죽임을 당한 후, 가신家臣이 그를 안고 노魯나라로 도망침. 중니仲尼(공자孔子)는 바로 그의 6세손임. 제8회.

◉ **목영**穆嬴 │ 진晉 양공襄公의 부인. 진晉 영공靈公 이고夷皋의 모후. 조돈趙盾이 세자 이고夷皋를 버려두고 공자 옹雍을 보위에 올리려 하자 목영이 조돈에게 읍소하여 세자를 보위에 올리게 함. 제47회.

◉ **목희**穆姬 │ 진晉 세자 신생申生의 누이동생. 진秦 목공穆公의 부인. 진秦 목공에게 간청하여 포로로 잡혀온 진晉 혜공惠公을 석방시킨 뒤 복위하게 함. 제28회. 제29회. 제30회. 제31회. 제35회. 제47회.

◉ **몽가**蒙嘉 │ 진왕秦王 정政의 중서자中庶子. 형가荊軻를 진왕 정에게 소개한 죄로 능지처참형에 처해짐. 제107회.

◉ **몽무**蒙武 │ 진秦나라 명장 몽오의 아들. 자객 형가를 진왕秦王 정政에게 소개한 몽가가 처형당할 때 모든 몽씨가 연좌되었으나 몽무는 비장裨將으로 임명되어 상황을 몰랐기 때문에 사면을 받음. 대장 왕전王翦 휘하에서 부장

으로 참전하여 초나라를 멸망시킴. 제107회. 제108회.

● **몽오**蒙驁(?~기원전 240) | 진秦 소양왕昭襄王, 장양왕莊襄王의 장수. 수많은 전투에서 전공을 세웠으나 태항산太行山에서 조趙나라 방난龐煖의 매복에 걸려 화살을 맞고 전사함. 제92회. 제98회. 제101회. 제102회. 제103회.

● **무강**武姜 | 신후申侯의 딸. 정鄭 무공武公의 부인. 오생寤生(장공莊公)과 단段을 낳음. 단을 편애한 나머지 장공에게 압력을 넣어 경성京城에 봉하게 함. 경성태숙京城太叔이 된 단은 모후 무강과 반란을 도모하다가 실패하여 자살함. 장공은 어머니의 행동이 미워서 황천에 갈 때까지는 모후 무강을 만나지 않겠다고 맹세함. 이후 영고숙潁考叔이 땅을 파고 방을 마련하여 무강과 장공 모자를 화해시킴. 제3회.

● **무성흑**武城黑 | 초 평왕의 대부. 평왕의 명령을 받고 오자서를 추격하다 실패함. 영윤 낭와에게 잘 보이기 위해 서둘러 오吳나라 군영을 공격할 것을 주장했다가 패배를 자초함. 결국 오나라와의 전투에서 오나라 장수 부개夫槪에게 피살됨. 제72회. 제75회. 제76회.

● **무신**巫臣 | → 굴무屈巫

● **무양정**武陽靖 | 연왕燕王 희喜의 장수. 조趙나라 악승樂乘과 악간樂閒의 화살 공격을 맞고 죽음. 제102회.

● **무왕**武王(기원전 1087년 추정~기원전 1043) | 주周 문왕文王의 아들. 은殷나라 마지막 임금인 폭군 주왕紂王을 정벌하여 죽이고 천자의 지위에 오름. 제1회.

● **무현**繆賢 | 조趙 혜문왕惠文王의 내시. 환자령宦者令. 우연한 기회에 화씨벽和氏璧을 구입했다가 혜문왕에게 뺏김. 혜문왕의 의심을 살까봐 연燕나라로 망명하려 하다가 문객 인상여藺相如의 말을 듣고 그만둠. 제96회.

● **무호용**巫狐庸 │ → 호용狐庸

● **묵적**墨翟 │ 묵가학파墨家學派의 창시자. 위魏나라에서 손빈孫臏이 곤경에 처한 것을 알고 제齊나라로 탈출할 수 있게 도와줌. 제87회. 제88회.

● **문강**文姜(?~기원전 673) │ 제齊 희공僖公의 차녀. 노魯 환공桓公의 부인. 이복 오라비 제 양공襄公과 사통함. 노 환공이 제 양공에게 살해된 후 노와 제 국경 근처 작禚 땅에 거주하며 제 양공과 음란한 생활을 지속함. 만년에도 자신의 해수咳嗽 병을 치료하러 온 거莒나라 의원과 사통하며 거나라까지 왕래하다가 병으로 죽음. 제9회. 제13회. 제14회. 제15회. 제19회.

● **문미**文芈 │ 정鄭 문공文公의 부인. 초楚 성왕成王의 누이동생. 홍수泓水 전투 승리를 축하하는 연회가 끝난 후 자신의 두 딸 백미伯芈과 숙미叔芈를 오라비 초 성왕에게 강탈당함. 제34회.

● **문부인**文夫人 │ → 식규息嬀

● **문부인**文夫人 │ 연燕 역왕易王의 모친. 소진蘇秦과 사통함. 제91회.

● **문영**文嬴 │ 회영懷嬴. 진秦 목공穆公의 딸. 회영은 본래 진晉 회공懷公 어圉에 게 출가했기 때문에 회영으로 불림. 그러나 어가 진秦나라 인질 생활을 하 다가 도망쳐서 귀국한 후, 당시 진秦나라에서 망명 생활을 하던 진晉 공자 중이重耳에게 다시 시집감. 중이가 귀국하여 진晉 문공文公이 되었으므로 회 영은 문영文嬴으로 불림. 효산崤山 전투에서 사로잡아온 맹명시孟明視, 백을 병白乙丙, 서걸술西乞術을 풀어주게 함. 제35회. 제37회.

● **문왕**文王(기원전 1152~기원전 1056) │ 주周 무왕武王의 부친. 어진 성품으로 천하의 민심을 얻었으며, 강태공姜太公(여상呂尙)을 등용하여 천하통일의 기 반을 다짐. 제2회.

● **문윤**門尹 **반**般 │ 송宋 성공成公의 대부. 송나라 도성의 성문 관리와 수비를

책임지는 총책임자. 송을 공격하는 초나라를 물리치기 위해 진晉과 진秦으로 가서 구원병을 요청함. 초나라를 자극하기 위해 진晉나라 호언狐偃과 위衛나라 땅을 점령함. 제40회.

● **문종**文種 | 월왕越王 구천勾踐의 대부. 월왕 구천이 오나라에 잡혀갔을 때 내정內政에 심혈을 기울여 월나라를 안정시킴. 범여范蠡와 함께 월왕 구천을 패자覇者로 만들었으나 오나라 멸망 이후 구천의 의심을 받아 주살됨. 제79회. 제80회. 제81회. 제82회. 제83회.

● **미번**芈繁 | 초楚 소왕昭王의 장수. 소巢 땅에서 오나라에 패배하여 손무와 오자서에게 사로잡힘. 제75회.

● **미씨**芈氏 | 초楚 성왕成王의 여동생. 강江나라로 출가했다가 돌아옴. 초 성왕이 살해된 후 자결함. 제46회.

● **미자하**彌子瑕 | 위衛 영공靈公이 총애하는 남색男色. 복숭아를 먹다가 남은 반을 영공의 입속으로 밀어 넣음. 제79회.

● **밀로**密盧 | 산융山戎 영지令支의 군주. 자작子爵. 연燕나라를 공격했다가 당시 중원의 패자覇者였던 제齊 환공桓公의 반격을 받고 패배함. 다시 고죽국孤竹國 군주 답리가答里呵에게 원조를 받아 함께 제 환공과 싸우던 중 고죽국 대장 황화黃花의 속임수에 걸려 목이 잘림. 이로써 영지令支도 패망함. 제21회.

● **밀희**密姬 | 제齊 환공桓公의 다섯째 여부인如夫人. 공자 상인商人의 모친. 제32회.

● **반**班 ┃ 게揭의 막내아들. 주周 고왕考王에 의해 공鞏 땅에 봉해져 동주공 東周公으로 불림. 제85회.

● **반당**潘黨 ┃ 초楚 장왕莊王, 공왕共王의 장수. 필성邲城 전투 때 사신으로 온 진晉나라 장수 위기魏錡를 추격하다가 그가 화살로 잡아준 고라니를 받고 귀환함. 명궁 양유기養繇基와 활솜씨를 겨뤄 패배함. 위기가 쏜 화살을 눈에 맞은 공왕을 안전하게 호위함. 제53회. 제58회.

● **반숭**潘崇 ┃ 초楚 성왕成王의 세자인 상신商臣(초 목왕穆王)의 사부. 세자 상신을 보위에 올리기 위해 초 성왕을 목매 죽게 함. 초 목왕이 보위에 오른 후 태사太師 직을 더해줌. 제46회.

● **반왕**潘尪 ┃ 초楚 성왕成王, 장왕莊王의 대부. 장왕의 편에서 투월초鬪越椒의 반란에 맞서 싸움. 제41회. 제50회. 제51회.

● **반자신**潘子臣 ┃ 초楚 영왕靈王의 신하. 우윤芋尹 신무우申無宇가 궁궐 수비병을 함부로 잡아가려고 하자 이를 초 영왕에게 알리고 문제를 해결하게 함. 제67회. 제68회.

● **발제**勃鞮 ┃ 진晉 헌공獻公의 시인寺人(내시). 헌공의 명으로 포성蒲城을 공격하여 공자 중이의 옷소매를 자름. 적狄나라에 망명한 중이를 죽이려 했으나 역시 실패함. 나중에 극예의 반란을 진晉 문공文公에게 알려주고 사면을 받음. 제27회. 제31회. 제36회. 제39회.

● **방개**逄蓋 ┃ 방백逄伯의 아들. 진晉나라 장수. 그의 부친 방백이 조전趙旃을 수레에 태우는 대신 두 아들 방영逄寧과 방개를 수레에서 내리게 하여 결국 난군 속에서 전사. 제54회.

◦ **방난**龐煖 │ 방난龐暖 또는 방환龐煥이라고도 함. 조趙 효성왕孝成王, 도양왕 悼襄王의 장수. 연燕나라와의 전투에서 극신을 패퇴시키고 큰 공을 세움. 진 秦나라와의 전투에서 몽오의 화살을 맞고 귀환하여 사망함. 제102회. 제 103회. 제104회.

◦ **방모**龐茅 │ 방연龐涓의 조카. 위魏 혜왕의 장수. 제齊나라 손빈孫臏의 전도 팔문진顚倒八門陣 속에서 전사. 제87회. 제88회.

◦ **방백**逢伯 │ 진晉 경공景公의 장수. 필성邲城 전투 중 초나라 군사에 쫓기는 과정에서 두 아들을 버리고 조전趙旃을 구출함. 제54회.

◦ **방손**逢孫 │ 진秦 목공穆公의 장수. 정鄭나라로 파견되어 북문을 지키다가 진秦나라의 침략 야욕이 탄로 나자 송나라로 달아남. 제43회. 제44회.

◦ **방숙**方叔 │ 주周 선왕宣王 때의 현신. 경사卿士 직을 역임함. 제1회.

◦ **방연**龐涓 │ 위魏나라 사람. 손빈孫臏과 결의형제를 맺고 귀곡자鬼谷子 문하 에서 병법을 배움. 손빈의 재주를 시기하여 그의 다리를 잘리게 하고 등용 을 막았으나 나중에 손빈과의 전투에서 패배한 뒤 마릉馬陵에서 자결함. 제87회. 제88회. 제89회.

◦ **방영**逢寧 │ 방백의 아들. 진晉나라 장수. 그의 부친 방백이 조전을 수레에 태우는 대신 두 아들 방영과 방개를 수레에서 내리게 하여 결국 난군 속에 서 전사. 제54회.

◦ **방영**龐英 │ 방연의 아들. 위魏 혜왕의 장수. 마릉馬陵 전투에서 제齊나라 군 사의 화살을 맞고 전사. 제87회. 제88회. 제89회.

◦ **방총**龐葱 │ 방연의 조카. 위魏 혜왕의 장수. 마릉 전투에서 패배했지만 제 齊나라 손빈의 배려로 목숨을 구한 뒤 세자 신申과 방영龐英의 시신을 받아 서 위나라로 귀국함. 제87회. 제88회. 제89회.

● **방축보**逢丑父 │ 제齊 경공頃公의 거우車右. 화부주산華不注山에서 제 경공이 진晉나라 군사에게 포위되었을 때, 옷을 바꾸어 입고 경공을 탈출시킴. 자신은 포로가 되었으나 목숨을 돌보지 않는 충성심을 보여 진晉나라 군영에서 풀려남. 제56회.

● **방후축**逢侯丑 │ 초楚 회왕懷王의 대부. 장의張儀를 따라 진秦나라로 가서 약속한 600리의 땅을 받아오게 함. 진秦나라와의 전투에서 전사함. 제91회.

● **백극완**(伯郤宛(?~기원전 515) │ 백주리伯州犁의 아들. 초楚 평왕平王의 우윤. 초 소왕昭王의 좌윤. 비무극의 간계에 속은 낭와의 공격을 받고 자결함. 제70회. 제73회. 제74회.

● **백기**白起(?~기원전 257) │ 진秦 소양왕昭襄王의 장수. 수많은 전공을 세워 무안군武安君에 봉해짐. 장평長平 대전에서 조趙나라 조괄趙括의 대군을 참패시키고 45만 명의 조나라 군사를 살육함. 이후 조나라 한단邯鄲 공격을 두고 진秦 소양왕과 대립하다가 소양왕이 칼을 내려 자결하게 함. 두우杜郵에서 결국 스스로 목숨을 끊음. 제92회. 제94회. 제95회. 제96회. 제98회. 제99회.

● **백돈**白暾 │ 적翟나라 군주 백부호白部胡의 동생. 백부호가 진晉나라와의 전투에서 전사한 뒤 적나라의 보위에 오름. 제45회. 제46회.

● **백로**伯魯 │ 진晉나라 권력자 조앙趙鞅의 맏아들. 부친 조앙이 맏아들 백로를 폐하고 막내 조무휼趙無恤에게 집안의 가통을 물려줌. 조무휼은 이를 미안하게 여기고 백로의 손자 조완趙浣에게 가통을 되돌려줌. 제83회.

● **백리**百里 │ 허許나라 대부. 정鄭, 제齊, 노魯 연합군이 허나라를 정벌하여 망국의 지경에 빠지자, 대부 백리는 도망친 군주 대신 그의 동생 신신新臣을 데리고 와 허나라 제사를 이어가게 해달라고 간청했고 그 결과 허나라

는 명맥을 잇게 됨. 제7회.

● **백리시**百里視 | 백리해百里奚의 아들. 자字가 맹명孟明이므로 흔히 맹명시 孟明視라 불림. 진秦 목공의 장군. 건병蹇丙, 서걸술西乞術과 함께 삼수三帥라 불림. 수많은 전투에서 전공을 세웠으나 효산崤山에서 진晉나라에 대패함. 3년 후 건병, 서걸술 등과 진晉나라 군사를 격파하고 원한을 갚음. 서융西戎 을 정벌하고 20여 부족의 항복을 받음. 유여繇余 사후 우서장右庶長이 됨. 목공의 딸 농옥弄玉을 위해 소사簫史를 맞아옴. 제26회. 제30회. 제31회. 제43회. 제44회. 제45회. 제46회. 제47회. 제48회.

● **백리해**百里奚(?~기원전 621) | 자字는 정백井伯. 우虞나라 현신. 우나라가 망한 후 진晉나라의 포로가 되었다가 진秦 목공穆公에게 출가하는 백희伯姬의 노예로 따라감. 행차가 중도에 이르렀을 때 초나라로 도망쳐서 소와 말을 먹이는 어인圉人으로 임명됨. 진秦 목공이 그의 현명함을 듣고 염소가죽 다섯 장五羖으로 그를 사면해와서 대부에 임명함. 이에 흔히 오고대부五羖大夫라 불림. 이후 우서장右庶長 직을 맡아 건숙蹇叔, 유여繇余 등을 천거하여 진秦나라를 강국으로 만듦. 제25회. 제26회. 제30회. 제35회. 제36회. 제38회. 제43회. 제44회.

● **백미**伯芈 | 정鄭 문공文公과 문미文芈의 딸. 홍수泓水 전투 승리를 축하하는 연회가 끝난 뒤 외삼촌인 초楚 성왕成王에게 겁탈당함. 초나라로 끌려가서 성왕의 후궁이 됨. 제34회.

● **백변**伯騈 | 정鄭 간공簡公의 대부. 사신으로서 진晉 도공悼公에게 가 화의 和議를 성사시키고 우호의 맹약을 맺음. 제61회.

● **백복**伯服(기원전 778~기원전 771) | 주周 유왕幽王과 포사褒姒 사이에서 태어난 아들. 포사가 태자 의구宜臼를 쫓아내고 태자로 세웠으나, 의구의 외숙

신후申侯와 견융犬戎 군사의 공격을 받고 유왕과 함께 참살됨. 제2회. 제3회.

◉ **백복**伯服 | 주周 양왕襄王의 대부. 정鄭과 활滑을 화해시키기 위해 정나라로 파견되었으나 국경 근처에서 감금됨. 제37회.

◉ **백부호**白部胡 | 적적狄翟나라 군주. 진晉나라와의 전투에서 극결의 화살을 머리에 맞고 죽음. 제45회. 제46회.

◉ **백비**伯嚭 | 백극완의 아들. 부친 백극완이 자결한 후 교외로 도피. 그 뒤 오나라로 투신함. 오자서와 함께 참전한 초나라와의 전투에서 승리한 후 자신이 공적과 능력을 믿고 오왕 부차夫差에게 아첨을 일삼음. 오자서의 의견을 무시하고 월왕 구천勾踐의 강화 요청을 받아들여 망국의 화근을 남김. 오자서와 대립하며 오왕 부차에게 아첨하다가 나라를 망하게 함. 월왕 구천이 오나라를 멸망시킨 뒤 백비를 참수하고 그의 가족을 모두 죽임. 제74회. 제75회. 제76회. 제77회. 제78회. 제79회. 제80회. 제81회. 제82회. 제83회.

◉ **백선**白善 | 초楚나라 백공白公 승勝의 친척. 백공 승의 반란에 동의하지 않고 전원으로 돌아감. 제83회.

◉ **백씨**伯氏 | 제齊 환공桓公의 대부. 제 환공이 그의 봉토 변읍騈邑을 덜어 관중에게 주었으나 불만을 표시하지 않음. 제30회.

◉ **백양보**伯陽父 | 주周 선왕宣王을 전후한 시기의 주 왕실 태사太史. 천문, 역법, 해몽, 기록을 담당하면서 주 왕실의 길흉을 예측함. 제1회. 제2회.

◉ **백원제**伯爰諸 | 진陳 공자 타佗의 대부. 주周 환왕桓王이 진陳, 위衛, 채蔡 세 나라 군사를 동원하여 정鄭 장공莊公을 정벌할 때 진陳나라의 대장에 임명됨. 제9회. 제10회.

◉ **백을병**白乙丙 | → 건병蹇丙

● **백종**伯宗(?~기원전 576) | 진晉 경공景公의 모신謀臣. 초나라가 송나라를 공격할 때 송에 구원병을 보내겠다는 말만 전하게 함. 노潞를 정벌하여 병합할 것을 주장함. 진晉 여공厲公 때 극씨郤氏의 전횡을 억누르라고 간언을 올리다가 주살당함. 제55회. 제56회. 제58회.

● **백주**百瞻 | 허許나라 장수. 성복城濮 전투에 앞서 초나라가 송을 공격하고 위衛를 구원할 때 초나라 연합군에 참전함. 제40회.

● **백주리**伯州犁(?~기원전 541) | 진晉나라 충신 백종의 아들. 진晉 여공厲公 때 그의 부친이 극씨郤氏 일가의 전횡에 대해 직간을 하다 주살당하자 초나라로 망명하여 태재太宰에 임명됨. 초나라 대부 천봉수穿封戍가 사로잡은 포로 황힐皇頡을 두고 초나라 공자 위圍와 공로를 다투자 백주리는 공수拱手한 손을 위로 들어 올리며 은연중 공자 위를 편듦. 고사성어 상하기수上下其手의 주인공. 초 영왕靈王 즉위 후 살해됨. 제58회. 제66회. 제67회.

● **백타**百佗 | 허許 희공僖公의 대부. 주周 혜왕惠王 사후 태자 정鄭(양왕襄王)을 보위에 올리기 위해 낙양으로 파견된 각 제후국 대표 중에서 허나라 대표였음. 제24회.

● **백희**伯姬 | 기후紀侯의 부인. 노魯나라 출신. 제齊 양공襄公의 공격으로 기紀나라가 망하고 기후가 종적을 감추자 놀람과 두려움으로 세상을 떠남. 제14회.

● **백희**伯姬 | 송나라 군주의 부인. 궁궐에 불이 났으나 야간에 부모傅母(보모)가 없으면 바깥 출입을 할 수 없다고 버티다가 불에 타서 죽음. 제67회.

● **백희**伯姬 | 진晉 헌공獻公의 장녀. 진秦 목공穆公의 부인. 제25회. 제37회.

● **백희**伯姬 | 진晉 경공景公의 여동생. 노潞나라 군주 영아嬰兒에게 출가함. 노潞나라 권력자 풍서酆舒의 핍박을 받아 목을 매어 자결함. 제55회.

● **번오기**樊於期(?~기원전 227) ｜ 진秦 장양왕莊襄王의 장수. 진왕秦王 정政이 여불위의 자식임을 알고 진왕 정의 동생 성교成嶠를 모시고 반란을 일으켰으나 실패하여 연燕나라로 망명. 연나라 태자 단丹이 형가荊軻과 함께 진왕 정을 암살할 계획을 세우자 자신의 목을 바쳐 계획에 참여함. 제103회. 제104회. 제106회.

● **번희**樊姬 ｜ 초楚 장왕莊王의 정실부인. 현숙한 덕으로 명망이 높았음. 장왕이 사냥을 지나치게 좋아하자 그것이 잘못된 일이라고 간언을 올리고, 장왕이 사냥해온 고기를 먹지 않음. 제50회. 제51회.

● **범개**范匄 ｜ → 사개士匄

● **범고이**范皐夷 ｜ 진晉 경공頃公 때 순인荀寅과 사길석士吉射의 파당. 백인柏人이 함락될 때 전사. 제79회.

● **범산**范山 ｜ 초楚 목왕穆王의 대부. 어린 진晉 영공靈公이 즉위한 후 진나라가 조돈趙盾을 둘러싸고 혼란에 빠지자 그 기회를 이용해 정鄭나라 정벌을 주장함. 제48회.

● **범수**范雎(?~기원전 255) ｜ 범저范雎로 읽는 것이 더 정확하지만, 『동주열국지』에 표기된 대로 범수范雎로 읽음. 위魏나라 대량大梁 사람. 자는 숙叔. 먼저 위魏나라 중대부中大夫 수가須賈의 빈객이 됨. 수가와 함께 제나라로 가서 훌륭한 변론으로 제 양왕襄王의 후대를 받자 수가가 범수를 의심하기 시작함. 귀국하여 상국 위제魏齊에게 제나라와 내통했다는 혐의를 받아 거의 죽도록 곤장을 맞음. 정안평鄭安平의 도움으로 살아나 이름을 장녹張祿으로 바꿈. 왕계와 정안평의 도움으로 진秦나라로 탈출함. 진秦 소양왕에게 유세하여 승상이 되었으며, 응應 땅에 봉토를 받아 응후應侯라 불림. 원교근공遠交近攻 책으로 진秦나라를 강국으로 만듦. 제97회. 제98회. 제99회. 제

100회. 제101회.

● **범앙**范鞅(?~기원전 501) │ 진晉 범개范匄(사개)의 아들. 사앙士鞅. 범헌자范獻子. 소년 장수로 이름을 떨침. 난겸과 진秦나라 진영으로 돌진했다가 혼자서 살아옴. 난겸의 형 난염이 그를 죽이려 하자 진秦나라로 투항하여 객경이 됨. 이후 진晉과 진秦이 우호를 회복함에 따라 귀국하여 공족대부에 임명됨. 난영欒盈의 측근 기유箕遺와 양설호羊舌虎를 사로잡음. 난영이 제齊나라의 도움으로 다시 진晉으로 쳐들어왔을 때 곡옥성曲沃城에서 그를 사로잡아 목 졸라 죽임. 진晉 경공頃公 때의 육경六卿. 제61회. 제62회. 제63회. 제64회. 제71회. 제72회. 제75회.

● **범여**范蠡 │ 월越나라 대부. 회계會稽에서 오왕 부차夫差에게 패배한 후 월왕 구천勾踐과 함께 오나라로 잡혀가서 온갖 고초를 겪음. 말로 형언할 수 없는 치욕을 참고 견디며 월왕 구천을 다시 귀국시킴. 와신상담臥薪嘗膽 끝에 월왕 구천을 도와 패배를 승리로 바꾸게 했으며, 오나라를 멸망시킨 후 서시西施를 데리고 종적을 감췄다는 전설이 있음. 그러나 『동주열국지』에는 범여 혼자 강호로 은거했고 서시는 다시 월나라로 잡혀간 것으로 기록되어 있음. 장사로 막대한 부를 축적하여 도주공陶朱公으로 불렸다고 함. 제77회. 제79회. 제80회. 제81회. 제82회. 제83회.

● **변백**邊伯 │ 주周나라 왕자 퇴頹의 심복. 위국蔿國, 변백邊伯, 자금子禽, 축궤祝跪, 첨보詹父 이 다섯 대부는 왕자 퇴와 함께 반란을 일으켜 주周 혜왕惠王을 축출함. 이후 정鄭 여공厲公과 서괵공西虢公 백개伯皆가 다시 낙양을 공격하여 다섯 대부와 왕자 퇴를 모두 죽이고 혜왕을 복위시킴. 제19회.

● **변화**卞和 │ 화씨지벽和氏之璧의 주인공. 초楚나라 형산荊山에서 옥돌 원석을 얻어 초 여왕厲王에게 바쳤으나 거짓말을 한다는 이유로 왼발이 잘림. 여왕

이 죽은 후 다시 무왕武王에게 바쳤으나 또 거짓말을 한다고 오른발마저 잘림. 이후 문왕文王이 옥돌임을 알아보고 그것을 가공하여 보배를 얻어 '화씨지벽'이라고 함. 제90회.

● **병사**邴師 | 제齊 장공莊公의 용작勇爵. 제 장공의 진晉나라 정벌 때 가거賈擧와 어가를 호위함. 제 장공이 시해된 후 자결함. 제63회. 제64회. 제65회.

● **병원**邴原 | 제齊 환공桓公의 대부. 봉토 문제로 제 의공懿公 상인商人과 다투다가 죽은 뒤 부관참시당했고 그의 시체는 발이 잘림. 제49회.

● **병촉**邴歜 | 병원邴原의 아들. 제齊 의공懿公이 죽은 자기 부친의 발을 자르는 것을 보고도 참고 있다가 후에 염직閻職과 함께 신지申池에서 제 의공을 시해함. 제49회.

● **병하**邴夏 | 제齊 경공頃公의 어자御者. 안鞍 땅 전투에서 제 경공이 탄 수레를 방축보에게 양보하고 구원병을 요청하러 가다가 진晉나라 군사에게 포로로 잡힘. 제56회.

● **보부인**寶夫人 | 암꿩의 신. 진秦 목공穆公이 태백산 기슭에서 석계石鷄를 얻은 후 보부인사寶夫人祠를 지어 매해 봄가을에 암꿩의 신에게 제사를 올리게 함. 제26회. 제37회.

● **복상**卜商(기원전 507~?) | 자는 자하子夏. 공자孔子의 제자. 위魏 문후文侯에게 학문을 가르침. 제85회. 제87회.

● **복의**卜齮 | 노魯 민공閔公 때의 대부. 자신의 땅을 민공의 태부 신불해愼不害에게 빼앗겨 민공과 신불해에게 원한을 품음. 공자 경보慶父가 복의를 부추겼고 복의는 추아秋亞를 시켜 민공을 시해함. 성난 노나라 백성에 의해 집안이 도륙되고 자신도 피살됨. 제22회.

● **복자천**宓子賤(기원전 521~기원전 445) | 복부제宓不齊. 공자孔子의 제자. 노魯

나라에서 벼슬함. 제79회.

• **봉구**封具 │ 제齊 장공莊公의 용작勇爵. 제 장공이 시해된 후 자결함. 제63회. 제65회.

• **봉양군**奉陽君 │ 공자 성成. 조趙 숙후肅侯의 동생. 조 숙후의 상국. 조趙 혜왕의 사마. 소진蘇秦을 박대함. 안양군安陽君 장章의 반란을 진압한 뒤 상국에 오름. 제90회. 제93회.

• **부개**夫概 │ 오왕 합려闔閭의 친동생. 초나라 공격 당시의 선봉장. 오왕 합려와 함께 초나라를 공격하던 중 반란을 일으켜 오왕을 참칭함. 이후 패배하여 송나라를 거쳐 초나라로 망명. 당계堂谿 땅을 봉토로 받음. 당계씨堂谿氏로 불림. 제75회. 제76회. 제77회.

• **부보종생**富父終甥 │ 노魯 문공文公의 대부. 함정을 파고 적翟나라 거인 교여僑如를 유인하여 죽임. 제47회.

• **부장**扶臧 │ 오왕 합려의 동생인 부개夫概의 아들. 부친 부개는 반란을 일으켜 오왕을 참칭한 후 부장을 시켜 회수淮水 가에서 오왕 합려의 귀로를 막게 함. 오왕 합려에게 패한 뒤 배를 준비하여 부개와 송나라로 달아남. 제77회.

• **부진**富辰(?~기원전 636년 추정) │ 주周 장왕莊王, 양왕襄王의 대부. 양왕이 정鄭나라를 정벌하기 위해 적翟나라에 군사 지원을 요청하는 것에 반대했으나 양왕은 듣지 않음. 또 양왕이 적나라 군주의 딸 외후隗后와 혼인하는 것에 반대했으나 역시 양왕은 듣지 않음. 이후 외후와 사통한 태숙 대帶가 적나라 군사를 끌어와 낙양을 공격하자 부진은 양왕을 정나라로 탈출시킨 뒤, 자신은 일가친척 300여 명과 함께 적나라 군사에 맞서 싸우다가 모두 전사함. 제14회. 제37회. 제38회.

● **부표**傅豹(?~기원전 260) | 조괄趙括의 선봉장. 진晉나라 백기白起의 군대에 포위되었다가 대장 조괄과 함께 포위망을 돌파하려다 전사함. 제98회.

● **부하**傅瑕 | 정鄭나라 장수. 축출된 정 여공厲公(돌突)의 공격을 막기 위해 대릉大陵으로 파견됨. 여공의 공격을 받고 포로가 되어 항복함. 여공에 의해 도성으로 파견되어 당시 보위에 있던 공자 의儀를 시해하고 여공을 맞아들임. 그러나 여공 복위 후, 17년 동안 대릉에서 정 여공을 가로막았다는 죄목을 쓰고 참수됨. 제19회.

● **북궁괄**北宮括 | 위衛 헌공獻公의 대부. 진晉을 도와 진秦을 칠 때, 정鄭 공자 교嶠를 이어 독약을 풀어놓은 경수涇水를 두 번째로 건넘. 제61회.

● **북궁유**北宮遺 | 위衛 상공殤公의 대부. 영희寧喜가 추진한 위 헌공獻公 복위에 적극 참가함. 제齊나라로 가서 헌공을 영접해옴. 제65회.

● **분양**奮揚 | 초 평왕平王 때의 동궁사마東宮司馬. 세자 건建과 함께 성보城父 땅으로 보내짐. 초 평왕이 그에게 세자 건을 죽이라고 명령을 내렸으나 오히려 세자 건을 송나라로 탈출시킴. 제70회. 제71회.

● **비**費 **내시** | 제齊 양공襄公의 내시. 양공이 고분姑棼에서 사냥 중 연칭과 관지보의 공격을 받을 때 끝까지 양공을 지키려다 연칭의 칼을 맞고 죽음. 제14회.

● **비무극**費無極 | 비무기費無忌라고도 씀. 초 평왕平王의 간신. 세자 건建의 소사少師. 영윤 투성연鬪成然을 참소하여 죽임. 세자 건의 비妃로 온 진녀秦女를 초 평왕에게 바쳐 부자 사이를 이간시키고 세자의 스승 오사伍奢 집안을 멸문지화로 몰아넣음. 이 일로 오사의 아들 오자서가 원한을 품고 오吳나라로 망명함. 백극완伯郤宛을 참소하여 죽임. 영윤 낭와囊瓦와 좌윤 백극완伯郤宛을 이간시킨 뒤 모함이 탄로 나서 낭와에 의해 참수됨. 제70회. 제

71회. 제72회. 제73회. 제74회.

● **비선**不選 | 조趙나라 한단邯鄲 태수. 위魏나라 방연의 공격을 받고 제齊나라에 지원을 요청함. 제나라 군사가 제때 도착하지 않자 한단 땅을 들어 방연에게 항복함. 제88회.

● **비의**肥義 | 조趙 무령왕武靈王이 주보主父로 물러난 후 조 혜왕惠王의 상국에 임명됨. 안양군安陽君이 사구沙邱에서 반란을 일으키자 혜왕을 위해 충성을 바치다가 안양군의 군사들에게 피살됨. 제93회.

● **비정보**丕鄭父 | 진晉 헌공獻公, 혜공惠公의 대부. 공자 중이重耳를 보위에 올리려다 극예와 여이생의 계략에 걸려 주살당함. 제27회. 제28회. 제29회.

● **비표**丕豹 | 진晉 비정보丕鄭父의 아들. 부친이 공자 중이重耳(진晉 문공)를 보위에 올리려다 실패한 뒤 주살되자, 진秦나라로 망명하여 대부에 임명됨. 진秦나라의 도움으로 공자 중이를 진晉나라 보위에 올릴 때 선두에서 큰 공을 세움. 진晉나라 벼슬을 사양하고 진秦에서 계속 벼슬을 함. 제29회. 제30회. 제36회.

● **비표**斐豹 | 비성斐成의 아들. 몸집이 커서 비대斐大라고 불림. 본래 도안고屠岸賈의 부하였으나 도안고의 범죄에 연루되어 삭탈관직당한 채 사개士匄의 노예가 됨. 고궁固宮 싸움에서 난영欒盈의 용장 독융督戎을 죽이고 복권됨. 제64회.

● **빈수무**賓須無 | 제齊 환공桓公의 대사리大司理. 환공의 명령을 받들고 정鄭 여공厲公을 복위시킴. 산융山戎과 고죽국孤竹國을 정벌할 때도 큰 전공을 세움. 제16회. 제19회. 제21회. 제23회. 제29회.

● **사**肆 | 진왕秦王 정정政의 내사內史. 노애嫪毐의 심복. 노애의 반란이 실패한 뒤 참수됨. 제104회.

● **사개**士匃(?~기원전 548) | 사섭士燮의 아들. 봉토가 범范 땅이라 범개范匃라고 함. 시호가 선宣이어서 범선자范宣子로 불림. 진晉 도공悼公의 중군 부장. 핍양偪陽 전투에서 승리. 자신의 아들 사앙士鞅(범앙)이 군령을 어기고 난겸과 함께 진秦과 전투를 벌여 난겸이 죽자 아들 사앙을 추방함. 전연澶淵에서 제齊 장공莊公과 삽혈 맹약을 맺고 우호를 회복함. 난영欒盈이 반란을 일으킨다고 모함하여 난씨 일족을 멸함. 제나라로 망명한 난영이 맹장 독융을 앞세워 반란을 일으키자 사개는 용장 비표斐豹를 등용하여 독융을 죽이고, 난영까지 제거함. 제58회. 제59회. 제60회. 제61회. 제62회. 제63회. 제64회.

● **사곡**士穀(?~기원전 618) | 진晉 양공襄公, 영공靈公의 장수. 선극과 조돈 때문에 병권을 빼앗기자 양익이, 기정보, 선도 등과 조돈을 죽이려 하다가 실패하여 처형됨. 제47회. 제48회.

● **사광**師曠 | 자는 자야子野. 진晉 평공平公의 악사 광曠. 음악에 전념하기 위해 쑥을 태운 연기로 자신의 눈을 멀게 함. 음악으로 점을 쳐서 초楚나라 군사의 패퇴를 예언함. 사기궁虒祁宮 낙성식에서 위衛나라 악사 연涓이 연주하는 망국지음을 알아들음. 제62회. 제68회.

● **사길석**士吉射 | 범길석范吉射. 범소자范昭子. 진晉 경공頃公 때 범씨范氏 가문의 대표. 순인荀寅과 함께 조씨趙氏를 공격하다가 지씨智氏(순역荀躒), 한씨韓氏(한불신韓不信), 위씨魏氏(위만다魏曼多)의 연합 공격을 받고 조가朝歌로 도주,

진晉을 배신함. 다시 조씨, 한씨, 위씨, 지씨의 공격을 받고 한단邯鄲과 백인柏人으로 도주했다가 결국 제나라로 망명함. 제79회.

● **사대**姒大 | 주周 선왕宣王 때 포褒 땅의 농부. 포사褒姒의 양아버지. 포사는 사대姒大의 집에서 성장하다가 포향褒珦의 아들 홍덕洪德의 눈에 띄어 유왕幽王에게 바쳐짐. 제2회.

● **사대**駟帶(?~기원전 536) | 자는 자상子上. 정鄭 목공穆公의 증손자. 공손하公孫夏의 아들. 인단印段과 함께 양소良霄를 공격하여 죽임. 나중에 양소의 귀신을 보고 병이 들어 죽음. 제67회.

● **사마**司馬 **독**督 | 초 영왕靈王의 사마. 영왕이 서徐나라를 공격할 때 병거 300승을 거느리고 서나라 도성을 포위함. 제70회.

● **사마**司馬 **열**說 | 진晉 혜공惠公의 사마. 제31회.

● **사마경**司馬梗 | 진秦 소양왕昭襄王의 장수. 장평관長平關 밖에서 진秦나라 군사의 동정을 염탐하던 조趙나라 비장 조가趙茄의 목을 벰. 왕흘王齕과 함께 조나라 광랑성光狼城을 공격하여 함락시킴. 백기白起의 명령으로 사마착司馬錯과 함께 조나라 조괄趙括의 군사 뒤를 돌아 보급로를 끊음. 제98회.

● **사마만**司馬瞞 | 위衛 성공成公의 대부. 원훤元咺이 공자 하瑕를 위衛나라 보위에 올린 뒤 사마만 등과 힘을 합쳐 정국을 안정시킴. 제42회.

● **사마상**司馬尙 | 조왕趙王 천遷의 대부. 대군代郡 태수 이목李牧을 유인하기 위한 조총趙葱의 계략에 따라 조왕 천의 병부兵符를 이목에게 전하고 조정으로 소환하려 함. 그러나 사마상이 조총의 계략을 이목에게 알려주었으나 이목은 제대로 대처하지 못해 조총이 보낸 역사에게 피살당함. 제106회.

● **사마착**司馬錯 | 진秦 소양왕昭襄王의 장수. 백기白起의 명령으로 사마경과 함

께 조나라 조괄趙括의 군사 뒤를 돌아 보급로를 끊음. 제98회.

⦾ **사방**士魴(?~기원전 560) ｜ 사회士會의 아들. 체麑 땅에 봉토가 있고 시호가 공恭이어서 체공자麑恭子라 불림. 진晉 도공悼公의 하군 부장. 사마司馬 위강魏絳이 군령을 어긴 진 도공의 아우 양간楊干을 체벌한 뒤 자결하려 하자 이를 만류하고 도공에게 사실을 아뢰어 사면을 받게 함. 제59회. 제60회. 제61회.

⦾ **사섭**士燮(?~기원전 574) ｜ 범문자范文子. 사회士會의 아들. 진晉 경공景公 때 상군 대장. 진晉 여공厲公의 대신. 안鞍 땅 전투에 상군 대장으로 참전하여 승리를 거둠. 송 대부 화원華元의 중재로 초나라 공자 파罷와 전쟁 중지 맹약을 맺음. 진晉 여공이 언릉鄢陵 전투에서 초나라에 승리한 후 교만과 사치가 심해지자 사섭은 심한 우울증에 걸려 세상을 떠남. 제56회. 제58회. 제59회.

⦾ **사소**史蘇 ｜ 진晉 헌공獻公의 산대 점쟁이. 헌공이 정실부인 제강齊姜을 폐위하고 여희驪姬를 정실로 삼으려고 사소를 시켜 점을 침. 사소가 불길한 점괘가 나왔다고 아뢰었으나 헌공은 듣지 않음. 제20회.

⦾ **사숙**師叔 ｜ 자인사子人師. 정鄭 여공厲公, 문공文公의 대부. 숙첨叔詹, 도숙堵叔과 함께 삼량三良으로 불림. 여공에게 주周 왕실에서 왕자 퇴頹를 몰아내고, 축출된 주 혜왕惠王을 복위시키라고 건의하여 성사시킴. 제19회. 제24회.

⦾ **사악탁**士渥濁 ｜ 시호가 정貞이어서 사정자士貞子 또는 사정백士貞伯으로 불림. 진晉 도공悼公의 태부太傅. 제59회.

⦾ **사앙**士鞅 ｜ → 범앙范鞅

⦾ **사연**師涓 ｜ 위衛 영공靈公의 악사 연涓. 위 영공과 함께 진晉나라 사기궁虒祁

宮 낙성식에 참석하러 가다 복수濮水 가에서 은殷나라 악사 사연師延이 지은 망국지음亡國之音을 듣고, 사기궁에서 그 음악을 연주함. 제68회.

● **사영**士榮 | 위衛 성공成公의 대부. 온溫 땅 회맹에서 공자 숙무叔武의 피살과 관련된 재판이 열렸을 때, 원훤元咺의 논리에 맞서 위 성공을 잘 변호하지 못해 참수됨. 제42회.

● **사위**士蒍 | 진晉 헌공獻公의 대부. 헌공 때 대사공大司空에 임명되어 도읍 강성絳城을 장엄하고 화려하게 축조함. 또 헌공이 공자 중이를 포蒲 땅으로, 공자 이오夷吾를 굴屈 땅으로 쫓아낼 때 사위에게 성곽 축조를 명함. 사위의 손자가 바로 범무자范武子 사회士會임. 제20회.

● **사이**斯離 | 진秦나라 호상胡傷 부대의 군관. 조趙나라 조사趙奢의 공격을 받고 말에서 떨어져 위기에 빠진 호상을 구출함. 제96회.

● **사일**史佚 | 본명은 윤일尹佚이지만 주周나라 초기인 문왕文王과 무왕武王 때 태사太史 직을 역임했기 때문에 사일史佚이라 불림. 박학다식하고 덕망이 높아 문왕과 무왕에게 깊은 신임을 받음. 제1회.

● **사적**駟赤 | 노魯나라 숙손씨의 가신家臣. 기지로 후범侯犯의 반란을 평정하고 후읍郈邑의 읍재가 됨. 제78회.

● **사조**師曹 | 위衛 헌공獻公의 악사. 금琴 연주에 뛰어나 위 헌공이 자신의 애첩을 가르치게 했으나, 애첩이 잘 따라하지 못해 사조는 그 애첩에게 매질을 10대 가함. 애첩의 말을 들은 위 헌공은 사조에게 300대의 매질을 함. 제61회.

● **사패**史猈 | 채공蔡公 공자 기질棄疾의 가신. 채공 기질이 초楚 영공靈公에게 반란을 일으키고 초나라 영도郢都를 포위 공격할 때의 부장. 제70회.

● **사황**史皇 | 초楚나라 영윤 낭와囊瓦의 심복 장수. 오나라와의 전투에서 낭

와를 탈출시키고 자신은 전사함. 제76회.

● **사회**士會 | 자는 계季, 시호는 무武. 봉토가 수隨와 범范 땅이므로 수회隨會, 범회范會 등으로도 불림. 시호에 따라 범무자范武子라고도 함. 범씨의 시조. 사위士蔿의 손자이며 성백결成伯缺의 아들. 진晉 문공文公의 대부. 진晉나라 중군원수와 태부를 역임함. 선멸先蔑과 함께 공자 옹雍을 보위에 올리기 위해 진秦으로 파견되었고, 공자 옹과 함께 귀국 도중 조돈의 배반으로 공자 옹은 난군 속에서 죽고 사회는 선멸과 함께 진秦나라로 망명함. 이후 진晉나라 수여壽餘의 계책으로 다시 귀국함. 적적赤狄을 평정한 공로로 주周 왕실의 상경上卿 벼슬을 받음. 제36회. 제37회. 제40회. 제47회. 제48회. 제49회. 제50회. 제51회. 제54회. 제55회. 제56회.

● **산기**山祈 | 진晉 세자 신생申生의 문객. 비정보丕鄭父와 함께 진晉 문공文公을 보위에 올리려다 극예, 여이생, 도안이 등의 음모에 걸려 주살당함. 제29회.

● **산의생**散宜生 | 남궁괄南宮括, 굉요閎夭, 태전太顚과 함께 주周 문왕文王의 사우四友에 속함. 문왕이 은殷나라 주왕紂王에게 잡혀 유리羑里의 감옥에 갇혔을 때, 뇌물과 미녀를 써서 석방되도록 함. 제2회.

● **상금**向禽 | 위衛 목공穆公 장수. 신축新築 전투에서 영상寧相과 함께 위기에 빠진 손양부孫良夫를 구조함. 제56회.

● **상나**向羅 | 상영向寧의 아들. 송宋 원공元公에게 인질로 보내졌다가 송 원공에 의해 참수됨. 제72회.

● **상대**向帶 | 송宋 대부. 화원華元과 불화하여 초나라로 망명. 초가 점령한 송 팽성을 지키다가 진晉 상수向戍에게 사로잡혀 처형됨. 제59회. 제60회.

● **상문 무당**桑門大巫 | 진晉 경공景公이 꿈에서 만난 귀신을 밝혀냄. 경공이

햇보리를 먹지 못하고 죽는다고 예언함. 보리죽을 끓이는 동안 예언이 틀렸다고 참수당했으나 경공은 결국 급한 배탈이 나서 보리죽을 먹지 못하고 측간에 떨어져 죽음. 제58회.

◉ **상수**向戌 │ 송 평공平公의 대부. 팽성 전투에서 큰 공을 세움. 진晉 도공悼公이 하사한 핍양偪陽 땅을 송 평공에게 양보함. 진晉 정경正卿 조무趙武와 초楚 영윤令尹 굴건屈建에게 전쟁 중지 회맹弭兵之會을 맺도록 중재함. 제60회. 제61회. 제66회. 제67회.

◉ **상수**向壽 │ 진秦 무왕武王의 장수. 한韓나라 정벌 부장이 되어 의양성宜陽城에서 한나라 군사를 대파함. 진秦 소양왕昭襄王에게 제나라 맹상군을 초빙하여 억류하도록 함. 제92회. 제93회.

◉ **상수과**常壽過 │ 월왕越王 윤상允常의 대부. 초 영왕靈王이 오吳나라를 칠 때 월왕 윤상이 그를 시켜 초나라 군사와 연합하게 함. 제67회.

◉ **상승**向勝 │ 송 원공元公의 대부. 송 원공과 화씨華氏 집안 제거를 모의하다가 가짜 병을 빙자한 화해華亥의 유인책에 걸려 사로잡힘. 제72회.

◉ **상앙**商鞅 │ → 위앙衛鞅

◉ **상영**向寧 │ 송 원공元公의 대부. 상승은 화씨 집안을 제거하려는 모의를 상영에게 발설. 상영은 또 그 사실을 평소 교분이 깊었던 화향華向, 화정華定, 화해華亥에게 알림. 이에 화씨들이 반란을 일으켜 송 원공에 대항했고 결국 반란이 실패하여 초나라로 망명함. 제72회.

◉ **상위인**向爲人 │ 송나라 대부. 화원華元과 불화하여 초나라 망명. 초가 점령한 송나라 팽성을 지키다가 진晉 상수向戌에게 사로잡힘. 제59회. 제60회.

◉ **상자수**向訾守 │ 송 양공襄公의 대부. 홍수泓水 전투에 참가했다가 송양지인宋襄之仁으로 인해 초나라에 대패함. 제34회.

◉ **상행**向行 | 송 원공元公의 대부. 송 원공과 화씨 집안 제거를 모의하다가 가짜 병을 빙자한 화해華亥의 유인책에 걸려 사로잡힘. 제72회.

◉ **서갑**胥甲 | 서신胥臣의 아들. 진晉 영공靈公의 하군 부장. 조돈의 명령을 어기고 조천을 도와 진秦나라와 싸우다가 삭탈관직당한 채 위衛나라로 추방됨. 제48회.

◉ **서걸술**西乞術 | 진秦 목공穆公, 강공康公의 장수. 건병, 백리시와 함께 삼수三帥로 불림. 정나라 정벌에 나섰다가 귀환 도중 효산崤山에서 진晉나라에 대패함. 3년 후 맹명시, 건병 등과 진晉나라 군사를 격파하고 원한을 갚음. 제26회. 제30회. 제44회. 제45회. 제46회. 제48회. 제49회.

◉ **서괵공**西虢公 **백개**伯皆 | 주周 장왕莊王의 대부. 정鄭 여공厲公과 힘을 합쳐 왕자 퇴頹에게 축출된 주 혜왕惠王을 복위시킴. 제14회. 제19회.

◉ **서극**胥克 | 서갑胥甲의 아들. 진晉 영공靈公의 하군 부장. 부친 서갑이 위衛나라로 추방된 후 조돈에 의해 등용됨. 진晉나라 육경六卿의 한 사람. 제48회.

◉ **서동**胥童 | 미소년으로 진晉 여공厲公의 총애를 받고 대부에 임명됨. 모략으로 세 극씨郤氏(극기郤錡, 극주郤犨, 극지郤至)를 죽이고 상군원수가 됨. 난서欒書와 순언荀偃의 명령을 받은 정활程滑에 의해 죽임을 당함. 제58회. 제59회. 제62회.

◉ **서문소**胥門巢 | 오왕 부차夫差의 상군上軍 대장. 애릉艾陵 전투에서 제나라 장수 공손휘를 살해함. 월왕 구천의 2차 공격 때 전사함. 제82회.

◉ **서문표**西門豹 | 위魏 문후文侯의 장수 악양樂羊의 선봉장. 업鄴 땅의 태수로 부임하여 하백河伯에게 처녀를 제물로 바치는 악습을 근절함. 제85회.

◉ **서미사**胥彌赦 | 위衛 장공莊公의 점술 담당 대부. 장공의 꿈에 나타난 혼양

부혼良夫의 모습을 거짓으로 해몽해주고 송나라로 달아남. 제83회.

● **서사**筮史 ┃ 조趙 효성왕孝成王의 점술 담당 관리. 효성왕이 꿈에서 좌우 색깔이 다른 옷을 입은 채 용을 타고 하늘을 날다가 땅에 떨어졌는데, 그곳 양쪽에 금산金山과 옥산玉山이 빛나고 있었다는 이야기를 듣고 그것을 흉몽으로 해몽함. 제98회.

● **서상**鉏商 ┃ 노魯 애공哀公 때 숙손씨의 가신. 노 애공과 대야택大野澤에 사냥을 나갔다가 기린을 포획함. 제82회.

● **서생**徐生 ┃ 위魏나라 포의布衣 선비. 위魏 세자 신申에게 전쟁을 하지 말라고 설득함. 제89회.

● **서시**西施 ┃ 월왕 구천이 미인계를 꾸며 오왕 부차에게 바친 미녀. 오나라가 멸망한 후 월나라 재상 범여와 함께 자취를 감췄다는 전설이 있음. 그러나 이 소설에서는 월왕 구천이 월나라로 데리고 가서 강물에 던진 것으로 나옴. 제81회. 제82회. 제83회.

● **서신**胥臣(?~기원전 622) ┃ 자는 계자季子. 사공司空 직을 역임해서 사공계자司空季子, 구臼 땅에 봉해져서 구계臼季라고 함. 견문이 넓고 기민함. 진晉 문공文公의 공신. 하군 대장을 역임함. 성복 전투와 효산 전투에서 큰 공을 세움. 제27회. 제31회. 제34회. 제35회. 제36회. 제37회. 제38회. 제39회. 제40회. 제41회. 제44회. 제45회. 제46회. 제47회.

● **서안**胥犴 ┃ 월왕 구천의 우익 장수. 오왕 부차夫差와의 전투에서 화살을 맞고 죽음. 제79회.

● **서영**胥嬰 ┃ 서신胥臣의 아들. 진晉 문공文公, 양공襄公의 하군원수. 효산 전투에서 진秦나라 군사를 대파함. 제44회. 제45회.

● **서영**徐嬴 ┃ 서徐나라 군주의 딸. 제齊 환공桓公의 둘째 부인. 제23회.

◈ **서영**徐嬴 | 진晉 문공文公의 첫째 부인. 일찍 죽음. 제37회.

◈ **서예**鉬麑 | 진晉나라 간신 도안고의 문객. 도안고의 사주를 받고 새벽에 조돈을 암살하러 갔지만, 새벽부터 일어나 경건하게 입조 준비를 하는 조돈의 모습을 보고 감명을 받아 스스로 목숨을 끊음. 제50회.

◈ **서오**徐吾 | 『동주열국지』에서는 서오徐吾와 순신荀申을 동일 인물로 봄. 그러나 『춘추경전집해春秋經傳集解』『춘추분기春秋分紀』『자치통감自治通鑑』의 해당 기록에 의하면 지신智申과 서오는 서로 다른 인물로 확인됨. 이 세 가지 전적을 종합해보면 지신이 바로 지씨 가문의 종주이며, 서오는 지신의 형제로 추정됨. 제84회.

◈ **서오**胥午 | 진晉 곡옥曲沃 대부. 난씨 집안과 친분이 깊음. 난영欒盈과 함께 곡옥성曲沃城을 사수하다가 패배한 후 자결함. 제63회.

◈ **서장**庶長 **무**武 | 진秦 경공景公의 대부. 범앙이 진秦나라에 망명해 있을 때, 범앙의 매개로 범앙의 부친 범개(사개)와 연락을 하며 진秦과 진晉의 우호를 회복하게 함. 제61회.

◈ **서희**徐姬 | 제齊 환공桓公의 셋째 부인. 제32회.

◈ **석걸**石乞 | 위衛나라 공회孔悝 집안의 용사. 공회의 지시로 맹염과 함께 세자 괴귀의 수레를 몰아 괴귀의 귀국을 도움. 맹염과 함께 공자의 제자 자로를 살해함. 제82회.

◈ **석걸**石乞 | 초楚나라 백공白公 승勝의 심복. 백공이 반란을 일으켰다가 패배하자 스스로 물이 끓는 솥으로 뛰어들어 자결함. 제83회.

◈ **석계**石癸 | 정鄭나라 장수. 성복 전투에 앞서 초나라가 송나라를 공격하고 위衛나라를 구원할 때 초나라 연합군에 참전함. 제40회.

◈ **석귀보**析歸父 | 제齊 영공靈公, 장공莊公의 대부. 방防 땅을 지키다가 제나

라 군사에게 패배해 평음성으로 도주함. 제나라 종친의 딸 강씨姜氏를 진晉나라에 잉첩으로 보낼 때 석귀보가 호송함. 제62회. 제63회.

● **석기자**石祁子 | 위衛나라 현신 석작石碏의 후손 석태중石駘仲의 아들. 위衛 의공懿公이 학鶴을 좋아하며 정사를 돌보지 않자 그 부당함에 대해 간언을 올렸으나 의공은 듣지 않음. 적인狄人의 침략으로 나라가 망국지경에 빠지자 석기자는 영속寧速과 함께 유민遺民들을 지극정성으로 보살핌. 이후 제齊 환공桓公의 도움으로 다시 일어남. 제23회.

● **석번**石番 | 오왕 부차의 역사. 오나라 망국을 예견한 공손성을 오왕 부차의 명령에 따라 철퇴로 격살함. 제82회.

● **석보**石父 | → 괵공虢公 석보石父

● **석속**石速 | 주周 혜왕惠王의 요리사. 혜왕은 궁중 요리사 석속의 정성이 부족하다 하여 그의 녹봉을 깎음. 석속은 왕자 퇴頹의 파당과 힘을 합쳐 혜왕을 공격하다 실패하여 소蘇 땅으로 도주함. 제19회.

● **석신보**石申父 | 정鄭 문공文公의 대부. 진晉나라 군영으로 파견되어 그곳에서 벼슬하고 있던 공자 난蘭을 세자로 맞아들인다고 한 후 진晉나라 군사를 물러가게 함. 제44회.

● **석악**石惡 | 위衛 상공殤公의 대부. 영희寧喜가 추진한 위 헌공獻公 복위에 찬성함. 송 상수向戌가 제창한 전쟁 중지 회맹弭兵之會에 참석. 영희가 피살된 후 조무趙武를 따라 진晉으로 망명. 제65회. 제66회.

● **석작**石碏 | 위衛 환공桓公의 대부. 공자 주우州吁와 자신의 아들 석후石厚가 환공을 죽이고 정권을 잡자, 석작은 진陳나라의 힘을 빌려 공자 주우와 석후를 주살함. 역모에 관련된 자신의 아들을 용서하지 않음으로써 이후 관리들의 귀감이 됨. 제5회. 제6회.

● **석지분여**石之紛如 ┃ 제齊 양공襄公의 심복 역사. 연칭과 관지보에게 공격받는 제 양공을 끝까지 보위하다 연칭의 칼을 맞고 죽음. 제13회. 제14회.

● **석직**石稷 ┃ 위衛 목공穆公의 장수. 제齊나라에게 모욕을 당한 손양부孫良夫의 원한을 풀기 위해 제나라를 공격했으나 신축新築에서 패배함. 제56회.

● **석착**石奐 ┃ 정鄭 간공簡公의 태재太宰. 공손양소公孫良霄와 함께 초 공왕共王에게 사신으로 파견되어 초나라가 도와주지 않으면 진晉에 복속하겠다고 통보함. 그 일로 초에 구금됨. 제61회.

● **석포**石圃 ┃ 위衛나라 대부. 공자 기起를 축출하고 옛 임금 출공出公 첩輒을 복위시킴. 그러나 출공 복위 후 출공에게 쫓겨남. 제83회.

● **석후**石厚 ┃ 위衛나라 대부 석작의 아들. 부친 석작은 공평무사한 현인이었으나 그 아들 석후는 탐욕 무도한 역신逆臣이었음. 공자 주우州吁의 심복이 되어 위衛 환공桓公을 시해함. 이후 그의 부친 석작의 유인책에 걸려 진陳나라로 갔다가 사로잡혀 주살당함. 제5회. 제6회.

● **선강**宣姜 ┃ 제齊 희공僖公의 장녀. 본래 위衛 선공宣公의 아들 급자急子의 아내로 혼약이 정해져 있었으나 선강의 미모에 혹한 위 선공이 데리고 살았음. 나중에는 제齊 양공襄公의 강요에 의해 위 선공의 아들인 공자 석碩과 혼인하여 3남 2녀를 낳음. 제9회.

● **선곡**先縠 ┃ 진晉 영공靈公의 대부. 선극先克의 아들. 자는 체자黶子. 진晉 경공景公의 중군 부장. 대장 순임보荀林父의 명령을 따르지 않고 초 장왕莊王과의 전투를 주장하다가 패배한 후 참수당함. 제48회. 제53회. 제54회.

● **선극**先克(?~기원전 618) ┃ 선저거先且居의 아들. 진晉 양공襄公의 장수. 사곡과 양익이의 중군 병권을 조돈에게 주도록 하여 두 사람의 원한을 삼. 이 일로 원한을 품은 사곡, 양익이, 기정보 등이 선도先都를 시켜 선극을 죽

임. 제47회. 제48회.

● **선도**先都 | 진晉 문공文公, 양공襄公의 하군원수 보좌역. 하군원수 선멸이 조돈에게 배신당해 진秦나라로 망명하자, 먼저 선극을 죽이고 조돈까지 죽이려다 모의가 발각되어 참수당함. 제44회. 제47회. 제48회.

● **선멸**先蔑 | → 선멸기先蔑箕

● **선멸**單蔑 | 주周 이왕釐王의 대부. 제齊 환공桓公에게 파견된 주 천자의 왕신王臣. 제 환공과 송 환공桓公의 화친 과정을 지켜보며 그것을 주 왕실에 알림. 제18회.

● **선멸기**先蔑箕 | 선멸先蔑. 자는 사백士伯. 진晉 문공의 좌항대부左行大夫. 진 양공의 하군원수. 진나라 내부에서 진 문공에 호응함. 성복 전투에 참전하여 승리함. 효산 전투에서 진秦나라를 격파함. 조돈의 명으로 진秦나라로 공자 옹雍을 맞으러 갔으나, 귀국 도중 조돈의 배신으로 공자 옹은 죽고 자신은 진秦나라로 망명. 제36회. 제37회. 제41회. 제42회. 제43회. 제45회. 제47회. 제48회.

● **선목공**單穆公 | 기旗. 유권劉卷과 힘을 합쳐 주周 경왕景王의 태자 맹猛을 보위에 올림. 유권이 남궁극南宮極 등의 공격을 받고 양揚 땅으로 도피하자 도왕悼王을 모시고 황皇 땅에 주둔함. 제73회.

● **선백**單伯 | 주周 광왕匡王의 대부. 유폐된 제齊 소공昭公의 부인 소희昭姬를 석방시키기 위해 제나라로 파견되었으나 오히려 제 의공懿公의 계략에 걸려 소희와 함께 유폐됨. 그러나 진晉나라를 중심으로 한 여덟 나라의 연합군이 제나라를 위협하여 선백이 풀려날 수 있도록 함. 제49회.

● **선백**鮮伯 | 진晉나라 군관 낭심狼瞫의 친구. 진秦나라와의 전투에서 용맹을 떨치다가 백을병白乙丙에게 패하여 죽음. 제45회. 제46회.

◉ **선자**單子 │ → 선멸單蔑

◉ **선저거**先且居 │ 진晉나라 장수. 대원수 선진先軫의 아들. 부친과 함께 효산 전투에 참가하여 진秦나라 군사를 격파함. 부친 선진이 전사한 후 대원수 직을 이어받음. 이후에도 여러 차례 진秦나라를 정벌하여 승리를 거둠. 제 45회. 제46회. 제47회.

◉ **선진**先軫(?~기원전 627) │ 원原 땅에 봉토를 받아서 원진原軫이라고도 함. 진晉 문공의 공신. 19년 동안 공자 중이(진晉 문공)의 망명 생활을 수행함. 성복 전투 때 진晉나라 대장이 되어 치밀한 전략으로 초나라 성득신成得臣 을 대패시킴. 진晉 양공 때 효산에서 진秦나라 군사를 격파함. 진秦나라의 세 장수를 풀어준 진晉 양공에게 침을 뱉으며 간언을 올림. 스스로 불경죄 를 자각하고 적翟나라와의 전투에서 갑옷을 벗은 채 홀로 적진으로 돌격하 여 전사함. 제27회. 제37회. 제39회. 제40회. 제41회. 제42회. 제43회. 제 44회. 제45회. 제46회.

◉ **선태후**宣太后 │ 미씨羋氏. 초楚나라 여인. 진秦 소양왕昭襄王의 모친. 소양왕 이 어려서 수렴청정으로 정사를 맡아봄. 제97회.

◉ **선파**旋波 │ 월왕 구천의 비첩. 서시西施와 정단鄭旦의 시녀. 제81회.

◉ **설공**薛公 │ 조趙나라 주막에 몸을 숨기고 사는 처사. 신릉군을 위魏나라로 귀국하게 설득하여 진秦나라 공격을 막아내게 함. 제100회. 제102회.

◉ **설야**泄冶 │ 진陳 영공靈公 때의 충신. 직간을 통해 진 영공의 음행을 바로 잡으려 함. 공영孔寧과 의행보儀行父가 고용한 자객에 의해 피살됨. 제52회. 제53회.

◉ **설용**泄庸 │ 월왕 구천의 장수. 월왕 구천이 대규모로 오나라 도성을 공격 할 때 오나라 장수 왕손미용王孫彌庸을 죽임. 제82회.

● **설유**泄柳 | 노魯나라 대장 오기의 부장. 오기의 작전에 따라 제齊나라 군사를 물리침. 제86회.

● **섭군**葉君 | 수꿩의 신. 남양南陽 땅에 살며, 1년이나 2년에 한 번씩 보계산寶鷄山으로 가서 암꿩의 신 보부인을 만난다고 함. 제26회.

● **섭숙**攝叔 | 초楚나라 장수 악백樂伯의 거우. 악백이 화살을 쏘아 잡은 고라니를 진晉나라 장수 포계鮑癸에게 전해주어 추격을 단념하게 함. 제54회.

● **섭앵**聶嫈 | 협객 섭정聶政의 누나. 동생 섭정은 협누俠累를 죽인 뒤 신분을 감추기 위해 스스로 얼굴 가죽을 벗기고 눈알을 파내고 나서 자결함. 섭앵은 자기 동생의 대의를 알리기 위해 시신이 있는 곳으로 달려가 동생의 이름을 알리고 정자 기둥에 머리를 부딪쳐 자결함. 제86회.

● **섭정**聶政 | 위魏나라 사람으로 죄를 짓고 제齊나라로 감. 엄수嚴遂와 친교를 맺고 엄수를 위해 복수에 나섬. 협누를 죽인 뒤 자신의 신분을 감추기 위해 스스로 얼굴 가죽을 벗기고 눈알을 파낸 뒤 자결함. 제86회.

● **성가**成嘉 | 초楚나라 성득신의 아들. 성대심成大心의 동생. 부친 성득신의 공로에 힘입어 대부가 됨. 제41회.

● **성기**聲己 | 거莒나라 여인. 대기戴己의 여동생. 공손오와의 사이에서 아들 난蘭을 낳음. 제49회.

● **성대심**成大心(?~기원전 615) | 자는 손백孫伯. 성득신의 아들. 투반鬪班이 살해된 후 영윤에 임명됨. 자신의 가병家兵 600여 명을 이끌고 성복 전투에 참가하여 부친 성득신을 구원함. 제40회. 제41회. 제46회.

● **성득신**成得臣(?~기원전 632) | 자는 자옥子玉. 초楚 성왕의 대부. 자문子文을 이어 초나라 영윤이 됨. 성복 전투에서 초 성왕이 신중하게 대처하라고 당부했지만 그 말을 듣지 않고 경솔하게 싸움에 나섰다가 진晉나라를 비롯한

연합군에 대패함. 초 성왕의 명령에 따라 자결함. 제33회. 제34회. 제35회. 제39회. 제40회. 제41회.

⦿ **성부인**成夫人 │ 진晉 성공成公의 부인. 장희莊姬의 모후. 제57회.

⦿ **성아**誠兒 │ 위魏나라 방연이 손빈의 다리를 자른 후 손빈의 시종으로 붙여준 아이. 방연의 음모를 손빈에게 몰래 알려줌. 제88회.

⦿ **성왕**成王(기원전 1055~기원전 1021) │ 주周 무왕의 아들. 숙부 주공周公과 소공召公의 보좌를 받으며 주나라를 태평하게 이끎. 그와 그의 아들 강왕康王 시기를 후세 사람들은 흔히 성강지치成康之治라 부름. 제1회.

⦿ **세자 질**疾 │ 공자 질疾. 위衛 장공莊公의 둘째 아들로 세자에 책봉됨. 위衛 장공 즉위에 공을 세운 혼양부渾良夫를 모략으로 참수함. 위 장공과 함께 융戎 땅으로 망명했다가 살해됨. 제82회. 제83회.

⦿ **소강**少姜 │ 제齊 경공景公의 어린 딸. 오왕 합려의 세자인 파波의 계실. 어린 나이에 오吳나라로 시집왔다가 향수병을 못 이겨 일찍 죽음. 제79회.

⦿ **소공**召公 │ 희석姬奭. 주周 문왕文王의 아들. 주공周公 희단姬旦의 동생. 소공邵公, 소강공召康公, 소백召伯, 태보소공太保召公으로도 불림. 나중에는 주나라 관직 명칭으로 세습됨. 주공과 함께 성왕成王을 잘 보좌하여 태평성대를 이룩함. 이후 희석의 후손들이 소공召公 작위를 계승하여 주나라 천자를 보좌하며 국정의 주요 부분을 장악함. 제1회.

⦿ **소공**召公 **과**過 │ 주공周公 공孔과 주周 양왕襄王을 보좌함. 적적狄翟나라의 침략 때 외후隗后를 죽인 뒤 제후들의 구원을 기다려야 한다는 간언을 올림. 제38회.

⦿ **소공**召公 **요**廖 │ 소백召伯 요廖. 제 환공桓公을 방백方伯에 임명한다는 주周 혜왕惠王의 명령을 전달함. 주공周公 공孔, 제 환공과 함께 태자 정鄭(양왕襄

王)을 보위에 올림. 제19회. 제20회. 제24회. 제29회.

◉ **소군**蕭君 │ → 소숙대심蕭叔大心

◉ **소대**蘇代 │ 소진蘇秦의 동생. 형 소진의 장서藏書『음부편陰符篇』을 읽고 유세술을 배움. 연燕나라에서 상경에 임명됨. 연왕 쾌噲에게 양위讓位를 종용하여 상국 자지를 보위에 오르게 함. 자지가 보위에 오른 후 상경에 임명됨. 제나라의 공격을 받고 자지가 잡혀가자 주周나라로 도주함. 연 소왕昭王이 인재를 모집한다는 말을 듣고 다시 연나라로 가서 객경客卿이 됨. 제齊나라로 사신을 가서 제 민왕湣王에게 진秦나라가 제의한 제호帝號를 쓰지 못하게 유세하고 제후들과 힘을 합쳐 송宋을 정벌하게 함. 진秦나라로 가서 범수와 백기를 이간시켜 조趙나라를 치지 못하게 함. 제90회. 제91회. 제93회. 제94회. 제99회.

◉ **소동**小東 │ 주周 양왕襄王의 궁녀. 태숙 대帶가 겁탈하려 하자 양왕의 침전으로 도망쳐 태숙 대와 외후隗后의 사통 사실을 폭로함. 태숙이 적나라 군사의 힘으로 왕성을 점령하자 우물에 투신하여 자결함. 제37회. 제38회.

◉ **소량**小良 │ 북융北戎의 장수. 제齊나라를 침략했다가 구원병을 이끌고 온 정鄭나라 장수 축담祝聃의 화살을 머리에 맞고 죽음. 제8회.

◉ **소백**召伯 **요**廖 │ → 소공召公 요廖

◉ **소사**少師 │ 수隨나라 간신. 초楚나라 군사를 경시하다가 투단鬪丹의 칼을 맞고 죽음. 제10회.

◉ **소사**蘇射 │ 조趙 효성왕孝成王의 장수. 진晉나라 백기의 군대에 포위되었다가 포위를 탈출하여 오랑캐 땅으로 달아남. 제98회.

◉ **소사**蕭史 │ 태화산太華山의 신선. 진秦 목공穆公의 딸 농옥弄玉과 결혼하여 봉황을 타고 하늘나라로 날아감. 제47회.

◉ **소삼랑**蕭三郎 | → 소사蕭史

◉ **소수**昭睢 | 초楚 회왕懷王의 상국. 굴원과 함께 회왕이 진秦나라로 가는 것을 극력 만류했으나, 회왕은 결국 진나라로 가서 객사함. 제92회.

◉ **소숙대심**蕭叔大心 | 송宋 환공桓公의 대신. 송 민공閔公을 시해한 남궁장만과 공자 유游의 반란을 진압하고 공자 어열御說(환공)을 보위에 올림. 이 공로로 소蕭 땅이 송나라의 부용국이 됨. 제17회.

◉ **소양**昭陽 | 초楚 위왕威王의 상국. 월越나라를 멸망시킴. 위魏나라 양릉襄陵을 공격하여 일곱 성을 빼앗음. 화씨지벽을 상으로 받아 간직하다가 분실함. 장의를 범인으로 지목하여 심한 매질을 가함. 이에 장의는 진秦으로 망명하여 상국에 임명됨. 제89회. 제90회. 제91회.

◉ **소여**蘇厲 | 소진과 소대의 아우. 형 소진의 장서『음부편』을 읽고 유세술을 배움. 연燕나라 상국 자지와 의형제를 맺음. 연왕 쾌의 아들을 제齊나라로 데리고 가서 인질로 바침. 여러 사신에게 상국 자지의 현명함을 알림. 제90회. 제91회.

◉ **소위희**少衛姬 | 위衛 혜공惠公의 딸. 장위희長衛姬의 여동생. 제齊 환공桓公의 둘째 여부인如夫人. 공자 원元(제 혜공)을 낳음. 제20회.

◉ **소은**김蠶 | 주 왕실 소장공김莊公 환奐의 아들. 본래 서자 조朝를 추종하다 불리해지자 오히려 서자 조를 공격함. 초나라로 달아났다가 다시 성주成周로 귀환하는 등 변절을 일삼다가 주周 경왕敬王에 의해 참수됨. 제73회.

◉ **소장공**김莊公 | 환奐. 주周 경왕景王의 서자 조朝를 추종함. 제73회.

◉ **소정묘**少正卯 | 노魯 소공昭公, 정공定公 때의 대부. 박학다식하고 변론에 뛰어나서 '문인聞人'(견문이 넓은 사람)으로 통함. 그러나 대상에 따라서 말을 바꾸며 아첨과 참소를 일삼음. 사리사욕에 따라 간사하게 변론을 하다가

공자孔子에게 주살됨. 제78회.

◉ **소종**蘇從 | 초楚 장왕莊王의 대부. 직간으로 초 장왕 앞에서 대성통곡하며 장왕의 안일을 깨우침. 반란을 일으킨 투월초의 진영에 사신으로 파견되어 투월초에게 강화를 요청했으나 투월초가 거부함. 제50회. 제51회.

◉ **소진**蘇秦(?~기원전 284) | 낙양洛陽 사람. 귀곡자鬼谷子 문하에서 유세술을 배움. 장의와 결의형제. 합종책合縱策을 주장. 조趙 숙후肅侯에 의해 무안군武安君에 봉해짐. 원수洹水에서 진秦나라를 제외한 육국六國의 회맹을 주재하고 합종책을 성사시킨 뒤 육국 재상에 임명됨. 제齊나라로 가서 연燕나라를 위해 반간계를 쓰다가 자객에게 암살당함. 제87회. 제89회. 제90회. 제91회.

◉ **소태부인**蕭太夫人 | 소蕭나라 군주의 딸. 제齊 혜공惠公의 부인. 제 경공頃公의 모후. 숭대崇臺에 올라가 사신으로 온 진晉 극극郤克, 노魯 계손행보季孫行父, 위衛 손양부孫良夫, 조曹 공자 수首를 구경하며 모욕함. 이 일이 빌미가 되어 제나라는 안鞍 땅에서 진晉나라 연합군에 대패함. 제56회. 제57회.

◉ **소호**召虎 | 주周 선왕宣王 때의 현신. 대종백大宗伯을 역임. 주 선왕이 죽을 때 윤길보尹吉甫와 소호에게 태자 궁열宮涅을 부탁한다는 고명을 남김. 제1회. 제2회.

◉ **소홀**召忽 | 제齊나라 사람. 관중과 함께 공자 규糾를 모심. 공자 규가 제나라 보위에 오르지 못하고 죽을 때 소홀도 절개를 지켜 함께 죽음. 이때 관중은 포숙아의 추천으로 제 환공桓公의 재상이 됨. 제15회. 제16회.

◉ **소희**少姬 | 여융驪戎 군주의 딸. 여희驪姬의 동생. 진晉 헌공獻公이 여융을 정벌하자 여융의 군주가 여희와 소희를 헌공에게 바침. 헌공과의 사이에서 아들 탁자卓子를 둠. 제20회. 제28회.

● **소희**昭姬 | 노魯나라 여인 숙희叔姬. 제齊 소공昭公의 부인. 세자 사舍가 살해된 후 제나라 궁궐에 유폐됨. 진晉나라 조돈이 여덟 나라의 연합군을 이끌고 제나라를 정벌하려 하자 제 의공懿公이 소희를 친정인 노魯나라로 돌려보냄. 제49회.

● **속매**速買 | 산융山戎 영지令支 군주 밀로密盧의 장수. 제齊 환공桓公의 군사에게 여러 번 패배함. 밀로가 고죽국孤竹國 대장 황화黃花에게 속아 참수되자, 무종국無終國 대장 호아반虎兒班에게 투항했지만 역시 참수됨. 제21회.

● **손가**孫嘉 | 손임보孫林父의 아들. 부친이 위衛 헌공獻公을 축출할 때 하택菏澤까지 헌공을 추격함. 위衛 상공殤公의 명령으로 제齊나라에 가서 사신 활동을 수행하는 도중 영희寧喜가 반란을 일으켜 위 상공과 자신의 아우 손양孫襄을 죽이자 부친의 봉토 척戚으로 달아남. 부친 손임보는 척 땅을 진晉에 바침. 제65회.

● **손괴**孫蒯 | 손임보孫林父의 서장자庶長子. 궁궐 악사가 부르는 「교언巧言」 시를 듣고 위衛 헌공이 자신의 부친을 의심하는 것을 알아차림. 부친 손임보가 헌공을 축출할 때 하택까지 추격하여 호위병을 학살함. 모씨茅氏를 점령한 제齊나라 용장 식작殖綽을 유인하여 죽임. 제61회. 제66회.

● **손교**孫喬 | 손빈의 숙부. 제齊 강공康公의 대부. 강공과 함께 전태공田太公에게 쫓겨남. 제88회.

● **손무**孫武(?~기원전 470) | 오吳나라 군사전략가. 오자서의 추천으로 오왕 합려의 군사軍師가 되어 초楚나라를 망국의 지경으로 몰아넣음. 초나라에 승리한 후 귀환하여 은퇴함. 『손자병법孫子兵法』을 남김. 제75회. 제76회. 제77회.

● **손백규**孫伯糾 | 진晉 문공文公의 귀국을 국내에서 영접한 공신. 성복 전투에 참전하여 전공을 세움. 제37회. 제40회.

● **손빈**孫賓 | 손빈孫臏. 제齊나라 사람. 귀곡자鬼谷子의 제자. 귀곡자의 문하에서 비밀리에 손무의『병법兵法』열세 편을 배움. 위魏나라 사람 방연과 결의형제였으나, 방연의 방해로 등용되지 못하고 다리를 잘리는 형벌刖刑을 받음. 나중에 위魏나라를 탈출하여 제나라로 가서 군사軍師에 임명됨. 마릉馬陵 전투에서 승리하여 방연을 자결하게 함. 전공으로 받은 봉토인 석려산石閭山에 머물다가 1년여 뒤 종적을 감춤. 제87회. 제88회. 제89회.

● **손숙오**孫叔敖 | 위오蔿敖. 자가 손숙孫叔이어서 흔히 손숙오孫叔敖로 불림. 부친 위가蔿賈가 투월초에게 살해당하자 어머니를 모시고 몽택夢澤으로 도망가서 숨어 삶. 머리 둘 달린 뱀을 보면 사람이 죽는다는 속설이 있어 다른 사람이 피해를 당할까봐 그 뱀을 죽여서 묻음. 초楚 장왕莊王의 영윤으로 등용된 뒤 병제兵制를 개혁하고 작피芍陂에 대규모 관개시설을 완공하여 부국강병을 이룸. 아들 손안에게 절대로 벼슬을 하지 못하게 하고, 가장 척박한 침구寢丘 땅을 봉토로 받아 살게 함. 제51회. 제53회. 제54회.

● **손안**孫安 | 초楚 손숙오의 아들. 아버지의 유언을 받들어 벼슬길에 나가지 않고 안분지족하며 숨어 살았음. 우맹優孟의 추천으로 봉토를 받을 때도 부친의 유언에 따라 척박한 침구 땅을 요구함. 제54회.

● **손양**孫襄 | 손임보의 아들. 부친이 위衛 헌공獻公을 축출할 때 하택菏澤까지 헌공을 추격함. 영희寧喜의 수하인 우재右宰 곡穀의 공격을 받다가 공손정의 화살을 맞고 죽음. 제65회.

● **손양부**孫良夫 | 위衛 목공穆公의 상경. 절름발이로 알려짐. 제齊 경공頃公과 소태부인에게 모욕을 당한 뒤 원한을 품음. 원한을 갚기 위해 신축新築에서 제나라와 싸웠으나 패배함. 이후 진晉나라 극극郤克과 힘을 합쳐 안鞍 땅에서 제나라 군사를 대파함. 제56회. 제57회.

● **손염**孫炎 │ 위衛 성공의 대부. 군사를 빌리기 위해 초楚나라에 사신으로 감. 위 성공과 공자 숙무叔武 사이의 사신 역할을 수행함. 제39회. 제40회. 제41회. 제42회.

● **손임보**孫林父 │ 손양부의 아들. 위衛 헌공獻公의 상경. 위 헌공이 손임보와 영식寧殖과의 식사 약속을 어김. 위 헌공을 축출하고 공손표公孫剽(위衛 상공)를 보위에 올림. 영식의 아들 영희에게 축출됨. 제61회. 제62회. 제65회. 제66회.

● **손탁**孫卓 │ 손빈의 사촌형. 제88회.

● **손평**孫平 │ 손빈의 사촌형. 제88회.

● **송**宋 **강왕**康王(?~기원전 286) │ 송 벽공辟公 벽병辟兵의 아들 언偃. 척성剔成의 아우. 형 척성을 쫓아내고 스스로 보위에 올라 왕을 칭함. 무도하고 포악한 정치를 펴서 민심이 이반되었고, 결국 제, 초, 위魏 삼국의 정벌을 받음. 신농간神農澗 물속에서 제나라 군사에게 사로잡혀 참수됨. 이로써 춘추전국시대 송나라는 멸망함. 제94회.

● **송**宋 **경공**景公(?~기원전 469) │ 송 원공元公의 아들 두만頭曼. 『좌전左傳』에는 이름이 난欒으로 되어 있음. 남색男色 환퇴桓魋를 총애함. 제79회.

● **송**宋 **공공**共公(?~기원전 576) │ 성명 자하子瑕. 『동주열국지』에는 이름이 고固로 잘못 기록되어 있음. 송 문공文公의 아들. 그의 부인 백희伯姬는 궁궐에 화재가 발생했을 때, 야간에 부모傅母 없이 움직일 수 없다 하여 불에 타서 죽음. 제55회. 제58회.

● **송**宋 **목공**穆公(?~기원전 720) │ 성명 자화子和. 부친은 송 무공武公. 형은 송 선공宣公. 선공이 목공에게 보위를 잇게 하자 목공은 자신의 아들 빙馮을 버려두고 형 선공의 아들 여이與夷(상공)에게 보위를 잇게 함. 목공의 아들

빙은 정나라로 망명. 제5회. 제7회.

• **宋 문공**文公(?~기원전 589) ┃ 공자 포鮑. 송 소공의 이복동생. 할머니뻘인 양부인襄夫人 왕희王姬의 꾀임에 빠져 사통함. 제齊나라 공자 상인商人의 행적을 본받아 막대한 재산을 풀어 민심을 얻음. 왕희의 지원으로 보위에 오름. 초나라의 계략에 걸려 초나라 사신 신주申舟를 죽임. 제49회. 제55회.

• **宋 민공**閔公(?~기원전 682) ┃ 후민공後湣公이라고도 함. 공자 첩捷. 송 장공莊公의 아들. 노魯나라 포로가 되었던 남궁장만을 조롱하다가 남궁장만에게 시해됨. 제14회. 제17회.

• **宋 벽공**辟公(?~기원전 370) ┃ 송 휴공休公의 아들 벽병辟兵. 환공桓公이라고도 함. 사후에 아들 척성剔成이 보위를 이음. 제94회.

• **宋 상공**殤公(?~기원전 710) ┃ 공자 여이與夷. 송 선공宣公의 아들. 선공은 아우 목공穆公에게 보위를 전했고, 목공은 형의 은혜에 보답하기 위해 형의 아들 여이에게 보위를 전함. 전쟁을 좋아하다가 태재太宰 화독華督에게 시해됨. 제5회. 제6회. 제8회.

• **宋 선공**宣公(?~기원전 729) ┃ 성명 자력子力. 임종에 이르러 자신의 보위를 아들 여이에게 전하지 않고 동생 화和에게 전함. 제5회.

• **宋 성공**成公(?~기원전 620) ┃ 송 양공襄公의 세자 왕신王臣. 초나라 영윤 성득신의 공격을 받고 진晉 문공에게 구원을 요청. 이 일이 유명한 성복대전城濮大戰의 단초가 됨. 성복대전에서는 진나라 중심의 연합군이 초나라를 크게 격파함. 제34회. 제35회. 제39회. 제40회. 제41회. 제42회. 제48회.

• **宋 소공**昭公(?~기원전 611) ┃ 송 성공成公의 아들 저구杵臼. 정사를 돌보지 않고 유희에 탐닉하다가 민심을 잃음. 공자 포鮑(송 문공)의 명령을 받은 화우華耦에게 시해당함. 제48회. 제49회.

● **송**宋 **양공**襄公(?~기원전 637) │ 송 환공桓公의 세자 자보玆父. 자보玆甫라고도 씀. 서형 목이目夷에게 보위를 양보했으나 목이가 받지 않자 다시 자신이 보위에 오름. 제 환공桓公 이후 자신이 패자霸者가 되기 위해 회맹에 늦게 도착한 증鄫나라 군주를 죽여 수수睢水의 신에게 제사를 지내는 폭거를 저지름. 이후에도 계속 패자가 되기 위해 무리한 행보를 하다가 초나라의 포로가 됨. 공자 목이의 침착한 노력과 노魯나라의 도움으로 풀려남. 전쟁에서 쓸데없이 인정을 베푼 송양지인宋襄之仁으로도 유명함. 제24회. 제32회. 제33회. 제34회.

● **송**宋 **원공**元公(?~기원전 517) │ 공자 좌佐. 송 평공平公의 서자. 세자 좌痤가 주살된 후 세자로 책봉되었다가 송 평공 사후 보위에 오름. 대대로 권력을 세습해온 화씨華氏 집안을 제거하려다 비밀이 새어나가 실패함. 이에 세자 난欒 및 측근을 화해華亥에게 인질로 보내고, 화해의 아들 화무척華無慼 등을 인질로 받음. 이후 치욕을 참지 못하고 화무척 등 인질을 죽이고 화해를 공격하여 그 일족을 진陳나라로 추방함. 나중에 화씨 일족은 남리南里에서 반란을 일으켰다가 실패하여 초나라로 망명함. 제72회.

● **송**宋 **장공**莊公(?~기원전 692) │ 공자 빙馮. 송 목공穆公의 아들. 목공이 보위를 형 선공宣公의 아들 여이에게 전하자 공자 빙은 정鄭나라로 망명. 송나라 태재 화독華督이 상공을 시해하고 공자 빙(장공)을 받들어 보위에 올림. 송 장공은 즉위 후 송나라에 사신으로 온 정나라 대부 채족祭足을 협박하여 정 소공昭公을 쫓아내고 송나라에 망명 중이던 공자 돌突(여공)을 보위에 올림. 이후 보위에 올려준 대가로 정 여공에게 막대한 뇌물을 요구하다가 정나라와 불화하게 됨. 제5회. 제7회. 제8회. 제10회. 제11회.

● **송**宋 **평공**平公(?~기원전 532) │ 송 공공共公의 아들 성成. 진晉 도공悼公이 함

락시킨 핍양성을 선물로 받음. 내시 이여伊戾의 참소를 믿고 세자 좌痤를 죽이고 서자 좌佐(송 원공元公)를 세자로 삼음. 제61회. 제72회.

● **송**宋 **환공**桓公(?~기원전 651) ㅣ 공자 어열御說. 송 장공莊公의 아들이자 송 민공閔公의 아우. 남궁장만을 피해 박亳 땅으로 망명했다가 공자 유游가 피살된 후 제 환공의 도움으로 송나라 보위에 오른 다음 남궁장만을 소환하여 주살함. 북행北杏 회맹 때 제 환공과의 약속을 어기고 먼저 귀국함. 이후 제나라 대부 영척寧戚의 중재로 제 환공과 화해하고 우호를 회복함. 제11회. 제17회. 제18회. 제22회. 제23회. 제24회.

● **송목**宋木 ㅣ 초楚 소왕昭王의 대장. 오왕 합려의 공격 때 기남성紀南城을 수비하다가 손무의 수공水攻을 막지 못하고 기남성을 잃음. 도망간 초 소왕을 찾아서 수隨나라까지 수행함. 제76회. 제77회.

● **송유**宋遺 ㅣ 초楚 회왕懷王의 용사. 송나라로 보내져 제나라로 가는 길을 빌림. 제91회.

● **송의**宋意 ㅣ 연燕 태자 단丹의 용사. 용력이 뛰어나 태자 단에게 후대를 받았으나 진秦나라와의 싸움에서 전사. 제106회.

● **송화자**宋華子 ㅣ 제齊 환공桓公의 여섯째 여부인如夫人. 공자 옹雍의 모친. 제32회.

● **수**嬃 ㅣ 초楚나라 충신 굴원의 누나. 굴원이 간신배의 참소로 추방되어 고향에서 낙담해 있을 때 농사를 지으며 여생을 보내라고 권함. 굴원은 누나의 말을 듣고 농사를 짓다가 결국 울분을 이기지 못하고 멱라수汨羅水에 몸을 던져 자결함. 제93회.

● **수가**須賈 ㅣ 위魏 소왕昭王의 중대부. 자신의 빈객 범수를 제나라와 내통했다고 모함하여 진秦나라로 망명하게 함. 진나라로 사신을 갔다가 그곳에서

승상이 된 범수를 만나 모욕을 당함. 범수의 요청으로 귀국하여 범수의 가족을 진나라로 안전하게 보내게 함. 범수에게 심한 매질을 가한 상국相國 위제魏齊의 머리를 잘라 바치라는 요구도 위왕에게 전했으나, 위제가 그 사실을 알고 도주함. 제97회. 제98회.

● **수계**隨季 | → 사회士會

● **수만**瞍瞞 | 북적北狄의 군주. 형邢나라와 위衛나라를 기습하여 망국의 위기로 몰아넣음. 형나라와 위나라는 제 환공의 도움을 받아 도읍을 옮긴 후 국난을 수습함. 제23회.

● **수몽**壽夢(?~기원전 561) | 오吳나라 군주. 진晉나라와 수교하여 중원의 문물을 받아들임. 오나라에서는 처음으로 왕을 칭함. 넷째 아들 계찰季札에게 왕위를 물려주기 위해 형제의 차례에 따라 보위를 계승하라는 유언을 남김. 제57회. 제60회. 제61회.

● **수무모**須務牟 | 채공蔡公 공자 기질의 가신. 채공 기질이 초 영공에게 반란을 일으키고 초나라 영도郢都를 포위 공격할 때의 선봉장. 제70회.

● **수여**壽餘 | 진晉 영공靈公의 대부 필만畢萬의 손자. 위魏 땅의 대부. 유변臾騈의 계책에 따라 진秦에 망명한 사회士會를 불러오는 데 공을 세움. 제48회. 제49회.

● **수조**豎刁 | → 수초豎貂

● **수초**豎貂 | 제齊 환공桓公의 심복 내시. 역아易, 공자 개방開方, 환공에게 아첨하여 총애를 얻은 간신. 제 환공이 죽은 후 세자 소昭(제 효공)를 몰아내고 공자 무휴無虧를 보위에 올리는 과정에서 제 환공의 시신을 두 달 이상 방치함. 이후 제나라 대부 고호高虎가 세자 소를 보위에 올리면서 수초를 유인하여 참수함. 제17회. 제18회. 제21회. 제22회. 제23회. 제29회. 제

30회. 제31회. 제32회. 제33회.

● **숙강**叔姜 | 노魯 장공莊公의 부인 애강哀姜의 여동생. 잉첩으로 와서 노 장공과의 사이에서 공자 계啓(노 민공)를 낳음. 제22회.

● **숙견**叔堅 | 진晉 세자 신생申生의 문객. 비정보丕鄭父와 함께 진 문공文公을 보위에 올리려다 극예, 여이생, 도안이 등의 음모에 걸려 주살당함. 제29회.

● **숙미**叔羋 | 정鄭 문공文公과 문미文羋의 딸. 홍수泓水 전투 승리를 축하하는 연회가 끝난 후 외삼촌인 초 성왕에게 겁탈당함. 초나라로 끌려가서 성왕의 후궁이 됨. 제34회.

● **숙사위**夙沙衛 | 제齊 영공靈公의 내시. 세자 아牙의 소부少傅. 식작殖綽과 곽최의 견제로 전투에 나서지 못하자 석문산石門山의 길을 막아 식작과 곽최의 후퇴로를 끊음. 제 장공莊公(공자 광光) 즉위 후 고당高唐으로 달아나서 반란을 일으킴. 공누工僂의 배반으로 사로잡혀 처형당함. 제62회.

● **숙손교여**叔孫僑如 | 노魯나라 숙손득신의 아들. 득신은 적翟나라 거인 교여를 죽인 뒤, 그 용력을 본받게 하려는 의미로 자기 아들의 이름을 교여라고 함. 제47회.

● **숙손득신**叔孫得臣 | 숙손씨 공손자의 둘째 아들. 노魯 문공文公의 장수. 부보종생富父終甥의 계책에 따라 함정을 파고 적나라 장수 교여僑如를 유인하여 죽임. 교여의 용력을 본받게 하기 위해 마침 그 무렵 태어난 자신의 아들 이름을 역시 교여僑如라고 지음. 동문수와 함께 노魯나라 권력을 장악하고 공자 왜倭(노 선공)를 보위에 올림. 제47회. 제49회. 제50회. 제56회.

● **숙손주구**叔孫州仇 | 숙손불감叔孫不敢의 아들. 숙손무숙叔孫武叔. 노魯 소공昭公, 정공定公 때의 권력자. 맹손씨, 계손씨와 연합하여 양호陽虎의 반란을

막아내고 그를 국외로 추방함. 맹손무기와 힘을 합쳐 후범侯犯의 반란을 진압함. 오왕 부차를 도와 제나라와 전투를 하여 여구명呂丘明을 사로잡아 목을 벰. 제78회. 제82회.

● **숙손착**叔孫婼 | 노魯 소공의 대부. 노 소공이 제나라를 방문했을 때, 제나라 대부 안영과 함께 연회의 집례를 맡아봄. 제71회.

● **숙손첩**叔孫輒 | 노魯나라 숙손씨 가문에서 인정받지 못하고 비費 땅의 읍재邑宰 공산불뉴와 친하게 지냄. 공산불뉴와 반란을 일으켰다가 공자에게 쫓겨서 오나라로 달아남. 제78회.

● **숙손표**叔孫豹(?~기원전 538) | 숙손득신의 아들. 숙손교여의 동생. 숙손목자叔孫穆子. 노魯 성공成公의 대부. 진晉 도공悼公의 상에 조문사절로 파견됨. 제齊나라가 방防 땅을 공격하자 진晉에 구원을 요청함. 진晉 조무趙武의 반복된 변명을 듣고 그의 죽음을 예견함. 제61회. 제62회. 제67회.

● **숙안**叔顏 | 형邢나라 군주. 북적北狄의 침략을 받고 도읍이 함락되자 제 환공의 도움을 받아 이의夷儀로 도읍을 옮겨 나라를 재건함. 제23회.

● **숙양흘**叔梁紇(기원전 627~기원전 554) | 맹손멸의 부하 장수. 추읍鄹邑 대부. 공자의 부친. 닫히는 핍양성의 문을 받쳐 들고 군사들을 안전하게 밖으로 내보냄. 시씨施氏와 혼인했으나 딸만 낳음. 첩에게서 아들 맹피孟皮를 낳았으나 다리에 병을 앓아 불구가 됨. 이후 안씨顏氏 집안의 다섯째 딸 징재徵在와 혼인하여 성인聖人 공자를 낳음. 제60회. 제78회.

● **숙외**叔隗 | 조쇠趙衰의 부인. 고여咎如의 여인. 진晉 문공文公 즉위 후 진나라로 옴. 조돈의 모친. 제31회. 제37회.

● **숙중팽생**叔仲彭生 | 노魯나라 숙손씨 공손자의 맏아들. 세자 악惡의 사부. 세자 악과 그 동생 시視를 시해한 동문수에게 속아 입궁했다가 마구간에

서 살해당함. 제49회. 제50회.

● **숙첨**叔詹 | 정鄭 여공厲公, 정 문공文公의 상경上卿. 삼량三良 중 한 명. 부하 傅瑕와 함께 정 여공을 복위시킴. 진晉 문공이 즉위 후 옛 방랑 시절의 원한을 갚기 위해 정나라를 정벌하면서 숙첨을 포박하여 보내라고 요구하자, 숙첨은 스스로 진晉나라 군영으로 가서 물이 펄펄 끓는 솥 앞에서 진晉 문공의 억지 논리를 지적하고 솥으로 뛰어들려고 함. 진 문공은 숙첨의 충성심과 담대함에 경탄하며, 자신의 신하로 있던 공자 난蘭을 정나라 세자로 삼게 하고 숙첨을 돌려보냄. 이로써 진나라와 정나라는 우호의 맹약을 맺음. 제13회. 제19회. 제24회. 제34회. 제35회. 제43회.

● **숙호**叔虎 | → 양설숙호羊舌叔虎

● **숙흥**叔興 | 주周 양왕襄王의 내사內史. 양왕의 명령으로 진晉 문공을 방백 方伯에 봉함. 제37회. 제41회.

● **숙희**叔姬 | 기후紀侯의 부인 백희伯姬의 여동생. 노魯나라 출신으로 백희와 함께 기紀나라로 시집옴. 제 양공이 기나라를 멸망시킨 후 친정인 노나라로 돌려보내려 했으나 끝까지 기 땅을 떠나지 않고 절개를 지키다가 죽음. 제14회.

● **순갑**荀甲 | 『자치통감自治通鑑』「주기周紀」 위소韋昭 주注에는 순신荀申이라고 되어 있음. 진晉 경공頃公 때 지씨智氏 집안의 종주였던 순역의 아들. 지선자 智宣子 순인荀寅과 사길석士吉射의 파당인 예양豫讓을 사로잡아 용서함. 제79회.

● **순빈**荀賓 | 진晉 도공의 거우장군車右將軍. 제59회.

● **순수**荀首 | 진晉 경공景公의 하군 대부. 아들 순앵荀罃을 구출하기 위해 초나라 공자 곡신을 사로잡고, 연윤連尹 양로襄老의 시신을 진晉나라로 가져

감. 지智 땅에 봉토가 있었으므로 후손들이 지씨智氏를 칭함. 제54회. 제 57회.

◉ **순식**荀息(?~기원전 651) ｜ 진晉 헌공獻公의 대부. 가도멸괵假道滅虢의 계책으로 곽나라를 멸망시킴. 나중에 여희의 요청으로 공자 해제奚齊와 탁자卓子의 태부가 됨. 이극, 비정보, 도안이 등의 공격을 받고 해제와 탁자를 지키지 못한 채 전사함. 이때의 충절을 인정받아 그의 손자(혹은 아들) 순임보는 대부에 임명됨. 이후 순씨 가문은 진晉나라에서 세도가 가장 막강한 가문의 하나로 자리 잡음. 제25회. 제27회. 제28회.

◉ **순앵**荀罃(?~기원전 560) ｜ 순수荀首의 아들. 지智 땅에 봉토가 있어서 흔히 지앵智罃이라고 함. 진晉 경공景公의 장수. 필성邲城 오산敖山 전투에서 초나라에 포로가 됨. 초나라 굴무와 정鄭나라 황술皇戌의 중재로 귀국함. 진晉 도공의 상군원수. 한궐韓厥 사퇴 후 중군원수가 되어 4군으로 편제된 진晉나라 군사를 3군으로 나누고 '이일대로以逸待勞'의 계책으로 초나라의 공격에 대처함. 제54회. 제57회. 제58회. 제59회. 제60회. 제61회.

◉ **순언**荀偃(?~기원전 554) ｜ 자는 백유伯游. 순임보의 손자. 순경荀庚의 아들. 순경이 진晉나라 중항장군中行將軍을 역임한 적이 있기 때문에 중항언中行偃이라고도 불림. 진晉 여공의 대부. 난서欒書와 함께 정활程滑을 시켜 진 여공을 독살하고 공손주公孫周(진 도공)를 옹립. 진 도공, 평공平公의 상군원수. 팽성 전투에서 어부魚府를 사로잡음. 사개와 함께 핍양성을 함락시킴. 여러 제후국과 진秦나라 정벌에 나섰으나 난염의 불복종으로 실패함. 제나라를 정벌하고 귀환하는 도중 머리에 종기가 나서 죽음. 제58회. 제59회. 제60회. 제61회. 제62회.

◉ **순오**荀吳(?~기원전 519) ｜ 순언荀偃(중항언中行偃)의 아들. 진晉 평공의 중군

부장. 축출된 난영欒盈이 제나라의 도움으로 공격해왔을 때, 범앙과 함께 곡옥曲沃을 함락시키고 난영을 사로잡아 목 졸라 죽임. 초나라의 공격을 받는 채蔡나라를 도와줄 것을 주장함. 제 경공景公이 진晉을 방문하여 진 소공과 연회를 할 때 의례를 맡아봄. 평구平邱 회맹에 진 소공을 호위하고 참석. 제62회. 제63회. 제64회. 제69회. 제70회.

⦿ **순요**荀瑤 | → 지요智瑤

⦿ **순우곤**淳于髡 | 제齊 위왕威王 때의 유명한 변사辯士. 그러나 변론 대결에서 추기騶忌에게 패배함. 위魏나라로 가서 손빈孫臏을 탈출시킴. 제86회. 제88회.

⦿ **순인**荀寅 | 중항인中行寅. 중항문자中行文子. 진晉 경공頃公 때의 육경六卿. 노골적으로 뇌물을 밝힘. 사길석士吉射과 함께 조씨趙氏를 공격하다가 지씨智氏(순역荀躒), 한씨韓氏(한불신韓不信), 위씨魏氏(위만다魏曼多)의 연합 반격을 받고 조가朝歌로 도주. 진晉을 배신함. 다시 조씨, 한씨, 위씨, 지씨의 공격을 받고 한단邯鄲과 백인柏人으로 도주했다가 결국 제나라로 망명함. 제72회. 제75회. 제79회.

⦿ **순임보**荀林父 | 『동주열국지』에서는 순식의 아들이라고 하나 손자라는 설도 있음. 진晉 문공文公, 양공襄公, 영공靈公을 보좌하며 중항대부中行大夫, 중군원수 등을 역임함. 진晉나라 육경의 한 사람. 성복 전투에서 초나라에 승리함. 필성 오산 전투에서 우유부단한 작전으로 초 장왕에게 대패함. 노潞나라를 정벌하여 멸망시킴. 사람의 마음을 읽고 도적을 잡는 극옹을 추천했다가 극옹이 도적들에게 살해당하자 우울증으로 죽음. 제36회. 제39회. 제40회. 제41회. 제42회. 제47회. 제48회. 제49회. 제52회. 제53회. 제54회. 제55회.

● **순추**荀騅 | 안鞍 땅 전투의 승리로 진晉 경공景公의 신하군新下軍 원수가 됨. 제57회.

● **순화**舜華 | 진晉 정공定公의 현신. 권력자 조앙趙鞅에게 살해됨. 공자가 진晉으로 가려다가 현신 두주와 순화가 살해되었다는 소식을 듣고 발길을 돌림. 제79회.

● **순회**荀會 | 순식의 후손. 진晉 도공의 중군 하대부下大夫. 제60회.

● **습붕**隰朋 | → 공손습붕

● **습숙**隰叔 | 주周 선왕宣王에게 억울하게 처형된 두백杜伯의 아들. 진晉나라로 망명하여 사사士師 직을 역임함. 자손들이 사씨士氏를 성씨로 삼음. 또 범范 땅에 식읍을 받아 범씨范氏를 칭함. 제1회.

● **습후중**隰侯重 | 제齊나라 화주華周와 기양杞梁 휘하의 장수. 저우문且于門 싸움에서 숯불 위에 자신의 몸을 눕혀서 화주와 기양을 건너게 하고 자신은 숯불에 타서 죽음. 제64회.

● **승옥**勝玉 | 오왕 합려의 딸. 승옥이 죽자 오왕 합려는 수많은 보물과 만 명의 백성을 함께 묻음. 제75회.

● **시**施 | → 우시優施

● **시백**施伯 | 노魯 혜공惠公의 손자. 노魯 장공莊公 때의 상사上士. 기민하고 현명한 판단으로 노魯나라의 현실 문제를 해결하기 위한 대책을 많이 냈으나 장공이 이를 따르지 않음. 제 환공이 관중을 재상으로 등용하기 위해 소환을 요구할 때도 시백은 관중을 죽여서 시체를 보내라고 했으나 장공은 듣지 않고 살려 보냄. 조귀曹劌를 등용하여 제나라와의 전투에서 승리하게 함. 제13회. 제15회. 제16회. 제17회. 제18회.

● **시피**市被 | 연왕燕王 쾌噲의 장수. 연왕 쾌가 상국 자지에게 양위한 것에

불만을 품고 자지를 공격하다가 자지에게 피살됨. 제91회.

● **식규**息嬀 │ 진陳 선공宣公의 차녀. 식후息侯의 부인. 도화부인桃花夫人. 문부인文夫人. 절세의 미녀. 초 문왕이 식후를 위협하고 강제로 그 부인 식규를 잡아감. 초 문왕은 식규를 정실부인으로 세우고 총애하여 두 아들 웅간熊囏(도오堵敖)과 웅운熊惲(초 성왕)을 낳음. 초 문왕에게 잡혀온 후 절개를 지키지 못했음을 한탄하며 거의 말을 하지 않음. 제17회.

● **식씨**息氏 │ 송宋나라 사인舍人 한빙韓憑의 아내. 송 강왕의 위협에도 굴하지 않고 높은 누대에서 뛰어내려 자결함. 강왕이 격노하여 한빙과 식씨의 무덤을 따로 만들었으나 두 무덤 곁에서 가래나무가 자라나 가지가 서로 이어져 연리지連理枝가 되었음. 또 원앙 한 쌍이 날아와 나뭇가지 위에 앉아 목을 비비며 슬프게 울자 사람들이 모두 한빙과 식씨의 영혼이라고 함. 제94회.

● **식작**殖綽 │ 제齊 영공靈公의 장수. 내시 숙사위夙沙衛에게 모욕을 주고 전투에 나서지 못하게 함. 이에 숙사위가 후퇴하면서 길을 막아 진晉나라 장수 주작州綽에게 항복. 순언의 죽음을 틈타 제나라로 탈출. 난영欒盈과 함께 진晉나라를 치다가 패배한 후 위衛나라로 도망침. 주작州綽과 형괴邢蒯가 죽은 이후 다시 제나라로 귀국했다가 마침 그곳에 망명 와 있던 위衛 헌공獻公 간衎을 섬김. 손임보의 아들 손괴의 유인책에 걸려 함정에 빠졌다가 화살을 맞고 죽음. 제62회. 제63회. 제64회. 제65회. 제66회.

● **식환**息桓 │ 초楚 강왕康王의 대부. 서구국舒鳩國을 칠 때 영윤 굴건屈建이 식환을 시켜 양유기養繇基를 보좌하게 함. 양유기는 식환의 만류에도 공격에 나섰다가 오나라 궁사들의 화살을 맞고 죽음. 제66회.

● **식후**息侯 │ 식息나라 군주. 부인 식규를 초 문왕에게 뺏기고 나라까지 망

하자 울분 끝에 죽음. 제17회. 제19회.

● **신**申 | 노魯 환공桓公의 대부. 환공이 제 양공에게 암살된 후 노魯나라 세자 동同(장공)을 시급히 보위에 올리고 나라를 안정시켜야 한다고 주장함. 제13회.

● **신공**申公 **숙후**叔侯 | 초 성왕의 장수. 초 성왕의 명령으로 제나라 양곡陽穀 땅을 쳐서 빼앗음. 초 성왕은 양곡 땅을 제 환공의 아들 옹雍에게 봉토로 줌. 나중에 신공 숙후가 제나라에 사신으로 가서 강화하고 양곡 땅을 제나라에 돌려줌. 제39회. 제40회.

● **신구수**申句須 | 노魯 정공定公의 우사마右司馬. 제나라와의 협곡夾谷 회맹 때 노 정공을 호위함. 노 정공을 희롱하는 제나라 광대 대장을 그 자리에서 참수함. 공산불뉴가 반란을 일으키자 계손씨 저택에서 노 정공을 호위함. 제78회.

● **신릉군**信陵君(?~기원전 243) | 위魏 소왕昭王의 막내아들 무기無忌. 마음이 어질고 선비를 좋아해 식객 3000여 명을 기름. 위나라로 망명한 제나라 맹상군을 환대함. 자신에게 몸을 기탁해온 조趙나라 상국 우경虞卿과 위제魏齊를 박대함. 후영侯嬴의 계책으로 여희如姬의 도움을 받아 안리왕安釐王의 병부를 훔쳐서 병권을 장악한 후 조趙나라로 가서 진秦나라 군사를 물리침. 이 공로로 호鄗 땅을 봉토로 받아 거주함. 조나라 저자에 숨어 살던 처사 모공과 설공을 상객으로 우대함. 위나라로 귀국한 후 제, 연, 조趙, 한韓, 초 연합군을 이끌고 진秦나라 장수 몽오와 왕흘의 군사를 격파함. 진秦나라의 이간책으로 안리왕이 자신을 의심하자 상국 인수와 병부兵符를 반환하고 주색을 즐기다가 몸이 상해 죽음. 제94회. 제95회. 제97회. 제98회. 제100회. 제101회. 제102회.

◉ **신무외**申無畏 │ 초楚 목왕穆王의 사마. 초 장왕의 대부. 궐맥厥貉 회맹 때 송 소공이 부싯돌을 지참하지 않았다는 이유로 그의 노복에게 300대의 매질 을 가함. 3년 동안 날지 않는 새의 비유를 들어 초 장왕의 안일을 깨우침. 나중에 초나라의 계책에 의해 통행증 없이 송나라를 통과하려다 사로잡혀 참수당함. 이 일을 빌미로 초나라가 송나라를 침략함. 제48회. 제50회. 제 55회.

◉ **신무우**申無宇 │ 초나라 우읍芋邑의 고을 원님. 영윤 공자 위圍(초 영왕靈王)가 초왕의 깃발을 마음대로 사용하자 그것을 질책하고 깃발을 거두게 함. 우 읍의 주기酒器를 훔치고 궁궐의 수비병으로 숨어 있던 고을 문지기를 잡아 서 죄를 물음. 초 영왕이 채蔡나라 세자 유有를 희생물로 삼아 신령에게 제 사를 올리려 하자 신무우는 그것이 불가한 일임을 직간함. 자신의 간언이 받아들여지지 않자 벼슬에서 물러나 은거함. 제67회. 제68회. 제69회.

◉ **신백**申伯 │ → 신후申侯

◉ **신백**辛伯 │ 주周 장왕莊王의 대부. 주공周公 흑견黑肩과 왕자 극克의 역모를 알아채고 주 장왕에게 알림. 제13회.

◉ **신불해**申不害(?~기원전 337) │ 한韓 소후昭侯의 상국. 형명학刑名學에 정통함. 제86회.

◉ **신불해**慎不害 │ 노魯 민공閔公의 태부. 민공의 권력에 의지하여 대부 복의 의 토지를 강탈함. 복의는 원한을 품었고, 공자 경보의 유혹에 빠져 민공 을 시해함. 제22회.

◉ **신상**申詳 │ 노魯나라 대장 오기의 부장. 오기의 작전에 따라 제나라 군사 를 물리침. 제86회.

◉ **신생**申生 │ → 공자 신생申生

◉ **신서**申犀 ┃ 초나라 신무외의 아들. 부친 신무외가 송나라에서 처형된 후 송나라 정벌 시 군정軍正에 임명됨. 제55회.

◉ **신선우**申鮮虞 ┃ 제 장공의 부장. 제 장공이 최저에게 시해된 후 초나라로 망명하여 우윤右尹 벼슬에 오름. 제64회. 제65회.

◉ **신수**申繻 ┃ 노魯 환공, 장공의 대부. 노 환공이 부인 문강文姜과 함께 제나라로 가는 것을 막기 위해 간곡한 간언을 올렸으나 듣지 않음. 결국 문강은 이복 오라비인 제 양공과 불륜을 저지름. 노 환공이 그 사실을 알아채자 제 양공이 팽생을 시켜 노 환공을 죽임. 신수는 이후 노 환공의 세자 동同(장공)을 보위에 올리고 혼란을 수습함. 제13회.

◉ **신숙시**申叔時 ┃ 초 장왕의 대부. 신공申公. 혜전탈우蹊田奪牛의 비유를 들어 초 장왕에게 진陳나라를 다시 세워주도록 함. 초 장왕의 부장. 제53회. 제55회.

◉ **신승**辛勝 ┃ 진왕秦王 정政의 장수. 반란을 일으킨 번오기樊於期를 생포하라는 진왕 정의 명령을 왕전에게 전함. 왕전의 지시로 번오기를 유인하여 패퇴시킴. 제104회.

◉ **신신**新臣 ┃ 허숙許叔. 허許 장공莊公의 아우. 정, 제, 노魯 연합군이 허許나라를 정벌하여 망국의 지경에 빠지자, 대부 백리百里가 도망친 허나라 군주 대신 그의 동생 신신新臣을 데리고 와서 허나라 제사를 이어가게 해달라고 간청하여 허나라가 명맥을 잇게 됨. 제7회.

◉ **신원연**新垣衍 ┃ 빈객으로서 위魏나라 장수에 임명됨. 조趙나라로 사신을 가서 진秦나라에 제호帝號를 붙여주자고 주장함. 제100회.

◉ **신유**辛俞 ┃ 난영欒盈의 가신. 난영의 파당이 제거되는 과정에서 순오荀吳에게 사로잡혀 서민으로 강등됨. 진晉 평공의 협박과 만류에도 굴하지 않고

평공을 설득하여 다시 난영에게 귀의함. 나중에 난영이 진晉나라를 공격하려 하자 신유가 극력 만류했으나 난영은 듣지 않음. 이에 신유는 스스로 목숨을 끊음. 제62회. 제63회.

◉ **신주**申舟 ┃ → 신무외申無畏

◉ **신포서**申包胥 ┃ 초 소왕昭王의 대부. 오자서의 결의형제. 오자서는 초나라를 멸망시키겠다고 하고 신포서는 멸망된 초나라를 다시 세우겠다고 함. 진秦나라 조정에서 피눈물을 흘리며 구원병을 얻어 초나라를 다시 세움. 초 소왕 복위 후 우윤右尹에 임명되었으나 벼슬을 받지 않고 은거함. 제72회. 제76회. 제77회.

◉ **신해**申亥 ┃ 초 영왕靈王의 우윤 신무우의 아들. 부친의 유언에 따라 초 영왕을 구해서 자신의 집으로 모셨지만 초 영왕은 새벽에 스스로 목을 매 자결함. 제70회.

◉ **신후**申后 ┃ 주周 유왕의 왕후. 신후申侯의 딸. 포사褒姒의 계략으로 폐위되었다가 신후申侯와 견융의 군사가 유왕을 죽인 후 복위됨. 아들은 태자 의구宜臼로 주 평왕平王임. 제2회.

◉ **신후**申侯 ┃ 신申나라 군주. 그의 딸이 주周 유왕의 왕후임. 유왕이 포사를 총애하여 딸 신후申后와 태자 의구를 폐위하자 견융의 군사와 연합하여 유왕을 공격하여 죽이고 태자 의구를 보위에 올림. 이 사람이 주 평왕平王임. 평왕은 결국 도성을 호경鎬京에서 동쪽 낙양洛陽으로 옮김. 이때부터 주 왕실의 힘이 약화된 춘추시대가 시작됨. 제2회. 제3회.

◉ **신후**申侯 ┃ 본래 초나라 조정에서 문왕에게 아첨을 하여 총애를 얻음. 문왕은 자신이 죽은 후 신후가 다른 신하들에게 매도당할까 걱정이 되어 정나라로 보냄. 역櫟 땅에서 역시 아첨으로 정 여공의 인정을 받음. 정 문공

즉위 후 제나라와 초나라 사이를 이간질하여 자신의 이익을 챙김. 결국 진陳나라 대부 원도도轅濤塗가 신후가 저지른 죄상을 정나라에 알리자 정 문공이 신후를 참수하고 제나라와 우호를 회복함. 제24회.

● **심윤수**沈尹戍(?~기원전 506) | 초 평왕과 소왕의 좌사마左司馬. 오나라 군사가 포위한 잠읍潛邑을 구출함. 영윤 낭와를 도와 간신 비무극과 언장사鄢將師를 주살함. 오왕 합려의 공격을 맞아 낭와에게 수로와 육로를 끊고 협공하자고 약속했으나 전공을 탐한 낭와가 약속을 지키지 않아 오나라에 대패함. 오왕 합려의 본진과 건곤일척의 승부를 벌이다 패배하여 자결함. 제72회. 제73회. 제74회. 제75회. 제76회.

● **심제량**沈諸梁 | 자는 자고子高. 초나라 사마 심윤수의 아들. 섭공葉公. 오나라의 공격에 맞서 공자 신申과 함께 오나라 장수 백비를 패퇴시킴. 섭 땅의 군사를 거느리고 백공白公 승勝의 반란을 진압함. 제76회. 제77회. 제83회.

● **심힐**鄩肹 | 주周 경왕景王의 서자 조朝의 요청으로 황皇 땅에서 도왕悼王을 공격했으나 싸움에 패하여 죽음. 제73회.

○

● **아석**蛾晰 | 진晉 혜공의 장수. 한원韓原 전투에서 진秦나라 군사에게 부상을 입고 경정에게 구출됨. 억울하게 주살당한 경정의 시신을 수습하여 묻어줌. 제30회. 제31회.

● **악간**樂閒 | 연 혜왕惠王의 장수. 악의의 아들. 창국군昌國君. 주周 난왕의 연

합군 모집에 연나라 장수로 파견되어 사태를 관망함. 조趙나라와의 전투에서 패배한 후 청량산淸凉山에 숨어 있다가 악승樂乘의 서찰을 받고 조나라에 항복함. 호로하胡盧河 전투에서 연나라 장수 율원栗元을 잡아 참수함. 제95회. 제101회. 제102회.

- **악기**樂頎 | 노魯 정공定公의 좌사마左司馬. 제나라와의 협곡 회맹 때 노 정공을 호위함. 노 정공을 희롱하는 제나라 광대 대장을 그 자리에서 참수함. 공산불뉴가 반란을 일으키자 계손씨 저택에서 노 정공을 호위함. 제78회.

- **악대심**樂大心 | 송宋 원공元公의 대장. 화추華貙의 가신 장개張匃가 화추의 부친 화비수華費遂를 위협하여 남리南里에서 반란을 일으키자 송 원공은 악대심을 시켜 그들을 포위하게 함. 제72회.

- **악백**樂伯 | 초楚 장왕莊王의 장수. 장왕을 위해 투월초에 맞서 싸움. 휘하의 장수 양유기養繇基가 뛰어난 활솜씨로 투월초를 쏘아 죽임. 정나라 도성을 공격하여 정 영공靈公의 항복을 받음. 필성 오산 전투에서 뛰어난 활솜씨로 진晉나라 장수 포계鮑癸를 물리침. 제51회. 제53회. 제54회.

- **악복이**樂僕伊 | 송宋 양공襄公의 대부. 홍수泓水 전투에 참가했다가 송양지인宋襄之仁으로 인해 초나라에 대패함. 제34회.

- **악서**樂舒 | 악양樂羊의 아들. 중산국中山國 장수. 부친 악양은 위魏나라에서 벼슬하고 아들 악서는 중산국에서 벼슬함. 부친 악양의 공격을 받고 중산국 군주 희굴姬窟 앞에서 자결함. 희굴은 악서의 살로 국을 끓여 악양에게 보냄. 제85회.

- **악승**樂乘 | 연燕나라 대장 악의의 사촌 동생. 제齊나라와의 싸움에서 제나라 장수 한섭韓聶을 죽임. 악의가 조趙나라로 도피한 후 대장에 임명됨. 조

나라 대장 염파에게 패배하여 항복함. 곽개의 참소로 염파가 대장 직에서 해임된 뒤 조나라 병권을 장악함. 제95회. 제101회. 제102회.

◉ **악양**樂羊 | 위魏 문후文侯의 대장. 책황翟璜이 추천함. 중산국을 멸망시킨 후 영수군靈壽君에 봉해짐. 제85회. 제95회.

◉ **악영제**樂嬰齊 | 송 문공文公의 대부. 초나라의 공격을 받고 진晉나라로 가서 위급함을 알림. 제55회.

◉ **악예**樂豫 | 송 소공昭公의 사마. 송 소공이 무도하자 공자 앙卬에게 직위를 양보함. 제49회.

◉ **악왕부**樂王鮒 | 자는 숙어叔魚. 진晉 평공平公이 총애하는 대부. 양설적과 양설힐 두 대부와 교분을 맺고 싶어했으나 양설힐에 의해 무시당하자 두 사람을 난씨欒氏 파당으로 떨어지게 함. 난영欒盈의 반란 때 범개와 함께 평공을 보위함. 제63회.

◉ **악의**樂毅 | 위魏 명장 악양의 손자. 연 소왕昭王의 인재 등용에 응하여 연燕나라로 감. 연 소왕은 악의를 아경亞卿에 임명함. 제齊나라를 정벌하여 평정하고 창국군昌國君에 봉해짐. 연 소왕이 죽은 후 혜왕惠王에게 의심을 당하자 조趙나라로 망명하여 망제군望諸君에 봉해짐. 조나라에서 세상을 떠남. 제95회. 제97회.

◉ **악이**樂耳 | 정 목공穆公의 대부. 초 목왕穆王의 장수 투월초에게 패배해 포로가 되었다가 강화 후 석방됨. 제48회.

◉ **악자**樂資 | → 연燕 혜왕惠王

◉ **악지**樂池 | 조趙 무령왕武靈王의 대장. 연나라의 혼란을 틈타 제나라가 연나라를 공격하여 합병하려 하자 무령왕은 악지를 시켜 연나라 공자 직職을 호위하여 보위에 올리려 함. 제91회.

● **안국군**安國君 | → 진秦 효문왕孝文王

● **안설**顔泄 | 진왕秦王 정政 때의 중대부中大夫. 노애嫪毐와 도박을 하다가 분란을 일으킨 후, 노애가 태후와 사통하여 아들 둘을 낳은 사실을 진왕에게 폭로함. 제104회.

● **안아**晏蛾兒 | '晏蛾兒'의 '兒'는 흔히 아랫사람을 친근하게 부를 때 붙이는 어미語尾이므로 '안아'로 표기함. 제齊 환공桓公의 비첩. 역아易牙와 수초豎貂에 의해 폐쇄된 제 환공의 침실 담벼락을 넘어가서 환공의 임종을 지켜보고 자결함. 제32회.

● **안영**晏嬰(기원전 578~기원전 500) | 자는 평중平仲. 제齊 장공莊公, 경공景公의 대부. 제 장공을 설득해 진晉 평공平公과 전연澶淵에서 우호의 맹약을 맺게 함. 최저가 장공을 시해하자 항의의 행동을 함. 제나라 네 귀족(진陳, 포鮑, 난欒, 고高)이 싸울 때 경공을 보위하며 난씨와 고씨를 축출하게 함. 초나라에 외교사절로 파견되어 공명정대하고 민첩한 대응으로 초나라를 굴복시킴. 복숭아 두 개로 세 용사(공손첩, 전개강, 고야자)를 죽이고 나라를 안정시킴. 전양저田穰苴를 추천하여 병력을 강화함. 노魯나라와의 협곡 회맹에서 공자의 말을 듣고 제나라가 점령한 세 고을을 돌려주게 함. 제62회. 제63회. 제65회. 제66회. 제67회. 제68회. 제69회. 제70회. 제71회. 제78회. 제79회.

● **안유자**女孺子 | → 공자 도茶

● **안은**顔恩 | 위魏나라 신릉군과 친분이 두터운 안리왕安釐王의 내시. 여희如姬가 훔친 안리왕의 병부兵符를 신릉군에게 전해줌. 제100회. 제101회. 제102회.

● **안이**晏氂 | 제齊 장공莊公의 후군 장수. 진晉나라 조승趙勝에게 사로잡혀

참수당함. 제64회.

- **안징재**顔徵在(기원전 568~기원전 535) | 안씨顔氏 집안의 다섯째 딸. 숙양흘과 혼인하여 성인聖人 공자孔子를 낳음. 제78회.

- **안취**顔聚 | 조왕趙王 천遷의 장수. 대군代郡 태수 이목李牧과 함께 진秦나라 장수 환의桓齮의 공격을 물리침. 조총趙葱이 무리한 작전으로 진秦나라 왕전에게 패배하자 패잔병을 수습하여 한단으로 도피함. 간신 곽개의 계략으로 조왕 천이 진秦에 항복하자 공자 가嘉를 받들고 대代 땅으로 달아남. 공자 가를 대왕代王으로 추대하고 끝까지 진나라에 저항함. 제105회. 제106회.

- **안희**顔姬 | 노魯나라 여인. 제齊 영공靈公의 부인. 아들이 없었음. 제62회.

- **애강**哀姜 | 제齊 양공襄公의 딸. 노魯 환공桓公의 부인 문강文姜의 강요로 한 살 때 노魯 장공莊公과 약혼함. 20년 후 노 장공과 혼인함. 공자 경보慶父와 사통함. 공자 경보를 보위에 올리기 위해 장공의 아들 공자 반般과 노魯 민공閔公 시해에 관여함. 이후 친정 오라비인 제 환공桓公이 수초豎貂를 보내 자결하게 함. 제19회. 제22회.

- **야근**冶廑 | 위衛 공자 하瑕의 대부. 주천周歂과 함께 영유甯兪와 공모하여 원훤元咺을 죽이고 위衛 성공成公을 복위시킴. 성공 복위 후 경卿에 임명되었으나 얼마 지나지 않아 병사함. 제42회. 제43회.

- **양개**陽匄(?~기원전 519) | 초 목왕穆王의 증손자. 자는 자하子瑕. 초 영왕靈王의 상대부. 초 평왕平王 즉위 후 좌윤에 임명됨. 영윤 투성연鬪成然이 비무극費無極에 의해 참소당해 죽은 후 영윤에 임명됨. 세자 건建의 모후를 공격할 때 대장 직을 수행함. 제69회. 제70회. 제73회.

- **양구거**梁邱據 | 제齊 경공景公의 간신. 궁궐 안에서는 경공에게 아첨하며 그 총애를 더욱 단단하게 다졌고 궁궐 밖에서는 삼걸三傑(고야자, 전개강, 공

손첩)과 교분을 맺고 자신의 패거리를 늘려나감. 제 경공의 명령을 전달하고 장가莊賈를 구하려고 군영 내에서 수레를 치달리다가 전양저에게 엄벌을 받음. 제71회.

● **양군**襄君 │ 양윤襄尹. 제齊 장공莊公의 용작勇爵. 제 장공이 시해된 후 자결함. 제63회. 제65회.

● **양단화**楊端和 │ 진왕秦王 정政의 장수. 장안군長安君 성교成嶠를 설득하여 항복하게 함. 왕전과 함께 조趙나라 장수 조총과 안취를 공격하여 상산常山 땅을 빼앗고 계속 전진하여 한단을 포위해 조왕趙王 천遷의 항복을 받음. 제103회. 제104회. 제105회. 제106회.

● **양려**陽厲 │ 편작扁鵲의 제자. 제32회.

● **양로**襄老 │ 초나라 연윤連尹. 초 장왕莊王이 진陳나라에서 잡아온 하희夏姬를 그에게 하사함. 진晉나라와의 싸움에서 전사. 제53회. 제54회.

● **양병**梁丙 │ 진晉 소공昭公의 장수. 평구平邱 회맹에서 군사를 거느리고 위력을 과시함. 제70회.

● **양부인**襄夫人 │ → 목영穆嬴

● **양부인**襄夫人 │ → 왕희王姬

● **양설돌**羊舌突 │ 진晉 문공文公의 장수. 성복 전투 참전. 제40회.

● **양설숙호**羊舌叔虎 │ 양설호羊舌虎. 양설직의 서자. 양설적과 양설힐의 이복동생. 진晉 평공平公의 대부. 양설호의 모친은 양설직 본처의 시녀. 난영欒盈과 마치 동성애 부부처럼 각별하게 지냄. 난영의 파당이 제거되는 과정에서 사로잡혀 처형됨. 제62회. 제63회.

● **양설식아**羊舌食我 │ 기씨祁氏의 파당. 억울하게 감금된 기영祁盈을 위해 기승祁勝을 죽임. 이 사실을 안 진晉 경공頃公에 의해 기씨와 함께 멸문지화를

당함. 제71회.

◉ **양설적**羊舌赤 | 자는 백화伯華. 양설직의 아들. 양설숙호의 이복형. 기해祁奚의 천거로 부위副尉가 됨. 난영欒盈의 파당을 제거하는 과정에서 순오에게 체포되었다가 기해의 노력으로 풀려남. 제60회. 제63회. 제64회.

◉ **양설직**羊舌職(?~기원전 570) | 진晉 문공文公, 경공景公의 대부. 도공悼公의 중군 부위副尉. 진晉 문공이 망명을 끝내고 귀국할 때 내부에서 호응함. 사람의 마음을 읽고 도적을 잡는 극옹의 죽음을 예측함. 사회士會를 진晉 경공에게 천거하여 백성을 교화하게 함. 제36회. 제55회. 제56회. 제59회. 제60회.

◉ **양설호**羊舌虎 | → 양설숙호羊舌叔虎

◉ **양설힐**羊舌肸 | 자는 숙향叔向. 양설직의 아들이자 양설적의 동생. 양설숙호의 이복형. 진晉 도공悼公의 대부. 난영欒盈의 파당을 제거하는 과정에서 순오에게 체포되었다가 기해의 노력으로 풀려남. 박학다식한 지식으로 외교 업무와 내치 확립에 큰 공을 세움. 제60회. 제61회. 제63회. 제64회. 제66회. 제68회. 제70회. 제71회.

◉ **양소**良霄(?~기원전 543) | 공손거질公孫去疾의 손자. 자는 백유伯有. 정鄭나라 대부. 술을 좋아해서 흔히 밤을 새워 마셨고, 집 안에 토굴을 파고 그곳에 들어가 끝없이 마심. 공손흑公孫黑, 인단印段, 사대駟帶 등의 공격을 받고 피살됨. 제67회.

◉ **양손**楊孫 | 진秦 목공穆公의 장수. 정나라로 파견되어 북문을 지키다가 진秦나라의 침략 야욕이 탄로 나자 송나라로 달아남. 제43회. 제44회.

◉ **양씨**梁氏 | 노魯 장공莊公의 대부. 장공의 세자 공자 반般이 양씨의 딸을 좋아했음. 어인御人 낙犖이 양씨의 딸을 희롱하다가 이를 본 공자 반에게

채찍 300대를 맞음. 제22회.

● **양영보**梁嬰父 | 진晉 경공頃公 때 순역의 총신. 경卿의 지위에 오르려고 순인을 축출한 뒤 그의 자리를 대신 차지하려 함. 그러나 조앙의 모사 동안우의 반대로 실패함. 이에 동안우를 모함하여 자결케 함. 제79회.

● **양영종**陽令終 | 진陳나라에서 초나라로 온 망명객. 비무극의 간계로 낭와의 공격을 받고 죽음. 제74회.

● **양오**梁五 | 진晉 헌공獻公의 총신. 동관오東關五와 더불어 이오二五로 칭해짐. 헌공에게 아첨하여 총애를 얻음. 여희驪姬와 작당하여 동관오, 우시優施와 함께 세자 신생申生을 모함하여 죽임. 여희의 아들 해제奚齊를 세자로 세우고 전횡을 일삼다가 공자 중이를 추종하는 신료들의 반격 때 이극의 칼을 맞고 죽음. 제20회. 제25회. 제27회. 제28회.

● **양완**陽完 | 진陳나라에서 초나라로 온 망명객. 비무극의 간계로 낭와의 공격을 받고 죽음. 제74회.

● **양월**陽越 | 노魯나라 양호陽虎의 사촌 동생. 양호의 반란 때 계손사를 뒤쫓아가서 맹손씨 집을 공격하다 화살에 맞아 죽음. 제78회.

● **양유기**養繇基 | 초 장왕莊王 장수 악백樂伯 휘하의 신궁. 흔히 신전神箭 양숙養叔이라 함. 활쏘기 내기로 반란군 수괴 투월초를 죽임. 그 공로로 초 장왕의 거우車右가 되었다가 나중에 우광右廣 대장에 임명됨. 눈에 위기魏錡의 화살을 맞은 초 공왕共王이 위험한 상황에 처했을 때 진晉나라 장수 위기를 활로 쏘아 죽임. 오吳나라 정벌에 나서 노익장을 과시하며 용감하게 싸우다가 굴호용의 부하들이 쏜 수많은 화살을 맞고 전사함. 제51회. 제53회. 제58회. 제59회. 제61회. 제66회.

● **양유미**梁繇靡 | 진晉나라 대부. 공자 중이(진晉 문공) 대신 이오夷吾(진晉 혜

공)를 보위에 천거함. 한원 전투의 책임을 경정慶鄭에게 덮어씌워 죽임. 진 혜공 사후 진 문공이 귀국하여 즉위하는 과정에서 문공에게 투항함. 제 28회. 제30회. 제31회. 제36회. 제37회.

◉ **양익이**梁益耳(?~기원전 618) | 진晉 양공, 영공靈公의 장수. 선극과 조돈 때 문에 병권을 빼앗기자 사곡, 기정보, 선도 등과 조돈을 죽이려 하다가 실 패하여 처형됨. 제47회. 제48회.

◉ **양자**梁子 | 노魯 환공桓公의 장수. 노魯 장공莊公의 우군장. 송나라와의 전 투에서 맹획을 사로잡음. 공자 규糾를 제나라로 환송하는 책임을 맡음. 나 중에 제나라와의 전투에서 영속甯越에게 사로잡혀 참수됨. 제11회. 제15회.

◉ **양저**穰苴 | → 전양저田穰苴

◉ **양지**良止 | 정나라 양소良霄의 아들. 공손교에 의해 부친의 제사를 받들도 록 허락됨. 제67회.

◉ **양처보**陽處父(?~기원전 621) | 진晉 문공文公의 대부. 진晉 양공襄公의 태부. 효산崤山 전투에 참전하여 승리를 거둠. 치수泚水에서 초나라 장수 투발鬪勃 과 대치하던 중 기지를 써서 서로 싸우지 않고 퇴각함. 조돈의 편을 들다 가 호국거狐鞫居에 의해 살해됨. 제44회. 제45회. 제46회. 제47회.

◉ **양천군**陽泉君 | 진秦 소양왕昭襄王 부인의 동생. 여불위의 말을 듣고 소양 왕의 부인에게 조趙나라에 인질로 가 있는 왕손 이인異人을 귀국시키게 함. 나중에 이인은 여불위의 계책으로 조나라를 탈출함. 제99회.

◉ **양타**陽佗 | 진陳나라에서 초나라로 온 망명객. 비무극의 간계로 낭와의 공 격을 받고 죽음. 제74회.

◉ **양필**陽筆 | 진晉 평공平公의 대부. 난영欒盈을 국외로 추방하고 연도 내내 난씨欒氏의 죄상을 알림. 제62회. 제63회.

● **양호**陽虎 │ 양화陽貨라고도 함. 노魯나라 계손씨 가문의 가재家宰. 포악한 권력자. 자신의 주인인 계손사를 죽이고 노魯나라 권력을 장악하려다 패배하여 제나라를 거쳐 송나라로 달아남. 송나라에서는 그를 광匡 땅에 거주하게 함. 광 땅에서도 학정을 펼치다 광 땅 사람들이 죽이려 하자 진晉나라로 도망가서 조앙의 신하가 됨. 제78회.

● **양홍**梁弘 │ 양유미梁繇靡의 아들. 진晉 양공襄公, 영공靈公의 장수. 효산 전투에서 진秦나라 군사를 격파함. 선도, 사곡 등이 조돈을 죽이려 한다는 사실을 미리 알아채고 유변臾駢에게 알렸고 유변은 조돈에게 알려서 대비하게 함. 제45회. 제48회.

● **양후**穰侯 │ 위염魏冉. 진秦나라 승상. 소양왕昭襄王의 외숙外叔. 소양왕의 모친 선태후宣太后의 이부동모異父同母 동생. 초나라 검중黔中을 함락시킴. 호상胡傷이 빼앗은 남양군南陽郡을 봉토로 받고 양후로 불림. 제96회. 제97회.

● **어공**圉公 **양**陽 │ 백공白公 승勝이 고부高府에 유폐한 혜왕惠王을 구출하여 월희越姬의 궁전에 숨김. 제83회.

● **어대부**漁大夫 │ 장강長江에서 오자서를 고깃배에 태워 강을 건너게 해준 어부 노인漁丈人의 아들. 오자서가 정나라를 포위하자 오자서에게 와서 자신의 부친 이야기를 함. 오자서는 그 말을 듣고 포위를 풀고 돌아감. 정 정공定公은 어부 노인의 아들을 대부에 봉하고 봉토를 하사함. 제77회.

● **어부**魚府 │ 송宋 대부. 화원華元과 불화하여 초나라로 망명. 초가 점령한 송나라 팽성을 지키다가 진晉 난염과 순언에 사로잡혀 처형됨. 제59회. 제60회.

● **어석**魚石 │ 송宋 대부. 화원과 불화하여 초나라로 망명. 초가 점령한 송나라 팽성을 지키다가 진晉 한궐에게 사로잡힘. 제59회. 제60회.

● **어손**御孫 | 노魯 장공莊公의 대부. 노 장공이 자신의 부친을 죽인 제齊 양공의 딸을 정실부인으로 맞아오려 하자 그 불가함에 대해 간언을 올림. 그러나 노 장공은 성대한 예의를 갖춰 제 양공의 딸 애강哀姜을 맞아옴. 제19회.

● **어옹**漁翁 | 어장인漁丈人. 장강長江 가에서 오자서가 강을 건널 수 있게 해주고 자결함. 제72회. 제73회.

● **어인**圉人 **낙**犖 | 노魯 장공의 어인圉人. 엄청난 괴력을 지닌 역사力士. 공자 반般과 양씨梁氏의 딸을 두고 다투다 채찍 300대를 맞고 앙심을 품었고, 나중에 공자 반을 죽임. 제22회.

● **언장사**鄢將師 | 비무극에 의해 추천된 간신. 초 평왕平王이 우령右領에 임명함. 오상伍尙과 오자서伍子胥 형제를 유인하여 죽이기 위해 두 형제의 부친 오사伍奢의 편지를 가지고 당읍棠邑으로 갔으나 오상만 소환에 응하고 오자서는 도망침. 초 소왕昭王 즉위 후 우윤에 임명됨. 영윤 낭와囊瓦와 좌윤 백극완伯郤宛을 이간시킨 뒤 나중에 죄상이 탄로 나서 낭와에 의해 참수됨. 제70회. 제71회. 제72회. 제73회. 제74회.

● **엄식**奄息 | 진秦 목공穆公의 현신. 목공 사후 순장됨. 삼량三良. 제47회.

● **엄여**掩餘 | 오왕 요僚의 동생. 병권을 장악함. 공자 광光(오왕 합려闔閭)이 오왕 요僚를 시해하자 서徐나라로 도피. 다시 초楚나라로 도망갔다가 손무孫武의 공격을 받고 피살됨. 제73회. 제75회.

● **엄중자**嚴仲子 | 엄수嚴遂. 한韓나라 상국 협누俠累의 의형제. 협누가 자신을 박대하자 협객 섭정聶政을 고용하여 협누를 살해함. 제86회.

● **여구검**閭丘儉 | 제齊나라 한섭韓聶의 부하 장수. 한섭의 지시로 송宋 강왕康王에게 싸움을 걸고 패배한 척 유인함. 제94회.

● **여구명**呂丘明 ┃ 제齊 간공簡公의 부장. 애릉艾陵 전투에서 오나라와의 전투 시 노魯나라 장수 숙손주구叔孫州仇에게 사로잡혀 참수됨. 제81회. 제82회.

● **여구영**閭邱嬰 ┃ 제齊 경공景公의 장수. 고수高竪를 토벌하러 갔다가 고씨의 후사를 세워달라는 고수의 하소연을 듣고 그 사실을 제 경공에게 알림. 제 경공은 고연高郾을 후사로 세워 고혜高傒의 제사를 받들게 함. 이 일로 인해 여구영은 고채高蠆의 참소를 받아서 죽음. 제67회.

● **여규**厲嬀 ┃ 위衛 장공莊公의 둘째 부인. 대규戴嬀의 언니. 진陳나라 제후의 딸. 제5회.

● **여미**黎彌 ┃ 제齊 경공景公 때의 대부. 노魯나라 공자孔子와 함께 제나라 대표로 협곡夾谷 회맹에 참석. 군사와 광대를 동원해 노魯 정공定公을 욕보이려다가 공자의 적절한 대처로 모두 실패함. 노 정공에게 미인계로 여악女樂을 바쳐 공자를 추방하게 함. 제78회. 제79회.

● **여불위**呂不韋(?~기원전 235) ┃ 조趙나라 양적陽翟 출신 상인. 조나라에 인질로 와 있던 진秦나라 이인異人을 화양부인華陽夫人의 양자로 들여 안국군安國君의 세자가 되게 함. 또 자신의 씨를 임신한 애첩 조희趙姬를 이인에게 바쳐 진왕秦王 정政(진시황秦始皇)을 낳게 함. 진왕 정이 보위에 오른 뒤 진나라 승상이 되었다가 조희와의 사통이 발각되어 자결함. 제99회. 제100회. 제101회. 제102회. 제103회. 제104회.

● **여비공**黎比公 ┃ 거莒나라 군주. 제齊 장공莊公의 장수 기양杞梁을 죽이고 화주華周에게 중상을 입혔다가 제 장공의 공격을 받고 조공을 바치기로 약속하고 강화講和함. 제64회. 제65회.

● **여생**呂省 ┃ → 여이생呂飴甥

● **여씨**呂氏 ┃ 조曹 공공共公 대부 희부기僖負羈의 처. 남편 희부기에게 망명

중이던 진晉 공자 중이를 환대하게 함. 나중에 전힐顚頡의 방화로 집이 화염에 휩싸였을 때 다섯 살 된 아들 희록僖祿을 안고 후원 연못에 들어가서서 후손을 보존함. 제35회.

◉ **여왕**厲王(?~기원전 828) | 성명 희호姬胡. 폭정과 전쟁을 일삼다가 쫓겨나서 체彘 땅에서 죽음. 제1회.

◉ **여이생**呂飴甥 | 진晉 공자 이오夷吾(진晉 혜공)의 중신. 자는 자금子金. 『사기史記』에서는 여생呂省, 『좌전左傳』에서는 여생呂甥으로 쓰고 있음. 극예와 함께 진 혜공을 위해 심신을 바침. 진 문공을 축출하기 위해 반란을 일으켰다가 진秦나라의 유인책에 걸려 참수됨. 제20회. 제27회. 제28회. 제29회. 제31회. 제35회. 제36회. 제37회.

◉ **여장**呂章 | 신후申侯의 대부. 신후에게 서융西戎과 힘을 합쳐 주周 유왕幽王을 정벌하게 함. 제3회.

◉ **여희**如姬 | 위魏 안리왕安釐王의 부인. 후영侯嬴의 계책에 따라 안리왕의 병부兵符를 훔쳐 신릉군信陵君에게 주고 진秦나라 군사를 물리치게 함. 제100회. 제101회.

◉ **여희**驪姬(?~기원전 651) | 여융驪戎 군주의 딸. 진晉 헌공獻公이 여융을 정벌하자 여융의 군주가 두 딸 여희驪姬와 소희少姬를 진晉 헌공에 바침. 헌공과의 사이에 아들 해제奚齊를 둠. 아들 해제를 세자로 삼기 위해 간계로 진晉 세자 신생申生을 죽이고 공자 중이重耳 등 여러 공자를 축출함. 이후 이극과 비정보가 공자 중이를 위해 반란을 일으키자 여희는 궁궐 연못에 뛰어들어 자살함. 제20회. 제25회. 제27회.

◉ **역아**易牙 | 옹무雍巫. 제齊 환공桓公의 심복 요리사. 제 환공이 사람 고기를 먹어보지 못했다고 하자 자신의 아들을 죽인 뒤 그 고기를 요리하여 환

공에게 바침. 수초豎貂, 개방開方과 함께 제 환공의 간신. 제 환공이 죽은 후 공자 무휴無虧를 보위에 올리는 과정에서 환공의 시신을 두 달 이상 궁중에 방치함. 공자 소昭가 보위에 오르자 노魯나라로 망명. 초나라에서 제나라 양곡陽穀 땅을 빼앗아 제 환공의 아들 옹雍을 봉한 뒤 역아를 불러와 옹을 보좌하게 함. 제17회. 제18회. 제29회. 제30회. 제31회. 제32회. 제33회. 제40회.

● **연**衍 │ 진晉 문공文公의 수행 의원. 위衛 성공成公을 독살하라는 명령을 받았으나 영유甯俞의 충성심에 감동하여 위 성공의 석방과 귀국에 힘을 보탬. 제43회.

● **연**燕 **무성왕**武成王(?~기원전 258) │ 연燕 혜왕惠王의 아들. 어떤 경로로 보위에 올랐는지 자세히 서술되어 있지 않음. 제101회.

● **연**燕 **문공**文公(?~기원전 333) │ 소진蘇秦을 등용하여 합종책을 시행함. 조趙, 제齊, 초楚, 위魏, 한韓과 원수洹水에서 회맹하고 합종책에 참여함. 제90회.

● **연**燕 **소왕**昭王(기원전 335~기원전 279) │ 공자 평平. 연왕燕王 쾌噲의 세자. 연왕 쾌는 세자 평을 폐하고 상국 자지에게 보위를 양위함. 자지가 제나라 군사의 포로가 되어 처형된 뒤 보위에 오름. 역수易水 가에 초현대招賢臺를 짓고 악의樂毅, 추연鄒衍 등 어진 인재를 초빙하여 국력을 키운 후 제나라를 망국지경으로 몰아넣음. 신선술을 좋아해 단약을 과용하다 약물에 중독되어 세상을 떠남. 제91회. 제92회. 제95회. 제101회.

● **연**燕 **역왕**易王(?~기원전 321) │ 연燕 문공文公의 아들. 소진을 상국으로 대우함. 연 문공의 국상 기간에 제齊 선왕宣王이 연나라 성 10곳을 탈취했다가 소진의 유세를 듣고 다시 돌려줌. 연나라에서 처음으로 왕을 칭함. 제90회. 제91회.

● **연燕 장공莊公**(?~기원전 658) | 연燕 환후桓侯의 아들. 산융山戎이 연나라를 침략하자 제齊 환공桓公에게 구원을 요청. 제 환공의 도움으로 산융의 침략을 격퇴하고 고죽국孤竹國까지 멸망시킴. 제 환공이 새로운 영토를 모두 연나라에 귀속시켰고 이때부터 연나라는 춘추전국시대 강국으로 군림함. 제21회.

● **연燕 혜왕惠王**(?~기원전 271) | 연燕 소왕昭王의 세자로 이름은 알려져 있지 않음. 악자樂資는 『사기색은史記索隱』에 나오는 주석가注釋家의 이름인데, 이 소설의 원저자가 잘못 인식한 것임. 연 소왕의 세자는 연 혜왕惠王으로 즉위 7년 만에 연나라 상국 성안군成安君 공손조公孫操에 의해 시해됨. 제95회. 제101회.

● **연燕 효왕孝王**(?~기원전 255) | 연燕 무성왕武成王의 아들. 재위 3년 만에 죽고 태자 희喜가 보위를 이음. 제101회.

● **연길燕姞** | 남연南燕 길씨姞氏의 딸. 공자 난蘭의 모친. 백조伯鯈로부터 난초를 받는 꿈을 꾼 뒤 정 문공文公의 승은을 입고 난蘭(정 목공)을 낳음. 뒷날 난의 일곱 아들은 모두 정나라의 유력한 가문을 형성함. 제24회.

● **연비連妃** | → 연씨連氏

● **연씨連氏** | 제齊 양공襄公의 측실. 대부 연칭連稱의 사촌 여동생. 연칭과 모의하여 제 양공을 시해하는 역모에 가담함. 연칭과 관지보가 제 양공을 시해하고 공손무지를 보위에 올린 뒤 연씨를 정실부인으로 삼게 함. 공손무지가 옹늠雍廩에게 시해된 후 연씨는 스스로 목을 매어 자결함. 제13회.

● **연왕燕王 쾌噲**(?~기원전 314) | 연燕 역왕易王의 아들. 주색에 빠져 쾌락만 탐하고 정사를 돌보지 않음. 세자 평平을 폐하고 상국 자지에게 보위를 선양하여 연나라를 혼란에 빠뜨림. 혼란을 틈타 제나라가 연나라를 공격하

여 종묘사직을 불태우고 국토의 반을 강탈함. 결국 연왕 쾌는 자결함. 제 90회. 제91회.

◉ **연왕**燕王 **희**喜 │ 연燕 효왕孝王의 태자. 연나라 마지막 임금. 연왕 희의 아들이 태자 단丹. 태자 단의 진왕秦王 암살 계획이 실패한 후 진秦나라의 공격을 받자 태자 단의 머리를 베어 진나라에 바침. 이후 요동遼東에 마지막 근거지를 마련했다가 진나라 장수 왕분에게 포로로 잡혀갔고 연나라는 멸망함. 제101회. 제107회. 제108회.

◉ **연인**涓人 **주**疇 │ 초 영왕靈王의 궁궐 문을 지키던 관리. 들판에서 만난 초 영왕을 버리고 도망침. 제70회.

◉ **연지**連摯 │ 제 환공桓公의 아장牙將. 산융山戎과 고죽국孤竹國 정벌에서 전공을 세움. 제21회.

◉ **연칭**連稱 │ 제 양공襄公의 장수. 관지보와 함께 규구葵邱 땅 수비를 위해 파견됨. 다음 해 참외를 먹을 때 다른 사람과 교대해주기로 한 약속을 제 양공이 지키지 않자 연칭과 관지보는 앙심을 품고 제 양공을 시해하고 공손무지를 보위에 올림. 연칭은 자신의 사촌 누이동생 연비連妃를 공손무지의 정실부인으로 들임. 훗날 고혜, 옹늠 등에게 주살당함. 제13회. 제14회. 제15회.

◉ **연희**燕姬 │ 진秦 소양왕昭襄王의 총비寵妃. 맹상군이 준 백호구白狐裘를 받고 소양왕에게 맹상군을 풀어주게 함. 제93회.

◉ **염구**冉求(기원전 522~기원전 489) │ 자는 자유子有. 염유冉有. 공자孔子의 제자. 공자의 천거로 계손씨의 가신家臣이 됨. 제78회. 제79회.

◉ **염오**閻敖 │ 초 문왕文王의 장수. 파巴나라에 패한 후 수챗구멍으로 도주했다가 초 문왕에게 주살당함. 이 일을 계기로 염씨 일가는 파나라에 투항

하여 초 문왕에게 큰 타격을 입힘. 제19회.

- **염직**閻職 | 제 의공懿公의 대부. 아내를 제 의공에게 뺏긴 후 병촉邴歜과 함께 신지申池에서 제 의공을 시해함. 제49회.

- **염파**廉頗(?~기원전 250) | 조趙 혜왕惠王의 명장. 인상여藺相如와 경쟁하다가 화해를 하고 문경지교刎頸之交를 맺음. 평원군 조승이 세상을 떠난 후 상국에 임명되고 신평군信平君에 봉해짐. 전투마다 수많은 전공을 세웠으나 곽개의 참소로 대장 직에서 해임된 후 위魏나라로 망명하여 객장客將이 됨. 위나라에서도 뜻을 얻지 못하고 다시 초나라로 갔는데 그곳에서도 우울한 생활을 하다 병사함. 제95회. 제96회. 제98회. 제99회. 제101회. 제102회. 제105회.

- **영**寧 | 초나라 영윤 자서子西의 아들. 초 혜왕惠王이 복위된 후 부친의 영윤 직위를 계승함. 제83회.

- **영**逞 | 심沈나라 군주. 오왕 요僚의 군대에 사로잡혀 참수됨. 제73회.

- **영계**嬴季 | 기후紀侯의 아우. 제 양공의 공격으로 나라가 망하자 기후는 나라를 아우 영계에게 넘기고 종적을 감춤. 영계는 제 양공의 공격을 견디지 못하고 결국 항복함. 제11회. 제14회.

- **영고**靈皐 | 진晉나라 경양梗陽의 무당. 순언의 꿈을 해몽하면서 그의 죽음과 몰락을 예언함. 제62회.

- **영고부**靈姑浮 | 월왕 구천의 선봉장. 취리檇李 싸움에서 월越나라를 침공한 오왕 합려의 오른쪽 엄지발가락을 자름. 나중에 오왕 부차와의 전투에서 배가 뒤집혀 죽음. 제79회.

- **영고숙**潁考叔 | 정나라 효자. 정 장공莊公의 장수. 영곡潁谷 대부. 정 장공은 태숙 단段의 반란을 조장한 모후 무강과 황천에 갈 때까지 만나지 않겠

다고 맹세함. 효자 영고숙이 정 장공과 무강 모자를 화해시키고 곡유曲洧
의 지하에 방을 마련한 뒤 모자 상봉을 주선함. 이후 영고숙은 허許나라를
공격하던 도중 그의 용력을 시기한 공손알公孫闕의 화살을 맞고 억울하게
죽음. 제4회. 제5회. 제6회. 제7회.

● **영궤**甯跪 │ 위衛나라 대부. 위衛 혜공惠公을 축출하고 공자 검모黔牟를 보위
에 올렸다가 제齊 양공襄公이 이끄는 제후 연합군의 반격을 받고 진秦나라
로 망명함. 제12회. 제14회.

● **영규**嬴樛 │ 진秦 소양왕昭襄王의 장수. 주周나라를 멸망시키고 난왕의 항복
을 받음. 구정九鼎을 진秦나라로 옮김. 꿈속에서 주 무왕에게 채찍 300대를
맞고 상처가 나서 죽음. 제101회.

● **영나**嬴拿 │ 거莒나라 군주의 아우. 노魯나라와의 전투에서 공자 계우에 패
하여 죽음. 제22회.

● **영상**嬴爽 │ 서徐나라 대장. 제나라 장수 전개강에게 패배하고 피살됨. 제
71회.

● **영상**寧相 │ 위衛 목공穆公 장수. 신축新築 전투에서 상금向禽과 함께 위기에
빠진 손양부孫良夫를 구조함. 제56회.

● **영속**寧速 │ 영장寧莊의 아들. 위衛 의공懿公의 대부. 북적北狄의 침입으로
위 의공이 전사하자 유민들을 이끌고 조읍漕邑에 새 도읍의 터전을 잡음.
대공戴公과 문공文公을 보위에 추대하여 나라를 안정시킴. 진晉 공자 중이
일행이 위나라를 지나갈 때 그들을 받아들여 환대하고자 했으나 문공이
듣지 않음. 이 일이 빌미가 되어 훗날 진晉 문공의 정벌을 받음. 제22회. 제
23회. 제24회. 제31회. 제32회.

● **영숙**榮叔 │ 주周 장왕莊王의 대부. 제13회.

● **영식**寗殖(?~기원전 553) | 위衛 헌공獻公의 아경亞卿. 위 헌공이 손임보와 영식에게 한 점심 식사 약속을 어기자 이 일로 헌공에게 원한을 품음. 손임보와 영식은 헌공을 축출하고 공손표公孫剽(위衛 상공)를 보위에 올림. 영식은 이 일을 후회하고 아들 영희寗喜에게 헌공을 복위시키라고 당부함. 제61회. 제62회. 제65회.

● **영아**嬰兒 | 노潞나라 마지막 군주. 성격이 유약하여 재상 풍서酆舒가 권력을 전횡함. 진晉나라의 침략으로 나라가 망한 후 스스로 칼로 목을 찔러 자결함. 제55회.

● **영월**寗越 | 제齊 환공桓公의 장수. 대사전大司田. 노魯나라와의 전투에서 양자梁子를 사로잡아 참수함. 제15회. 제16회.

● **영유**寗俞 | 위衛나라 대부. 영속寗速의 아들. 위衛 성공成公이 축출될 때 함께 나가 위 성공을 보호하며 복위에 헌신함. 성공을 해치러 온 연衍 의원을 설득하여 성공의 귀국을 돕게 함. 주천周歂, 야근冶廑과 공모하여 새로 보위에 오른 공자 하瑕를 죽이고 성공을 복위시킴. 제39회. 제40회. 제41회. 제42회. 제43회.

● **영익**寗翊 | 위후衛侯 주우州吁의 신하. 정나라 정벌 때 송나라에 사신으로 파견되어 송 상공殤公의 지원을 얻어냄. 제5회.

● **영정**嬴政 | → 진시황秦始皇

● **영제**嬰齊 | 등滕나라 군주. 송宋 양공襄公과의 회맹에 늦게 도착하여 감금됨. 이틀 늦게 도착한 증鄫나라 군주가 처형되는 것을 보고 막대한 뇌물을 써서 풀려남. 제33회.

● **영척**寗戚 | 제齊 환공桓公의 대부. 본래 위衛나라 사람으로 시골에서 소를 먹이다가寗戚飯牛 관중의 눈에 띄어 제 환공에게 추천됨. 대사전大司田을 역

임하면서 관중, 포숙아와 함께 제 환공을 보필하여 패자霸者의 지위에 오르게 함. 제18회. 제19회. 제20회. 제29회.

● **영첩**嬴詹 | 진秦 경공景公의 장수. 진 경공의 명령으로 병거 300승을 이끌고 진晉에 대항하는 초나라를 도와줌. 병거 400승을 이끌고 진나라의 공격을 막아내고 장수 난겸을 죽임. 제61회.

● **영첩**靈輒 | 굶주려 죽어가다가 조돈이 준 음식을 먹고 목숨을 건짐. 허기진 상황에서도 모친에게 밥을 가져다 드리기 위해 자신의 밥을 반이나 덜어서 싼 효자. 진晉나라 궁궐 무사로 근무하다가 조돈이 도안고의 계략에 걸려 공격을 받고 있는 것을 보고 구해줌. 제50회.

● **영희**寧喜 | 영식寧殖의 아들. 부친 영식이 위衛 헌공獻公을 축출한 것을 후회하여 임종 때 아들 영희에게 헌공 복위를 당부함. 이후 영희는 위 상공殤公을 시해하고 헌공을 복위시킴. 헌공 복위 후 전횡을 일삼다가 공손면여에게 살해됨. 제65회. 제66회.

● **예공**禮孔 | 위衛 의공懿公의 태사太史. 북적北狄의 침입 때 위 의공을 수행하여 싸우다가 의공이 전사하자 도성으로 귀환하여 급보를 알리고 자결함. 제23회.

● **예양**豫讓 | 진晉 경공頃公 때 순인과 사길석의 파당. 순역의 아들 순갑(순신)의 포로가 됨. 순갑의 아들 순요(지요)가 부친에게 청하여 예양의 목숨을 구해주자 예양은 지씨智氏의 심복 가신이 됨. 지요가 조무휼에게 참수당한 후 지요의 복수를 위해 헌신했으나 결국 뜻을 이루지 못하고 잡혀 죽음. 제79회. 제84회.

● **예용**曳庸 | 월왕 구천의 행인行人. 월왕 구천이 오나라를 멸망시킨 후 늙음을 핑계로 벼슬에서 물러남. 제80회. 제83회.

● **오거**伍擧 | 초나라 영윤 공자 위圍(초 영왕靈王)의 심복. 오사吳奢가 그의 아들이고 오자서가 그의 손자임. 공자 위와 정나라 풍씨豐氏의 혼인을 성사시킴. 공자 위의 즉위를 장자의 자격에 의한 것이라고 합리화함. 공자 위가 보위에 오른 후 좌윤으로 임명됨. 오나라에 망명한 제나라 경봉을 잡아서 주살하게 함. 채蔡와 진陳을 정벌하여 복속시키게 함. 직간으로 초 영왕의 무도함을 바로잡으려 함. 제67회. 제68회. 제69회. 제70회.

● **오구비**吳句卑 | 초나라 대부 심윤수의 가신家臣. 심윤수가 오왕 합려의 본진에 패배하자 유언에 따라 그의 머리를 잘라 초 소왕에게 바침. 제76회.

● **오기**吳起(기원전 440~기원전 381) | 위衛나라 사람. 노魯나라로 가서 증삼曾參 문하에서 공부함. 모친의 장례에 참석하지 않아 파문됨. 이후 병법을 배움. 노魯나라 재상 공의휴公儀休가 노魯 목공穆公에게 제나라 공격을 막을 대장으로 오기를 추천. 노 목공은 오기가 제나라 전씨田氏 가문의 딸과 혼인했다 하여 대장으로 임명하기를 꺼림. 그러자 오기는 자신의 아내 전씨를 죽이고 대장에 임명됨. 제나라와의 싸움에서 승리한 후 전화田和의 뇌물을 받고 강화를 했다가 노魯나라에서 도망쳐 위나라로 감. 위 문후文侯에게 등용되어 서하西河를 지킴. 위 상국 전문田文과 공적을 다투다가 초나라로 달아남. 초 도왕悼王에 의해 상국으로 임명되어 개혁 정책을 펼치다가 도왕 사후 불만을 품은 왕실 친척들에 의해 살해됨. 제85회. 제86회.

● **오리**吾離 | 강융姜戎의 군주. 진秦나라를 침략했다가 건병, 백리시, 서걸술에게 패배하여 진晉나라로 도주함. 제26회.

● **오봉**伍封 | 오吳나라 재상 오자서의 아들. 오자서가 오나라의 망국을 예감하고 제齊나라로 데려감. 제나라 대부 포식鮑息에게 맡긴 후 이름을 왕손봉王孫封으로 부르게 함. 제82회.

● **오사**伍奢(?~기원전 522) ┃ 오거의 아들. 오상과 오자서의 부친. 초 평왕 즉위 후 연連 땅에 봉해져 연공連公으로 불림. 초 평왕의 세자 건建의 태사太師. 비무극의 참소로 세자 건과 함께 성보城父 땅으로 쫓겨 갔다가 다시 소환되어 주살됨. 제70회. 제71회. 제72회.

● **오상**伍尙(?~기원전 522) ┃ 오사의 아들. 초 평왕 즉위 후 당棠 땅에 봉해져 당군棠君으로 불림. 비무극의 계략으로 부친과 함께 죽임을 당함. 제70회. 제71회. 제72회.

● **오왕 부차**夫差(?~기원전 473) ┃ 오왕 합려의 손자. 세자 파波와 전비前妃 소생. 세자 파가 죽은 후 오자서의 도움으로 세손으로 옹립됨. 오왕 합려가 죽은 후 보위에 오름. 춘추오패의 한 명. 월왕 구천을 포로로 잡고, 제나라를 정벌하고, 진晉나라와 황지黃池에서 회맹하여 패주霸主로 추대됨. 그러나 월왕 구천을 죽이라는 오자서의 간언을 듣지 않고 백비伯嚭의 아첨만 신봉하며 월나라에서 바친 서시西施를 총애함. 결국 월왕 구천과의 마지막 전투에서 패배하고 나라가 망함. 양산陽山에서 월왕 구천에게 포위되어 자결함. 제79회. 제80회. 제81회. 제82회. 제83회.

● **오왕 요**僚(?~기원전 515) ┃ 오왕 이매夷昧의 아들. 이매의 동생 계찰季札이 계속 보위를 사양하여 이매의 아들 주우州于가 보위에 오름. 이 사람이 오왕 요僚임. 나중에 오왕 제번의 아들 공자 광(합려)에게 시해됨. 제71회. 제73회.

● **오왕 합려**闔閭(?~기원전 496) ┃ 공자 광光. 오왕 제번諸樊의 맏아들. 오왕 요僚를 시해하고 보위에 오름. 오자서를 등용하여 부국강병을 이룸. 월越나라 구천과의 전투에서 월나라 선봉장 영고부靈姑浮의 칼을 맞고 오른쪽 엄지발가락이 잘림. 이 부상이 악화되어 진중에서 세상을 떠남. 제70회. 제

71회. 제73회. 제74회. 제75회. 제76회. 제77회. 제78회. 제79회.

● **오왜**吳娃 │ 맹요孟姚. 금琴 연주에 뛰어나 조趙 무령왕武靈王의 후궁이 되었고 나중에 정실부인이 됨. 조 혜왕惠王의 모후. 제93회.

● **오운**伍員 │ → 오자서伍子胥

● **오자서**伍子胥(기원전 559~기원전 484) │ 오운伍員. 자는 자서子胥. 오사의 아들이자 오상의 동생. 부친과 형이 비무극의 참소로 참형을 당한 후 초나라를 탈출하여 송과 정을 거쳐 오나라로 망명. 오나라의 재상이 되어 오왕 부차를 패자霸者로 만듦. 나중에 오왕 부차에게 직간을 올리다 불화하여 부차가 내린 촉루검屬鏤劍으로 자결함. 제71회. 제72회. 제73회. 제74회. 제75회. 제76회. 제77회. 제78회. 제79회. 제80회. 제81회. 제82회. 제83회.

● **오장**鄔臧 │ 그의 아내가 기승과 간통하여 진晉나라에 평지풍파가 일어남. 이 일로 인해 기씨祁氏와 양설씨羊舌氏 집안이 멸문지화를 당함. 제71회.

● **오참**伍參 │ 초楚 장왕莊王의 총신. 오자서의 증조부. 필성 오산 대전 때 영윤 손숙오 등은 진晉과 싸움을 해서는 안 된다고 했지만 오참은 적극적으로 싸워야 한다고 주장함. 초 장왕은 오참의 계책으로 필성에서 대승을 거두고 천하의 패권을 잡음. 이 공로로 오참은 대부에 임명됨. 제53회.

● **오획**烏獲 │ 진秦나라 위앙의 용사. 맹분, 임비任鄙와 함께 진나라에서 용력으로 이름을 떨침. 위魏나라 하서河西 땅을 공격할 때 위앙衛鞅의 명령으로 유인해온 위나라 대장 공자 앙卬을 포박한 후, 공자 앙으로 위장하여 성안으로 진입함. 한韓나라를 공격하던 중 성가퀴에 깔려서 죽음. 제89회. 제92회.

● **온온**溫媼 │ 신후申后(주 유왕의 왕후)를 모시는 궁녀의 모친. 신후가 태자 의

구$_{宜臼}$에게 전하는 서찰을 휴대하고 가다가 포사$_{褒姒}$의 수하에게 발각되어 처형됨. 제2회.

◉ **올률고**$_{兀律古}$ | 고죽국$_{孤竹國}$ 군주 답리가$_{答里呵}$의 재상. 고죽국 도성이 함락된 후 답리가를 호위하여 도주하다가 제$_{齊}$ 환공$_{桓公}$의 군사에게 피살됨. 제21회.

◉ **옹규**$_{雍糾}$ | 송나라 사람으로 옹길$_{雍姞}$의 일족. 송 장공$_{莊公}$이 정나라 공자 돌$_{突}$(여공$_{厲公}$)을 보위에 올리기 위해 정나라 사신 채족$_{祭足}$을 위협하여 옹규를 데리고 가 정나라 대부로 임명하게 하고 채족의 사위로 삼게 함. 이후 채족을 살해하려는 정 여공의 음모에 가담했다가 채족에게 발각되어 참수당함. 제10회. 제11회.

◉ **옹길**$_{雍姞}$ | 송나라 여인. 정$_{鄭}$ 장공$_{莊公}$의 비첩. 공자 돌의 모친. 제10회.

◉ **옹늠**$_{雍廩}$ | 제나라 대부. 고혜와 함께 모의하여 공손무지를 시해하고 공자 소백$_{小白}$(제 환공)을 보위에 올림. 제11회. 제14회. 제15회.

◉ **옹무**$_{雍巫}$ | → 역아$_{易牙}$

◉ **옹서**$_{雍鉏}$ | 손양$_{孫襄}$ 저택의 가신. 손씨 댁을 지키다가 영희$_{寧喜}$의 공격을 받고 손양이 피살된 후 척읍$_{戚邑}$으로 달아남. 손괴$_{孫蒯}$와 함께 모씨$_{茅氏}$에서 제나라 용장 식작을 유인하여 죽임. 제65회. 제66회.

◉ **완사녀**$_{浣紗女}$ | 뇌수$_{瀨水}$에서 빨래하던 여인. 오자서에게 광주리 밥을 대접하고 자결함. 제73회.

◉ **완춘**$_{宛春}$ | 초$_{楚}$ 성왕$_{成王}$의 장수. 성복 전투 때 진$_{晉}$나라 군영에 사신으로 파견되었다가 감금됨. 제40회.

◉ **왕계**$_{王稽}$ | 진$_{秦}$ 소양왕$_{昭襄王}$의 알자$_{謁者}$. 정안평$_{鄭安平}$의 천거로 장록$_{張祿}$으로 개명한 범수$_{范雎}$를 진$_{秦}$나라로 데리고 감. 범수를 천거한 공로로 하동

태수河東太守가 됨. 위魏나라와 내통하다가 발각되어 주살됨. 제97회. 제98회. 제101회.

◉ **왕릉**王陵 | 진秦 소양왕昭襄王의 편장군偏將軍. 양곡楊谷을 막아 조趙나라 염파 진영의 식수를 끊게 했으나 염파가 미리 대비하여 실패함. 백기의 지시로 왕분과 함께 조나라 조괄의 군사를 유인하여 대파함. 10만 군사로 조나라 한단성을 포위했으나 염파의 기습으로 여러 번 패배함. 이 때문에 삭탈관직당한 후 왕흘과 교체됨. 제98회. 제99회.

◉ **왕분**王賁 | 왕전의 아들. 진秦 소양왕昭襄王, 장양왕莊襄王, 진왕秦王 정政의 장수. 연나라, 대代나라, 제나라를 멸망시켜 진왕 정(진시황秦始皇)의 천하 통일을 완성함. 제98회. 제103회. 제104회. 제107회. 제108회.

◉ **왕손 낙**駱 | 오왕 합려의 대부. 세자 파波를 위해 제齊나라에 청혼. 월왕 구천에게 패한 후 오왕 부차의 마지막을 수행함. 오왕 부차가 자결한 후 자신도 자결함. 제79회. 제82회. 제83회.

◉ **왕손 어**圉 | 초楚 소왕昭王의 장수. 오왕 합려의 공격 때 공자 결結과 함께 영도郢都 성안을 순시하며 경계함. 제76회.

◉ **왕손 웅**雄 | 오왕 부차의 대부. 월越나라 대부 문종文種을 볼모로 삼고 월나라로 가서 월왕 구천 부부의 오나라 행을 재촉함. 오왕 부차의 명으로 선왕 합려의 묘 곁에 석실을 짓고 월왕 구천을 거처하게 함. 관왜궁館娃宮 건축을 감독하여 완공시킴. 태재 백비伯嚭와 함께 오왕 부차의 연락宴樂을 함께함. 제79회. 제80회. 제81회.

◉ **왕손 유우**繇于 | 초 소왕昭王의 장수. 오왕 합려의 공격 때 공자 결結과 함께 영도 성안을 경계함. 초 소왕이 운중雲中에서 초적에게 약탈당할 때 자신의 몸으로 소왕을 보호하다가 초적의 창에 찔려 혼절함. 손숙오의 영혼

이 그를 구해주어 목숨을 건짐. 초 소왕이 복위한 후 우윤에 임명됨. 제 76회. 제77회.

● **왕손가**王孫賈 │ 제齊 민왕湣王의 왕족. 제 민왕이 초나라 대장 요치淖治에게 살해되었다는 소식을 듣고 용사 400여 명을 모집하여 요치를 잡아 죽이고 원수를 갚음. 거주莒州에서 세자 법장法章(양왕)을 보호하다가 전단田單이 연 나라 군사를 몰아낸 후 보위에 올림. 세자가 즉위하고 아경亞卿에 임명됨. 제95회.

● **왕손가**王孫嘉 │ 초楚 성왕成王의 장수. 자원子元이 정나라를 정벌할 때 후위 부대를 이끎. 제20회.

● **왕손만**王孫滿 │ 주周 양왕襄王의 손자. 나이는 어렸으나 총명함. 정나라를 정벌하러 가는 진秦나라 군사의 경박함을 보고 진秦나라의 패배를 예측함. 제44회.

● **왕손만**王孫滿 │ 주周 정왕定王의 대부. 낙양洛陽 근교에까지 당도한 초 장왕 이 주 정왕의 사신 왕손만에게 구정九鼎의 무게를 물어보자, 손만은 장왕 의 무례함을 사리에 근거하여 올바르게 타이름. 제51회.

● **왕손미용**王孫彌庸 │ 오吳나라 대부. 오왕 부차가 황지黃池로 회맹을 떠나면 서 세자 우友와 왕자 지地, 왕손미용을 시켜 나라를 지키게 함. 월왕 구천 의 대규모 침입 때 월나라 장수 설용에게 피살됨. 제82회.

● **왕손유**王孫游 │ 초楚 성왕成王의 장수. 자원子元이 정나라를 정벌할 때 후위 부대를 이끎. 제20회.

● **왕손휘**王孫揮 │ 제齊 장공莊公의 대장. 제 장공이 진晉나라 난영欒盈을 앞세 워 진晉을 정벌할 때 대장을 맡음. 제64회.

● **왕오**王敖 │ 진秦나라 울요尉繚의 제자. 진나라 유세객으로서 여러 나라를

다니며 열국의 합종책을 깨뜨리고 진나라를 위해 헌신함. 반간계로 조趙나라의 마지막 명장 이목을 죽임. 제105회. 제106회.

● **왕요**王姚 | → 요희姚姬

● **왕용**王容(?~기원전 260) | 조趙 효성왕孝成王의 장수. 진秦나라 백기의 군대에 포위되었다가 대장 조괄과 함께 포위망을 돌파하려다 전사함. 제98회.

● **왕의**王義 | 금활禽滑의 노복. 금활이 손빈을 탈출시키기 위해 왕의를 손빈으로 위장하게 하고 우물가에 머물게 함. 손빈이 제나라로 떠난 후 바로 순우곤의 대열에 합류함. 제88회.

● **왕자 개**匄 | → 주 경왕敬王

● **왕자 계**啓 | 초楚나라 백공白公 승勝이 혜왕惠王을 폐위하고 보위에 올리려 했으나 끝까지 거부하다 살해당함. 제83회.

● **왕자 고조**姑曹 | 오왕 부차의 하군下軍 대장. 월왕 구천의 2차 공격 때 전사함. 제82회.

● **왕자 극**克 | 주周 장왕莊王의 아우. 주공周公 흑견黑肩과 함께 장왕을 시해하고 정권을 장악하려 했으나 신백辛伯에게 발각되어 흑견은 주살되고 왕자 극은 추방되어 연나라로 망명함. 제13회.

● **왕자 당**黨 | 주周 양왕襄王의 대부. 진秦 목공穆公, 제齊 환공桓公의 군사와 함께 진晉 혜공惠公을 보위에 올림. 제28회.

● **왕자 대**帶(기원전 672~기원전 635) | 태숙太叔 대帶. 주周 혜왕惠王과 혜후惠后 사이에서 태어나 총애를 받음. 주 양왕襄王의 보위를 찬탈하려다 실패한 후 낙양 주변의 융족戎族을 부추겨 반란을 일으킴. 그러나 결국 패배하여 제나라로 망명. 혜후의 간청으로 귀국한 후 양왕의 왕비인 외후隗后와 사통하고 다시 반란을 일으켰다가 진晉나라 장수 위주魏犨에게 참수당함. 제

29회.

● **왕자 성보**成父(기원전 717~?) ｜ 본래 주周 환왕桓王의 둘째 아들이었으나, 주공周公 흑견黑肩과 왕자 극克의 반란을 피해 제나라로 망명하여 제 환공의 명장이 됨. 대사마大司馬 역임. 노魯나라와의 전투, 산융 및 고죽국과의 전투 등에서 수많은 전공을 세움. 제13회. 제15회. 제16회. 제18회. 제20회. 제21회.

● **왕자 조**朝(?~기원전 505) ｜ 주 경왕景王의 서자. 주 경왕이 서자 조를 총애하여 대부 빈맹賓孟에게 조朝를 세자로 세워달라고 부탁. 그러나 빈맹은 실행하기도 전에 피살됨. 윤문공尹文公 고固에 의해 경京 땅에서 보위에 추대되어 서왕西王으로 불림. 동왕과 서왕은 6년 동안 세력을 다툼. 진晉 대부 순역이 경왕을 성주成周로 맞아들이고 윤문공 고를 사로잡자 서자 조의 군대가 무너짐. 소장공召莊公 환奐의 아들 소은召隱은 군사를 돌려 서자 조를 공격했고 서자 조는 초나라로 달아남. 제73회.

● **왕자 지**地 ｜ 오나라 대부. 오왕 부차가 황지黃池로 회맹을 떠나면서 세자 우友와 왕자 지地, 왕손미용彌庸을 시켜 나라를 지키게 함. 월왕 구천의 대규모 침입을 오왕 부차에게 급히 알림. 제82회.

● **왕자 진**晉 ｜ 주周 영왕靈王의 태자. 생황을 잘 불었으며 17세에 이수伊水와 낙수洛水 사이에 놀러갔다 돌아와서 죽음. 사실은 백학을 타고 부구공浮丘公과 함께 숭산嵩山에서 신선이 되었다고 함. 제67회.

● **왕자 퇴**頹(기원전 696~기원전 673) ｜ 주周 장왕莊王과 요희姚姬 사이에서 태어난 왕자. 주 이왕釐王의 이복동생. 소를 매우 좋아함. 측근들과 함께 주 혜왕惠王을 추방하고 보위에 올랐으나 얼마 지나지 않아 정 여공의 지원을 업은 주 혜왕의 반격을 받고 사로잡혀 참수됨. 제19회. 제25회.

● **왕자 호**虎 | 주周 왕실의 하사下士. 주 혜왕이 죽은 후 태자 정鄭(양왕)을 보위에 올리기 위해 제 환공에게 파견되어 도움을 청함. 제 환공은 각국 제후에게 연락하여 회맹을 한 다음 주 왕실로 각국 대표를 파견하여 태자 정을 보위에 올리게 함. 천토踐土 회맹 때 주 양왕의 명령으로 진晉 문공文公을 맹주에 임명함. 제24회. 제41회. 제42회. 제44회.

● **왕자 호**狐 | 주周 평왕平王의 둘째 아들. 평왕의 맏아들 예보洩父가 태자로 책봉되었다가 일찍 죽자 둘째 아들 호狐가 태자가 됨. 정나라에 인질로 갔다가 평왕 사후 귀국함. 부왕의 죽음을 지나치게 슬퍼하다가 몸이 상해 보위에 오른 지 며칠 만에 세상을 떠남. 사후 형 예보의 아들 임林(환왕)이 보위에 오름. 소설의 서술에는 다소 착오가 있음. 제5회.

● **왕전**王翦 | 진秦 소양왕昭襄王, 장양왕莊襄王의 대장. 백기의 휘하에서 경기병 5000명을 거느리고 조趙나라 조괄의 군사를 대파함. 항복한 조나라 포로 40여만 명을 백기의 지시에 의해 학살함. 위남渭南을 침략한 조趙, 한韓, 위魏, 초楚, 연燕나라 연합군을 패퇴시킴. 장안군 성교와 번오기의 반란을 진압함. 연나라를 공격하여 도읍 계성薊城을 함락시킴. 연왕燕王 희喜는 요동遼東으로 도망감. 60만 대군을 이끌고 초나라를 멸망시킴. 제98회. 제99회. 제103회. 제104회. 제105회. 제106회. 제107회. 제108회.

● **왕착**王錯 | 위魏 혜왕의 상국. 방연龐涓을 추천함. 제87회.

● **왕촉**王蠋(?~기원전 284) | 제齊 민왕湣王의 태부. 제 민왕 말년의 폭정을 참지 못하고 은퇴함. 연나라 장군 악의樂毅에게 출사出仕 강요를 받자 나무에 목을 매고 자결함. 제94회. 제95회.

● **왕하**王何 | 제齊 장공莊公의 우반右班 용작龍爵. 최저의 변란 때 거莒나라로 망명. 노포계가 경사에게 요청하여 다시 불러들임. 상제嘗祭 때 노포계와

함께 경사를 죽이려 하다가 경사가 던진 술항아리에 맞고 즉사함. 제63회. 제65회. 제67회.

● **왕환**王驩 ┊ 제齊 선왕宣王의 측근 내시로 정사政事에 참여함. 아첨으로 총애를 얻어 현인의 충언을 가로막음. 제89회.

● **왕흑**王黑 ┊ 제齊 경공景公의 대부. 진씨陳氏와 포씨鮑氏를 도와 난씨欒氏와 고씨高氏를 공격하여 추방함. 제68회.

● **왕흘**王齕 ┊ 진秦 소양왕昭襄王, 장양왕莊襄王의 대장. 한韓나라 야왕野王과 상당上黨을 함락시킴. 금문산金門山 전투에서 조趙나라 명장 염파와 대치함. 이간책으로 염파를 물러나게 한 후 백기의 부장이 되어 조나라 조괄의 대군을 격파하고 포로 45만여 명을 학살함. 조나라 한단성을 포위했다가 군사 절반을 잃고 후퇴함. 소화산少華山 전투에서 위魏, 한韓, 연燕의 연합군을 이끈 신릉군에게 대패함. 한韓나라 공손영과의 싸움에서 전사함. 제98회. 제99회. 제100회. 제101회. 제102회.

● **왕희**王姬 ┊ 제齊 양공襄公의 정실부인. 제 양공이 이복 여동생 문강文姜과 사통하는 등 음란한 생활을 하자 혼인 후 1년 만에 울화병으로 세상을 떠남. 제13회. 제14회.

● **왕희**王姬 ┊ 제齊 환공桓公의 첫째 부인. 아들을 낳지 못하고 일찍 죽음. 제32회.

● **왕희**王姬 ┊ 양부인襄夫人. 송宋 양공襄公의 부인. 주周 양왕襄王의 누나. 송 성공成公의 모후. 송 소공昭公 저구杵臼의 할머니. 나이가 들어서도 음행을 즐김. 손자뻘인 공자 포鮑와 사통. 공자 포를 보위에 올리기 위해 물심양면으로 지원함. 제49회.

● **외후**隗后 ┊ 후숙외后叔隗. 적적赤翟나라 군주의 딸. 태숙 대帶와 사통함. 적나라

의 도움으로 태숙 대와 함께 잠시 주 왕실의 권좌를 차지했으나, 얼마 지나지 않아 진晉나라 군사의 공격을 받고 진나라 장수 위주魏犨에게 참수됨. 전숙외前叔隗는 진 문공에게 출가했다고 했으나 사실은 조최趙衰에게 출가했음. 제37회.

◉ **요구이**姚鉤耳 | 정鄭 성공成公의 대부. 진晉나라의 침략을 받고 초나라에게 구원병을 요청하자고 건의함. 제58회.

◉ **요이**要離 | 오왕 합려의 용사. 오자서의 추천으로 합려에게 고용됨. 자신의 가족을 모두 처형당하게 한 뒤 자신의 오른팔을 자르고 오왕 요僚의 아들 경기慶忌에게 가서 그를 칼로 찔러 죽임. 제74회. 제75회.

◉ **요조**繞朝 | 진秦 강공康公의 대부. 진 강공이 진晉나라 대부 수여壽餘의 말만 믿고 사회士會를 진晉으로 돌려보낼 때 그것이 불가한 일이라고 간언을 올렸으나 받아들여지지 않음. 제48회.

◉ **요치**淖治 | 초楚 경양왕頃襄王의 대장. 제나라를 구원하러 거주莒州로 가서 제 민왕에 의해 상국에 임명됨. 그러나 제 민왕을 산 채로 근육을 뽑아 죽임. 제95회.

◉ **요희**姚姬 | 왕요王姚. 주周 장왕莊王의 애첩. 왕자 퇴頹를 낳음. 제19회.

◉ **용가**龍賈 | 위魏 혜왕惠王의 대부. 진秦나라 상국 위앙의 공격을 받고 강화 사절로 파견됨. 다시 진秦나라 상국 공손연의 공격을 받고 포로가 됨. 제89회. 제90회.

◉ **우경**虞卿 | 조趙 혜왕惠王의 상경上卿. 불화를 겪고 있던 염파와 인상여를 화해시키고 문경지교刎頸之交를 맺게 함. 조 효성왕孝成王 즉위 후 상국에 임명됨. 곤경에 빠진 위제魏齊에게 도움을 주기 위해 상국 벼슬도 내놓고 위魏나라 신릉군에게 갔으나 신릉군이 받아들이지 않음. 위제가 자결하자 속

세를 버리고 백운산에 은거함. 제96회. 제98회.

● **우공자**右公子 **직**職(?~기원전 688) | 위衛 선공宣公의 신하. 위衛 혜공惠公(공자 삭朔)에게 살해당한 공자 급자急子와 공자 수壽의 원한을 갚으려고 좌공자左公子 예洩와 함께 혜공을 축출함. 나중에 혜공은 제齊 양공襄公 등 다섯 나라의 도움으로 다시 보위에 올랐고 이때 우공자 직은 제 양공에게 참수됨. 제12회. 제13회. 제14회.

● **우구**虞邱 | 침沈 땅의 고을 수령. 투월초가 반란을 일으켰다가 살해된 후 우구가 잠시 영윤이 되어 초나라 정사를 맡아봄. 중군 대장. 손숙오를 추천하여 초나라 영윤이 되게 함. 제51회. 제53회.

● **우랑**于郎 | 조曹 공공共公의 대부. 진晉 문공文公을 유인하여 죽이려다 실패함. 진晉나라 군사의 공격을 받던 중 전힐顚頡에게 살해됨. 제39회.

● **우맹**優孟 | 초楚 장왕莊王이 총애한 광대. 손숙오의 후손이 박대받는 것을 연기하여 장왕을 깨우침. 우맹의관優孟衣冠의 주인공. 제54회.

● **우백**于伯 | 위衛 의공懿公의 장수. 북적北狄의 침입 때 위 의공의 부장이 되어 전투에 나섰다가 북적의 화살을 맞고 전사함. 제23회.

● **우시**優施 | 배우 시施라는 뜻. 편의상 우시로 지칭함. 진晉 헌공獻公의 배우. 양오梁五, 동관오東關五와 한 패거리가 됨. 여희驪姬와 작당하여 양오, 동관오와 함께 세자 신생申生을 모함하여 죽임. 나중에 공자 중이를 따르는 이극과 비정보가 역사力士들을 시켜 해제奚齊를 죽일 때 우시가 옆에서 해제를 구하려다 역시 칼을 맞고 죽음. 제20회. 제25회. 제27회.

● **우재**右宰 **곡**穀 | 위衛 상공殤公의 대부. 영희를 도와 위衛 헌공獻公 복위에 참가함. 손양孫襄의 저택을 공격하여 멸문滅門시킴. 헌공 복위 후 전횡을 일삼은 영희가 공손면여에게 공격을 당하자 그를 도와주러 갔다가 공손면여

에게 참수됨. 제65회. 제66회.

◉ **우재**右宰 **추**醜 ┃ 위衛나라 대신. 위衛 환공桓公을 시해한 공자 주우州吁가 석작石碏의 유인책에 걸려 진陳나라에서 처형될 때 그 자리에 임석함. 제6회. 제7회.

◉ **우징사**于徵師 ┃ 진陳나라 대부. 진陳 애공의 죽음과 공자 유留의 즉위를 알리려고 초나라에 갔다가 세자 언사偃師의 시해 사실을 알게 된 초 영왕靈王에 의해 참수됨. 제69회.

◉ **우희**右姬 ┃ 오왕 합려의 애첩. 손무의 군사 훈련 중 군법을 따르지 않는다고 처형됨. 제75회.

◉ **운**鄖 **부인** ┃ 운鄖나라 군주의 부인. 투누오도鬪穀於菟의 외조모. 자신의 딸이 투백비鬪伯比와 몰래 관계하여 아들을 낳자 그 아들을 몽택夢澤에다 버림. 그러나 호랑이가 그 아들에게 젖을 물려서 살려냄. 그래서 딸의 아들 이름을 투누오도라고 함. 제20회.

◉ **운반**妘斑 ┃ 진晉 도공悼公의 핍양 대부偪陽大夫. 진晉나라 순언과 사개의 공격을 받고 핍양성 안에서 전사. 제60회.

◉ **울요**尉繚 ┃ 이사李斯가 진왕秦王 정政에게 추천한 병법가이자 정치가. 진秦나라 통일에 큰 공을 세움. 진시황이 천하를 통일한 후 제자 왕오王敖와 자취를 감춤. 제105회. 제107회. 제108회.

◉ **울지**尉止 ┃ 정鄭나라 대부. 반란을 일으켜 정나라 육경六卿 중 공자 비騑, 공자 발發, 공자 첩輒을 죽임. 공손하, 공손교, 공손채 등의 공격을 받고 주살됨. 제61회.

◉ **웅간**熊艱(?~기원전 672) ┃ 초楚 문왕文王과 식규息嬀(문부인文夫人) 사이에서 태어난 장자. 초 문왕이 죽은 후 보위에 오름. 동생 웅운熊惲에게 피살당

함. 도오堵敖. 제19회. 제20회.

◉ **웅건**熊虔 ┃ → 초楚 영왕靈王

◉ **웅균**熊麋 ┃ → 겹오郟敖

◉ **웅부기**熊負羈 ┃ 초楚 장왕莊王의 장수. 투월초의 반란에 맞서 싸움. 필성 오산 전투에서 진晉나라 장수 순앵을 사로잡음. 제51회. 제53회. 제54회.

◉ **웅비**熊比(?~기원전 529) ┃ 초楚 공왕共王의 셋째 아들. 자는 자간子干. 초왕 웅균熊麋의 우윤右尹. 공자 위圍(초 영왕靈王)가 초왕 웅균을 시해하자 진晉나라로 망명. 채蔡나라 재상 관종觀從의 계책에 의해 채나라로 소환됨. 채공蔡公 기질의 반란에 참전했다가 잠시 보위에 오름. 채공의 계략에 걸려들어 자결함. 제67회. 제70회.

◉ **웅솔**熊率 ┃ 초楚 무왕武王 웅통熊通의 대부. 제10회.

◉ **웅양부**熊良夫(?~기원전 340) ┃ 초楚 숙왕肅王의 동생. 숙왕 사후 보위에 오름(초 선왕). 숙왕의 명령으로 도왕悼王의 시신에 화살을 쏜 사람을 찾아 70여 가문을 멸족시킴. 제86회.

◉ **웅운**熊惲 ┃ → 초楚 성왕成王

◉ **웅의료**熊宜僚 ┃ 초楚나라 백공白公 승勝의 용사. 백공 승의 반란 때 사마司馬 공자 결結(자기子期)과 싸우다 함께 죽음. 제83회.

◉ **웅패**熊茷 ┃ 초楚 공왕共王의 아들. 언릉 전투에서 진晉나라 중군원수 난서 에게 사로잡힘. 살아서 석방되기 위해 진晉나라 간신 서동胥童이 시키는 대로 진晉 극지郤至와 초 공자 영제嬰齊가 내통했다고 거짓 진술을 함. 그 공로로 석방되어 초나라로 돌아감. 제58회. 제59회.

◉ **웅흑굉**熊黑肱(?~기원전 529) ┃ 초 공왕共王의 넷째 아들. 자는 자석子晰. 웅균의 궁구윤宮廏尹. 공자 위圍(초 영왕靈王)가 초왕 웅균을 시해하자 정나라

로 망명. 채나라 재상 관종觀從의 계책에 의해 채나라로 소환됨. 채공蔡公의 반란에 참전. 채공의 계략에 걸려들어 자결함. 제67회. 제70회.

• **원각**元角 | 위衛나라 대부 원훤元咺의 아들. 추방된 위衛 성공成公을 안심시키기 위한 방편으로 부친 원훤에 의해 인질로 파견되었으나 성공에게 살해됨. 제41회.

• **원과**原過 | 진晉나라 조무휼의 가신. 곽산霍山의 신령을 만나 조씨趙氏가 지씨智氏를 멸망시킬 것이라는 내용이 적힌 청죽靑竹을 받음. 제84회.

• **원교여**轅僑如 | 진陳 성공成公의 대부. 초楚 영윤 임부任夫의 뇌물 요구를 견딜 수 없는 성공이 원교여를 진晉나라에 사신으로 보내 복속을 청함. 제60회.

• **원달**遠達 | 제나라 대장 전기田忌의 아장牙將. 위魏나라 방연의 군사를 손빈이 쳐놓은 전도팔문진顚倒八門陣으로 유인함. 마릉馬陵에서 매복하고 있다가 방연의 군대에 화살을 퍼부어 대승을 거둠. 제88회. 제89회.

• **원도도**轅濤塗(?~기원전 625) | 진陳나라 대부. 소릉召陵 맹약盟約 이후, 진陳 대부 원도도와 정鄭 대부 신후申侯는 제 환공이 진陳과 정鄭을 거쳐 귀환하면 두 나라의 부담이 클 것으로 예상하고, 제 환공의 귀환로를 중국 동쪽 길로 유도하기로 약속함. 이에 원도도가 제 환공에게 중국 동쪽 귀환로의 장점을 이야기하고 허락을 받음. 그러나 신후는 제 환공에게 원도도의 의도가 자국의 경제 부담을 덜기 위한 꼼수라고 참소함. 제 환공은 원도도를 잡아 가두었고, 진 선공宣公이 뇌물을 써서 원도도를 석방시킴. 나중에 원도도는 정나라 대부 공숙孔叔에게 신후의 사악함을 알리고 참수시킴. 제24회.

• **원백**原伯 **관**貫 | 주周 양왕襄王의 경사卿士. 적翟나라 공격을 방어하는 대장

으로 임명되었으나 적정赤丁의 유인책에 빠져 포로가 됨. 태숙 대帶에 의해 석방되어 원原 땅으로 돌아감. 원 땅을 접수하러 온 진晉 문공文公에게 항복하고 하북河北으로 봉토가 옮겨짐. 제38회.

● **원번**原繁(?~기원전 680) | 정鄭 장공莊公의 장수. 정 장공이 수갈繡葛에서 주周 환왕桓王이 이끄는 연합군을 맞아 싸울 때 고거미, 원번 등의 장수를 중심으로 중군中軍을 꾸리고 연합군을 대패시킴. 정 여공厲公이 복위하고 나자 앞서 공자 의儀의 즉위에 찬성한 원번을 질책했고 원번은 결국 스스로 목숨을 끊음. 제9회. 제11회. 제13회. 제19회.

● **원선**轅選 | 원도도의 아들로 추정됨. 진陳 공공共公의 대부. 진晉 선저거先且居, 송宋 공자 성成, 진陳 원선轅選, 정鄭 공자 귀생歸生 등이 힘을 합쳐 진秦나라 강江(왕汪) 땅과 팽아彭衙 땅을 빼앗음. 제24회. 제40회. 제46회.

● **원파**轅頗 | 진陳 성공成公의 대부. 초나라 군사를 안내하여 임금을 시해한 하징서夏徵舒를 잡아들임. 제53회.

● **원훤**元咺(?~기원전 630) | 위衛나라 대부. 위衛 성공成公이 진晉 문공文公에게 쫓겨난 후 위나라 섭정 숙무叔武를 보좌하며 위 성공을 복위시키기 위해 노력함. 자신의 아들 원각을 위 성공에게 인질로 보냈으나 위 성공은 원훤을 의심하여 원각을 죽임. 그러나 국가 대사를 위해 숙무를 모시고 위 성공의 복위를 위해 노력함. 숙무가 천견歂犬에 의해 시해된 후 진晉나라로 망명하여 위 성공의 죄상을 밝힘. 원훤은 귀국하여 공자 하瑕를 보위에 올림. 이후 워훤은 주천周歂과 야근冶廑에 의해 살해되고 공자 하는 우물에 투신하여 자결함. 제39회. 제41회. 제42회. 제43회.

● **월왕 구천**勾踐(?~기원전 464) | 월왕 윤상允常의 아들. 윤상이 죽은 후 보위에 오름. 오왕 부차와 쟁패하다가 회계산會稽山에서 포로가 되어 오나라

로 잡혀감. 그러나 범여范蠡, 문종文種 등 현신들의 보좌로 절치부심하여 오왕 부차에게 복수하고 오나라를 멸망시킴. 춘추오패의 한 명. 제79회. 제80회. 제81회. 제82회. 제83회.

● **월왕 윤상**允常(?~기원전 497) ǀ 월越나라 군주. 오나라의 공격에 불만을 품고 초나라와 동맹을 맺음. 월나라 군주 중 처음으로 왕을 칭함. 제66회. 제67회. 제73회. 제75회. 제77회. 제79회.

● **월희**越姬 ǀ 초나라 소왕昭王이 복위하자 월나라에서 소왕의 계비로 바친 종녀宗女. 제77회.

● **위**魏 **경민왕**景湣王(?~기원전 228) ǀ 위魏 안리왕安釐王의 태자 증增. 한때 진秦나라 인질로 보내짐. 즉위 초부터 진秦나라 몽오의 공격을 받고 산조酸棗, 조가朝歌, 복양濮陽 땅을 뺏겨 위魏나라는 더욱 쇠약해짐. 제101회. 제102회. 제107회.

● **위**衛 **대공**戴公(?~기원전 660) ǀ 공자 신申. 위衛 소백昭伯(석석碩)의 아들. 즉위 1년 만에 죽자 당시 패주였던 제 환공이 그의 아우 공자 훼燬(위衛 문공)를 보위에 올림. 제23회.

● **위**衛 **도공**悼公 ǀ 공자 묵黙. 위衛나라 사람들이 출공出公 첩輒을 월나라로 축출하고 보위에 올림. 제83회.

● **위**衛 **목공**穆公(?~기원전 589) ǀ 위衛 성공成公의 아들 속速(또는 邀). 진晉나라에 쫓겨 위衛나라로 도피한 노潞나라 재상 풍서酆舒를 사로잡아 다시 진나라로 보냄. 제55회.

● **위**衛 **무공**武公(기원전 853년 추정~기원전 758) ǀ 성명 희화姬和. 주周 왕실의 사도司徒 직을 겸임함. 견융犬戎이 주나라 도성 호경鎬京을 침략하여 유왕幽王을 죽이자 정鄭, 진秦, 진晉과 함께 근왕병을 일으켜 견융을 몰아내고 왕실

을 호위함. 제3회.

⊙ **위**魏 **무후**武侯(?~기원전 370) | 위魏 문후文侯의 세자 격擊. 오기吳起 대신 전문田文을 상국으로 임명함. 오기는 초나라로 망명함. 제86회.

⊙ **위**衛 **문공**文公(?~기원전 635) | 공자 훼燬. 위衛 혜공惠公의 서형庶兄으로 공자 석碩이 선강宣姜과 관계해서 낳은 아들. 제나라 공자 규糾의 딸을 아내로 맞음. 위나라가 북적北狄의 공격으로 망국의 곤경에 빠졌을 때 보위에 올라 나라를 재건함. 제23회. 제24회. 제31회. 제32회. 제37회. 제38회.

⊙ **위**魏 **문후**文侯(?~기원전 396) | 위사魏斯. 진晉나라 위구魏駒의 아들. 주 왕실의 위열왕威烈王에 의해 위후魏侯로 책봉되어 정식으로 제후의 반열에 오름. 훌륭한 인재를 등용하고 공평한 정치를 펼쳐서 위나라를 강국으로 만듦. 제85회. 제95회.

⊙ **위**衛 **상공**殤公(?~기원전 547) | 공손표公孫剽. 공자 흑견黑肩의 아들. 지략을 갖춤. 손임보와 영식에 의해 보위에 추대됨. 영식寧殖의 아들 영희寧喜가 반역하여 위 상공에게 강제로 짐독을 먹여 시해함. 제61회. 제62회. 제65회.

⊙ **위**衛 **선공**宣公(?~기원전 700) | 이름은 진晉. 위衛 장공莊公의 아들. 장공의 첩 이강夷姜과 사통하여 아들 급자急子를 낳음. 또 아들 급자를 위해 제齊 희공僖公의 장녀 선강宣姜을 며느릿감으로 데려와서 자신이 데리고 살았음. 선강과의 사이에서 공자 수壽와 공자 삭朔(혜공)을 낳음. 제5회. 제6회. 제12회.

⊙ **위**衛 **성공**成公(?~기원전 600) | 공자 정鄭. 위衛 문공文公의 세자. 진晉 문공에 의해 보위에서 쫓겨나 그의 아우 숙무叔武가 대신 위衛나라를 통치함. 숙무는 사심 없이 성공의 복위를 위해 노력함. 그러나 위 성공은 천견歂犬의 참소를 듣고 숙무가 보위를 탐내는 것으로 오해함. 천견은 자신의 참소

가 들통 날까 두려워 위 성공보다 한발 앞서 궁궐로 들어와 숙무를 시해함. 이후 원훤元咺이 공자 하瑕를 보위에 올렸으나 영유寧兪의 노력으로 위 성공이 복위됨. 제38회. 제39회. 제40회. 제41회. 제42회. 제43회. 제49회.

● **위魏 소왕昭王**(?~기원전 277) | 위魏 양왕襄王의 아들 속邀. 주周 천자의 명령으로 한韓 이왕釐王과 함께 합종책에 의지하여 진秦을 정벌했으나 이궐伊闕에서 진秦나라 장수 백기白起에게 대패함. 명장 악의樂毅를 신임하지 않아 연燕으로 떠나가게 함. 제94회. 제95회.

● **위魏 안리왕安釐王**(?~기원전 243) | 성명 위어魏圉. 위魏 소왕昭王의 아들. 안희왕安僖王이라고도 함. 진秦나라가 침략한다는 소문을 듣고 중대부 수가須賈를 진秦으로 보내 강화를 요청함. 진비晉鄙에게 10만 군사를 주어 진秦나라의 공격을 받는 조趙나라를 구원하게 함. 신릉군이 여희如姬의 도움으로 왕실의 병부를 훔쳐 조나라를 구원함. 조나라에 머물던 신릉군을 귀국시켜 상상上相에 임명함. 신릉군에게 군사를 주어 진秦나라 장수 몽오와 왕흘을 격파함. 진나라 이간책을 믿고 신릉군을 의심하여 결국 벼슬에서 물러나게 함. 제97회. 제99회. 제100회.

● **위魏 애왕**哀王(?~기원전 296) | 『동주열국지』에서는 위魏 애왕哀王이 위魏 양왕襄王의 아들이라고 했으나 『죽서기년竹書紀年』에 의하면 애왕과 양왕이 동일인임. 애왕 즉 양왕의 아들은 위魏 소왕昭王임. 한韓, 조趙, 위魏, 연燕과 연합하여 진秦을 공격했으나 패배함. 장의의 유세를 믿고 그를 상국에 임명함. 제91회. 제92회.

● **위魏 양왕**襄王(?~기원전 296) | 위魏 혜왕惠王의 아들 사嗣. 장의의 계책에 따라 진秦나라가 포양蒲陽 땅을 빼앗고 공자 유繇를 인질로 보내 우호를 맺

게 하자, 위 양왕도 장의의 반간계에 속아 소량少粱 땅을 진秦나라에 바치고 인질은 사양함. 이 일로 진秦에서 위魏로 온 장의를 상국에 임명함. 나중에는 장의에게 속은 것을 알고 진나라를 섬기지 않음. 제90회. 제91회.

● **위**衛 **영공**靈公(?~기원전 493) | 성명 희원姬元. 위衛 양공襄公의 아들. 진晉나라 사기궁虒祁宮 낙성식에 참석하러 가다가 복수濮水 가에서 사연師涓과 함께 은殷나라 악사 사연師延이 지은 망국지음亡國之音을 들음. 위衛나라에 들른 공자孔子를 후대함. 세자 괴귀가 모후 남자南子를 죽이려 하자 그를 추방하고 괴귀의 아들 공손첩을 세손으로 세움. 제68회. 제79회.

● **위**衛 **의공**懿公(?~기원전 660) | 위衛 혜공惠公 삭朔의 아들 적赤. 학鶴을 좋아함. 북적北狄과의 싸움에서 전사함. 제20회. 제22회. 제23회.

● **위**衛 **장공**莊公(?~기원전 735) | 성명 희양姬揚. 위衛 무공武公의 아들. 정실 부인 장강莊姜과의 사이에서 아들이 없었으나, 진陳나라 여인 대규戴嬀와의 사이에서 아들 완完(위衛 환공)과 진晉을 낳아 완을 장강의 양자로 들여 세자로 삼음. 그러나 궁녀와의 사이에서 태어난 주우州吁의 탐욕을 단속하지 못해 결국 주우가 위 환공을 시해하는 만행을 저지름. 제5회.

● **위**衛 **장공**莊公(?~기원전 478) | 위衛 무공武公의 아들 위 장공莊公과는 다른 사람. 후장공後莊公이라고도 함. 공자 괴귀蒯瞶. 위 영공靈公과 남자南子 사이에서 태어난 아들. 위 영공의 세자. 자신의 모후인 남자의 음란함을 싫어하여 희양속戲陽速을 시켜 칼로 찌르게 했으나 사전에 발각됨. 송나라를 거쳐 진晉나라로 도망침. 위 영공 사후 괴귀의 아들 첩輒이 보위에 오르자 진晉나라 지원을 받아 양호陽虎와 함께 척戚 땅에서 근거지를 마련하여 아들에 대항. 누나 공희孔姬의 부탁을 받은 혼양부渾良夫의 도움으로 귀국함. 아들 출공出公이 노魯나라로 도주한 후 보위에 오름. 진晉나라의 정벌을 받은

위衛나라 사람들이 장공을 축출하자 융戎 땅으로 도주했다가 그곳에서 세자 질疾과 함께 살해됨. 제79회. 제82회. 제83회.

● **위衛 출공**出公(?~기원전 456) | 공손첩公孫輒. 위衛 영공靈公의 세자 괴귀의 아들. 괴귀가 추방된 후 세손으로 책봉됨. 위 영공 사후 보위에 오름. 출공의 부친 괴귀도 진晉나라 지원을 받아 양호陽虎와 함께 척戚 땅에서 근거지를 마련하여 아들에 대항. 출공의 부친 괴귀가 귀국한 후 출공은 노魯나라로 도주. 위衛 대부 석포石圃에 의해 다시 복위되었다가 다른 대부들에 의해 월越나라로 쫓겨남. 제79회. 제82회. 제83회.

● **위衛 헌공**獻公(?~기원전 544) | 위衛 정공定公의 아들 간衎. 음악과 사냥만 좋아하며 국정을 돌보지 않음. 손임보孫林父와 영식寧殖에게 점심 약속을 하고 지키지 않아 두 사람의 원한을 삼. 손임보 등에게 축출되어 제나라로 망명. 이후 위衛나라 좌상左相 영희寧喜의 도움으로 복위함. 제61회. 제62회. 제65회. 제66회.

● **위衛 혜공**惠公(?~기원전 660) | 공자 삭朔. 위衛 선공宣公과 선강宣姜 사이에서 태어난 둘째 아들. 천성이 잔인하고 탐욕스러움. 이복형인 세자 급자急子와 동복 형인 공자 수壽를 죽이고 보위에 오름. 좌공자左孔子 예洩와 우공자右公子 직職에 의해 보위에서 쫓겨났다가 외숙 제齊 양공襄公의 도움으로 복위함. 주 왕실의 왕자 퇴頹를 도움. 제11회. 제12회. 제14회. 제17회. 제19회. 제20회.

● **위魏 혜왕**惠王(기원전 400~기원전 319) | 성명 위앵魏罃 또는 위영魏嬰. 위魏 무후武侯의 아들. 상국 공숙좌가 추천한 위앙을 등용하지 않아서 진秦으로 떠나가게 함. 맹자를 등용하지 않아서 제로 떠나가게 함. 방연을 등용하여 원수 겸 군사軍師 직을 겸하게 함. 방연의 계략에 따라 손빈의 두 다리를

잘라 폐인으로 만듦. 진秦나라 상국 위앙의 공격을 받고 하서河西 땅을 할양함. 도읍을 대량大梁으로 옮기고 왕을 칭함. 이에 양혜왕梁惠王이라고도 함. 한韓, 제齊, 조趙, 초楚, 연燕과 원수洹水에서 회맹하고 소진蘇秦을 종약장으로 추대함. 제86회. 제87회. 제88회. 제89회. 제90회.

● **위衛 환공桓公** | 공자 완完. 위衛 장공莊公과 대규戴嬀의 이들. 정실부인 장강莊姜의 양자로 들어가서 위 환공桓公이 됨. 서제庶弟 공자 주우州吁에 의해 시해됨. 춘추시대 최초로 신하에게 시해된 임금. 제5회.

● **위가蔿賈(?~기원전 605)** | 초나라 영윤 위여신蔿呂臣의 아들. 13세 때 총명한 재능으로 성득신의 패배를 예견함. 손숙오의 부친. 초나라 공정工正. 초楚 목왕穆王 즉위 후 사마司馬에 임명됨. 초 장왕莊王 때 투월초의 반란에 맞서다 살해당함. 제39회. 제41회. 제48회. 제50회. 제51회.

● **위강魏絳** | 위주魏犨의 손자. 위장자魏莊子. 진晉 도공悼公의 중군 사마. 순회荀會 사후 신군 부장이 됨. 산융과의 화친을 주장하여 성사시킴. 군령을 어긴 진 도공의 아우 양간楊干에게 엄벌을 내림. 진秦나라를 정벌할 때 대장 순언의 명령을 따르지 않고 자신의 직속 상관 난염의 명령에 따라 군대를 철수시킴. 제59회. 제60회. 제61회. 제62회.

● **위경衛慶** | 위魏 안리왕安釐王의 장수. 병부兵符를 훔쳐가는 신릉군을 추격했으나 신릉군은 이미 위魏나라 군대의 병권을 장악한 뒤였음. 신릉군의 설득으로 군영에 머물다가 신릉군이 진秦에 승리하고 병부를 반환하자 그것을 갖고 귀국함. 이후 신릉군이 위나라로 귀국하자 그와 함께 진秦나라의 공격을 물리침. 제100회. 제102회.

● **위계강蔿啓彊** | 초楚 영왕靈王의 태재太宰. 오吳나라 정벌의 선봉장이 되었으나 작안鵲岸에서 패배함. 초 영왕이 노魯 소공昭公에게 선물한 대굴大屈이

란 활을 아까워하자 노 소공에게 계책을 써서 다시 돌려주게 함. 초나라에 사신으로 온 제나라 재상 안영에게 모욕을 주려다 실패함. 제67회. 제68회. 제69회. 제70회.

● **위과**魏顆 │ 진晉 문공文公의 공신 위주魏犨의 아들. 부친의 작위를 세습함. 진晉 경공景公 때 노潞나라 정벌군의 부장이 되어 노潞나라를 멸망시킴. 결초보은結草報恩의 주인공. 청초파靑草坡에서 진秦나라 맹장 두회杜回를 죽이고 대승을 거둠. 그의 동생이 위기魏錡임. 제44회. 제55회.

● **위구**魏駒(?~기원전 446) │ 진晉 출공出公 때 위씨 가문의 종주. 위양자魏襄子 위치魏侈의 아들. 위환자魏桓子. 지요智瑤가 100리의 땅을 할양하라고 요구하자 처음에는 그 요구를 들어줬으나 나중에는 한씨韓氏, 조씨趙氏와 힘을 합쳐 지씨를 멸망시킴. 제84회.

● **위국**蒍國 │ 소를 좋아하는 주周나라 왕자 퇴頹의 사부. 변백邊伯, 자금子禽, 축궤祝跪, 첨보詹父 등 다섯 대부와 패거리를 만들어 주 혜왕惠王을 추방하고 왕자 퇴를 보위에 올렸으나 정鄭 여공厲公의 지원을 업은 주 혜왕의 반격을 받고 스스로 칼로 목을 찔러 자결함. 제19회.

● **위군**衛君 **각**角 │ 위衛나라 마지막 군주. 진秦나라 장수 왕분王賁의 공격으로 성이 함락되고 항복함. 진秦 이세에 의해 폐위되었다고도 함. 제107회.

● **위기**魏錡 │ 위과魏顆의 동생. 진晉 경공景公의 장수. 화살을 쏴 초楚 공왕共王의 눈을 맞췄으나 자신은 초나라 신궁 양유기養繇基의 화살을 맞고 죽음. 제54회. 제58회.

● **위만다**魏曼多 │ 위치魏侈라고도 함. 위양자魏襄子. 진晉 경공頃公 때 위씨 가문의 대표. 지씨智氏(순약荀躒), 한씨韓氏(한불신韓不信)와 연합하여 범씨范氏(사길석士吉射)와 중항씨中行氏(순인荀寅) 가문을 몰아냄. 제79회.

● **위빙**蔿憑 │ 초楚나라 영윤 손숙오의 조카. 손숙오가 죽은 후 잠윤箴尹에 임명됨. 위씨의 시조. 제54회.

● **위사**蔿射 │ 위엄蔿掩의 아우. 초楚 평왕平王 즉위 후 대부에 임명됨. 오나라 와의 싸움에서 오나라 장수 부개夫槪에게 피살당함. 제70회. 제76회.

● **위사**魏斯 │ → 위魏 문후文侯

● **위상**魏相(?~기원전 570) │ 위기魏錡의 아들. 진晉 경공의 병을 치료하기 위해 진秦 환공에게 유세하여 명의 고완高緩을 초빙해옴. 진 도공悼公의 신군 부장. 제58회. 제59회. 제60회. 제61회.

● **위서**魏舒(?~기원전 509) │ 위영魏嬴의 아들. 위강魏絳의 손자. 진晉 평공平公, 소공昭公의 대부. 난영欒盈의 반란 때 본래 난영을 돕기로 했으나 범앙의 위협에 굴복하여 난영을 배신함. 평구 회맹에서 진 소공昭公을 보위함. 진 경공頃公 때 한기와 양설힐이 죽은 후 정권을 장악함. 진 경공頃公 때의 육경六卿. 제62회. 제63회. 제64회. 제66회. 제70회. 제71회. 제72회.

● **위성**魏成 │ 위魏 문후文侯의 신하. 전자방田子方과 단간목段干木을 추천함. 이극의 추천으로 상국에 오름. 제85회. 제86회. 제87회.

● **위씨**魏氏 │ 송나라 대사마 공보가의 계실. 용모가 매우 아름다웠음. 태재太宰 화독華督이 음심淫心을 품고 공보가를 살해한 후 위씨를 납치했으나 위씨는 화독의 집으로 끌려가는 수레 안에서 목을 매어 자결함. 제8회.

● **위앙**衛鞅(?~기원전 338) │ 공손앙公孫鞅. 위衛나라 군주의 서자. 형명학刑名學을 좋아함. 위나라에서 등용되지 못하자 진秦나라로 가서 내시 경감景監의 추천으로 좌서장左庶長에 임명됨. 부국강병책을 시행하여 진나라를 강국으로 만듦. 상商 땅에 봉토를 받아 상앙商鞅 또는 상군商君으로도 불림. 가혹한 법률을 시행하고 오만하게 처신하다가 결국 자신이 만든 법에 걸려 몸

이 다섯 조각으로 찢기는 형벌을 받고 죽음. 제87회. 제89회.

◉ **위엄**遠掩｜초楚 강왕康王의 충직한 대부. 공자 위圍의 참소를 받고 모반죄로 죽음. 제67회.

◉ **위여신**蔿呂臣｜자는 자피子皮. 위장蔿章의 아들. 초楚 성왕成王의 장수. 성득신을 이어 초나라 영윤이 됨. 우盂 땅 회맹에서 무력으로 송 양공을 사로잡음. 홍수泓水 전투에서 송 양공에게 승리함. 그의 아들이 어려서부터 천재성을 발휘한 위가蔿賈임. 제34회. 제39회. 제40회. 제41회.

◉ **위연**遠延｜초楚나라 장수 위사蔿射의 아들. 오나라의 공격을 받고 패배한 낭와의 군사를 부친 위사와 함께 수습함. 오나라 장수 부개에게 포위되었다가 심윤수에게 구조됨. 부친 위사가 전사한 후 심윤수가 위연을 영도로 파견하여 수비를 강화하게 함. 오나라에 패배해 수隨나라로 도주한 초 소왕昭王을 수행함. 심제량과 함께 오나라 백비의 군사를 패배시킴. 제76회. 제77회.

◉ **위염**魏冉｜→ 양후穰侯

◉ **위오**蔿敖｜→ 손숙오孫叔敖

◉ **위왕**魏王 **가**假｜위魏 경민왕景湣王의 태자. 진秦나라 장수 왕분의 공격으로 도성 대량大梁이 함락된 후 포로로 잡혀가다 병사함. 이로써 위나라는 망했고 진나라의 삼천군三川郡이 됨. 제107회.

◉ **위원군**衛元君｜위魏 경민왕景湣王의 사위. 복양濮陽이 함락된 후 야왕野王 산속으로 도피함. 제102회.

◉ **위월**遠越｜위엄遠掩의 아우. 초楚 평왕平王 즉위 후 대부에 임명됨. 초나라 세자 건建의 모후인 채희蔡姬를 오나라에 뺏긴 후 자결함. 제70회. 제72회. 제73회.

● **위장**魏章 | 진秦 혜문왕惠文王의 대장. 남전藍田을 침략한 초나라 굴개의 군사를 격파함. 진秦 무왕 때 승상이 되지 못하자 위魏나라로 망명. 제91회. 제92회.

● **위장**蔿章 | 초 무왕武王과 문왕文王의 대부. 초 무왕이 수隨나라를 정벌할 때 교섭 사신으로 파견됨. 제10회. 제17회.

● **위제**魏齊 | 위魏 소왕昭王의 상국. 수가의 참소를 듣고 범수에게 곤장을 쳐서 거의 죽음에 이르게 함. 범수는 위魏나라를 탈출하여 진秦나라로 가서 승상이 됨. 범수가 위제를 잡아 보내라고 위나라에 요구하자, 위제는 조趙나라로 가서 평원군에게 의탁함. 진나라가 평원군을 인질로 잡고 위제의 목을 요구하자 우경虞卿과 함께 위나라로 도피함. 위나라 신릉군에게 몸을 의탁하려다가 신릉군이 받아들이려 하지 않자 스스로 목을 찔러 자결함. 제97회. 제98회.

● **위주**魏犨 | 시호가 무武여서 흔히 위무자魏武子로 불림. 진晉 문공文公의 공신. 19년 동안 공자 중이(진晉 문공)의 망명 생활을 수행함. 초나라에서 맨손으로 맥貊이라는 짐승을 잡아 용력을 떨침. 주周 왕실에서 반란을 일으킨 태숙 대帶와 외후隗后를 참수함. 희부기僖負羈의 집에 방화하여 희부기를 죽이고 자신도 중상을 당함. 훗날 회복하여 성복 전투에서 큰 공을 세움. 만년에 술에 취하여 수레에서 떨어져 죽음. 제27회. 제28회. 제31회. 제34회. 제35회. 제36회. 제37회. 제38회. 제39회. 제40회. 제41회. 제44회. 제55회.

● **위피**蔿罷 | 자는 자탕子蕩. 초나라 영윤 공자 위圍의 심복. 공자 위가 보위에 오른 후 영윤으로 임명됨. 초 영왕이 서徐나라를 정벌할 때 세자 녹祿과 함께 도성을 지킴. 채공蔡公 공자 기질의 공격을 막지 못하자 스스로 칼로

목을 찔러 자결함. 제67회. 제69회. 제70회.

● **위후**衛侯 **희화**姬和 | → 위衛 무공武公

● **위힐**魏頡(?~기원전 570) | 위주魏犨의 손자. 위과魏顆의 아들. 영호문자令狐文子. 진晉 도공悼公의 중군 상대부上大夫. 제60회.

● **유공차**庾公差 | 위衛 헌공獻公 때 손임보의 가신. 공손정의 궁술 제자. 공손정이 헌공을 보호하며 위衛나라를 탈출할 때 끝까지 추격하지 않음. 제61회. 제62회.

● **유권**劉卷 | 자는 백분伯蚠. 유헌공劉獻公의 아들. 선목공單穆公 기旗와 힘을 합쳐 빈맹賓孟을 죽이고 태자 맹猛을 보위에 올림. 주周 경왕景王의 서자 조朝를 추종하는 남궁극南宮極 등의 공격을 받고 양揚 땅으로 도피함. 제73회. 제75회.

● **유길**游吉(?~기원전 506) | 정鄭 간공簡公 때의 행인行人. 초왕楚王의 모습으로 정나라에 행차한 공자 위圍를 성문 밖에 머물게 함. 공손교의 지시를 받고 정 자산子産이 죽은 후 국정을 맡음. 초나라 폐세자 건建이 진晉나라와 내통하여 반란을 일으키려 하자 그를 유인하여 참수하게 함. 제67회. 제72회. 제77회.

● **유류왕**幽謬王 | → 조왕趙王 천遷

● **유변**臾騈 | 진晉 양공襄公의 하군 사마. 진晉나라 육경六卿의 한 사람. 양익이, 기정보, 선도, 괴득 등이 선극을 죽인 뒤 다시 조돈을 죽이려 한다는 사실을 알고 조돈에게 알림. 조돈은 유변을 시켜 선도를 잡아들임. 뛰어난 계책으로 조돈을 보좌하며 진秦나라 군사를 물리친 뒤 수여壽餘를 시켜 진秦나라에 망명 중이던 사회士會를 귀국시킴. 제47회. 제48회. 제50회.

● **유손백**游孫伯 | 주周 양왕襄王의 대부. 정鄭과 활滑을 화해시키기 위해 정나

라로 파견되었으나 국경 근처에서 감금됨. 제37회.

● **유약**有若(기원전 518~기원전 458) | 자는 자유子有. 공자의 제자. 노魯나라에서 벼슬함. 제79회.

● **유여**絲余 | 진晉나라 현인으로 서융西戎에서 벼슬하다가 진秦 목공穆公에게 등용되어 아경亞卿에 임명됨. 목공의 서융 평정에 큰 공을 세움. 백리해의 뒤를 이어 우서장右庶長이 됨. 제26회. 제30회. 제36회. 제45회. 제46회. 제47회.

● **유헌공**劉獻公 | 지摯. 주周 왕실의 경사卿士. 진晉 소공昭公이 주재한 평구 회맹에 참석. 사후에 아들 유권이 부친의 작위를 세습함. 제70회. 제73회.

● **육권**鬻拳(?~기원전 675) | 초楚 문왕文王의 신하. 초 문왕이 진陳 애후哀侯를 죽여서 그 고기로 종묘에 제사를 지내려 하자 불가함을 아룀. 초 문왕이 듣지 않자 칼을 빼서 위협하여 애후를 풀어주게 했고, 초 문왕이 그의 말을 따르자 스스로 발을 잘라 사죄함. 초 문왕은 그를 대혼大閽(궁궐 수문守門 총책임자)에 임명함. 초 문왕이 파巴나라와의 전투에서 패배하고 귀환하자 초나라 성문을 닫고 패배한 초 문왕을 받아들이지 않음. 초 문왕이 죽은 후 스스로 목을 찔러 자결함. 제17회. 제19회.

● **육사**鬻姒 | 제齊 경공景公이 총애한 비첩. 공자 도荼의 모친. 제81회.

● **윤공타**尹公佗 | 위衛 헌공獻公 때 손임보의 가신. 유공차庾公差의 궁술 제자. 유공차의 말을 듣지 않고 공손정을 추격하다 공손정의 화살을 맞아 죽음. 제61회. 제62회.

● **윤구**尹球(?~기원전 771) | 윤길보尹吉甫의 아들. 주周 유왕幽王 때의 간신. 아첨을 일삼고 봉록을 탐함. 포사褒姒와 작당하여 태자 의구宜臼와 왕후 신씨申氏를 폐위하게 함. 견융의 공격을 받고 유왕과 함께 도망가다가 견융에

게 잡혀 참수됨. 제2회. 제3회.

◉ **윤길보**尹吉甫(기원전 852~기원전 775) | 혜백길보兮伯吉父라고도 함. 주周 선왕宣王, 유왕幽王 때의 현신. 한때 『시경詩經』의 편찬자로 알려지기도 함. 선왕의 고명을 받고 태자 궁열宮涅(유왕幽王)을 보위에 올림. 제1회. 제2회.

◉ **윤무공**尹武公 | 주周 양왕襄王의 상경上卿. 진秦 목공穆公이 서융西戎의 패주가 되자 주 양왕은 윤무공을 파견하여 축하함. 제41회. 제46회. 제47회.

◉ **윤문공**尹文公 | 고固. 주周 경왕景王의 서자 조朝를 추종함. 경京 땅에서 서자 조를 보위에 올림. 주 경왕敬王에 의해 참수됨. 제73회.

◉ **율복**栗腹 | 연왕燕王 희喜의 상국. 조趙나라 대장 염파에게 사로잡혀 참수됨. 제101회.

◉ **율사**矞似 | 초나라 범范 땅의 무당. 초 성왕, 성득신, 투의신이 제명에 죽지 못함을 예언함. 제41회. 제46회.

◉ **율원**栗元 | 연왕燕王 희喜의 장수. 율복栗腹의 아들. 조趙나라 장수 악간樂閒에게 사로잡혀 참수됨. 제102회.

◉ **융자**戎子 | 제齊 영공靈公의 애첩. 아들이 없었음. 제 영공과 자신의 여동생 중자仲子 사이에서 태어난 공자 아牙를 양자로 들여 세자로 세움. 그러나 세자 광과 최저에 의해 모자가 모두 살해됨. 제62회.

◉ **융주**戎主 | 견융犬戎의 군주. 신후申侯의 요청으로 주周 유왕幽王을 공격하여 죽임. 호경鎬京 점령 후 전횡을 일삼다가 정鄭, 진秦, 진晉, 위衛나라 연합군에 패퇴함. 나중에 진秦 양공襄公의 공격을 받고 서쪽 황야로 달아남. 제3회.

◉ **의구**宜臼 | → 주周 평왕平王

◉ **의상**倚相 | 초楚 영왕靈王의 좌사左史. 영왕의 서徐나라 공격 명령을 수행했다가 채공蔡公 기질의 반란이 일어나자 정단鄭丹과 함께 초나라 도성으로

되돌아옴. 제70회.

◉ **의신**宜申 │ → 투의신鬪宜申

◉ **의요**宜僚 │ 송宋 원공元公의 내시. 화다료華多僚가 자신의 형 화추華貙를 원공에게 모함하자 원공은 그 말을 믿고 내시 의요宜僚를 시켜 두 사람의 부친 화비수華費遂에게 알림. 이 사실을 안 화추의 가신 장개張匄가 의요를 협박하여 화다료의 말이 터무니없는 모함임을 알아냄. 제72회.

◉ **의행보**儀行父 │ 진陳 영공靈公의 대부. 진 영공, 공영孔寧과 함께 하희夏姬와 사통하며 나라를 혼란에 빠뜨림. 공영과 함께 초나라에서 귀국했으나 이미 죽은 하징서와 진陳 영공 그리고 공영의 귀신이 나타나는 꿈을 꾼 이후 폭질에 걸려 죽음. 제52회. 제53회.

◉ **이강**夷姜 │ 위衛 장공莊公의 비빈. 아들뻘인 위 선공과 사통하여 아들 급자急子를 낳음. 제12회.

◉ **이광**夷光 │ 월왕 구천의 비첩. 서시西施와 정단鄭旦의 시녀. 제81회.

◉ **이극**里克(?~기원전 650) │ 진晉 헌공獻公의 세자였던 신생申生의 소부少傅. 우시優施에게서 세자 신생을 죽이고 해제奚齊를 세자로 세울 것이라는 말을 듣고도 자신의 보신保身을 위해 중립을 지키며 신생을 구하지 않음. 그러나 나중에 후회하고 해제와 탁자卓子를 죽이는 데 앞장섬. 그러나 공자 중이 대신 즉위한 이오(진晉 혜공)가 해제와 탁자를 시해한 죄를 그에게 묻자 결국 자결함. 제20회. 제25회. 제27회. 제28회. 제29회.

◉ **이극**李克 │ 위魏 문후文侯의 신하. 위성魏成을 상국으로 추천함. 상국에서 탈락한 책황翟璜을 설복시켜 따르게 함. 제85회. 제86회. 제87회.

◉ **이극**李克 │ 조趙 혜문왕惠文王의 신하. 지혜롭고 용감한 인상여를 시켜 화씨벽을 품고 진秦나라로 가게 함. 제96회.

● **이동**李同 | 조趙나라 전사傳舍를 관리하는 집사의 아들. 평원군의 결사대를 이끌고 진秦나라 군대를 습격하다가 부상을 입고 죽음. 제100회.

● **이목**李牧(?~기원전 229) | 조趙 혜왕惠王의 전부리田部吏. 안문雁門 방어대장. 조 혜왕과 진秦 소양왕昭襄王의 민지澠池 회맹에서 조 혜왕을 보위함. 연나라의 침략을 막아내고 큰 전공을 세운 뒤 대代 땅의 군수가 됨. 방난과 연나라를 쳐서 상곡 땅의 30개 성을 빼앗음. 진秦나라 환의桓齮의 군사를 물리치자 조왕趙王 안安은 진秦나라 백기의 봉호를 흉내 내어 이목에게도 무안군武安君이란 봉호를 내림. 곽개의 참소로 대장 직을 내놓은 후 조총이 보낸 자객에게 목이 잘림. 제96회. 제101회. 제102회. 제104회. 제105회. 제106회.

● **이사**李斯(기원전 284년 추정~기원전 208) | 초楚나라 출신. 순자荀子의 제자. 진왕秦王 정政의 객경客卿으로 등용됨. 외국 출신 벼슬아치를 추방하려는 진왕 정에게 「간축객서諫逐客書」를 올려 중단하게 함. 한비韓非의 재주를 시기하고 참소하여 자결하게 함. 병법의 대가 울요尉繚를 추천함. 진왕 정에게 건의하여 전국에 군현제郡縣制를 실시함. 천하 통일 후 승상으로 임명됨. 제105회. 제108회.

● **이신**李信 | 진秦 장양왕莊襄王, 진왕秦王 정政의 장수. 여불위 휘하에서 초나라 춘신군이 주축이 된 연합군의 공격을 막을 때 아장牙將 감회가 군량미를 늦게 가져오자 채찍 100여 대를 침. 감회는 초나라 군영으로 도망가서 진나라가 기습하려 한다는 정보를 알려줌. 진왕의 어가를 호위하여 조趙나라 한단으로 가서 왕전의 공격을 지원함. 과로로 병이 난 왕전을 대신하여 연왕 희喜와 태자 단丹을 추격함. 연왕 희는 태자 단을 죽여서 왕전에게 바침. 군사 20만을 이끌고 초나라 정벌에 나섰다가 초나라 대장 항연에게 대

패한 뒤 관직과 봉읍을 삭탈당함. 제103회. 제106회. 제107회. 제108회.

◉ **이양오**夷羊五 │ 미소년으로 진晉 여공厲公의 총애를 받고 대부에 임명됨. 세 극씨(극기, 극주, 극지)를 죽이고 신군 원수가 됨. 진 도공悼公 즉위 후 참수됨. 제58회. 제59회.

◉ **이언**李嫣 │ 초나라 춘신군의 빈객인 이원李園의 누이동생. 춘신군의 씨를 임신한 채 고열왕에게 바쳐져 분란을 일으킴. 춘신군의 핏줄인 쌍둥이 한捍과 유猶를 낳은 후 왕후로 책봉됨. 제103회.

◉ **이왕**夷王(?~기원전 879) │ 성명 희섭姬燮. 주周 왕실이 약화되자 더 이상 제후들이 입조入朝하여 조공을 바치지 않음. 제1회.

◉ **이원**李園 │ 조趙나라 사람. 초나라 춘신군 문하의 빈객. 누이동생 이언李嫣을 춘신군에게 바쳐 임신하게 한 후 초 고열왕의 후궁으로 들어가게 함. 생질인 초 유왕이 보위에 오른 후 상국이 되어 초나라 국사를 전횡함. 자신의 계략이 알려질까 두려워 춘신군을 기습하여 죽임. 제103회. 제107회.

◉ **이유**夷維 │ 제齊 민왕湣王의 총신寵臣. 민왕의 무도한 폭정을 조장하다가 연나라 등 연합군의 공격을 받고 나라가 망함. 거주莒州에서 마지막까지 제민왕을 모시다가 지원을 온 초나라 대장 요치에게 주살당함. 제94회. 제95회.

◉ **이인**異人 │ → 진秦 장양왕莊襄王

◉ **이중년**夷仲年(?~기원전 699) │ 제齊 희공僖公의 아우. 희공이 그를 총애하여 세자와 똑같이 대우함. 나중에 연칭과 관지보가 제 양공襄公을 시해하고 그의 아들 공손무지를 보위에 올림. 제6회. 제7회.

◉ **이태**李兌 │ 조趙 혜왕惠王의 태부太傅. 안양군安陽君 장章의 반란을 진압한 뒤 사구司寇에 오름. 제93회.

● **익益** | 주邾나라 군주. 제齊 도공悼公의 누이동생을 부인으로 맞은 뒤 노魯 나라를 무례하고 오만하게 대함. 이에 노魯나라 계손사가 주邾나라를 공격 하여 군주 익을 사로잡음. 이후 제나라가 오나라에 병력을 요청하여 함께 노魯나라를 치려 하자 노 애공哀公은 겁을 먹고 주邾나라 군주 익을 석방 함. 제81회.

● **인단印段**(?~기원전 536) | 자는 자석子石. 정鄭 목공穆公의 증손자. 공손흑 굉公孫黑肱(자장子張)의 아들. 공손흑과 함께 양소良霄의 집에 불을 지르고 공 격함. 사대駟帶와 함께 양소를 추격하여 죽임. 나중에 양소의 귀신을 보고 병이 들어 죽음. 제67회.

● **인상여藺相如** | 조趙나라 환자령宦者令 무현繆賢의 상객. 조趙 혜왕惠王의 상 대부. 화씨벽和氏璧을 진秦나라로 가지고 갔다가 뛰어난 용기와 침착한 대응 으로 완전하게 귀환시킴. 민지澠池 회맹에서 진秦 소양왕昭襄王이 조 혜왕에 게 모욕을 주자 그 자리에서 소양왕에게 모욕을 되돌려줌. 자신을 시기하 고 업신여기는 염파를 피해 다니다가 마침내 화해하고 문경지교를 맺음. 제96회.

● **인주鱗朱** | 송宋 대부. 화원華元과 불화하여 초나라로 망명. 초가 점령한 송 팽성彭城을 지키다가 노魯 중손멸仲孫蔑에 사로잡혀 처형됨. 제59회. 제 60회.

● **일지호佚之狐** | 정鄭 문공文公의 유세객. 진晉, 진秦 연합군이 정나라를 포 위하자 두 나라를 이간시키기 위한 유세객으로 추천됨. 그러나 그는 자신 보다 뛰어난 촉무燭武를 사신으로 추천함. 제43회. 제44회.

● **임비任鄙** | 진秦나라 위앙의 용사. 오획, 맹분과 함께 진秦에서 용력으로 이름을 떨침. 위魏나라 하서河西 땅을 공격할 때 공자 앙을 수행하는 사신

으로 변장하여 성안으로 진입함. 낙양洛陽으로 간 진 무왕이 구정九鼎을 들려고 하자 그것을 말림. 진 무왕 사후 한중漢中 태수가 됨. 제89회. 제92회.

● **임장**任章 ┆ 진晉 출공出公 때 위구魏駒의 모사. 지요가 위씨에게 요구한 100리의 땅을 할양하게 함. 제84회.

● **임좌**任座 ┆ 위魏 문후文侯의 신하. 제85회.

● **임초**林楚 ┆ 노魯나라 계손사의 문객. 양호陽虎의 반란 때, 양호의 일당에 포위된 계손사의 수레를 몰고 맹손씨의 저택으로 탈출함. 제78회.

ㅈ

● **자강**子疆 ┆ 초나라 영윤 굴건의 별장. 굴건이 서산栖山에 복병을 숨기고 자강에게 오나라 군사를 유인하게 함. 제66회.

● **자겸**子鍼 ┆ 진陳 환공桓公의 대부. 석작石碏과 친분이 두터움. 위衛 환공桓公을 시해한 공자 주우州吁를 죽이기 위해 석작과 치밀하게 모의함. 이후 공자 주우를 진陳나라로 유인하여 참수함. 제6회.

● **자경**子庚 ┆ → 공자 오午

● **자고**子羔(기원전 521~?) ┆ 고시高柴. 공자孔子의 제자. 위衛 출공出公의 대부. 출공에게 부친 괴귀의 입국을 막아서는 안 된다고 했으나 듣지 않음. 자로가 위衛나라 세자 괴귀의 내란에 휘말려 목숨을 잃을 때 자고는 목숨을 보전하여 노魯나라로 생환함. 제79회. 제82회.

● **자공**子貢(기원전 520~기원전 446) | 단목사端木賜. 공자의 제자. 노魯나라에서 벼슬함. 제齊, 오吳, 월越, 진晉에 유세하여 노魯나라의 위기를 구함. 제79회. 제81회.

● **자금**子禽 | 주周나라 왕자 퇴頹의 심복. 위국蔿國, 변백邊伯, 축궤祝跪, 첨보詹父 등과 함께 반란을 일으켜 주 혜왕惠王을 축출하고 왕자 퇴를 보위에 올림. 이후 정 여공厲公과 서괵공西虢公 백개伯皆가 혜왕을 복위시킬 때 왕자 퇴와 함께 잡혀서 죽음. 제19회.

● **자돌**子突 | 주周 왕실 하사下士. 위후衛侯 삭朔(혜공)을 복위시키려는 제齊, 송宋, 노魯, 진陳, 채蔡 연합군을 맞아 천자의 군대를 이끌고 위衛나라를 구원하려 하다가 패배하여 죽음. 약한 천자의 군대를 이끌고도 대의명분에 입각하여 죽음으로 충절을 지킴. 제14회.

● **자로**子路(기원전 542~기원전 480) | 중유仲由. 자는 자로子路. 공자의 제자로 용맹이 뛰어남. 공자의 천거로 계손씨의 가신이 되었다가 나중에는 위衛나라 공회의 가신이 됨. 위나라 세자 괴귀의 내란에 휘말려 석걸과 맹염에게 피살됨. 중상을 입고 갓끈이 끊어지자 다시 그것을 단정하게 매고 숨을 거둠. 제78회. 제79회. 제82회.

● **자무환**茲無還 | 노魯 정공定公의 대부. 제나라와의 협곡 회맹 때 협곡에서 10리 떨어진 곳에 병거 300승을 주둔시키고 만일의 사태에 대비함. 제78회.

● **자문**子文 | → 투누오도鬪穀於菟

● **자복하**子服何 | 노魯나라 대부. 제67회.

● **자복혜백**子服惠伯 | 자복초子服椒. 노魯 소공昭公의 대부. 평구平邱 회맹 때 진晉 소공昭公이 계손의여를 구금하자 자복혜백이 진晉 대부 순오에게 그

불가함을 이야기하여 풀려나게 함. 제70회.

● **자사** 子思(기원전 483~기원전 402) │ 공급孔伋. 공자의 손자. 맹자의 스승. 제87회.

● **자산** 子産 │ → 공손교

● **자석** 子石 │ 공자의 제자. 제나라로 가서 전쟁을 멈추게 하려 했지만 공자는 자공을 보냄. 제81회.

● **자선** 子鮮 │ → 공자 전轉

● **자인구** 子人九 │ 정鄭나라 대부. 성복 전투 후 진晉나라와 우호를 맺기 위해 사신으로 파견됨. 제41회.

● **자인사** 子人師 │ → 사숙師叔

● **자지** 子之(?~기원전 314) │ 연燕 역왕易王의 상국. 소진의 사돈. 소진의 동생 소대와 소여의 의형제. 역왕에게서 보위를 물려받고 연왕이 되었으나 제나라의 공격을 받고 사로잡혀 임치로 끌려가 처형됨. 제91회.

● **자초** 子楚 │ → 진秦 장양왕莊襄王

● **자포** 子蒲 │ 진秦 애공哀公의 장수. 오왕 합려의 공격을 받는 초나라를 구원하기 위해 편성된 진나라 지원군 장수. 오나라 군사를 물리치고 초나라를 다시 세워줌. 당唐나라를 공격하여 멸망시킴. 제77회.

● **자호** 子虎 │ 진秦 애공哀公의 장수. 오왕 합려의 공격을 받는 초나라를 구원하기 위해 편성된 진나라 지원군 장수. 오나라 군사를 물리치고 초나라를 다시 세워줌. 제77회.

● **잠윤** 箴尹 **고** 固 │ 초 소왕昭王의 대부. 오왕 합려의 공격을 받고 초 소왕이 영도郢都를 탈출할 때부터 소왕을 수행하여 고난을 함께함. 백공白公 승勝의 반란 때 섭공葉公 심제량을 도와 반란을 진압함. 제76회.

● **장가**莊賈 | 제齊 경공景公의 대부. 전양저 군대의 감군監軍으로 추천됨. 출병 시간을 어겨 전양저에게 참수됨. 제71회.

● **장강**莊姜 | 위衛 장공莊公의 부인. 제나라 세자 득신得臣의 누이동생. 대규戴嬀가 낳은 완完(위衛 환공)을 양자로 들여 세자로 삼음. 완은 보위에 올랐다가 이복동생인 공자 주우州吁에게 시해됨. 제5회.

● **장개**張匃 | 송 원공元公 때 화추華貙의 가신. 화다료華多僚가 자신의 형 화추를 모함했다는 것을 알고 화다료를 공격하여 칼로 찔러 죽임. 제72회.

● **장갱**章鞭 | 진晉 조무趙武의 문객. 난씨欒氏의 파당이 어둠을 틈타 동문을 부수고 탈출을 기도한다는 기밀을 탐지하여 조무에게 알림. 양설호의 집을 포위하고 양설호의 음모를 증언하는 과정에서 양설호가 던진 큰 돌멩이를 머리에 맞고 즉사함. 제62회. 제63회.

● **장거**將渠 | 연왕燕王 희喜의 대부. 연왕 희에게 조趙나라와 싸우지 말라고 간언을 올렸으나 연왕이 듣지 않음. 연나라가 염파에게 패배한 후 상국에 임명되었으나 조나라와의 강화를 성사시킨 후 반년도 되지 않아 벼슬에서 물러남. 제101회. 제102회.

● **장격**張骼 | 진晉 소공昭公의 장수. 평구平邱 회맹에서 군사를 거느리고 위력을 과시함. 제70회.

● **장견**臧堅 | 노魯나라 방防 땅의 고을 원님. 제나라 군사의 공격을 받고 살해됨. 제62회.

● **장군신**張君臣 | 진晉 평공平公 때의 중군 사마. 제나라를 공격할 때 깃발과 허수아비를 세워 군사가 많은 것으로 가장함. 제62회.

● **장노**張老 | 자가 맹孟이어서 장맹張孟이라고도 함. 진晉 도공悼公의 후엄候奄. 사마 위강魏絳이 군령을 어긴 도공의 아우 양간楊干을 체벌한 뒤 자결하려

하자 이를 만류하고 도공에게 사실을 아뢰어 사면을 받게 함. 위강을 이어 중군 사마가 됨. 제59회. 제60회. 제61회.

● **장당**張唐 ┃ 진秦나라 초장哨長. 진왕秦王 정政의 장수. 영규와 함께 서주西周를 공격하여 주周 난왕의 항복을 받고 난왕의 신하와 자손을 진秦나라로 호송함. 몽오와 함께 조趙를 정벌해 진양晉陽을 함락시킴. 요산嶢山 전투에서 조나라 장수 방난에게 포위되었다가 몽오의 구원에 힘입어 탈출함. 승상 여불위가 연나라 태자 단丹을 인질로 받고 장당을 연나라 상국으로 보낼 예정이었으나 감나甘羅의 지혜로 중지함. 제98회. 제101회. 제102회. 제103회. 제104회.

● **장려씨**匠麗氏 ┃ 미소년으로 진晉 여공厲公의 총애를 받고 대부에 임명됨. 난서와 순언은 진 여공이 장려씨 집에 놀러가서 사흘 동안 환궁하지 않는 틈을 이용해 여공을 유인하여 독살함. 제58회. 제59회.

● **장맹담**張孟談 ┃ 진晉 출공出公 때 조무휼의 모사. 조무휼에게 지씨智氏와 대적하도록 요청함. 한씨韓氏와 위씨魏氏를 설득하여 함께 지요를 멸망시킴. 예양이 조무휼을 암살하려는 사실을 알아채고 그를 사로잡아 참수하게 함. 제84회.

● **장맹적**張孟糴 ┃ 진晉 평공平公의 신하. 난영欒盈의 반란 때 고궁固宮에서 제 평공을 보위하며 난영에 맞서 싸움. 제64회.

● **장선숙**臧宣叔 ┃ → 장손허臧孫許

● **장손달**臧孫達 ┃ 노魯 효공孝公의 손자. 장희백臧僖伯의 아들. 시호가 애哀여서 흔히 장애백臧哀伯으로 칭해짐. 노魯 환공桓公의 대부. 노 환공에게 부인을 맞아들이도록 간언을 올렸고, 환공은 그의 간언을 받아들여 제나라에서 문강을 정실부인으로 맞아들임. 제9회.

● **장손진**臧孫辰 | 자는 문중文仲. 노魯 희공僖公의 대부. 제나라 공격을 받고 전획殿獲을 강화 사절로 추천했고 전획은 자신의 사촌 동생 전희殿喜를 추천함. 주周 양왕襄王과 진晉 문공文公에게 위衛 성공成公의 석방을 요청하여 성사시킴. 제38회. 제39회. 제43회.

● **장손허**臧孫許(?~기원전 587) | 이름은 허許. 시호가 선宣이어서 흔히 장선숙臧宣叔으로 불림. 장문중臧文仲의 아들. 노魯나라 사구司寇. 노魯 문공, 선공宣公, 성공成公을 거치며 30년 동안 경卿 직을 역임함. 계손행보의 지시를 받고 동문수의 친족을 국외로 추방함. 안鞍 땅 전투 때 군사를 빌리러 진晉나라 사신으로 파견됨. 제56회.

● **장안군**長安君 | 조趙 효성왕孝成王의 동생. 혜문태후惠文太后의 막내아들. 진秦나라가 침략해오자 장안군을 제齊나라에 인질로 보내 구원군을 요청함. 제98회.

● **장안군**長安君 | 진秦 장양왕莊襄王과 조희趙姬 사이에서 태어난 아들. 진왕 정政의 동생 성교成蟜. 교蟜는 교嶠로도 씀. 진왕 정이 여불위의 자식이라고 성토하면서 번오기와 함께 적통을 잇는다는 명분을 내세우고 반란을 일으켰으나 실패한 뒤 목을 매어 자결함. 제102회. 제103회. 제104회.

● **장양후**莊襄后 | → 조희趙姬

● **장어교**長魚矯 | 미소년으로 진晉 여공厲公의 총애를 받고 대부에 임명됨. 세 극씨郤氏(극기, 극주, 극지)를 죽인 후 다시 진 여공에게 난서와 순언을 죽일 것을 요청했으나 거부당하자 서융西戎으로 도망침. 제58회. 제59회. 제62회.

● **장우**章羽 | 서徐나라 군주. 망명 온 오왕 요僚의 아들 엄여掩餘를 오나라 사자가 죽여달라고 하자 차마 그럴 수 없어서 엄여를 초나라로 달아나게

함. 이 때문에 오왕 합려가 손무를 보내 서나라를 멸망시킴. 제75회.

● **장위희**長衛姬 | 위衛 혜공惠公의 딸. 위 의공懿公의 여동생. 제 환공의 첫째 여부인如夫人. 공자 무휴無虧를 낳음. 제17회. 제20회. 제31회.

● **장유삭**張柳朔 | 진晉 경공頃公 때 순인과 사길석의 파당. 백인柏人이 함락될 때 전사. 제79회.

● **장의**張儀(?~기원전 310) | 위魏나라 사람. 귀곡자鬼谷子 문하에서 유세술을 배움. 소진과 결의형제. 연횡책連衡策을 주장. 진秦 혜문왕에 의해 상국으로 임명됨. 무신군武信君에 봉해짐. 각국을 돌아다니며 온갖 술수로 연횡책을 설파하다가 위魏나라에서 병사함. 제87회. 제90회. 제91회. 제92회.

● **장장**長牂 | 위衛 성공成公과 숙무叔武의 대부. 위나라 도성 문을 지키며 귀국하는 위 성공을 맞이함. 제42회.

● **장축**張丑 | 제나라 전화田和의 장수. 노魯나라 진영에 사신으로 파견되었다가 오기의 위장 전술에 말려 상황을 잘못 파악했고 그 결과 제나라는 노나라에 대패함. 제86회.

● **장화**張華 | 위진魏晉 시대의 진晉나라 승상. 견우성과 북두칠성 사이에 자줏빛 서기가 서려 있는 것을 보고 뇌환雷煥에게 점을 쳐 풍성豐城 감옥 밑에서 간장검과 막야검을 얻음. 제74회.

● **장희**莊姬 | 진晉 성공成公의 딸. 조돈의 아들 조삭에게 출가. 조씨 고아 조무의 모친. 궁궐에서 조무를 낳아 궁궐 밖 한궐에게 전했고 한궐은 다시 정영에게 전해 조씨의 명맥이 이어지게 함. 제51회. 제57회.

● **저대**褚帶 | 손양孫襄 저택의 가신. 손씨 댁을 지키다가 영희盈喜의 공격을 받고 피살됨. 제65회.

● **저리질**樗里疾(?~기원전 300) | 진秦 효공孝公의 서자. 진秦 혜문왕惠文王의 장

수. 진秦 무왕武王 때 우승상에 임명됨. 한韓, 조趙, 위魏, 연燕 연합군을 함곡관에서 대파함. 무왕이 한나라를 정벌하고 낙양으로 가는 것을 반대함. 낙양에서 무왕이 구정을 들다 정강이뼈가 부러져 숨을 거두자 장례 행렬을 호위하여 귀국함. 초나라를 정벌하여 대장 경쾌景快를 죽임. 진秦나라에 온 제나라 맹상군을 구금하게 함. 제91회. 제92회. 제93회.

● **저사신**褚師申 | 위衛 헌공獻公의 대부. 제65회.

● **적담**籍談 | 진晉 소공昭公의 장수. 평구 회맹에서 군사를 거느리고 위력을 과시함. 주나라 왕실 서자 조朝의 공격을 받는 도왕悼王을 왕성으로 호위함. 제70회.

● **적반**赤斑 | 서융西戎의 군주. 진秦나라의 미인계에 속아 정사를 소홀히 함. 현신 유여繇余를 의심하여 진秦나라로 떠나가게 함. 건병, 백리시, 서걸술의 공격을 받고 진秦나라에 항복함. 적반이 항복하자 다른 융족戎族들도 줄줄이 진나라에 항복함. 제26회. 제46회.

● **적사미**狄虒彌 | 맹손멸의 부하 장수. 핍양성偪陽城 공격 중 갑옷을 입힌 수레바퀴를 방패로 들고 공격에 나서 용력을 뽐냄. 제60회.

● **적언**籍偃 | 진晉 도공悼公의 여사마輿司馬. 평소 난씨와 친밀하게 지내다가 난영欒盈의 파당으로 지목받아 범앙에 의해 체포되어 서민으로 강등됨. 제59회. 제62회. 제63회.

● **적정**赤丁 | 적적翟나라 대장. 주周 양왕襄王을 몰아내고 태숙 대帶를 보위에 올림. 제38회.

● **적풍자**赤風子 | 적나라 대장 적정의 아들. 주나라 군사를 유인하여 패배시킴. 제38회.

● **전개강**田開疆 | 제 경공景公의 장수. 진무우와 일가 간. 서徐나라를 정벌하

여 서나라 대장 영상嬴爽을 죽이고 갑사 500여 명을 사로잡음. 안영晏嬰의 계략에 걸려 고야자, 공손첩과 복숭아를 놓고 다투다가 자결함. 제71회.

◉ **전거**田居 │ 제齊나라 대부로 노魯나라에 왔다가 오기吳起의 박학다식함에 감동하여 자신의 딸을 오기의 아내로 줌. 제86회.

◉ **전광**田光(?~기원전 227) │ 연燕 태자 단丹이 진秦나라에 복수를 하려 하자 태부 국무鞠武가 전광을 추천함. 전광은 자신이 이미 연로하다고 다시 형가를 추천하고는 거사의 비밀을 보장하기 위해 스스로 목을 찔러 자결함. 제 106회.

◉ **전기**田忌 │ 제齊나라 전화田和의 장수. 제 위왕威王 때 사마司馬로 임명됨. 마릉 전투에서 방연에게 승리한 후 상국相國에 임명됨. 제88회. 제89회.

◉ **전단**田單 │ 제齊 민왕湣王 때의 왕족. 연燕나라의 공격을 받고 나라가 망국 지경에 처했을 때 즉묵에서 지혜로운 처신으로 연나라에 대항하는 군사의 대장으로 추대됨. 침착하고 슬기롭게 대책을 세워 연나라 공격을 막아내고 제나라를 다시 세움. 장수들이 제나라 보위에 오를 것을 간청했으나 사양하고 세자 법장(양왕)을 보위에 올림. 법장이 즉위한 후 전단을 안평군安平君에 봉함. 제95회. 제97회. 제98회.

◉ **전문**田文 │ 전상문田商文. 위사魏斯의 제후 책봉을 위해 주周 왕실에 사신으로 파견됨. 위魏 무후武侯의 상국相國. 제나라 맹상군과는 동명이인임. 제 85회. 제86회.

◉ **전문**田文 │ → 맹상군孟嘗君

◉ **전반**田盤 │ 제齊 권력자 진항陳恒(전성자田成子)의 아들. 진陳과 전田은 고음古音이 유사해서 통용함. 진晉나라 삼진三晉(한韓, 위魏, 조趙) 가문과 독자적으로 수교하면서 제나라 모든 고을의 대부를 자신의 일가친척으로 임명

함. 제나라 강씨姜氏 공실公室은 유명무실화됨. 제85회.

● **전변**田騈 | 제齊 선왕宣王의 직하학사. 상대부. 제89회.

● **전불례**田不禮 | 조趙나라 안양군安陽君 장章의 재상. 안양군을 보위에 올리기 위해 반란을 일으켰으나 태부 이태李兌의 군사에게 패하여 참수됨. 제93회.

● **전손생**顓孫生 | 노魯 장공莊公의 대부. 노魯 환공桓公이 제齊 양공襄公에게 피살되고 노 장공이 즉위하는 과정에서 노나라의 혼란을 안정시킴. 제, 송 연합군과의 전투에서 송나라 대장 남궁장만을 사로잡음. 제13회. 제17회.

● **전양저**田穰苴 | 안영이 제齊 경공景公에게 추천한 장수. 엄격하게 군법을 시행하여 제 경공의 총신 장가莊賈를 참수함. 진晉과 연燕의 군사를 격파한 후 대사마大司馬에 임명됨. 제71회. 제78회.

● **전여**展如 | 오왕 부차夫差의 대장. 애릉 전투에서 제나라 장수 공손하를 사로잡음. 제82회.

● **전영**田嬰 | 제나라 대장 전기田忌의 거우車右. 마릉馬陵 전투에서 승리한 후 장군에 임명됨. 제 민왕湣王 때 설공薛公에 봉해지고 정곽군靖郭君으로 칭해짐. 제88회. 제89회. 제91회.

● **전의**專毅 | 오吳나라 협객 전제專諸의 아들. 전제가 오왕 요僚를 시해한 후 공자 광(합려)에 의해 상경上卿으로 임명됨. 월越나라와의 전투에서 중상을 당해서 죽음. 제73회. 제75회. 제76회. 제77회. 제79회.

● **전자방**田子方 | 위魏 문후文侯 때의 현인. 위성魏成의 추천으로 위魏 문후의 상객이 됨. 제86회. 제87회.

● **전제**專諸 | 오나라의 용사. 오자서와 결의형제를 맺고 나중에 공자 광(합려)이 하사한 어장검魚腸劍으로 오왕 요僚를 시해함. 제73회.

● **전태공**田太公 | → 전화田和

◉ **전파**田巴 │ 전국시대 제齊나라 변론가. 열두 살 먹은 소년 노중련魯仲連의 논리에 굴복당한 후 노중련을 '하늘을 나는 토끼飛兔'라고 일컬음. 제100회.

◉ **전화**田和(?~기원전 384) │ 제태공齊太公. 제齊나라 권력자 전반의 손자이자 전백田白의 아들. 제 강공康公을 바닷가로 옮긴 후 식읍으로 성城 하나만 주고 나머지 제나라 땅은 모두 자신이 차지함으로써 강씨姜氏 대신 전씨가 제나라를 통치하게 됨. 제85회. 제86회.

◉ **전획**殿獲 │ 노魯 희공僖公의 대부. 자는 자금子禽. 유하柳下에 봉토가 있고 시호가 혜惠여서 흔히 유하혜柳下惠로 일컬어짐. 제齊나라의 공격을 받고 사촌 동생 전희展喜를 시켜 담판으로 물리치게 함. 제39회.

◉ **전희**展喜 │ 전획의 사촌동생. 노魯 희공僖公 때 제나라의 공격을 받자 사촌형 전획의 가르침을 받고 담판으로 제나라와의 강화를 성사시킴. 제39회.

◉ **전힐**田肸 │ 제齊 위왕威王이 조趙나라를 막기 위해 임명한 고당高唐 태수. 제86회.

◉ **전힐**顚頡(?~기원전 632) │ 진晉 문공文公의 공신. 19년 동안 공자 중이(진晉 문공)의 망명 생활을 수행함. 조曹나라 정벌에서 장수 우랑牛郎을 사로잡음. 조曹나라 희부기僖負羈를 우대하라는 진晉 문공의 정책에 반발하여 위주魏犨와 함께 희부기의 집에 방화함. 희부기가 불타 죽은 뒤 진 문공에게 잡혀가서 참수됨. 제27회. 제31회. 제34회. 제37회. 제38회. 제39회. 제40회.

◉ **점월**苫越 │ 노魯나라 계손사의 가신. 양호陽虎의 반란 때 구원병을 이끌고 맹손씨 저택으로 와서 양호를 공격함. 제78회.

◉ **접여**接輿 │ 제齊 선왕宣王의 직하학사. 상대부. 제89회.

◉ **정**婧 │ 제나라 재상 관중管仲의 애첩. 종리鍾離 사람으로 옛 서적에 능통하고 지혜가 있었음. 영척寧戚의 시 「백수白水」를 듣고 그가 벼슬을 구한다는

것을 알아챔. 제18회.

◉ **정**靜 ┃ → 주周 선왕宣王

◉ **정**鄭 **간공**簡公(?~기원전 530) ┃ 정 희공僖公의 동생 가嘉. 일설에는 희공의 아들이라고 함. 공자 비騑가 정 희공을 시해하고 가를 보위에 올림. 당시 강국인 진晉과 초楚의 교전交戰을 부추기며 아슬아슬한 균형 외교를 펼침. 제60회. 제61회. 제66회. 제67회. 제68회.

◉ **정**鄭 **도공**悼公(?~기원전 585) ┃ 정 양공襄公의 세자 비費. 비沸라고도 씀. 정나라와 허許나라가 경계를 다툴 때 초나라가 허나라 편을 들자 정 도공은 초나라를 버리고 진晉나라를 섬김. 제57회.

◉ **정**鄭 **목공**穆公(기원전 648~기원전 606) ┃ 공자 난蘭. 정 문공文公의 아들. 모친은 연길燕姞로 남연南燕 길씨姞氏의 딸. 진晉 문공에 의해 정 문공의 세자로 세워졌다가 정 문공 사후 보위에 오름. 그의 자손이 번성하여 정나라를 좌지우지함. 제43회. 제44회. 제48회. 제49회. 제51회.

◉ **정**鄭 **무공**武公(?~기원전 744) ┃ 공자 굴돌掘突. 정백鄭伯 우友의 아들. 부친이 견융犬戎과의 싸움에서 전사하자 소복을 입고 전투에 나서 견융을 물리침. 신申나라에 추방되었던 주周 왕실의 태자 의구宜臼(평왕)를 호위해와서 보위에 올림. 부친의 작위를 이어받아 주 왕실의 경사卿士 직을 겸임함. 정 무공 때와 정 무공의 아들 정 장공莊公 때 정나라는 주 왕실을 보위하고 제후국들을 호령하는 춘추시대의 강국이었음. 제3회. 제4회.

◉ **정**鄭 **문공**文公(?~기원전 628) ┃ 정鄭 여공厲公의 세자 첩踕. 당시 최강국이었던 제나라와 초나라 사이에서 외교적 균형을 잡기 위해 노력함. 초 성왕成王의 정나라 정벌이 빌미가 되어 제나라를 중심으로 한 노魯, 송宋, 위衛, 진陳, 정鄭, 허許, 조曹 8국 연합군이 결성되어 초나라에 대항함. 이 여덟

나라는 소릉김陵에서 무력을 과시하며 초나라와 우호의 맹약을 맺고 남북 화해를 가져옴. 진晉 공자 중이가 강호를 유랑하며 정나라에 들렀을 때 성문을 열어주지 않고 문전박대하여 뒷날 정벌의 빌미를 제공함. 제19회. 제20회. 제23회. 제24회. 제33회. 제34회. 제35회. 제37회. 제38회. 제41회. 제42회. 제43회. 제44회.

● **정**鄭 **성공**成公(?~기원전 571) │ 정 양공襄公의 아들 곤睔. 초나라를 도와 언릉 전투에 참가했다가 패배함. 제58회. 제59회. 제60회.

● **정**鄭 **소공**昭公(?~기원전 695) │ 정 장공莊公의 세자 홀忽. 주周 평왕平王의 태자 호狐와 인질로 교환됨. 평왕 사후 태자 호가 보위를 잇기 위해 귀국하자 세자 홀도 정나라로 돌아옴. 북융北戎의 침략을 받은 제나라를 구원하고 큰 공을 세움. 송 장공莊公의 위협을 받은 채족祭足이 정 소공을 축출하고 그 아우 돌突(여공)을 보위에 올림. 정 여공과 불화한 채족이 다시 여공을 쫓아내고 소공을 복위시킴. 이후 평소에 소공과 사이가 좋지 않던 고거미高渠彌가 증제蒸祭를 지내러 가던 소공을 시해함. 제5회. 제6회. 제7회. 제8회. 제10회. 제12회.

● **정**鄭 **양공**襄公(?~기원전 587) │ 공자 견堅. 정 영공靈公의 아우. 공자 송宋과 공자 귀생歸生이 정 영공靈公을 시해한 후 공자 견堅을 보위에 올림. 초 장왕莊王의 공격을 받고 항복함. 하희夏姬를 친정인 정나라로 데려오게 함. 제52회. 제53회. 제54회. 제57회.

● **정**鄭 **여공**厲公(?~기원전 673) │ 공자 돌突. 정 장공의 아들. 세자 홀忽의 아우. 모후는 송나라 여인 옹길雍姞. 정 소공 즉위 후 송나라로 보내졌다가 송 장공莊公과 채족祭足의 도움으로 소공을 추방하고 보위에 오름. 다시 채족에게 추방되었으나 역櫟 땅을 빼앗아 근거지로 삼음. 17년 후 대릉大陵을

점령하고, 항복한 부하傅瑕를 길잡이 삼아 도성으로 가서 공자 의儀를 죽이고 다시 보위에 오름. 왕자 퇴頹의 반란을 진압하고 주周 혜왕惠王을 복위시킴. 제7회. 제10회. 제11회. 제12회. 제19회.

● **정鄭 영공**靈公(?~기원전 605) ┃ 정 목공穆公의 세자 이夷. 공자 송宋에게 자라 국을 나눠주지 않고 그를 놀린 일 때문에 공자 송과 공자 귀생歸生에게 시해됨. 제51회. 제52회.

● **정鄭 장공**莊公(기원전 757~기원전 701) ┃ 공자 오생寤生. 정 무공武公과 무강武姜 사이에서 태어난 맏아들. 모후 무강이 둘째 아들 태숙 단段을 총애하여 반란을 조장하다가 결국 장공에게 진압됨. 태숙 단은 자결하고 무강은 영穎 땅에 유폐됨. 영고숙穎考叔이 무강과 장공 모자를 화해시킴. 주周 왕실과 불화하여 공격을 받았으나 물리침. 허許나라를 정벌하여 승리함. 제4회. 제5회. 제6회. 제7회. 제8회. 제9회. 제10회.

● **정鄭 정공**定公(?~기원전 514) ┃ 정 간공簡公의 아들 영寧. 정나라에 망명 와 있던 초나라 세자 건建이 진晉나라와 내통하여 반란을 일으키려 하자 그를 유인하여 참수함. 오자서의 공격 때도 역시 망명 와 있던 초나라 영윤 낭와囊瓦를 자결케 함. 오자서의 은인인 어부 노인의 아들을 등용해 인정에 기대 오자서를 설득하여 오吳나라 군사를 물러가게 함. 제72회. 제73회. 제77회.

● **정鄭 환공**桓公(?~기원전 771) ┃ 정백鄭伯 우友. 주周 여왕厲王의 막내아들. 주 선왕宣王의 이복동생. 처음으로 정鄭 땅에 봉해져 정백으로 칭해짐. 제후국 정나라의 시조. 주 왕실의 사도司徒 직을 겸함. 견융犬戎의 침략을 받고 주 유왕幽王을 보위하다 장렬히 전사함. 제2회. 제3회.

● **정鄭 희공**僖公(?~기원전 566) ┃ 정 성공成公의 세자 곤완髡頑. 언행이 오만

하고 무례하여 공족과 화합하지 못하다가 공자 비騑에게 시해당함. 제60회.

● **정강**定姜 | 위衛 정공定公의 부인. 위衛 헌공獻公의 모후. 무도한 헌공의 잘못을 지적하며 바로잡을 것을 요구했으나 헌공은 말을 듣지 않음. 제61회.

● **정구완**鄭邱緩 | 진晉나라 중군 대장. 안鞍 땅 전투 때 극극郤克의 거우車右. 제56회.

● **정단**鄭旦 | 월왕 구천勾踐이 서시西施와 함께 오왕 부차夫差에게 미인계로 바친 미녀. 오나라에 도착하고 얼마 지나지 않아 죽음. 제81회.

● **정단**鄭丹 | 자는 자혁子革. 초楚 영왕靈王의 우윤右尹. 서徐나라를 정벌 중인 영왕에게 전쟁을 중지하고 민생을 돌볼 것을 권유했으나 영왕은 듣지 않음. 채공蔡公 기질棄疾이 반란을 일으켜 민심이 이반되자, 영왕에게 외국으로 망명하여 군사를 빌리자고 계책을 올렸으나 영왕은 역시 듣지 않음. 결국 영왕을 버려두고 혼자서 초나라로 귀환함. 초 평왕平王 즉위 후 옛 벼슬을 그대로 회복함. 제67회. 제68회. 제69회. 제70회.

● **정백**鄭伯 **우**友 | → 정鄭 환공桓公

● **정선도**鄭先都 | 진晉 문공文公의 대부. 진 문공의 즉위를 내부에서 호응함. 제36회.

● **정수**鄭袖 | 초楚 회왕懷王의 부인. 간신 근상靳尙의 아첨을 믿고 궁궐 안팎의 중요한 일을 맡김. 진秦나라 승상 장의를 죽이려는 회왕을 설득하여 살려서 돌려보내게 함. 제92회.

● **정안평**鄭安平 | 범수范雎의 의형제. 위魏나라 상국 위제魏齊에게 곤장을 맞고 죽어가는 범수를 구해준 후 진秦나라 사신 왕계에게 천거하여 진나라로 갈 수 있게 함. 범수를 천거한 공로로 진나라에서 편장군偏將軍에 임명됨.

위魏나라 신릉군의 공격을 받고 고립되었다가 결국 위나라에 항복함. 제 97회. 제98회. 제99회. 제100회. 제101회.

◉ **정영**程嬰 | 진晉 조삭趙朔의 문객. 조씨 고아 조무趙武를 보호하기 위해 자신의 친아들을 조무로 속이고 피살당하게 함. 이후 조무를 보호하여 훌륭하게 장성시킴. 조씨 가문의 명예가 회복되고 조무도 사구司寇로 임명되자, 공손저구와의 의리를 지키기 위해 자결함. 제57회. 제59회.

◉ **정을**丁乙 | 위魏나라 방연이 손빈을 참소하기 위해 자신의 심복 서갑徐甲을 정을로 위장하게 함. 제88회.

◉ **정정**程鄭 | 진晉나라 순씨荀氏 별족. 진 도공悼公의 찬복贊僕. 제59회.

◉ **정주보**鄭周父 | 제齊 경공頃公의 장수. 화부주산華不注山 화천華泉에서 탈출해온 제 경공을 수레에 실어 구출함. 제56회.

◉ **정활**程滑 | 진晉 여공厲公 때의 아장牙將. 순언과 난서의 지시로 진 여공을 짐독으로 독살함. 진 도공悼公 즉위 후 임금을 시해한 죄로 능지처참형에 처해짐. 제59회. 제62회.

◉ **정희**鄭姬 | 제齊 환공桓公의 셋째 여부인如夫人. 공자 소昭의 모친. 제32회.

◉ **제**齊 **간공**簡公(?~기원전 481) | 공자 임壬. 제 도공悼公의 아들. 진항陳恒이 제 도공을 독살한 후 보위에 올림. 제81회.

◉ **제**齊 **경공**景公(?~기원전 490) | 공자 저구杵臼. 제 영공靈公의 아들. 제 장공莊公의 이복동생. 최저崔杼가 제 장공을 시해하고 보위에 올림. 닭발을 좋아하여 제나라에 닭 요리를 유행하게 함. 노포계의 거사로 경봉慶封의 무리를 제거한 뒤 최저의 시신을 부관참시함. 전횡을 일삼던 고씨高氏와 난씨欒氏 파당을 축출함. 진무우에게 고당高唐 땅을 하사하여 부자가 되게 함. 진晉을 방문하여 연회장에서 진 소공昭公과 투호 놀이를 함. 진晉이 주도한 평

구_구邱 회맹에 참석하여 마지못해 삽혈을 함. 전개강, 고야자, 공손첩 등 세 용사를 총애함. 안으로는 안영에게 정사를, 밖으로는 전양저에게 병무를 맡겨 치세를 이룩함. 제62회. 제65회. 제66회. 제67회. 제69회. 제70회. 제71회. 제78회. 제79회. 제81회.

● **제**齊 **경공**頃公(?~기원전 582) │ 제 혜공惠公의 아들 무야無野. 제나라에 사신 온 진晉 극극(애꾸눈), 노魯 계손행보(대머리), 위衛 손양부(절름발이), 조曹 공자 수首(꼽추)에게 모욕을 줌. 이들의 원한으로 안鞍 땅 싸움이 일어남. 안 땅 싸움에서 진晉나라에 대패한 제 경공頃公은 방축보와 옷을 바꿔 입고 화천華泉으로 물을 길으러 간다는 핑계를 대고 구사일생으로 탈출함. 만년에는 백성을 잘 보살펴서 민심을 얻음. 제53회. 제56회. 제57회.

● **제**齊 **도공**悼公(?~기원전 485) │ 공자 양생陽生. 제 경공景公의 서장자. 공자 도荼가 보위에 오른 후 노魯나라로 도피했다가 진걸陳乞의 추대로 보위에 오름. 진걸의 아들 진항陳恒에게 독살됨. 제81회.

● **제**齊 **민왕**湣王(?~기원전 284) │ 성명 전지田地. 제 선왕宣王의 아들. 즉위 초에는 맹상군의 말을 듣고 강국의 면모를 갖춤. 연왕燕王 쾌噲가 상국 자지에게 양위하는 과정에서 연나라에 혼란이 발생하자 연나라를 정벌하여 자지를 능지처참형에 처하고 연나라 땅 절반을 제나라에 귀속시킴. 초, 위魏와 연합하여 송나라를 멸망시킨 후 그 땅을 독차지함. 말년에 맹상군을 쫓아내고 무도한 폭정을 일삼았음. 연燕, 진秦, 한趙, 위魏 연합군의 공격을 받고 나라가 망함. 위衛, 노魯, 추鄒나라로 도망가서도 천자 행세를 하다가 문전박대를 당함. 거주莒州에서 마지막 저항을 하는 도중에 지원을 온 초나라 대장 요치淖齒에게 잡혀 산 채로 근육이 뽑혀 주살당함. 제91회. 제92회. 제93회. 제94회. 제95회. 제97회.

● **제**齊 **선왕**宣王(?~기원전 301) | 제 위왕威王의 아들 벽강辟疆. 추기騶忌, 전기田忌, 손빈孫臏 등을 등용하여 제나라를 강국으로 만듦. 한韓, 위魏, 조趙와 박망성博望城에서 회맹하고 맹주로 추대됨. 이후 설궁雪宮을 짓고 주색과 사냥에 탐닉함. 직문稷門에 강당을 만들고 유세객 수천 명을 모아 공리공담을 일삼게 함. 추녀醜女 종리춘鍾離春의 간언을 듣고 그녀를 왕비로 삼았으며 직하의 유세객도 해산시키고 맹자孟子를 상빈上賓으로 삼음. 소진蘇秦의 유세를 듣고 합종책에 참여함. 연나라를 탈출해온 소진의 반간계反間計를 알아채지 못하고 나라를 혼란에 빠뜨리다가 죽음. 제88회. 제89회. 제90회. 제91회.

● **제**齊 **소공**昭公 | 공자 반潘. 제 환공桓公과 넷째 여부인 갈영葛嬴의 아들. 제 환공의 대부가 된 위衛나라 공자 개방開方과 친함. 제 효공孝公이 죽고 보위에 오름. 진晉 문공文公이 주도한 성복城濮 전투에 참전하여 초나라를 격파함. 제32회. 제33회. 제39회. 제40회. 제41회. 제42회. 제49회.

● **제**齊 **양공**襄公(?~기원전 686) | 제 희공僖公의 세자 제아諸兒. 기紀나라를 쳐서 멸망시키는 등 밖으로는 강국의 제후로서의 면모를 발휘함. 그러나 안으로는 이복 여동생 문강文姜과 사통하여 문강의 남편 노魯 환공桓公을 살해하는 등 폭정을 행하며 주색에 탐닉함. 결국 참외가 익을 때 수비 임무를 교대해주겠던 약속을 지키지 않아 연칭과 관지보에게 시해됨. 제9회. 제11회. 제13회. 제14회.

● **제**齊 **양왕**襄王(?~기원전 265) | 제 민왕湣王의 세자 법장法章. 제 민왕이 참변을 당한 후 이름을 왕입王立으로 바꾸고 태사 교敫의 집에서 머슴으로 위장하고 숨어 살았음. 이때 태사의 딸과 사통함. 왕손가王孫賈 등에 의해 제나라 왕으로 추대됨. 제95회. 제97회.

● **제齊 영공**靈公(?~기원전 554) | 성명 강환姜環. 제 경공頃公의 아들. 세자 광光을 폐하고 서자 아牙를 세자로 세움. 진晉을 배반하고 노魯를 치다가 열두 제후 연합군의 공격을 받고 크게 패함. 최저崔杼와 경봉慶封이 세자 아牙를 죽이고 다시 옛 세자 광光을 옹립하자 충격과 분노로 피를 토하고 죽음. 제60회. 제62회.

● **제齊 위왕**威王(?~기원전 320) | 제태공齊太公 전화田和의 손자 인제因齊. 즉위 후 주색에 빠져 정사를 돌보지 않다가 추기鄒忌의 간언을 듣고 패업霸業을 추구함. 제나라에서 왕호를 처음 사용. 주周 열왕烈王을 찾아가서 조례를 행함. 위魏나라에서 탈출한 손빈을 등용하여 군대를 강하게 함. 제86회. 제88회.

● **제齊 의공**懿公(?~기원전 609) | 공자 상인商人. 제 환공桓公과 다섯째 여부인如夫人 밀희密姬의 아들. 민심을 얻기 위해 막대한 재산을 백성에게 나누어 줌. 어린 조카인 세자 사舍를 죽이고 보위에 오름. 황음무도한 짓을 서슴지 않다가 측근인 병촉邴歜과 염직閻職에게 살해됨. 제32회. 제33회. 제49회.

● **제齊 장공**莊公(?~기원전 548) | 공자 광光. 제 희공僖公의 부친 제 장공莊公과는 다른 인물임. 제 영공靈公과 종희鬷姬 사이에서 태어난 아들. 서자 아牙를 총애한 제 영공에 의해 즉묵卽墨으로 쫓겨나 세자에서 폐위됨. 최저와 경봉이 세자 아牙를 죽이고 다시 공자 광을 보위에 올림. '용작勇爵'이란 작위를 만들어 용력이 뛰어난 자를 숭상함. 진晉에서 망명한 난영欒盈을 앞세워 진을 치려다 실패함. 최저의 아내 당강棠姜과 사통했다가 최저에게 시해됨. 제60회. 제62회. 제63회. 제64회. 제65회.

● **제齊 평공**平公(?~기원전 456) | 제 간공簡公의 동생 오驁. 진항陳恒이 제 간공을 시해하고 보위에 올림. 제82회.

● **제齊 혜공**惠公 | 공자 원元. 제 환공桓公의 아들. 둘째 여부인如夫人 소위희 少衛姬 소생. 위衛나라로 도피. 제 소공昭公 말년에 소환되어 국정을 돌보다 가 공자 상인商人(제 의공)이 세자 사숨를 죽이고 보위에 오르자 조정을 떠 남. 제 의공이 병촉과 염직에 의해 시해된 뒤 보위에 추대됨. 제32회. 제 33회. 제49회. 제50회. 제56회.

● **제齊 환공**桓公(?~기원전 643) | 공자 소백小白. 제 양공과 거莒나라 여인 사 이에서 태어남. 제 양공의 차자. 춘추시대 첫째 패자覇者. 관중管仲, 포숙아 鮑叔牙 등 현신을 등용해 제나라를 춘추시대 최강국으로 만듦. 그러나 말 년에 역아易牙, 개방開方, 수초豎貂 등 간신배를 총애하다가 이들의 권력욕에 의해 사후 시신이 두 달 이상 방치됨. 제15회. 제16회. 제17회. 제18회. 제 19회. 제20회. 제21회. 제22회. 제23회. 제24회. 제28회. 제29회. 제30회. 제31회. 제32회. 제33회.

● **제齊 효공**孝公(?~기원전 633) | 공자 소昭. 제 환공桓公의 셋째 여부인 정희 鄭姬 소생. 제 환공이 세자로 세우고 송 양공襄公에게 보호를 부탁함. 밖으 로는 송 양공의 도움으로, 안으로는 고호高虎, 국의중國懿仲, 최요崔夭 등의 도움으로 보위에 오름. 제24회. 제32회. 제33회. 제34회. 제37회. 제39회. 제40회.

● **제齊 희공**僖公(?~기원전 698) | 제 전장공前莊公의 아들. 허許나라를 정벌하 여 허 장공莊公을 추방하고 그 아우 허숙許叔에게 허나라 제사를 잇게 함. 송나라 화독華督의 반란을 평정함. 북융北戎의 침략을 물리침. 그의 자녀 중 아들 제 양공襄公과 딸 선강宣姜과 문강文姜은 음행으로 유명함. 제5회. 제6회. 제7회. 제8회. 제9회. 제11회.

● **제강**齊姜 | 곡옥무공曲沃武公의 후실. 제齊 환공桓公의 맏딸. 곡옥무공의

아들 진晉 헌공獻公과 사통하여 아들 신생申生을 낳음. 진 헌공의 정실 가희
賈姬가 죽은 후 정실부인이 됨. 여융驪戎 군주의 딸 여희驪姬와 소희少姬가
후실로 들어오면서 총애를 잃음. 제20회.

◉ **제강**齊姜 | 진晉 문공文公이 제 환공의 권유로 제나라에서 맞은 부인. 문
공이 제나라에서 안락한 생활에 만족하며 떠나려 하지 않자 제강이 문공
의 가신家臣들과 모의하여 문공에게 술을 인사불성으로 마시게 한 후 수레
에 태워 보냄. 문공이 진나라 보위에 오른 후 제강을 맞아와서 첫째 부인
으로 삼음. 제34회.

◉ **제계영**諸稽郢 | 월왕 구천의 사마司馬. 오왕 합려의 공격을 막기 위한 월나
라 군사의 대장. 취리檇李 전투 시 오나라 군영 앞에서 월나라 죄수들을 자
결하게 하여 오나라 군사들의 주의를 분산시키고 대승을 거둠. 제나라를
공격하는 오나라 군사를 거짓으로 지원함. 제79회. 제80회. 제82회.

◉ **제녀**齊女 | 맹영孟嬴의 잉첩. 제齊나라 출신. 비무극의 계략으로 맹영 대신
초나라 세자 건建에게 바쳐짐. 세자 건과의 사이에서 공자 승勝을 낳음. 제
71회.

◉ **제미명**提彌明 | 진晉나라 상국 조돈의 거우車右. 도안고의 계략에 빠진 조
돈을 구출하고 목숨을 잃음. 제48회. 제50회.

◉ **제번**諸樊(?~기원전 548) | 오왕吳王 수몽壽夢의 세자. 수몽이 죽은 후 보위
에 오름. 진晉 평공平公의 딸을 부인으로 맞음. 초나라를 공격하다 소巢 땅
의 장수 우신牛臣의 화살을 맞고 죽음. 제60회. 제61회. 제62회. 제65회.

◉ **제악**齊惡 | 위衛 헌공獻公의 대부. 영희寧喜가 피살된 후 진晉나라로 망명하
려는 공자 전鱄을 만류했으나 성공하지 못함. 제65회. 제66회.

◉ **제왕**齊王 **건**建(기원전 283~기원전 221) | 제 양왕襄王의 아들. 모후는 군왕

후君王后. 제나라 망국 군주. 진秦나라 대장 왕분의 공격을 막아내지 못하고 나라가 망함. 공성共城에 유폐되었다가 며칠 뒤 울분과 비애에 젖어 생을 마침. 제98회. 제105회. 제108회.

◉ 조曹 공공共公(?~기원전 618) ㅣ 조曹 소공昭公의 아들. 이름 양襄. 유희만 좋아하고 조정 일은 방치하면서 건달 300명을 대부로 임명함. 망명 중이던 진晉 문공文公을 박대하고 목욕 중이던 그의 변협騈脇을 구경하는 무례를 저지름. 진晉 문공 즉위 후 정벌을 당해 진나라로 잡혀감. 조曹나라 조상이 굶게 된다는 곽언郭偃의 점괘에 의해 풀려남. 제33회. 제39회. 제40회. 제41회. 제43회.

◉ 조趙 도양왕悼襄王(?~기원전 236) ㅣ 조趙 효성왕孝成王의 태자 언偃. 곽개의 참소를 믿고 명장 염파를 추방함. 방난을 대장으로 삼아 연나라 극신의 공격을 물리침. 위魏나라에서 바치는 업군鄴郡 땅을 받았다가 진秦나라 장수 환의의 공격을 받고 빼앗김. 태자 가嘉를 폐하고 서자 천遷을 태자로 세움. 간신 곽개의 농간으로 나라가 망국의 길로 들어섬. 제102회. 제104회. 제105회.

◉ 조趙 무령왕武靈王(?~기원전 295) ㅣ 성명 조옹趙雍. 조趙 숙후肅侯의 아들. 북방 호족胡族의 습속을 받아들여 군사력을 강화함. 장년에 보위를 아들 혜왕惠王에게 물려주고 자신은 주보主父로 칭함. 진秦 소양왕昭襄王의 사람됨을 알아보기 위해 조초趙招라는 가명을 쓰고 진秦나라 왕실로 사신을 감. 반란을 일으킨 맏아들 안양군安陽君 장章을 비호하다 사구궁沙邱宮에 유폐되어 아사함. 제91회. 제93회. 제95회.

◉ 조趙 성후成侯(?~기원전 350) ㅣ 조趙 경후敬侯의 아들 종種. 위魏나라 방연이 한단을 침략하자 제나라에 구원을 요청함. 제88회.

◉ **曹 소공**昭公 | 성명 희반姬班. 曹 이공釐公(희공僖公)의 아들. 제 환공桓公이 주도한 여덟 나라 연합군의 일원으로 소릉召陵 회맹에 참여함. 제23회.

◉ **趙 숙후**肅侯(?~기원전 326) | 趙 성후成侯의 아들 어語. 소진의 합종책을 받아들여 그를 종약장縱約長으로 삼고 상국 인수와 저택을 하사한 뒤 무안군武安君에 봉함. 제齊, 초楚, 위魏, 한韓, 연燕과 원수洹水에서 회맹하고 합종책에 참여함. 제90회.

◉ **趙 열후**烈侯(?~기원전 400) | 조적趙籍. 진晉나라 조완趙浣의 아들. 주 왕실의 위열왕威烈王에 의해 조후趙侯로 책봉되어 정식으로 제후의 반열에 듦. 제85회.

◉ **曹 장공**莊公 | 성명 석고射姑. 일명 석고夕姑. 曹 환공桓公의 아들. 제齊 환공桓公, 진陳 선공宣公과 함께 송나라 정벌에 참여함. 제18회.

◉ **趙 혜문왕**惠文王 | → 趙 혜왕惠王

◉ **趙 혜왕**惠王(기원전 310~기원전 266) | 趙 무령왕武靈王의 둘째 세자 하何. 혜문왕惠文王이라고도 함. 오왜吳娃 소생. 무령왕이 주보主父로 물러난 후 보위에 오름. 사구沙邱에서 전불례田不禮와 안양군安陽君(장章)이 반란을 일으켰을 때 공자 성成과 이태李兌의 도움으로 곤경에서 벗어남. 부친 주보가 사구궁에서 아사하자 시신을 수습하여 대代 땅에 장사 지냄. 공자 성이 죽자 공자 승勝을 상국에 임명하고 평원군平原君에 봉함. 제93회. 제95회. 제96회.

◉ **趙 효성왕**孝成王(?~기원전 245) | 趙 혜왕惠王의 세자 단丹. 어린 나이에 즉위하여 모후인 혜문태후惠文太后가 정사를 돌봄. 한韓나라 상당上黨 태수 풍정馮亭이 진秦나라의 침략을 견디지 못해 17개 성을 바치자 평원군平原君의 말을 듣고 그것을 받아들임. 조괄을 대장으로 삼아 진秦나라 공격을 막

다가 대패하여 조나라 군사 40여만 명이 학살당함. 노중련과 신릉군의 도움으로 진秦나라 군사를 대파함. 제98회. 제99회. 제100회. 제102회.

◉ **조가**趙茄 ┃ 조趙나라 장수 염파의 비장神將. 장평관長平關 밖으로 나가서 진秦나라 군사의 동정을 염탐하다가 진秦나라 장수 사마경과의 전투에서 목이 베임. 제98회.

◉ **조고**趙高(?~기원전 207) ┃ 진왕秦王 정政의 내시. 진왕 정이 형가荊軻의 공격을 받을 때 장검을 등에 지고 칼을 뽑으라고 고함을 지름. 그 공로로 황금 100일鎰을 하사받음. 진왕 정이 천하를 통일한 후 낭중령郎中令에 임명됨. 제107회. 제108회.

◉ **조괄**趙括(?~기원전 583) ┃ 조최趙衰와 조희趙姬 사이의 둘째 아들. 진晉 성공成公 때 대부가 됨. 진晉 경공景公의 중군 대부. 신군 부장. 간신 도안고에게 참살당함. 제37회. 제51회. 제57회.

◉ **조괄**趙括(?~기원전 260) ┃ 조趙 혜왕 때 마복군馬服君 조사趙奢의 아들. 부친 마복군의 지위를 세습함. 자신의 병법 실력을 과신하고 오만하게 처신하다 진秦나라에 대패함. 진秦나라 군사의 화살을 맞고 전사함. 제96회. 제98회. 제99회.

◉ **조귀**曹劌 ┃ → 조말曹沫

◉ **조돈**趙盾(?~기원전 601) ┃ 조최趙衰의 맏아들. 조선자趙宣子. 숙외叔隗 소생. 진晉 양공襄公 중군원수. 상경上卿. 호씨狐氏 집안과 불화하여 호국거를 살해하자 호야고는 적翟나라로 도주함. 진晉 양공襄公의 세자 이고夷皐를 버려두고 공자 옹雍을 옹립하려 함. 그러나 결국 다시 세자 이고를 보위에 올리면서 나라의 혼란을 야기함. 계책을 써서 사회士會를 귀국시킴. 진晉 영공靈公의 음란함과 무도함에 간언을 올리다가 쫓겨남. 그의 친족 조천趙穿이 진

영공을 시해하자 공자 흑둔黑臀(진晉 성공)을 보위에 올림. 제37회. 제46회. 제47회. 제48회. 제49회. 제50회. 제51회. 제52회.

◉ **조동**趙同(?~기원전 583) ┃ 조최와 조희趙姬 사이의 맏아들. 진晉 성공成公 때 대부가 됨. 진晉 경공景公의 하군 대부. 간신 도안고에게 참살당함. 제37회. 제51회. 제57회.

◉ **조말**曹沫 ┃ 조귀曹劌. '귀劌'는 '매沫'와 발음이 통하므로 '조매曹沫'로 읽는 것이 더 정확함. '매沫'와 '말沫'의 글자 형태가 비슷하여 혼동된 것으로 보임. 노魯 장공莊公의 장수. 장작長勺 전투에서 제齊 환공桓公의 군사와 싸워 고의로 세 번 패배한 뒤 마지막에 북소리 한 번으로 승리를 거둠一鼓作氣. 또 가柯 땅에서 제 환공과 회맹할 때 환공을 위협하여 제나라가 약탈해간 노魯나라 문양汶陽 땅을 돌려받음. 제13회. 제15회. 제16회. 제17회. 제18회.

◉ **조무**趙武(?~기원전 541) ┃ 조돈趙盾의 손자. 조삭趙朔의 아들. 조문자趙文子. 진晉 성공成公의 딸 장희莊姬 소생. 그 유명한 조씨 고아趙氏孤兒임. 도안고의 음모로 조씨 집안이 멸문지화를 당할 때 공손저구, 정영, 한궐 등의 보호를 받아 참화를 피함. 진晉 도공悼公 때 억울함이 밝혀져 도안고는 주살되고 조무는 복권됨. 진 도공의 사구司寇. 신군 원수. 범씨范氏, 위씨魏氏, 한씨韓氏 등과 함께 난영欒盈의 반란을 평정함. 송나라 상수向戌의 중재로 초 영윤 굴건과 전쟁 중지 회맹弭兵之會을 맺음. 제57회. 제59회. 제60회. 제61회. 제62회. 제64회. 제66회. 제67회.

◉ **조무휼**趙無卹(?~기원전 425) ┃ 진晉나라 권력자 조앙의 막내아들. 천한 비첩 소생. 그러나 재주가 뛰어나 조씨 집안의 적통을 이음. 조양자趙襄子. 한씨韓氏, 위씨魏氏와 힘을 합쳐 지요智瑤를 참수함. 지요의 두개골에 옻칠을

하여 요강으로 사용. 자신을 죽이려는 지요의 가신 예양豫讓을 처음에는 용서했다가 두 번째는 참수함. 가문의 적통을 자신의 맏형인 백로伯魯의 손자 조완趙浣에게 물려줌. 제83회. 제84회. 제85회. 제86회.

● **조병**趙屏 | 진晉 경공景公 때의 조씨 일족. 간신 도안고의 모략으로 주살당함. 제57회.

● **조사**趙奢 | 조趙 혜왕惠王의 명장. 진秦이 한韓나라 어여閼與를 침략하자 군사 5만 명을 이끌고 구원에 나서서 방어와 지연 기만술로 진나라 호상胡傷의 군사를 대파함. 이 공로로 마복군馬服君에 봉해짐. 아들 조괄의 교만을 경계해 장수 직을 맡지 말라고 했으나 조괄은 말을 듣지 않음. 제96회. 제98회.

● **조삭**趙朔(?~기원전 597) | 진晉나라 상국 조돈趙盾의 아들. 조장자趙莊子. 진晉 경공景公의 하군원수. 간신 도안고에게 참살당한 뒤 집안이 망함. 천신만고 끝에 목숨을 건진 아들 조무가 진晉 도공悼公에 의해 다시 복권됨으로써 집안이 다시 살아남. 제49회. 제50회. 제51회. 제57회.

● **조숙**趙夙 | 진晉 헌공獻公 때의 대부. 세자 신생申生을 위해 곡옥曲沃에 신성을 쌓음. 진晉 헌공은 조숙趙夙과 필만畢萬을 거느리고 적狄, 곽霍, 위魏를 멸망시키고 적 땅을 조숙의 봉토로 하사함. 제20회.

● **조숙대**趙叔帶 | 주周 유왕幽王의 대부. 유왕의 무도한 폭정에 직간을 올리다가 추방된 후 온 가족을 이끌고 진晉나라로 망명함. 진晉나라 조씨趙氏의 시조가 됨. 제2회.

● **조승**趙勝 | → 평원군平原君

● **조승**趙勝 | 조전趙旃의 아들. 도안고屠岸賈의 난 때 한단邯鄲에 있었기 때문에 혼자 화를 면함. 이후 송나라로 망명. 진晉 도공 즉위 후 조씨 가문의

명예가 회복되자 다시 소환되어 한단 땅에 봉해짐. 제57회. 제59회. 제64회.

● **조앙**趙鞅(?~기원전 476) | 진晉나라 대부 조무趙武의 손자. 조성趙成의 적장자. 조간자趙簡子. 진晉 경공頃公 때의 육경六卿. 현신 두주와 순화를 죽이자 진晉나라로 가던 공자孔子가 발길을 돌림. 순인과 사길석의 반란을 진압하고 한씨韓氏, 위씨魏氏, 지씨智氏와 힘을 합쳐 범씨范氏와 중항씨中行氏를 축출함. 오왕 부차가 주재한 황지 회맹에 참석함. 조공을 바치지 않는 위衛나라를 정벌하여 복속시킴. 관상가 자경子卿의 말을 듣고 서자 무휼無恤에게 가문의 법통을 물려줌. 제72회. 제79회. 제82회. 제83회.

● **조양**趙良 | 진秦나라 위앙衛鞅의 상객上客. 위앙에게 물러나기를 권유함. 제89회.

● **조영**趙嬰 | 일명 조영제趙嬰齊. 조최와 조희趙姬 사이의 셋째 아들. 진晉 성공 때 대부가 됨. 진 경공景公의 중군 대부. 두 형 조동과 조괄이 그를 음해하여 제나라로 쫓겨남. 제37회. 제51회. 제57회.

● **조영제**趙嬰齊 | → 조영趙嬰

● **조오**朝吳 | 공손귀생公孫歸生의 아들. 채蔡나라가 망한 후 초나라 공자 기질을 섬김. 채나라의 광복을 위해 노심초사함. 채공蔡公이 초 평왕平王으로 즉위한 후 대부로 임명됨. 초 평왕에게 부탁하여 채나라를 광복시킴. 초나라 비무극의 참소를 받고 정나라로 쫓겨남. 제69회. 제70회. 제71회.

● **조오**趙五 | 진晉 경공頃公 때 상경上卿 조앙의 집안 조카 또는 동생이라고 함. 한단邯鄲에 봉해짐. 조오의 모친은 순인荀寅의 여동생. 조앙은 자신이 잡아온 위衛나라 포로 500명을 한단에 둠. 조앙이 위나라 포로를 자신의 근거지 진양晉陽으로 옮기려 하자 조오가 반대함. 이에 조앙은 조오를 진양

으로 유인하여 살해함. 제79회.

● **조완**趙浣(?~기원전 409) ｜ 진晉나라 권력자 조무휼趙無恤의 종손從孫. 조헌자趙獻者. 조무휼에 의해 조씨 가문 종주宗主로 추대됨. 제85회.

● **조왕**趙王 **천**遷(기원전 245년 추정~?) ｜ 조趙 도양왕悼襄王과 여악女樂 사이에서 태어난 서자. 도양왕의 총애를 받아 적자嫡子 가嘉 대신 태자로 책봉됨. 태부로 임명된 곽개가 태자를 주색잡기로 이끎. 도양왕이 죽은 후 보위에 오름. 간신 곽개의 말만 듣고 진秦나라에 항복함. 조趙나라는 진秦나라의 거록군鉅鹿郡이 됨. 사후 대왕代王 가嘉가 유류왕幽謬王이라는 시호를 내림. 제105회. 제106회.

● **조우**趙禹 ｜ 조趙 효성왕孝成王의 대부. 효성왕이 꿈에 좌우 색깔이 다른 옷을 입고 용을 타고 하늘을 날다가 땅에 떨어졌는데 그곳 양쪽에 금산金山과 옥산玉山이 빛나고 있었다는 이야기를 듣고 그것을 길몽으로 해몽했지만 사실은 흉몽이었음. 제98회.

● **조원**趙原 ｜ 진晉 경공景公 때의 조씨 일족. 간신 도안고의 모략으로 주살당함. 제57회.

● **조적**趙籍 ｜ → 조趙 열후烈侯

● **조전**趙旃 ｜ 조천趙穿의 아들. 필성邲城 오산敖山 전투에서 초나라 장수 굴탕에게 패배함. 안鞍 땅 전투의 승리로 진晉 경공景公의 신하군新下軍 부장이 됨. 간신 도안고에게 참살당함. 제51회. 제57회.

● **조정**趙政 ｜ → 진시황秦始皇

● **조주**趙周 ｜ 진晉나라 권력자 조무휼의 장조카. 백로伯魯의 아들. 일찍 죽음. 제85회.

● **조천**趙穿(?~기원전 607) ｜ 진晉 양공襄公의 사위. 조돈의 사촌 동생 혹은 오

촌 조카라는 설도 있음. 진秦나라와의 싸움에서 용기만 믿고 날뛰다가 곤경에 빠짐. 진晉 영공靈公이 포악무도하고 주색만 밝히면서 조돈을 죽이려 하자 도원桃園에서 그를 시해함. 제48회. 제50회. 제51회.

● **조초**趙招 | 조趙 무령왕 주보主父가 진秦나라를 염탐하기 위해 사신으로 위장했을 때 사용한 가명. 제93회.

● **조총**趙葱 | 조왕趙王 천遷의 장수. 대장 인수를 주지 않는다고 역사를 시켜 이목李牧의 목을 베게 함. 이목 대신 대장이 되었다가 진秦나라 왕전王翦에게 패하여 참수됨. 제105회. 제106회.

● **조최**趙衰(?~기원전 622) | 자는 자여子餘. 진晉 대부 조위趙威의 동생. 시호가 성계成季여서 흔히 조성자趙成子로 불림. 공자 중이(진晉 문공)와 함께 적翟나라에 망명했을 때 조최는 고여국咎如國 군주의 두 딸 중 숙외叔隗와 혼인했고 중이는 숙외의 동생 계외季隗와 혼인함. 19년 동안 공자 중이의 천하 유랑을 수행하며 고락을 함께함. 겸손한 처신과 현명한 계책으로 진晉 문공이 천하의 패자霸者가 되게 함. 그의 후손이 전국시대 조趙나라를 세움. 제27회. 제28회. 제31회. 제34회. 제35회. 제36회. 제37회. 제38회. 제39회. 제40회. 제41회. 제42회. 제44회. 제45회. 제46회. 제47회.

● **조표**趙豹 | 조趙 효성왕孝成王 때의 평양군平陽君. 풍정馮亭이 바치는 한韓나라 상당上黨 땅을 받지 말라고 간언을 올렸으나 효성왕은 듣지 않음. 제98회.

● **조희**祖姬 | 진晉 문공文公의 공신인 위주魏犨의 애첩. 위주가 죽으면서 조희를 순장해달라고 했지만, 위주의 아들 위과魏顆는 조희를 살려서 다른 곳으로 출가시킴. 위과가 진秦나라 맹장 두회와 싸울 때, 조희 부친의 혼령이 나타나 결초보은結草報恩하여 위과가 승리하게 함. 제55회.

● **조희**趙姬 │ 진晉 문공과 핍길偪姞 사이에서 태어난 백희伯姬. 조최에게 출가하여 조희趙姬로 불림. 임금의 딸이므로 군희君姬라고도 함. 제37회. 제51회.

● **조희**趙姬 │ 여불위呂不韋의 애첩. 여불위의 아이를 임신한 채로 이인에게 바쳐짐. 나중에 낳은 이 아이가 바로 진왕秦王 정政(진시황秦始皇)임. 진왕 정이 즉위한 후 장양후莊襄后가 됨. 진시황이 보위에 오른 후에도 여불위와 사통함. 또 여불위가 바친 노애嫪毒와 사통하여 두 아들을 낳음. 이 일이 발각되어 노애가 반란을 일으킴. 진왕 정이 노애와 두 아들을 죽이고, 조희는 별궁에 유폐됨. 모초茅焦의 간언을 들은 진왕 정이 다시 모후 조희를 모셔가서 화해함. 제99회. 제104회.

● **종건**鍾建 │ 초楚 소왕昭王의 하대부. 오왕 합려의 공격 때 공자 결結과 함께 영도郢都성을 순시하며 경계함. 운중雲中에서 초 소왕이 초적草賊의 공격을 받을 때 소왕의 누이동생 계미를 업고서 피신함. 제76회. 제77회.

● **종누**宗樓 │ 제齊 간공簡公의 부장. 애릉艾陵 전투에서 오왕 부차의 화살을 맞고 죽음. 제81회. 제82회.

● **종리춘**鍾離春 │ 제齊 선왕宣王 때의 추녀. 선왕의 실정에 직간을 올리고 정비正妃가 됨. 무염無鹽 땅에 봉토를 받아 무염군無鹽君이라고도 부름. 제89회.

● **종수**種首 │ 제齊 위왕威王의 사구司寇. 제86회.

● **종희**殷姬 │ 노魯나라 여인. 제齊 영공靈公의 부인 안희顔姬를 따라온 잉첩. 영공과의 사이에서 세자 광光(제 장공)을 둠. 제62회.

● **좌공자**左公子 **예**洩(?~기원전 688) │ 위衛 선공宣公의 신하. 공자 급자急子와 공자 수壽의 원한을 갚으려고 우공자右公子 직職과 함께 위衛 혜공(공자 삭朔)을 축출함. 혜공은 나중에 제 양공襄公의 도움으로 복위함. 좌공자 예는 제 양공에게 참수됨. 제12회. 제13회. 제14회.

● **좌성**左誠 | 소관昭關을 경비하는 말단 관리. 소관을 빠져나온 오자서를 알아보았으나 오자서의 용력에 겁을 먹고 풀어줌. 제72회.

● **좌언보**左鄢父 | 주周 양왕襄王의 대부. 태숙 대帶가 적翟나라 군사의 힘을 빌려 주 왕실을 공격하자 진秦나라로 파견되어 위급함을 알림. 제38회.

● **좌유**左儒 | 주周 선왕宣王의 하대부. 두백杜伯이 주 선왕에게 억울하게 참수될 때 직간을 올려 참수를 막으려 했으나 실패하자 스스로 칼로 목을 찔러 자결함. 제1회.

● **좌희**左姬 | 오왕 합려闔閭의 애첩. 손무孫武의 군사 훈련 중 군법을 따르지 않아 처형됨. 제75회.

● **주**周 **경왕**頃王(?~기원전 613) | 성명 희임신姬壬臣. 주 양왕襄王의 아들. 제48회.

● **주**周 **경왕**景王(?~기원전 520) | 주 영왕靈王의 둘째 아들. 왕자 진晉의 동생. 부왕과 형이 모두 신선이 되어 떠나간 후 보위에 오름. 제67회.

● **주**周 **경왕**敬王(?~기원전 477) | 왕자 개匄. 주 경왕景王의 아들. 주 도왕悼王의 동생. 도왕이 병사한 후 보위를 계승. 적천翟泉에 거주하여 동왕東王으로 불림. 동, 서의 두 왕은 6년 동안 세력을 다툼. 진晉 대부 순역이 경왕을 성주成周로 맞아들이고 윤문공 고를 사로잡은 뒤 서자 조朝의 군대가 무너짐. 소장공召莊公 환奐의 아들 소은召䝆은 군사를 돌려 서자 조를 공격했고 서자 조는 초나라로 달아남. 제73회. 제75회. 제79회.

● **주**周 **고왕**考王(?~기원전 426) | 주周 정정왕貞定王의 아들. 주 애왕哀王과 주 사왕思王의 동생. 자신의 아우 계揭를 하남河南의 왕성王城에 봉하고 주공周公의 관직을 잇게 함. 또 게의 막내아들 반班을 따로 공鞏 땅에 봉함. 공은 왕성 동쪽에 있어서 반班을 동주공東周公이라 불렀고 왕성의 게를 서주공

西周公이라 부름. 이것이 동서 이주二周의 시작. 제85회.

● **주**周 **광왕**匡王(?~기원전 607) | 주 경왕頃王의 태자 반班. 노魯 문공文公의 부탁을 받고 선백單伯을 제齊 의공懿公에게 보내 소희昭姬를 친정인 노魯나라로 돌려보내게 함. 제49회.

● **주**周 **난왕**赧王(?~기원전 256) | 성명 희연姬延. 신정왕愼靚王의 아들. 진秦나라를 공격하기 위해 채권債券을 발행하고 제후들을 모집했으나 실패함. 서주西周 땅을 공격한 진秦나라 장수 영규와 장당에게 항복함. 진秦으로 잡혀간 뒤 양성梁城에 봉해져 주공周公으로 불림. 제92회. 제101회.

● **주**周 **도왕**悼王(?~기원전 520) | 주 경왕景王의 태자 맹猛. 유권과 선목공單穆公 기旂의 힘으로 보위에 오름. 서자 조朝를 추종하는 자들의 공격을 받고 선목공 기와 황皇 땅에 주둔. 서자 조朝가 사주한 심힐의 공격을 받았으나 물리침. 얼마 지나지 않아 병으로 세상을 떠남. 아우 왕자 개匄가 보위를 계승. 제73회.

● **주**周 **선왕**宣王(?~기원전 782) | 성명은 희정姬靖 또는 희정姬靜. 현신을 등용하여 부친 여왕厲王의 정치를 개혁한 뒤, 외부로 여러 이민족을 정복하여 짧은 시기나마 주周 왕실의 중흥을 이룸. 이를 '선왕중흥宣王中興'이라고 부름. 제1회. 제2회.

● **주**周 **안왕**安王(?~기원전 376) | 주周 위열왕威烈王의 아들 교驕. 제齊나라 전화田和를 제후에 봉함. 제86회.

● **주**周 **양왕**襄王(?~기원전 619) | 주周 혜왕惠王의 태자 정鄭. 강씨姜氏 소생. 혜왕이 차비次妃 진규陳嬀가 낳은 태숙 대帶를 총애하자 태자 정은 제 환공桓公의 힘을 빌려 보위에 오름. 정나라를 정벌하기 위해 적翟나라의 힘을 빌린 후 적나라 군주의 딸 숙외叔隗(외후隗后)를 왕후로 맞이함. 외후는 태숙

대와 사통했고, 태숙 대는 다시 적나라 군사를 불러들여 주 왕실을 혼란에 빠뜨림. 양왕은 진晉 문공의 도움을 받아 태숙의 난을 평정함. 천토踐土 회맹에 참석하여 진晉 문공을 방백方伯에 임명하는 책문을 내림. 하양河陽 회맹에도 참석하여 존왕양이尊王攘夷의 의식을 행함. 제24회. 제28회. 제37회. 제38회. 제41회. 제42회. 제43회. 제44회. 제46회. 제47회.

• **주周 영왕靈王**(?~기원전 545) │ 주 간왕簡王의 세자 설심泄心. 태어날 때부터 코 밑에 수염髭鬚이 있어서 주周나라 사람들은 그를 자왕髭王(콧수염왕)이라 부름. 태자 진晉을 따라 하늘로 올라가서 신선이 되었다고 함. 제60회. 제66회.

• **주周 위열왕威烈王**(?~기원전 402) │ 성명 희오姬午. 주 고왕考王의 아들. 삼진三晉에 속하는 조씨趙氏, 한씨韓氏, 위씨魏氏의 요청을 받고 세 가문의 종주를 정식으로 제후에 봉함. 제85회. 제86회.

• **주周 유왕幽王**(기원전 795~기원전 771) │ 주周 선왕宣王의 태자 궁열宮涅. 폭정을 저지르며 주색酒色에 빠져 나라를 망침. 왕후 신씨申氏와 태자 의구宜臼를 폐위하고, 포사褒姒와 백복伯服을 왕후와 태자로 세움. 이에 왕후 신씨의 부친 신후申侯가 견융犬戎과 연합하여 호경을 함락시키고 유왕을 죽임. 제2회. 제3회.

• **주周 이왕釐王**(?~기원전 677) │ 주周 희왕僖王. 성명 희호제姬胡齊. 주 장왕莊王의 맏아들. 대부 선멸에게 군사를 주어 제 환공桓公과 힘을 합쳐 송나라를 정벌하게 함. 제17회. 제18회.

• **주周 장왕莊王**(?~기원전 682) │ 주 환왕桓王의 태자 타佗. 장왕의 아우 왕자 극克이 장왕을 시해하려고 주공周公 흑견과 모의했으나 신백辛伯에게 발각되어 흑견은 주살되고 왕자 극은 연나라로 망명함. 위후衛侯 검모黔牟를 보

호하기 위해 자돌에게 군사를 주어 출전시켰으나 제齊, 송宋, 노魯, 진陳, 채蔡 연합군에 패배함. 제11회. 제14회. 제17회. 제19회.

◉ **주周 정왕**定王(?~기원전 586) │ 주 광왕匡王의 동생 유瑜. 주 정왕 원년에 초 장왕莊王이 낙양洛陽 근교에까지 접근하여 주 정왕의 사신 왕손만에게 구정九鼎의 무게를 물어봄. 제51회. 제56회.

◉ **주周 평왕**平王(기원전 781년 추정~기원전 720) │ 주 유왕幽王의 태자 의구宜臼. 포사褒姒와 백복伯服을 총애한 유왕에 의해 폐위됨. 그의 외조부 신후申侯가 견융犬戎과 힘을 합쳐 유왕을 죽인 후 그를 보위에 올림. 견융의 침략이 잦아지자 도읍을 호경鎬京에서 동쪽 낙양洛陽으로 옮김. 이때부터 주 왕실은 힘이 약화되었고, 각국 제후가 패권을 다투는 춘추시대가 시작됨. 제2회. 제3회.

◉ **주周 현왕**顯王(?~기원전 321) │ 성명 희편姬扁. 주 안왕安王의 아들. 주 열왕烈王의 아우. 진秦 효공孝公이 초나라를 정벌하고 상어商於 땅을 빼앗자 사신을 파견해 효공을 방백方伯에 봉함. 소진蘇秦이 올린 자강책을 채택하지 않음. 제90회.

◉ **주周 혜왕**惠王(?~기원전 653) │ 주 이왕釐王의 태자 낭閬. 왕자 퇴頹와 그 측근 다섯 대부에 의해 쫓겨나 온溫 땅으로 망명. 정鄭 여공厲公과 서괵공西虢公의 도움으로 왕자 퇴와 다섯 대부를 모두 죽이고 복위함. 제齊 환공桓公을 방백方伯으로 임명하고 태공太公의 직위를 내림. 제19회. 제20회. 제24회.

◉ **주周 환왕**桓王(?~기원전 697) │ 성명 희임姬林. 주 평왕平王의 손자. 정 장공莊公이 주 왕실에 무례한 언행을 하자 환왕은 정 장공이 갖고 있던 주 왕실 내 직內職을 파직하고 괵공虢公 기보忌父를 우경사右卿士로, 장공을 좌경사左卿士

(실권 없음)로 삼음. 정 장공을 정벌하러 나섰다가 정나라 장수 축담이 쏜 화살에 맞고 대패함. 제5회. 제6회. 제9회.

◉ **주周 희왕僖王** | → 주周 이왕釐王

◉ **주공周公** | 성명은 희단姬旦. 주周 문왕文王의 아들이자 주 무왕武王의 친동생. 주周나라가 은殷나라를 멸망시키고 천하를 통일하는 데 큰 공을 세움. 어린 조카 성왕成王을 보좌하여 주나라의 태평성대를 열었음. 그의 맏아들 백금伯禽은 노魯나라에 봉해졌고 둘째 아들과 그 후손들은 주 왕실의 주공周公 작위를 대대로 세습함. 제1회.

◉ **주공周公 공孔** | 주周 혜왕惠王, 양왕襄王의 태재太宰. 제齊 환공桓公을 비롯한 8국 제후들과 힘을 합쳐 태자 정鄭(양왕)을 보위에 올림. 규구葵邱 회맹에 양왕 대신 참석하여 천자의 위엄을 보이고 제후들의 의례를 받음. 봉선封禪 의식에 관심을 보이는 제 환공을 은근히 질책함. 제24회. 제29회. 제37회. 제38회.

◉ **주공周公 기보忌父** | 주周 장왕莊王, 혜왕惠王의 대부. 제齊 양공襄公이 위衛 혜공惠公을 복위시키기 위해 연합군을 결성할 때와 주 혜왕이 왕자 퇴頹의 반란으로 고난을 겪을 때 주 왕실을 보위하기 위해 진력함. 제14회. 제19회.

◉ **주공周公 열閱** | 주공周公 단旦의 후예. 주 양왕襄王의 태재太宰. 제43회.

◉ **주공周公 훤咺** | 주周 호경鎬京을 점령한 견융犬戎을 몰아내기 위해 계책을 냄. 평왕平王에 의해 태재로 임명됨. 제3회.

◉ **주공周公 흑견黑肩** | 주周 환왕桓王 때의 경사卿士. 정나라를 정벌할 때 좌군장을 맡았다가 패배함. 환왕의 고명을 받고 왕자 극克을 보위에 올리려 하다가 주살당함. 제5회. 제6회. 제9회. 제11회. 제13회.

● **주무여**鬪無餘 | 오왕 합려의 침공으로 벌어진 취리檇李 싸움에서 월왕 구천의 좌익 장수를 담당하여 승리를 거둠. 오왕 부차가 황지黃池로 회맹을 떠나자 월왕 구천의 명령을 받고 오나라 도성을 공격하다 포로가 됨. 제79회. 제82회.

● **주빈**州賓 | 난영欒盈의 가신. 난염의 부인 난기와 사통. 난영의 파당이 제거되는 과정에서 범앙에게 사로잡혀 서민으로 강등됨. 난기와 계속 음행을 이어가다 범개가 보낸 자객에게 살해됨. 제62회. 제63회.

● **주영**朱英 | 초楚 경양왕頃襄王 때 춘신군春申君의 빈객. 춘신군에게 이원李園의 반란에 대비할 것을 건의했으나 춘신군이 듣지 않자 오호五湖로 들어가 은거함. 제98회. 제103회.

● **주왕**紂王 | 제신帝辛. 은殷나라 마지막 임금. 달기妲己를 총애하며 폭정을 일삼다가 주周나라 무왕武王의 공격을 받고 자결함. 하夏나라 걸왕桀王과 함께 폭군의 대명사로 일컬어짐. 제1회.

● **주자**邾子 **극**克 | 주邾나라 군주. 제 환공이 주도한 북행北杏 회맹에 참가. 제18회.

● **주작**州綽 | 진晉 평공平公 때의 장수. 난영欒盈의 심복. 제나라 장수 식작과 곽최를 사로잡음. 진晉에서 난씨欒氏가 축출될 때 난영欒盈을 따라 제나라로 망명했고 제 장공莊公의 용작龍爵에 임명됨. 당강棠姜과 사통하는 제 장공을 보위하다 장공이 시해되자 돌담장에 머리를 찧어 자살함. 제62회. 제63회. 제64회. 제65회.

● **주지교**舟之僑 | 괵虢나라 대부. 진晉나라 공격을 받고 항복함. 성복城濮 전투 때 남하南河에서 배를 관리하다가 아내를 돌보기 위해 탈영함. 성복 전투가 끝난 후 진晉 문공에 의해 참수됨. 제25회. 제36회. 제37회. 제40회.

제41회. 제42회.

● **주창**朱倉 | 위魏 혜왕惠王의 서하西河 태수. 진秦나라 상국 위앙의 공격을 받고 공자 앙卬이 포로가 되자 성을 버리고 달아남. 제89회.

● **주천**周歂 | 위衛 공자 하瑕의 대부. 야근冶廑과 함께 영유寧俞와 공모하여 원훤元咺을 죽이고 위衛 성공成公을 복위시킴. 성공 복위 후 경卿에 임명되었으나 원훤의 귀신에 홀려 급사함. 제42회. 제43회.

● **주해**朱亥 | 위魏나라 은사隱士 후영侯嬴의 친구. 푸줏간 주인. 신릉군을 호위하여 업하鄴下에 갔다가 위魏나라 대장 진비가 신릉군의 병부를 의심하자 철추를 이용해 진비를 죽임. 이후 신릉군을 위해 진력함. 진秦나라에 사신으로 가서 항복을 강요받자 스스로 목숨을 끊어 신릉군에 대한 절개를 지킴. 제94회. 제100회. 제102회.

● **중귀**仲歸 | 초楚 성왕成王의 대부. 투의신과 함께 초 목왕木王을 시해하려다 실패하고 투월초에게 살해당함. 제46회.

● **중산보**仲山甫 | 주周 선왕宣王의 중흥을 도운 현신. 번樊 땅에 봉해져 번중산樊仲山이라고도 하고 시호를 붙여서 번목중樊穆仲이라 함. 제1회.

● **중손멸**仲孫蔑 | 노魯나라 맹손곡의 아들. 초나라 장수 공자 영제嬰齊의 침략을 받고 많은 뇌물을 주고 강화함. 진晉 도공과 함께 송나라 팽성을 공격하여 인주鱗朱를 사로잡음. 제49회. 제56회. 제57회. 제60회.

● **중손추**仲孫湫 | 제齊 환공의 대부. 노魯나라와의 전쟁에서 공을 세움. 노나라 사신으로 파견되어 공자 경보慶父의 전횡을 견제함. 제15회. 제17회. 제18회. 제22회.

● **중수**仲遂 | → 공자 수遂

● **중숙우해**仲叔于奚 | 위衛나라 신축 고을 대부. 신축新築 전투에서 제나라

군사에 쫓기는 손양부를 구조하고 승리를 거둠. 논공행상 과정에서 제후들이 쓸 수 있는 '곡현曲縣'과 '번영繁纓'을 자신도 쓸 수 있게 해달라고 참람된 요청을 함. 제56회.

● **중유**仲由 | → 자로子路

● **중이**重耳 | → 진晉 문공文公

● **중자**仲子 | 노魯 혜공惠公의 계비繼妃. 공자 궤軌(환공)의 모후. 제7회.

● **중자**仲子 | 제齊 영공靈公의 애첩 융자戎子의 여동생. 영공과의 사이에서 공자 아牙를 낳음. 중자의 언니 융자가 공자 아를 양자로 들여 세자로 세움.

● **중항**仲行 | 진秦 목공穆公의 현신. 목공 사후 순장됨. 삼량三良. 제47회.

● **중항언**中行偃 | → 순언荀偃

● **중항희**中行喜 | 순희荀喜. 진晉 평공平公의 대부. 난영欒盈의 파당이 제거되는 과정에서 순오荀吳에게 체포되어 서민으로 강등됨. 제62회. 제63회.

● **증삼**曾參(기원전 505~기원전 435) | 노魯나라 공자孔子의 제자. 위衛나라에서 온 제자 오기吳起가 모친의 장례에 참석하지 않자 그를 파문함. 제86회.

● **지개**智開 | 진晉나라 지요智瑤의 동생. 지요의 명령을 받고 한씨韓氏와 위씨魏氏 집으로 가서 땅을 바치라고 요구함. 제84회.

● **지과**智果 | 보과輔果. 서오徐吾(순신荀申)에게 지요智瑤를 후사로 세우지 말고 지소智宵를 후사로 세울 것을 건의했으나 받아들여지지 않자 장차 멸문지화를 당할 것을 우려해 성을 보씨輔氏로 바꿈. 제84회.

● **지국**智國 | 진晉나라 지요智瑤의 심복 친척. 지요가 한호韓虎와 그의 가신 단규段規를 희롱하는 것을 보고 그것을 만류했으나 지요는 듣지 않음. 결국 조씨趙氏의 수공水攻을 받고 지요가 사로잡혀 참수되자 물에 뛰어들어 자결함. 제84회.

◉ **지기**智起 | 순기苟起. 진晉 평공平公 때 난영欒盈의 파당이 제거되는 과정에서 범앙에게 사로잡혀 서민으로 강등됨. 제63회.

◉ **지삭**智朔 | 순삭苟朔. 지앵智罃의 아들. 순수苟首의 손자. 일찍 죽고 아들 순영苟盈을 남김. 제64회.

◉ **지소**智宵 | 진晉나라 서오徐吾의 아들. 지요智瑤의 형. 제84회.

◉ **지앵**智罃 | → 순앵苟罃

◉ **지역**智躒(?~기원전 493) | 순역苟躒. 지문자智文子. 진晉 소공昭公의 장수. 진晉나라 권력을 장악한 후 뇌물을 받아먹으며 부패함. 진晉 경공頃公 때의 육경六卿. 위씨魏氏(위만다), 한씨韓氏(한불신)와 연합하여 범씨范氏(사길석), 중항씨中行氏(순인苟寅) 가문을 몰아냄. 제70회. 제71회. 제72회. 제78회. 제79회.

◉ **지요**智瑤(?~기원전 453) | 지양자智襄子. 순요苟瑤. 지무자智武子 역躒의 손자. 지선자智宣子 순신苟申(순갑苟甲)의 아들. 부친 순갑이 순인과 사길석의 파당인 예양豫讓을 사로잡자 그를 용서해주고 자기 집안의 심복이 되게 함. 진晉 출공出公 때 진晉나라 정권을 장악하고 지백智伯으로 불림. 출공을 제나라로 축출하고 진晉 애공哀公을 보위에 세움. 진晉나라 보위에 오를 마음을 품음. 한씨韓氏, 위씨魏氏와 힘을 합쳐 조씨趙氏를 공격하다가 오히려 세 집안의 역공을 받고 참수당함. 제79회. 제83회. 제84회.

◉ **진秦 간공**簡公(기원전 428~기원전 400) | 성명 영도자嬴悼子. 진秦 회공懷公의 아들. 그의 조카 진秦 영공靈公이 죽었을 때 영공의 아들인 사습師隰이 나이가 어려서 대신들이 간공簡公을 보위에 올림. 제86회.

◉ **진秦 강공**康公(?~기원전 609) | 진秦 목공穆公의 세자 앵罃. 진晉나라 신생申生의 누이동생 목희穆姬 소생. 진晉나라를 공격했으나 조돈의 치밀한 대처

로 패배함. 진晉 위수여魏壽餘의 계략에 속아 사회士會를 귀국시킴. 이후 진秦과 진晉은 사회 등의 노력으로 수십 년간 평화를 유지함. 제26회. 제35회. 제36회. 제47회. 제48회. 제49회.

● **진晉 경공**頃公(?~기원전 512) ｜ 진晉 소공昭公의 세자 거질去疾. 남리南里에서 반란을 일으킨 송宋 화해華亥를 초나라가 도와주자 진晉 경공頃公은 송나라 공실을 지원함. 정나라에 망명 중인 초나라 세자 건建을 시켜 정나라 내부에서 반란을 일으키게 했으나 실패함. 주周 왕실 서자 조朝의 반란으로 곤경에 빠진 주 도왕悼王을 구원함. 제71회. 제72회. 제73회. 제79회.

● **진秦 경공**景公(?~기원전 537) ｜ 진秦 환공桓公의 장자 석石. 초 공왕共王을 도와 진晉에 대항하여 정鄭을 구원하러 출병함. 역櫟 땅에서 진晉을 물리쳤으나 정鄭이 진晉에 항복하자 귀환함. 진秦으로 쳐들어온 진晉나라의 군사를 물리침. 오나라를 정벌하려는 초나라를 지원함. 제61회. 제66회.

● **진晉 경공**景公(?~기원전 581) ｜ 진晉 성공成公의 세자 유孺. 필성邲城 싸움에서 패배한 순임보를 용서함. 노潞나라를 멸망시킴. 진秦나라 두회를 꺾고 승리한 것을 기념하여 큰 종을 만들어 경종景鍾이라 함. 안鞍 땅 싸움에서 제나라를 격파함. 삼군三軍 제도를 회복시킴. 만년에 음란과 쾌락에 빠져 국사를 두안고에게 맡겨 조씨趙氏를 멸망시킴. 햇보리를 먹지 못하고 죽을 것이라는 상문桑門 무당의 말을 믿지 않다가 변소에 빠져 죽음. 제52회. 제54회. 제55회. 제56회. 제57회. 제58회.

● **진秦 공공**共公(?~기원전 605) ｜ 진秦 강공康公의 아들 도稻. 진晉나라가 숭崇나라를 공격하자 진秦 공공은 오히려 진晉나라 초焦 땅을 공격함. 4년 만에 죽음. 제55회.

● **진陳 공공**共公(?~기원전 614) ｜ 성명 규삭嬀朔. 진陳 목공穆公의 아들. 진晉

문공文公이 주도한 온溫 땅 회맹과 초楚 목왕穆王이 주도한 궐맥厥貉 회맹에 모두 참가. 제42회. 제48회.

⊙ **진晉 도공**悼公(기원전 586~기원전 558) | 공손주公孫周. 진晉 양공襄公의 증손자. 공자 담談의 아들. 공자 담이 주周나라 망명 중에 아들을 낳았기 때문에 이름을 주周라고 함. 순언과 난서가 진晉 여공을 독살한 뒤 주周를 받들어 진晉나라 보위에 올림. 현명하고 바른 정치를 펼쳐 진晉나라를 다시 강국으로 부흥시킴. 언릉 전투에서 초나라에 승리하여 패자霸者의 지위를 회복함. 제59회. 제60회.

⊙ **진秦 목공**穆公(?~기원전 621) | 성은 영嬴, 이름은 임호任好. 백리해, 건숙蹇叔, 유여, 공손지, 서걸술 등 현신을 등용하여 부국강병을 이룸. 진晉 혜공과 문공을 보위에 올려주고 진나라를 안정시킴. 서융西戎 20개국을 병합하여 서쪽을 아우름. 『사기』에서는 춘추오패春秋五霸의 하나로 거론됨. 제25회. 제26회. 제28회. 제29회. 제30회. 제31회. 제35회. 제36회. 제37회. 제38회. 제40회. 제41회. 제42회. 제43회. 제44회. 제45회. 제46회. 제47회.

⊙ **진陳 목공**穆公(?~기원전 632) | 진陳 선공宣公의 아들. 성명 규관嬀款. 송 양공襄公이 주도한 우盂 땅 회맹과 진晉 문공이 주도한 천토踐土 회맹에 참가함. 위衛 성공成公의 귀국을 주선함. 제33회. 제41회. 제42회.

⊙ **진秦 무왕**武王(기원전 329~기원전 307) | 공자 탕蕩. 진秦 혜문왕惠文王의 세자. 초 회왕懷王의 딸과 혼인함. 용력이 뛰어남. 낙양을 방문하여 주周나라 구정九鼎을 들어 올리다가 오른쪽 정강이를 찧고 다리가 부러져서 죽음. 제92회.

⊙ **진晉 문공**文公(?~기원전 628) | 공자 중이重耳. 진晉 헌공獻公과 호희狐姬 사

이에서 태어난 아들. 현명하고 관대한 덕망을 갖춤. 헌공의 계비繼妃인 여희驪姬의 모함으로 쫓겨나 19년 동안 천하를 주유함. 조최趙衰, 호언狐偃, 위주魏犨, 개자추介子推, 선진先軫 등 수많은 현신의 헌신적인 보좌로 진晉나라 보위에 올라 천하의 제후를 호령하는 패자霸者가 됨. 성복 전투에서 초나라 군사를 대파함. 제20회. 제24회. 제27회. 제28회. 제34회. 제35회. 제36회. 제37회. 제38회. 제39회. 제40회. 제41회. 제42회. 제43회. 제44회.

◉ **진秦 문공文公**(?~기원전 716) | 진秦 양공襄公의 아들. 주周나라 발상지인 기산岐山까지 영토를 넓히고 주나라 유민들을 모두 흡수함. 서방西方의 신인 백제白帝에게 천제를 올리기 시작함. 진보사陳寶祠와 노특사怒特祠를 세우고 여러 신에게 제사 지내며 패업霸業을 꿈꾸기 시작함. 제4회.

◉ **진陳 선공宣公**(?~기원전 648) | 공자 저구杵臼. 자신의 장자 어구御寇를 모반 혐의로 죽이고 공자 관款을 세자로 세움. 그의 둘째 딸이 미인으로 유명한 식규息嬀임. 제 환공을 따라 소릉召陵 연합군에 참가함. 제14회. 제17회. 제18회. 제23회.

◉ **진陳 성공成公** | 진陳 영공靈公의 세자 오午. 하징서가 진陳 영공을 시해하고 보위에 올림. 초 장왕에 의해 축출되었다가 다시 복위됨. 제53회. 제60회.

◉ **진晉 성공成公**(?~기원전 600) | 공자 흑둔黑臀. 진晉 문공文公의 막내아들. 외가인 주周 왕실로 보내져 벼슬하다가 진晉 영공이 시해된 후 조돈에 의해 추대되어 보위에 오름. 제44회. 제51회. 제52회.

◉ **진晉 소공昭公**(?~기원전 526) | 진晉 평공平公의 세자 이夷. 진晉을 방문한 제齊 경공景公과 투호 놀이를 하며 기세를 다툼. 제후들을 모아 평구平邱에서 회맹을 개최함. 노魯나라 대부 계손의여를 구금했다가 풀어줌. 제68회.

제69회. 제70회.

● **진秦 소양왕**昭襄王(기원전 325~기원전 251) ┃ 진秦 무왕武王의 이복동생 직稷.
칙則으로도 씀. 소왕昭王이라고도 함. 저리질樗里疾을 시켜 초나라를 정벌함.
초 회왕懷王을 진秦으로 유인하여 억류한 후 객사하게 함. 진秦을 염탐하러
온 조趙 무령왕(주보主父)을 알아보지 못함. 제나라 맹상군을 초빙하여 억류
했으나 맹상군은 자신의 문객들의 도움으로 진秦을 탈출하여 귀국함. 제나
라와 함께 제帝라는 칭호를 사용하고자 했으나 제나라가 호응하지 않아 두
달 만에 폐지함. 범수, 백기 등의 명신과 명장을 등용해 국력을 크게 떨침.
화씨벽和氏璧을 강탈하기 위해 음모를 꾸몄으나 조趙나라 인상여의 계책에
막혀 실패함. 조趙나라에 인질로 보냈던 왕손 이인異人(장양왕莊襄王)이 여불
위의 도움으로 탈출해 돌아옴. 제92회. 제93회. 제94회. 제95회. 제96회.
제97회. 제98회. 제99회. 제100회. 제101회.

● **진晉 애공**哀公(?~기원전 434) ┃ 진晉 소공昭公의 증손 교驕. 지백智伯이 출공
出公을 쫓아내고 보위에 올림. 진晉나라의 모든 실권이 지백에게 넘어감. 제
83회. 제85회.

● **진秦 애공**哀公(?~기원전 501) ┃ 진秦 경공景公의 아들. 필공畢公이라고도 함.
오나라에 패하여 망국의 위기에 빠진 초楚에 장수 자포와 자호를 보내 초
나라를 구원함. 제71회. 제77회.

● **진陳 애공**哀公(?~기원전 534) ┃ 진陳 성공成公의 세자 약弱(溺). 둘째 아들 공
자 유留를 총애하여 자신의 동생인 공자 초招와 공자 과過에게 보위 추대를
부탁했으나, 두 동생이 세자 언사偃師를 죽이고 공자 유를 보위에 올리자
그 충격으로 자결함. 제60회. 제69회.

● **진晉 양공**襄公(?~기원전 621) ┃ 공자 환驩. 진晉 문공과 핍길 사이에서 태어

난 첫째 아들. 진晉 문공이 포성蒲城을 떠난 후 두수頭須가 문공의 자녀를 포성의 평민 수씨遂氏 집에 맡겨 기름. 진晉 문공 즉위 후 세자로 책봉됨. 효산崤山에서 진秦나라 군사를 대파함. 자신에게 침을 뱉은 선진先軫을 용서하여 전공을 세우게 함. 제37회. 제44회. 제45회. 제46회. 제47회.

● **진秦 양공襄公**(?~기원전 766) ┃ 성명 영개嬴開. 진秦 장공莊公의 아들. 진晉 문후文侯, 위衛 무공武公, 정鄭 세자 굴돌掘突과 함께 견융犬戎을 몰아내는 데 큰 공을 세움. 이 공으로 진秦나라는 부용국 지위에서 제후의 반열에 오름. 제3회.

● **진晉 여공厲公**(?~기원전 573) ┃ 진晉 경공景公의 세자 주포州蒲. 언릉鄢陵 전투에서 초나라에 승리한 후 교만과 사치가 심해짐. 간신 서동 등의 참소를 믿고 세 극씨郤氏를 죽이는 등 폭정을 일삼다가 난서와 순언에게 독살당함. 제58회. 제59회. 제62회.

● **진陳 여공厲公**(?~기원전 700) ┃ 진陳 환공桓公의 서자 약躍. 채희蔡姬의 아들. 채후의 생질. 외삼촌인 채계蔡季가 사냥 중인 진후陳侯 타佗를 습격하여 죽이고 그를 보위에 올림. 제10회.

● **진晉 영공靈公** ┃ 진晉 양공襄公의 세자. 모후는 목영穆嬴. 조돈의 권력에 가로막혀 보위에 오르지 못할 뻔했으나 모후 목영의 간절한 요청으로 겨우 7세에 보위에 오름. 인명을 경시하고 음주가무를 즐기다가 도원桃園에서 조천趙穿에게 시해됨. 제47회. 제48회. 제49회. 제50회. 제51회.

● **진陳 영공靈公**(?~기원전 599) ┃ 진陳 공공共公의 아들 평국平國. 주색잡기에 빠져 나라를 혼란에 빠뜨림. 공영, 의행보와 함께 하희夏姬와 사통하다가 하희夏姬의 아들 하징서에게 시해당함. 제49회. 제52회. 제53회.

● **진晉 유공幽公**(?~기원전 416) ┃ 진晉 애공哀公의 아들 유柳. 강주絳州와 곡옥

曲沃 이외의 모든 진晉나라 고을을 삼진三晉(한韓, 위魏, 조趙)에 뺏김. 제85회.

● **진秦 장양왕**莊襄王(기원전 281~기원전 247) | 이인異人. 자초子楚. 진秦 소양왕 昭襄王의 세자인 안국군의 둘째 아들. 우호를 위해 조趙나라에 인질로 보내 짐. 여불위의 계책으로 귀국. 초나라 출신 화양부인華陽夫人의 양자가 되면 서 이름을 자초로 개명. 안국군(효문왕)이 보위에 오른 후 태자가 되었고, 효문왕이 급서한 후 보위에 오름. 화양부인을 태후에 봉하고 조희趙姬를 왕 후에 봉함. 아들 조정趙政을 태자로 세운 뒤 이름에서 조趙 자를 떼어내고 정政으로만 부르게 함. 여불위를 승상에 임명하고 문신후文信侯에 봉함. 즉 위 3년 만에 병사함. 제96회. 제99회. 제100회. 제101회. 제102회.

● **진晉 정공**定公(?~기원전 475) | 진晉 경공頃公의 아들 오午. 채蔡나라 세자 원元을 인질로 받고 초나라 정벌군을 일으키려 했으나 성사되지 못함. 조앙 을 시켜 범씨范氏와 중항씨中行氏를 축출함. 오왕 부차와 황지에서 회맹하여 왕호를 참칭하지 못하게 함. 제75회. 제82회.

● **진晉 정공**靖公 | 삼진三晉에 의해 폐위되어 서민으로 강등됨. 이로써 춘추 시대의 강국 진晉나라는 역사 속에서 사라짐. 당숙唐叔에서 정공靖公에 이 르기까지 모두 29대를 전한 뒤 마침내 제사가 끊김. 제85회.

● **진晉 출공**出公 | 진晉 정공定公의 아들 착鑿. 제齊와 노魯의 군사를 빌려 지 씨智氏, 조씨趙氏, 한씨韓氏, 위씨魏氏의 세력을 견제하려다 일이 발각되어 제 나라로 도주함. 제83회.

● **진秦 출자**出子(기원전 388~기원전 385) | 출공出公 또는 진소주秦少主라고도 함. 진秦 혜공의 세자. 어린 나이에 잠시 보위에 올랐다가 대신들에게 시해 됨. 제86회.

● **진晉 평공**平公(?~기원전 532) | 진晉 도공悼公의 세자 표彪. 중항언을 시켜

제후들과 연합하여 제나라를 크게 정벌함. 전연澶淵에서 제나라 및 제후들과 우호의 회맹을 함. 참소를 믿고 권세가 난씨欒氏 세력을 축출함. 제나라의 지원을 받은 난영欒盈의 공격을 격파함. 딸을 오왕吳王 제번에게 출가시킴. 위衛 헌공과 영희寧喜를 억류했다가 제나라 안영의 유세를 듣고 석방함. 화려한 사기궁을 짓고 사치스러운 생활을 함. 제62회. 제63회. 제64회. 제66회. 제68회.

◉ **진晉 헌공**獻公(?~기원전 651) ∣ 공자 궤제佹諸. 궤제詭諸라고도 씀. 진晉 곡옥장백曲沃莊伯의 아들. 부친 곡옥장백의 첩 제강齊姜과 사통하여 신생申生을 낳아 세자로 세움. 그러나 이후 여융驪戎 군주의 딸 여희驪姬를 총애하여 해제奚齊를 낳았음. 여희의 음모로 신생을 죽이고 해제를 세자로 세운 뒤, 다른 아들 중이와 이오도 추방함. 이로써 진晉나라는 보위 다툼 때문에 몇 대에 걸쳐 혼란을 겪었고 결국 중이(진晉 문공)가 권력을 잡아 천하의 패자가 됨. 제20회. 제24회. 제25회. 제27회. 제37회.

◉ **진秦 헌공**獻公(기원전 424~기원전 362) ∣ 진秦 영공靈公의 아들 사습師隰. 원헌공元獻公 또는 원왕元王이라고도 함. 대신들이 혜공惠公의 아들 출자出子를 죽이고 보위에 올림. 제86회.

◉ **진晉 혜공**惠公 ∣ 공자 이오夷吾. 진晉 헌공獻公과 소융小戎 윤씨允氏의 딸 사이에서 태어난 공자. 여희驪姬의 음모로 굴屈 땅으로 쫓겨났다가 가화賈華의 공격을 받고 다시 양梁나라로 망명함. 진晉 헌공 사후 해제와 탁자가 살해되자 여러 중신과 진秦나라의 도움으로 귀국하여 즉위함. 자신을 도와준 진秦나라와의 약속을 배신했다가 한원 전투에서 대패하여 진나라의 포로가 됨. 진秦 목공穆公의 부인인 목희穆姬(혜공惠公의 누이)의 도움으로 귀국함. 사후 세자 어圉(진晉 회공懷公)가 즉위함. 제20회. 제24회. 제27회. 제30회. 제31회.

◉ **진**秦 **혜공**惠公(?~기원전 387) │ 진秦 간공簡公의 아들. 진秦 이공夷公의 아들 혜공惠公과는 다른 인물임. 제86회.

◉ **진**陳 **혜공**惠公(?~기원전 506) │ 진陳나라 세자 언사偃師의 아들 오吳. 초 평왕이 진陳나라를 새로 세워준 후 보위에 올림. 제70회.

◉ **진**秦 **혜문왕**惠文王(기원전 354~기원전 311) │ 공자 사駟. 진秦 효공孝公의 세자. 위앙衛鞅의 천도 계획을 비난했다가 세자의 태사와 태부가 연좌되어 벌을 받음. 즉위 후 파촉巴蜀을 병합하고 진秦나라에서는 처음으로 왕을 칭함. 장의張儀를 객경으로 임명하고 연횡책을 채택함. 포양蒲陽 땅을 함락시킨 뒤 위魏나라 공자 유繇를 인질로 삼고 우호를 맺음. 장의를 위魏나라로 보내 상국에 임명되게 하여 진秦을 섬기게 함. 제 민왕湣王과 우호를 맺음. 제87회. 제89회. 제90회. 제91회. 제92회.

◉ **진**秦 **혜왕**惠王 │ → 진秦 혜문왕惠文王

◉ **진**秦 **환공**桓公(?~기원전 577) │ 진秦 공공共公의 아들 영榮. 진晉이 노潞를 토벌할 때 구원에 나서려고 했지만 노潞나라가 이미 멸망한 뒤였음. 진晉 경공景公이 고황지질膏肓之疾에 걸렸을 때 진晉나라 사신 위상에게 설득되어 어의御醫 고화와 고완을 진晉으로 보내줌. 제55회.

◉ **진**陳 **환공**桓公(?~기원전 719) │ 성명 규포嬀鮑. 진陳 문공文公의 아들. 위衛 환공桓公을 시해한 공자 주우를 진陳나라로 유인하여 참수함. 제6회. 제9회.

◉ **진**晉 **회공**懷公(?~기원전 637) │ 공자 어圉. 진晉 혜공惠公 이오夷吾의 세자. 모후는 양梁나라 군주의 딸. 진秦에 인질로 잡혀갔다가 탈출함. 진晉 문공이 귀국하여 보위에 오르자 고량高梁 땅으로 도피했다가 진 문공이 보낸 자객에게 살해당함. 제28회. 제30회. 제31회. 제35회. 제36회.

◉ **진**秦 **효공**孝公(기원전 381~기원전 338) │ 진秦 헌공獻公의 아들. 위앙衛鞅의

신법을 사용하여 부국강병을 이룸. 신법을 어긴 태부 공자 건虔과 태사 공손가公孫賈를 엄벌에 처함. 초나라를 정벌하여 상어商於 땅을 빼앗음. 위魏나라를 정벌하여 도읍을 대량大梁으로 옮기게 함. 제86회. 제87회. 제89회.

● **진秦 효문왕**孝文王(기원전 302~기원전 250) | 안국군安國君. 이름은 주柱이고 자는 자혜子傒. 진秦 소양왕昭襄王의 태자. 소양왕 사후 보위에 오름. 자초(이인異人)를 태자로 세움. 소양왕의 장례를 치른 후 갑자기 세상을 떠남. 여불위의 계책에 의한 독살로 의심됨. 제96회. 제99회. 제100회. 제101회.

● **진거**陳舉 | 제齊 민왕湣王의 대부. 맹상군을 다시 등용하라는 간언을 올리다가 참수당함. 제94회.

● **진걸**陳乞(?~기원전 485) | 진무우陳無宇의 아들. 진陳을 전田으로도 쓰므로 전걸田乞이라고도 함. 진희자陳僖子. 제齊 경공景公의 대부. 제 경공의 서장자 양생陽生과 친분이 두터움. 양생을 보위에 올리기 위해 여러 대부와 군사를 거느리고 고장高張을 죽임. 국하國夏는 거莒나라로 도망침. 좌상에 오름. 양생(제 도공)을 보위에 올리고 공자 도荼를 살해함. 제81회.

● **진경중**陳敬仲 | → 공자 완完

● **진공환**陳孔奐 | 진陳나라 대부. 공자 초招와 공자 과過의 부탁을 받고 진陳 애공哀公의 세자 언사偃師를 시해함. 초 영왕靈王에게 사로잡혀 참수됨. 제69회.

● **진군**秦君 **영개**嬴開 | → 진秦 양공襄公

● **진근보**秦堇父 | 맹손멸의 부하 장수. 핍양성 공격 중 성 위에서 내려주는 베를 잡고 성곽을 뛰어오르며 핍양 사람들의 기를 죽임. 제60회.

● **진무양**秦舞陽(기원전 240~기원전 227) | 연燕 태자 단丹의 용사. 형가荊軻와 함께 진왕秦王 정政을 암살하러 갔으나 두려움에 떨며 제 역할을 못하고 진

秦나라 대전 아래에서 떨다가 살해당함. 제106회.

● **진무우**陳無宇 | 제나라 진수무陳須無의 아들. 노포계가 경봉을 몰아낼 때 함께 참여했으나 재산을 탐내지 않고 백성에게 은혜를 베풀어 민심을 얻음. 고강高彊과 난시欒施를 축출한 후에도 그들의 재산을 제나라 공실 및 대부와 백성에게 골고루 나눠줌. 제66회. 제67회. 제68회. 제71회.

● **진비**晉鄙 | 위魏 소왕昭王, 안리왕安釐王의 장수. 진秦나라의 공격을 받고 있는 조趙나라를 구원하러 가다가, 진秦나라 사신의 위협을 받은 안리왕의 명령으로 업하鄴下에 주둔한 채 전진하지 않음. 병부를 훔쳐서 조趙나라를 도우려는 신릉군을 의심하다가 신릉군의 문객 주해에게 격살당함. 제95회. 제99회. 제100회.

● **진수무**陳須無 | 제나라 대부. 최저崔杼의 반란 후 송나라로 망명. 경봉이 최저를 죽인 후 다시 귀국을 허락했지만 병을 핑계로 관직에 나아가지 않음. 제65회. 제66회. 제67회.

● **진시황**秦始皇(기원전 259~기원전 210) | 전국시대를 통일한 황제. 여불위가 자신의 아이를 임신한 애첩 조희趙姬를 조趙나라 인질로 잡혀 있던 이인(자초)에게 바쳤고, 조희가 아들을 낳으니 이 아이가 바로 정政, 즉 진시황임. 이인이 보위(장양왕莊襄王)에 오른 뒤 태자로 책봉함. 장양왕 사후 보위에 올라 여불위를 승상에 임명함. 이사李斯와 울요尉繚를 등용하여 부국강병을 이룸. 장안군 성교와 번오기의 반란을 진압함. 연나라 태자 단丹이 보낸 자객 형가의 공격을 받았으나 위기에서 벗어남. 노애의 반란을 진압한 뒤 모후 장양후를 별궁에 유폐하고 여불위를 자결하게 함. 모초의 간언을 듣고 다시 모후와 화해함. 마지막으로 제나라를 멸망시키고 천하를 통일함. 제99회. 제101회. 제108회.

● **진역**陳逆 | 제齊나라 상국 진항陳恒의 아우. 오나라와의 애릉 전투 때 제나라 군사를 독려하기 위해 파견됨. 제82회.

● **진완**秦緩 | → 편작扁鵲

● **진음**陳音 | 활과 쇠뇌에 뛰어난 초나라 명궁. 범여가 월왕 구천에게 천거하여 병사들을 가르치게 함. 제81회.

● **진자**秦子 | 노魯 환공桓公의 장수. 노魯 장공莊公의 좌군장. 공자 규糾를 제나라로 호송하기 위해 나섰다가 건시乾時 전투에서 패배하여 전사함. 제11회. 제15회.

● **진진**陳軫 | 초楚 회왕懷王의 객경客卿. 회왕에게 진秦나라 장의의 속임수에 속지 말라는 간언을 올렸으나 회왕은 듣지 않음. 제91회.

● **진충**陳忠 | 진왕秦王 정政의 대부. 진왕 정에게 유폐된 태후를 맞아와 효도를 다하라고 간언을 올리다가 곤장에 맞아 죽음. 제104회. 제105회.

● **진표**陳豹 | 제齊 간공簡公의 상국인 진항陳恒의 친척. 진항의 지시를 받고 감지闞止를 공격하여 죽임. 제82회.

● **진항**陳恒 | 전항田恒으로도 씀. 제齊나라 대부 진걸陳乞의 아들. 짐독으로 제 도공悼公을 시해함. 제 간공簡公을 보위에 올린 후 우상右相이 됨. 감지闞止를 죽이고 제 간공까지 시해한 후 간공의 동생 오驁(평공平公)를 보위에 올림. 민심을 얻기 위해 진환자陳桓子(진무우)가 했던 것처럼 백성에게 곡식을 풀고 재산을 나눠줌. 포씨鮑氏, 안씨晏氏, 고씨高氏, 국씨國氏 가문 및 공족公族 가문을 제거하고 제나라의 절반을 갈라서 자신의 봉토로 삼음. 뿐만 아니라 나라 안 여자들 중에서 키가 7척尺 이상 되는 사람 100여 명을 뽑아 뒷방에 들여놓고 빈객으로 오는 일가친척을 마음대로 출입하게 함. 그렇게 해서 아들 70여 명을 얻음. 제나라 도읍의 대부와 지방의 읍재邑宰

중 진씨陳氏가 아닌 사람이 없게 됨. 제81회. 제82회.

◉ **진후**晉侯 **희구**姬仇(기원전 805~기원전 746) | 진晉 문후文侯. 진晉 목후穆侯의 아들. 주周 휴왕攜王의 반란을 평정하고 주周 왕실을 안정시킴. 제3회.

ㅊ

◉ **창갈**蒼葛 | 주周나라 양번陽樊의 고을 수령. 진晉 문공文公이 태숙 대帶의 난을 평정한 공로로 양번 땅을 봉토로 받자 창갈은 이에 불복하고 주 왕실에 충성하는 백성을 이끌고 지촌軹村으로 이주함. 제38회.

◉ **창평군**昌平君 | 초왕楚王 부추負芻의 친동생. 항연項燕과 함께 오월吳越 땅으로 들어가 초왕楚王을 칭함. 난릉蘭陵에서 마지막 저항을 하다가 진秦나라 군사의 화살을 맞고 전사함. 이로써 초나라가 완전히 망함. 제108회.

◉ **채**蔡 **경공**景公(?~기원전 543) | 세자 반般을 위해 초나라 여인 미씨羋氏를 맞아왔다가 자신이 미씨와 사통함. 결국 세자 반의 공격을 받고 시해됨. 제67회.

◉ **채**蔡 **도공**悼公(?~기원전 519) | 공자 동국東國. 채蔡 평공平公의 서자. 초나라 비무극에게 뇌물을 먹인 뒤 세자 주朱를 몰아내고 보위에 오름. 제71회.

◉ **채**蔡 **목공**穆公(?~기원전 646) | 성명 희힐姬肹. 자신의 누이동생을 제齊 환공桓公의 셋째 부인(채희蔡姬)으로 시집보냄. 나중에 채희가 쫓겨오자 다시 초 성왕成王의 부인으로 시집보냄. 원한을 품은 제 환공이 여덟 나라 연합군과 채蔡나라를 공격하자 초나라로 달아남. 제23회.

◎ **채蔡 소후**昭侯(?~기원전 491) │ 양지백옥패羊脂白玉佩와 은초서구銀貂鼠裘를 영윤 낭와囊瓦에게 주지 않아서 초나라에 감금됨. 두 가지 보물을 낭와에게 바친 후 풀려남. 이후 오나라와 연합하여 초나라를 망국지경으로 몰아넣음. 제75회. 제76회.

◎ **채蔡 애후**哀侯(?~기원전 675) │ 성명 희헌무姬獻舞. 진陳 선공宣公의 장녀를 아내로 맞음. 처제인 식규息嬀를 희롱하여 식息나라 군주와 원수가 됨. 식나라 군주는 초나라를 부추겨 채나라를 정벌하게 하여 채 애후를 사로잡아감. 초나라에서 죽음의 위기에 봉착했으나 초나라 대부 육권鬻拳의 간언에 의해 풀려남. 나중에 다시 초 문왕의 공격을 받자 나라의 보배를 바치고 항복함. 제14회. 제17회. 제18회. 제19회.

◎ **채蔡 영공**靈公(?~기원전 531) │ 채 경공景公의 세자 반般. 자신의 아내 미씨芈氏와 사통한 부친 경공景公을 죽이고 보위에 오름. 나중에 초 영왕靈王의 공격을 받고 피살됨. 제67회. 제69회.

◎ **채蔡 장공**莊公(?~기원전 612) │ 채蔡 목공穆公의 아들. 성명 희갑오姬甲午. 송宋 양공이 주도한 우盂 땅 회맹과 진晉 문공이 주도한 천토踐土 회맹, 초 목왕穆王이 주도한 궐맥厥貉 회맹에 참가함. 제33회. 제41회. 제42회. 제48회.

◎ **채蔡 평공**平公(?~기원전 522) │ 채蔡나라 세자 유有의 아들 여廬. 조오朝吳와 채유蔡洧의 헌신으로 채나라가 광복된 후 초 평왕이 여를 보위에 올림. 제70회.

◎ **채계**蔡季 │ 채후蔡侯의 동생. 사냥 중인 진후陳侯 타佗를 급습하여 죽이고 자신의 생질 공자 약躍(여공厲公)을 진陳나라 보위에 올림. 제10회.

◎ **채공**祭公 │ 주周 유왕幽王의 간신. 괵공虢公, 윤구尹球 등과 함께 유왕의 폭정과 무도함을 부추김. 견융犬戎과의 싸움에서 패하여 죽음. 제2회. 제3회.

● **채공역**祭公易 ｜ → 채공祭公

● **채구거**蔡鳩居 ｜ 초楚 장왕莊王의 비장裨將. 필성邲城 전투 때 진晉나라 군영
에 강화 사절로 파견되었다가 선곡先穀과 조전趙旃에게 모욕을 당함. 이 때
문에 초와 진晉은 큰 싸움을 벌였고 결국 초나라가 승리함. 제53회. 제
54회.

● **채약**蔡略 ｜ 채蔡 영공靈公의 신하. 채 영공과 함께 초 영왕靈王을 만나러 신
申 땅으로 갔다가 순절. 제69회.

● **채유**蔡洧 ｜ 채약蔡略의 아들. 초 영왕靈王의 침략을 받고 진晉나라에 지원
군을 요청하러 감. 초나라 공자 기질에게 채나라 도성을 함락당한 후 초나
라 포로가 됨. 채공蔡公 기질의 반란에 가담했다가 채공이 초 평왕으로 즉
위한 후 대부에 임명됨. 초 평왕에게 부탁하여 채나라를 광복시킴. 제
69회. 제70회.

● **채족**祭足(?~기원전 682) ｜ 성명은 채중祭仲. 자는 중족仲足이어서 흔히 채족
祭足이라 칭함. 정鄭 장공莊公, 소공昭公, 여공厲公의 대신. 정 장공 때부터 신
임을 얻어 이후 정나라 정치를 좌지우지함. 정 장공이 공자 돌突(여공)을 후
사로 삼으려 하자 채족이 장자 홀忽(소공)을 보위에 올리게 함. 송 장공莊公
의 위협을 받고 소공을 축출하고 여공을 보위에 세움. 여공이 옹규雍糾와
작당하여 그를 죽이려 하자 옹규를 죽이고 여공을 축출한 뒤 소공을 복위
시킴. 소공이 고거미에게 시해되자 공자 미亹를 보위에 올림. 공자 미가 제
양공襄公에게 살해되자 공자 의儀(영嬰)를 보위에 올림. 제4회. 제6회. 제
7회. 제8회. 제9회. 제10회. 제11회. 제13회. 제19회.

● **채중**祭仲 ｜ → 채족祭足

● **채택**蔡澤 ｜ 연燕나라 출신. 관상가 당거唐擧의 도움으로 진秦나라로 감. 점

차 진秦 소양왕昭襄王의 신임을 잃어가던 범수에게 유세하여 범수의 추천으로 승상이 됨. 이후 강성군剛成君에 봉해짐. 진秦 효문왕과 장양왕을 보좌하여 강국을 만듦. 장양왕 때 여불위에게 승상 직위를 양보함. 연왕燕王에게 유세하여 태자 단丹을 진秦나라에 인질로 보내고 진나라 대신을 연나라 상국으로 받아들인 뒤 우호를 맺게 함. 제101회. 제102회. 제104회.

● **채희**蔡姬 | 채蔡 목공穆公의 누이동생. 제齊 환공桓公의 셋째 부인. 뱃놀이 도중 제 환공을 놀리다가 쫓겨남. 나중에 초 성왕成王에게 다시 시집감. 제23회.

● **채희**蔡姬 | 운녀鄖女. 초 평왕平王의 부인. 세자 건建의 모후. 운鄖 땅으로 추방됨. 오자서, 오왕 요僚, 공자 광光의 도움으로 운鄖 땅을 탈출하여 오吳나라에 정착. 제73회.

● **책황**翟璜 | 위魏 문후文侯의 신하. 악양樂羊, 서문표西門豹, 오기吳起를 추천함. 제85회. 제86회.

● **천봉수**穿封戍 | 『좌전左傳』에는 '천봉술穿封戌'로 되어 있음. 초 강왕康王의 대부. 방성方城 밖의 현윤縣尹. 자신이 사로잡은 정나라 장수 황힐皇頡을 공자 위圍가 탈취하려 하자 자신의 공로를 뺏기지 않기 위해 공자 위와 싸움. 초 영왕靈王이 진陳나라를 멸망시키고 진공陳公으로 봉함. 제66회. 제69회. 제70회.

● **첨가**詹嘉 | 진晉 영공靈公 때 하읍瑕邑 읍수. 조돈은 진秦나라 군사가 다시 쳐들어올까 두려워 첨가를 하읍瑕邑으로 보내 도림새桃林塞를 지키게 함. 제48회.

● **첨보**詹父 | 주周 왕실 대부. 왕자 퇴頹의 심복. 위국蔿國, 변백邊伯, 자금子禽, 축궤祝跪와 함께 반란을 일으켜 주 혜왕惠王을 축출하고 왕자 퇴를 보위에

올림. 이후 정 여공厲公과 서괵공西虢公 백개伯皆의 공격을 받고 주살됨. 제 19회.

- **청비퇴**清沸魋 | 진晉 여공厲公의 심복 장수. 서동胥童과 함께 세 극씨郤氏를 죽이고 신군 부장이 됨. 진 도공悼公 즉위 후 참수됨. 제59회.

- **초**楚 **강왕**康王(?~기원전 545) | 초楚 공왕共王의 세자 소昭. 초나라의 배후를 노리는 오吳나라를 제압하기 위해 많은 노력을 기울임. 천봉수穿封戍가 사로잡은 정나라 장수 황힐을 공자 위圍가 가로채려 할 때 강왕은 그 공로에 대한 올바른 판단을 내리지 못하여 태재 백주리伯州犁에게 판단을 맡겼는데 그 과정에서 '상하기수上下其手'라는 고사성어가 생겨남. 제61회. 제66회. 제69회.

- **초**楚 **경양왕**頃襄王(?~기원전 263) | 공자 횡橫. 초 회왕懷王의 세자. 양왕襄王이라고도 함. 제齊나라에 인질로 보내짐. 초 회왕이 진秦나라에 억류된 후 귀국하여 보위에 오름. 공자 난蘭과 근상靳尚의 참소를 믿고 충신 굴원을 추방함. 제 민왕이 망국의 위기에 처하자 대장 요치에게 20만 대군을 주어 구원하게 함. 진秦나라 장군 백기에게 도성 영성郢城을 뺏기고 진陳 땅으로 도읍을 옮김. 제92회. 제93회. 제94회. 제95회. 제96회.

- **초**楚 **고열왕**考烈王(?~기원전 238) | 초 경양왕頃襄王의 세자 웅완熊完. 진秦나라에 인질로 가서 16년 동안 돌아오지 못하다가 황헐의 계책으로 귀국함. 경양왕 사후 보위에 올라 황헐을 상국에 임명하고 춘신군春申君에 봉함. 한韓, 위魏, 조趙, 연燕나라 군사와 연합하여 진秦나라를 공격하다가 진秦나라 군사가 초나라를 기습한다는 첩보를 듣고 진채를 뽑아 도주함. 도읍을 수춘성壽春城으로 옮김. 이원의 계략에 의해 춘신군의 아이를 임신한 이원의 여동생 이언을 후궁으로 받아들여 쌍둥이 형제 한捍과 유猶를 낳음. 고열

왕 사후 한捍(유왕幽王)이 보위에 오름. 제96회. 제98회. 제99회. 제101회. 제103회.

◉ **초**楚 **공왕**共王(기원전 600~기원전 560) ｜ 공왕恭王 또는 공왕龔王으로도 씀. 초 장왕莊王의 세자 심審. 하희夏姬와 함께 진晉나라로 망명한 굴무의 친족을 모두 죽임. 언릉鄢陵 싸움에서 진晉나라 장수 위기魏錡의 화살을 눈에 맞고 패배함. 송나라를 공격하여 팽성彭城을 점령함. 오나라 정벌에 나섰다가 패배함. 진晉나라의 이일대로以逸待勞 작전에 말려 곤경에 빠짐. 제56회. 제58회. 제59회. 제60회. 제61회.

◉ **초**楚 **도왕**悼王(?~기원전 381) ｜ 웅의熊疑. 위魏나라에서 망명해온 오기吳起를 상국에 임명하여, 일도 하지 않고 녹봉을 받는 왕실 친족 수백 명을 추방함. 제86회.

◉ **초**楚 **목왕**穆王(?~기원전 614) ｜ 공자 상신商臣. 부친인 초楚 성왕成王이 자신을 폐하고 어린 아들 공자 직職을 세자로 세우려 하자 태부 반숭潘崇과 함께 부친 성왕을 죽이고 보위에 오름. 강江, 육六, 요蓼나라를 정벌하여 멸망시킴. 궐맥厥貉에서 정鄭, 진陳, 채蔡, 송宋나라와 회맹함. 제46회. 제48회.

◉ **초**楚 **무왕**武王(?~기원전 690) ｜ 성명 웅통熊通. 초 여왕厲王의 동생. 본래 이름은 철徹이지만 한漢나라 무제武帝 때부터 무제의 이름인 유철劉徹을 피휘避諱하여 통通으로 칭함. 초왕楚王 웅거熊渠가 한때 사용했던 왕호王號를 다시 사용하기 시작함. 변화卞和가 바친 옥돌을 몰라보고 그의 오른발을 자름. 제10회. 제14회. 제90회.

◉ **초**楚 **문왕**文王(?~기원전 675) ｜ 성명 웅자熊貲. 초楚 무왕武王의 아들. 식息나라 군주의 부인 식규息嬀를 강탈하여 자신의 부인으로 삼음. 칼을 빼들고 자신을 위협하며 간언을 올리는 육권을 용서하고 대혼大閽으로 임명함. 변

화卞和가 바친 박석을 가공해 천하의 보배 화씨지벽和氏之璧을 얻음. 파巴나라 정벌에 나섰다가 뺨에 화살을 맞고 패배함. 황黃나라 정벌 도중 화살을 맞은 뺨의 상처가 악화되어 진중에서 죽음. 제10회. 제14회. 제17회. 제19회. 제90회.

◉ **초**楚 **성왕**成王(?~기원전 626) │ 성명 웅운熊惲. 초楚 문왕文王과 식규息嬀 사이에서 태어난 둘째 아들. 형 웅간熊艱이 사냥을 나갔을 때 그를 기습하여 죽이고 보위에 오름. 영윤令尹 자원子元의 반란을 진압하고 투누오도를 영윤으로 임명하여 국력을 강화함. 녹상鹿上 회맹에서 무력으로 송 양공襄公을 사로잡음. 자신의 누이동생 문미文羋(정 문공의 부인)의 딸 백미伯羋와 숙미叔羋를 강탈하여 후궁으로 삼음. 진晉나라에서 추방된 공자 중이를 환대함. 성복 전투에서 진晉 문공에게 패함. 어린 아들 직職을 세자로 세우려 하다가 맏아들 상신商臣의 공격을 받고 죽음. 제19회. 제20회. 제23회. 제24회. 제33회. 제34회. 제35회. 제40회. 제41회. 제43회. 제44회. 제46회.

◉ **초**楚 **소왕**昭王(?~기원전 489) │ **초**楚 **평왕**平王과 진녀秦女 맹영孟嬴 사이에서 태어난 아들. 초 평왕 사후 보위에 오름. 이름을 진軫으로 개명. 오왕 합려와 오자서의 공격을 받고 나라가 거의 망함. 수隨나라에 피신했다가 신포서 등의 노력에 힘입어 귀국하여 다시 보위에 오름. 제71회. 제73회. 제75회. 제76회. 제77회. 제79회.

◉ **초**楚 **숙왕**肅王(?~기원전 370) │ 초 도왕悼王의 세자 웅장熊臧. 오기吳起를 죽이는 과정에서 도왕의 시신에 화살을 쏜 사람을 찾아 70여 가문을 멸족시킴. 제86회.

◉ **초**楚 **애왕**哀王(?~기원전 228) │ 공자 유猶. 초나라 춘신군春申君의 씨를 잉태한 이언李嫣이 고열왕考烈王의 후궁으로 들어가 낳은 쌍둥이 중 둘째. 초 유

왕幽王이 죽은 후 보위에 올랐다가 두 달 만에 서형庶兄 부추에게 시해당함. 제103회. 제107회.

◉ 초楚 **여왕**厲王(?~기원전 741) ┃ 웅현熊眴. 분모蚡冒 또는 분모蚡冒라고도 함. 변화卞和가 바친 화씨지벽을 알아보지 못하고 그의 왼발을 자름. 제90회.

◉ 초楚 **영왕**靈王(?~기원전 529) ┃ 공자 위圍. 웅건熊虔. 초 공왕共王의 서자. 초 강왕康王의 아우. 천봉수의 포로 황힐을 빼앗아 자신의 공적으로 올리려다 천봉수와 다툼. 이 과정에서 '상하기수上下其手'라는 고사성어가 만들어짐. 굴건屈建을 이어 초나라 영윤에 올라 정사를 독단함. 초왕 웅균熊麇 부자를 시해하고 보위에 오름. 전쟁과 토목공사에 전념하며 무도한 폭정을 펼치다 가 그의 막냇동생 채공蔡公 기질棄疾의 반란으로 쫓겨나 신해申亥의 집에서 자결함. 제66회. 제67회. 제68회. 제69회. 제70회.

◉ 초楚 **위왕**威王(?~기원전 329) ┃ 웅상熊商. 소양昭陽을 상국에 등용하여 월왕 越王 무강無疆을 죽인 뒤 월나라 땅 모두를 차지. 상국 소양이 위魏나라 양 릉襄陵의 일곱 성을 빼앗자 그에게 화씨지벽을 상으로 줌. 제齊, 위魏, 한韓, 연燕과 원수洹水에서 회맹하고 소진蘇秦을 종약장縱約長으로 임명함. 제89회. 제90회.

◉ 초楚 **유왕**幽王(?~기원전 228) ┃ 공자 한捍. 한悍으로도 씀. 초나라 춘신군의 씨를 잉태한 이언이 고열왕의 후궁으로 들어가 낳은 쌍둥이 중 맏이. 태자 로 책봉됨. 고열왕이 죽은 후 여섯 살의 나이로 보위에 오름. 즉위 10년 만 에 아들 없이 죽음. 제103회. 제107회.

◉ 초楚 **장왕**莊王(?~기원전 591) ┃ 초楚 목왕穆王의 세자 여旅. 춘추오패로 꼽 힘. 낙수洛水를 건너가 주周나라 사신 왕손만에게 구정九鼎의 무게를 물으며 천하를 나누고자 하는 야망을 드러냄. 투월초의 반란을 진압하고 초나라

를 안정시킴. 손숙오를 등용하여 나라의 체제를 정비하고 부국강병을 이룸. 진陳나라 하징서의 반란을 응징함. 필성邲城 오산敖山 전투에서 진晉나라 군사를 대파하고 패업霸業을 이룸. 제49회. 제50회. 제51회. 제52회. 제53회. 제54회. 제55회.

◉ **초**楚 **평왕**平王(?~기원전 516) ┃ 공자 기질棄疾. 초 공왕共王의 막내아들. 초 영왕靈王의 동생. 초 공왕이 종묘 앞에 구슬을 묻은 후 다섯 아들에게 절을 시킬 때 막내인 기질이 바로 구슬 위에서 절을 하여 임금 재목으로서의 영험함을 드러냄. 채蔡나라를 멸망시킨 후 채공蔡公으로 임명됨. 채나라 신하 조오의 계책으로 초나라 보위를 찬탈함. 초 영왕이 멸망시킨 진陳과 채蔡를 다시 재건해줌. 간신 비무극의 말을 듣고 세자 건建의 비妃로 맞아온 진녀秦女를 자신이 취함. 비무극의 참소를 믿고 오사와 오상 부자를 죽임. 오사의 아들 오운(오자서)이 원한을 품고 오나라로 망명함. 사후 초나라 영도郢都를 점령한 오나라 재상 오자서에 의해 무덤이 파헤쳐지고 시신에 매질을 당함. 제69회. 제70회. 제71회.

◉ **초**楚 **혜왕**惠王(?~기원전 432) ┃ 초 소왕昭王의 아들 장章. 월희越姬 소생. 백공白公 승勝의 반란 때 잠시 폐위되어 궁궐에 갇혔다가 어공圉公 양陽이 궁궐의 담장을 뚫고 혜왕을 구출하여 소왕의 계실繼室 월희越姬의 궁전에 숨김. 섭공葉公 심제량이 백공 승의 반란을 진압한 후 다시 보위에 올림. 제81회. 제83회.

◉ **초**楚 **회왕**懷王(?~기원전 296) ┃ 초楚 위왕威王의 아들 웅괴熊槐. 한韓, 위魏, 조趙, 연燕과 함곡관에서 연합하고 종약장이 되었으나 진秦나라 장수 저리질의 습격을 받고 패주함. 간신 근상을 총애하다 정사政事를 망침. 진秦, 제齊 연합군의 공격을 받고 대패함. 세자 횡橫을 제나라에 인질로 바치고 우

호를 맺음. 진秦나라에 속아 회맹에 갔다가 다시 돌아오지 못하고 죽음. 제 91회. 제92회. 제93회.

◉ **초구흔**椒邱訢 | 오吳나라 동해의 용사. 요이要離에게 모욕을 당한 후 스스로 자결함. 제74회.

◉ **초왕**楚王 **부추**負芻 | 초楚 애왕哀王의 서형庶兄. 애왕 즉위 두 달 만에 애왕을 시해하고 보위에 오름. 도성인 수춘성壽春城이 함락되면서 진秦나라 대장 왕전의 포로가 됨. 진왕秦王 정은 초왕 부추에게 자신의 임금을 시해한 죄를 물어 서인庶人으로 강등시킴. 제107회. 제108회.

◉ **촉무**燭武 | 정鄭 문공文公의 유세객. 아경亞卿에 임명됨. 당시 일흔이 넘은 나이였으나 뛰어난 변설로 진晉과 진秦의 연합군을 이간시키고 진秦나라 군대를 귀국하게 함. 제43회. 제44회.

◉ **촉용**燭庸 | 오왕 요僚의 동생. 병권을 장악함. 공자 광光(합려闔閭)이 오왕 요僚를 시해하자 종오국鍾吾國으로 도피. 다시 초나라로 도망갔다가 손무의 공격을 받고 피살됨. 제73회. 제75회.

◉ **최강**崔疆 | 최저崔杼의 전처 소생 둘째 아들. 부친 최저가 제 장공莊公을 시해하는 일에 가담함. 그러나 최씨 집안을 몰락시키고 권력을 오로지하려는 경봉慶封이 노포별盧蒲嫳을 보내 최강을 참수함. 제63회. 제65회. 제66회.

◉ **최명**崔明 | 최저와 후처 당강棠姜 사이에서 태어난 아들. 경봉에 의해 집안이 멸문지화를 당하자 최저와 당강의 시신을 수습하여 묻은 후 노魯나라로 망명. 제63회. 제66회.

◉ **최성**崔成 | 최저의 전처 소생 맏아들. 부친 최저가 제 장공莊公을 시해하는 일에 가담함. 그러나 최씨 집안을 몰락시키고 권력을 오로지하려는 경봉이 노포별을 보내 최성을 참수함. 제63회. 제65회. 제66회.

◉ **최요**崔夭 ｜ 제齊나라 상경 고호高虎의 심복. 제나라 도성 동문 문지기. 세자 소昭(제 효공)를 보호하며 송나라까지 동행했다가 무사히 귀국시킨 뒤 보위에 올림. 이 공로로 대부가 됨. 제나라 부장으로 성복 전투에 참가하여 승리함. 제32회. 제33회. 제39회. 제40회.

◉ **최저**崔杼(?~기원전 546) ｜ 제齊 영공靈公의 상경. 경봉과 합심해 세자 아牙를 죽이고 제 장공莊公을 옹립함. 나중에 제 장공이 자신의 아내 당강棠姜과 사통하자 장공을 시해하고 경공景公을 옹립함. 제나라 태사가 최저가 자신의 임금을 시해했다는 기록을 남김. 훗날 경봉에게 속아 집안이 풍비박산이 난 후 스스로 목을 매 자살함. 제60회. 제62회. 제63회. 제64회. 제65회. 제66회.

◉ **추기**騶忌 ｜ 추기鄒忌라고도 씀. 제齊 위왕威王에게 금琴의 원리를 설파하여 상국에 임명됨. 위왕에게 주색을 멀리하고 패업霸業을 도모하게 간언을 올림. 총명한 견식見識으로 변사辯士 순우곤淳于髡을 굴복시킴. 하비下邳를 봉토로 받고 성후成侯로 불림. 전기田忌와 손빈孫臏의 공을 시기하여 계략을 꾸며 그들을 사퇴시킴. 나중에 전기와 손빈이 마릉에서 위魏나라 군사를 대파하자 추기는 부끄러움을 느껴 상국 인수를 반환하고 물러남. 제86회. 제88회. 제89회.

◉ **추아**秋亞 ｜ 노魯나라 대부 복의卜齮의 심복. 노魯 민공閔公을 살해함. 제22회.

◉ **추연**騶衍(기원전 305년 추정~기원전 240) ｜ 추연鄒衍으로도 씀. 제齊 선왕宣王의 직하학사. 상대부. 연燕 소왕昭王이 선비를 잘 우대하자 연나라로 가서 객경이 됨. 제89회. 제91회.

◉ **추천**雛遄 ｜ 진晉나라 대부. 도안이屠岸夷와 친밀한 관계. 동관오의 사주를

받은 도안이가 이극을 죽이려 하자 다시 도안이를 설득하여 탁자와 순식을 죽이게 함. 나중에 진晉 문공을 보위에 올리려다 극예 등의 음모에 걸려 주살당함. 제28회. 제29회.

◉ **축궤**祝跪 │ 주周 왕실 대부. 왕자 퇴頹의 심복. 위국蔿國, 변백邊伯, 자금子禽, 첨보詹父와 함께 반란을 일으켜 주周 혜왕惠王을 축출하고 왕자 퇴를 보위에 올림. 이후 정鄭 여공厲公과 서괵공西虢公 백개伯皆의 공격을 받고 주살됨. 제19회.

◉ **축담**祝聃 │ 정鄭 장공莊公의 장수. 수갈繻葛 전투에서 주周 환왕桓王의 어깨를 화살로 쏘아 맞힘. 전쟁이 끝난 후 논공행상을 할 때 축담은 천자를 쏜 죄로 아무 상도 받지 못함. 이 일로 울분을 터뜨리다 등창이 나서 죽음. 제8회. 제9회.

◉ **춘신군**春申君(?~기원전 238) │ 황헐黃歇. 초楚 경양왕頃襄王의 아우로 태부직을 역임. 오월吳越 땅에 봉해져 춘신군春申君으로 불림. 진秦나라 인질로 가 있던 태자 웅완熊完(고열왕)을 탈출시켜 보위에 올림. 이 공로로 고열왕의 상국이 됨. 식객 3000여 명을 거느림. 추鄒나라와 노魯나라 땅을 병합. 순경荀卿(순자荀子)을 난릉령蘭陵令으로 임명하여 부국강병을 이룸. 조趙나라 평원군平原君과 그의 문객 모수의 말을 듣고 합종책에 찬성하고 구원병을 보냄. 이원의 계략에 의해 그의 누이 이언을 후실로 받아들여 임신시킨 뒤 고열왕에게 바침. 이언은 쌍둥이 한捍과 유猶를 낳았고 한이 세자로 봉해짐. 고열왕이 죽은 후 이원은 자신의 계략이 알려질까 두려워 춘신군을 기습하여 죽임. 제96회. 제98회. 제99회. 제100회. 제101회. 제103회. 제107회.

◉ **출강**出姜 │ 제齊 소공昭公의 딸. 노魯 문공文公의 부인 강씨姜氏. 애강哀姜이

라고도 함. 악惡과 시視를 낳음. 두 아들 악과 시가 동문수에게 시해당한 뒤 피눈물을 흘리며 제나라로 되돌아감. 그래서 출강出姜이라 함. 제49회.

● **치이자피**鴟夷子皮 | 월나라 대부 범여가 제나라로 가서 개명한 이름. 제나라에서 상경上卿 벼슬을 했다고 함. 제83회.

● **치자**絺疵 | 진晉나라 지요智瑤의 심복 가신. 지요에게 한씨韓氏, 위씨魏氏, 조씨趙氏의 땅을 할양받아 그들을 약화시키라고 계책을 올림. 토지 할양 문제 때문에 한씨와 위씨가 장차 반역할 것이라 예측하고 그 사실을 지요에게 알렸으나 지요가 듣지 않음. 이후 지씨가 멸망할 것을 알고 진秦으로 달아남. 제84회.

ㅌ

● **탁보**鐸甫 | 제齊 장공莊公의 용작勇爵. 제 장공이 시해된 후 자결함. 제63회. 제65회.

● **탁알구**鐸遏寇 | 진晉 도공悼公의 여위輿尉. 제59회.

● **탁자**卓子 | → 공자 탁자卓子

● **탕의제**蕩意諸(?~기원전 611) | 공자 탕蕩의 손자. 송宋 성공成公, 소공昭公의 사성司城. 송 목공穆公과 양공襄公의 파당이 일으킨 반란 때 노魯나라로 망명. 다시 귀국하여 송 소공을 끝까지 모시다가 공자 포鮑가 보낸 화우華耦에게 살해됨. 제48회. 제49회.

● **탕훼**蕩虺 | 탕의제蕩意諸의 동생. 송 문공文公이 탕의제의 충절을 가상히

여겨 탕훼에게 사마司馬 직을 제수함. 제49회.

◉ **태백**太伯 ┃ → 육권鬻拳

◉ **태사**太史 **교**敫 ┃ 제齊 민왕湣王의 장수. 제 민왕 말년의 폭정을 참지 못하고 은퇴함. 연燕나라의 공격을 받고 망국지경에 처했을 때 제 민왕의 세자 법장法章(양왕襄王)을 자신의 집에 숨겨줌. 자신의 딸이 세자 법장과 사랑하여 나중에 왕비(군왕후君王后)가 됨. 그러나 부모의 허락 없이 세자 법장에게 몸을 허락했다고 딸로 인정하지 않음. 제95회.

◉ **태사**太史 **담**儋 ┃ 주周 왕실의 태사. 진秦나라 땅에 황금색 비가 사흘 동안 내렸다는 소문을 듣고 금덕金德(서쪽 진秦나라)을 갖춘 임금이 천하를 통일할 것이라고 예언함. 제86회.

◉ **태사**太史 **돈**敦 ┃ 진秦 태사. 진秦 문공文公의 꿈을 해몽하고 백제묘白帝廟를 세워 서방의 신에게 제사를 올리게 함. 제4회.

◉ **태사**太史 **백**伯 ┃ 최저崔杼가 제 장공莊公을 시해한 사실을 죽간에 기록했다가 죽임을 당함. 태사 백의 아우 중仲과 숙叔도 똑같이 기록했다가 최저에게 살해당함. 막냇동생 계季 역시 똑같이 기록하자 최저는 어쩔 수 없이 그 기록을 인정함. 제65회.

◉ **태사**太史 **소**蘇 ┃ 진晉 헌공獻公의 태사太史. 진晉 헌공이 여희驪姬를 부인으로 삼는 일과 백희伯姬를 진秦 목공穆公에게 출가시키는 일이 불길하다고 아뢰었으나 진 헌공은 전혀 말을 듣지 않음. 제25회.

◉ **태숙**太叔 **대**帶 ┃ 주 혜왕의 둘째 아들. 주 양왕의 아우. 차비次妃 진규陳嬀 소생. 양왕의 왕후인 외후隗后와 사통하고 적翟나라의 힘을 빌려 반란을 일으켰다가 진晉 문공의 장수 위주魏犨에게 참수됨. 제24회. 제37회. 제38회.

◉ **태숙**太叔 **의**儀 ┃ 위衛 성공成公의 아들이며 위衛 문공文公의 손자. 위衛 헌공

獻公의 복위 논의에 참석하지 않음. 시해된 위衛 상공殤公의 시신을 수습하여 장례를 치러주고 정사에는 관여하지 않음. 영희가 살해된 후 위나라 정사를 맡아 나라를 안정시킴. 제65회.

● **태자 단**丹(?~기원전 226) | 연왕燕王 희喜의 아들. 진秦나라 인질로 잡혀 있다 탈출한 후 형가荊軻를 보내 진왕秦王 정政을 암살하려 했으나 실패함. 진秦나라의 보복 공격을 받고 연왕 희와 요동遼東으로 도주함. 진秦나라 장수 이신의 공격을 받자 연왕 희는 태자 단丹의 목을 잘라 이신에게 바침. 제104회. 제106회. 제107회.

● **태자 정**鄭 | → 주 양왕

● **태재 양**讓 | 노魯 혜공惠公 때의 태재太宰. 혜공이 그를 주周 왕실로 보내 교체郊禘(천자가 상제上帝에게 올리는 제사)를 지낼 수 있게 해달라고 요청함. 주 왕실에서는 이를 허락하지 않음. 제4회.

● **퇴숙**頹叔 | 주周 양왕襄王의 대부. 적翟나라에 군사 원조를 요청하여 정나라를 치게 함. 양왕에게 적나라 군주의 딸 외후隗后를 왕비로 맞아오게 부추김. 적나라 군사의 힘을 빌려 태숙 대帶를 보위에 올렸다가 진晉 문공의 공격을 받고 패배하여 죽음. 제37회. 제38회.

● **투곡오도**鬪穀於菟 | → 투누오도鬪穀於菟

● **투극**鬪克 | 투월초가 반란을 일으킬 때 동조하지 않아 살해당함. 제51회.

● **투극황**鬪克黃 | 자는 자의子儀. 투누오도鬪穀於菟 자문子文의 손자. 투반鬪班의 아들. 초楚 목왕穆王 즉위 후 잠윤箴尹에 임명됨. 투월초의 반란 때 제齊와 진秦에 사신으로 가 있어서 목숨을 구함. 이후 다시 살아났다는 의미로 이름을 투생鬪生이라고 함. 제46회. 제51회.

● **투기**鬪祈 | 초楚 무왕武王의 영윤令尹. 초 장왕莊王 때 투월초의 반란군에

가담했다가 패배한 후 주살당함. 제14회. 제17회.

● **투기**闘旗 ┃ 투월초의 사촌 동생. 투월초가 반란을 일으켰을 때 초楚 장왕
莊王의 장수 반왕潘尫에 맞서 싸움. 제51회.

● **투누오도**鬪穀於菟 ┃ 투백비鬪伯比의 아들. 자는 자문子文. 두예杜預의 『춘추
경전집해春秋經傳集解』 「장공莊公」 30년조와 『한서漢書』 제70 「서전敍傳」에 의하
면 발음이 '투곡오토'가 아니라 '투누오도'임. 호랑이 젖을 먹고 자란 아이
라는 의미임. 초 성왕成王 때 자원子元의 반란을 진압함. 자원의 후임으로
초 성왕에 의해 초나라 영윤에 임명됨. 현명한 치국방략으로 초나라를 강
국으로 이끎. 제20회. 제23회. 제33회. 제39회. 제40회.

● **투단**鬪丹 ┃ 초楚 무왕武王, 문왕文王의 장수. 무왕 때 수隨나라와의 싸움에
서 소사少師를 죽이고 승리를 거둠. 초 문왕이 식규息嬀를 강탈하려 할 때
우물로 뛰어들려는 식규를 구함. 제10회. 제17회.

● **투반**鬪班 ┃ 투누오도의 아들. 부친 투누오도와 함께 자원의 반란을 진압
하고 자원의 목을 벰. 신공申公에 봉해짐. 위여신을 이어 초나라 영윤이 됨.
초 목왕穆王이 공자 직職을 죽이라고 했으나 거부하다 살해됨. 제20회. 제
41회. 제46회.

● **투발**鬪勃 ┃ 자는 자상子上. 초楚 성왕成王의 장수. 우盂 땅 회맹에서 무력으
로 송 양공襄公을 사로잡음. 홍수泓水 전투에서 송 양공에게 승리함. 성복
전투에서 진秦나라 장수 백을병이 쏜 화살을 뺨에 맞고 패배함. 치수泜水
전투에서 싸우지 않고 물러난 후 초 성왕의 강요에 의해 자결함. 제33회.
제34회. 제40회. 제41회. 제46회.

● **투백비**鬪伯比 ┃ 초楚 무왕武王의 영윤. 초 문왕의 대부. 투약오의 아들. 투
누오도의 부친. 수隨나라 정벌에 참전하여 전공을 세움. 운鄖나라 군주의

딸과 사통하여 투누오도를 낳음. 투누오도를 몽택夢澤에 버렸으나 호랑이가 젖을 먹여 기름. 제10회. 제17회. 제20회.

● **투분황**鬪賁皇 ┃ 투월초의 아들. 투월초가 초 장왕莊王에 대항하여 반란을 일으켰다가 죽은 뒤 그 아들 투분황은 진晉나라로 망명. 묘苗 땅에 식읍을 받고 묘분황苗賁皇으로 불림. 제51회. 제58회.

● **투성연**鬪成然 ┃ 투위구鬪韋龜의 아들. 초 영왕靈王의 교윤郊尹. 채공蔡公 공자 기질의 반란 때 채공에 가담. 조오의 계책에 따라 공자 간干과 공자 석晳을 자결케 하고 공자 기질을 보위에 올림. 초 평왕(기질)이 등극한 후 영윤에 임명됨. 영윤이 된 후 자신의 공로만 믿고 전횡하다가 비무극에게 참소를 당해 죽음. 제67회. 제69회. 제70회.

● **투소**鬪巢 ┃ 투성연의 아들. 초 소왕昭王의 대장. 오왕 합려의 공격 때 맥성麥城을 수비하다가 오자서의 계책에 말려들어 맥성을 빼앗김. 도망간 초 소왕을 찾아서 수隨나라까지 수행함. 제76회. 제77회.

● **투신**鬪辛 ┃ 투성연의 아들. 초 소왕昭王의 장수. 오왕 합려에게 쫓겨 도망친 초 소왕을 찾아 운鄖 땅의 자기 집으로 모심. 부친의 원한 때문에 초 소왕을 죽이려는 아우 투회鬪懷를 만류하여 그만두게 함. 공자 결結, 투소와 함께 초 소왕을 보위하여 수隨나라로 망명했다가 다시 소왕을 복위시킴. 제76회. 제77회.

● **투약오**鬪若敖 ┃ 투누오도鬪穀於菟의 조부. 제20회.

● **투어강**鬪御彊 ┃ 초楚 성왕成王의 장수. 자원子元의 반란을 진압함. 제20회.

● **투염**鬪廉 ┃ 초楚 문왕文王의 대부. 초 성왕成王의 사사射師. 자원子元의 무도함에 항의하다 감금당함. 투누오도에게 영윤 직을 양보함. 동생 투장鬪章과 함께 정나라를 공격하여 승리를 거둠. 제17회. 제20회. 제23회.

◉ **투오**關梧 | 초 성왕의 장수. 자원의 반란을 진압함. 제20회.

◉ **투월초**關越椒(?~기원전 605) | 자는 백분伯棼. 초 성왕의 장수. 초나라 영윤
令尹 자문子文(투누오도)의 사촌 동생. 초나라 사마. 초 성왕이 살해된 후 초
목왕穆王을 위해 봉사함. 성대심이 죽은 후 영윤에 임명됨. 초 장왕莊王에
대항하여 반란을 일으켰다가 양유기의 화살을 맞고 죽음. 제40회. 제41회.
제46회. 제48회. 제50회. 제51회.

◉ **투의신**關宜申 | 의신宜申. 초 성왕成王의 장수. 노魯나라에 사신으로 파견
됨. 성복 전투에서 패배하고 벼슬이 깎여 상읍商邑 윤尹이 된 후 상공商公으
로도 불림. 초 성왕이 시해된 후 초 목왕穆王을 죽여 원수를 갚으려다 참
수됨. 제34회. 제40회. 제41회.

◉ **투장**關章 | 초 성왕의 장수. 정나라 정벌에 나섰으나 정나라의 대비가 철저
한 것을 보고 그냥 회군함. 성왕의 질책을 받고 자신의 형 투염과 함께 다시
정나라를 정벌하여 담백聃伯을 사로잡고 승리함. 제20회. 제23회. 제44회.

◉ **투회**關懷 | 초나라 투성연의 아들. 투신의 동생. 형 투신이 집으로 초 소
왕을 데려오자 부친의 원한을 갚으려고 소왕을 죽이려 했으나 투신의 만
류로 실행하지 못함. 제76회. 제77회.

◉ **특궁**特宮 | 진晉 세자 신생申生의 문객. 비정보와 함께 진晉 문공을 보위에
올리려다 극예, 여이생, 도안이 등의 음모에 걸려 주살당함. 제29회.

● **패정**孝丁 | 견융犬戎 군대의 우선봉. 제후 연합군의 반격을 받고 호경鎬京에서 물러났다가 훗날 진秦 양공襄公의 정벌을 받고 전투에 패하여 죽음. 제3회.

● **팽명**彭名 | 초楚 장왕莊王의 장수. 필성邲城 전투 때 손숙오 등과 함께 후퇴를 주장함. 초 공왕共王의 어자御者. 팽조강彭祖岡에서 벌어진 진晉나라와의 전투에 참전함. 제53회. 제58회.

● **편작**扁鵲 | 정鄭나라 명의. 자는 월인越人. 장상군長桑君에게서 투시술과 의술을 전수받음. 노의盧醫 또는 편작扁鵲이라고도 불림. 본래 황제黃帝 헌원軒轅과 동시대 사람으로 의약醫藥에 정통한 편작扁鵲이란 사람이 있었음. 사람들은 노의의 의술이 대단한 것을 보고 마침내 그를 옛날의 명의에 비견하여 편작이라고 부름. 제32회.

● **평원군**平原君(기원전 308 추정~기원전 251) | 공자 승勝. 조승趙勝. 조趙 무령왕武靈王의 아들. 조趙 혜왕惠王의 동생. 공자 성成이 죽은 후 상국에 오름. 평원平原 땅에 봉해져 평원군으로 불림. 빈객을 좋아하여 수천 명을 부양함. 진秦을 탈출하여 조趙나라에 들른 맹상군을 환대함. 위魏나라 신릉군의 누나와 혼인함. 연나라와 함께 제나라를 쳐서 망국지경으로 몰아넣음. 진秦이 한韓 어여閼與를 침략하자 군사를 보내 구원함. 조趙로 망명해온 위魏 상국 위제魏齊를 전심전력으로 보호함. 조 혜왕에게 한韓나라 풍정馮亭이 바친 상당上黨 땅의 17개 성을 수령하게 함. 진秦나라의 침략을 받고 모수毛遂와 함께 초나라로 가서 구원병을 얻어옴. 노중련과 신릉군의 도움으로 진秦나라 군사를 물리침. 제93회. 제94회. 제95회. 제96회. 제98회. 제99회. 제

100회. 제101회.

● **포계**鮑癸 | 진晉 경공景公의 장수. 필성邲城 전투 중 초나라 장수 악백樂伯을 뒤쫓다가 악백이 화살로 잡은 고라니를 선물로 받고 물러남. 제54회.

● **포국**鮑國 | 제齊 경공景公 때의 대부. 경봉慶封을 제거하려는 왕하王何와 노포씨盧蒲氏의 계략을 알고도 모르는 척함. 진무우陳無宇와 함께 고강高彊과 난시欒施를 축출하고 그들의 재산을 나눠 가짐. 노나라에서 반란을 일으키고 도망 온 양호陽虎를 잡아서 다시 노나라로 돌려주자고 주장함. 제67회. 제68회. 제78회.

● **포만자**褒蠻子 | 진秦나라 맹명시 부대의 아장牙將. 효산崤山 전투에서 진晉나라 군사의 포로가 되었다가 낭심에게 참수됨. 제44회. 제45회.

● **포목**鮑牧(?~기원전 487) | 제齊 경공景公, 도공悼公의 대부. 제 경공景公의 어린 딸 소강少姜을 보호하여 오吳나라로 보냄. 진걸陳乞과 함께 어린 임금 안유자安孺子를 따르는 국하國夏와 고장高張을 공격하여 제거함. 진걸의 강요로 마지못해 공자 양생陽生(제 도공)을 보위에 올렸으나 나중에 결국 제 도공과 진걸에 의해 살해당함. 제79회. 제81회.

● **포사**褒姒 | 주周 유왕幽王의 비빈. 하夏나라 걸왕桀王 때 받아둔 용의 침이 주 여왕厲王 때 도마뱀으로 변했고, 여왕厲王의 궁녀가 도마뱀의 자취를 밟고 임신하여 40년 만에 딸을 낳음. 그 딸을 청수하清水河에 버렸으나 온갖 새들이 보호함. 이후 포성褒城의 사대姒大에게 맡겨져 양녀로 길러지면서 포사褒姒란 이름을 갖게 됨. 포사는 다시 홍덕洪德에 의해 유왕에게 바쳐졌고, 유왕은 포사를 총애하여 왕후 신씨申氏와 태자 의구宜臼를 폐위하고 포사와 그 아들 백복伯服을 왕후와 태자로 봉함. 왕후 신씨의 부친 신후申侯가 견융을 불러들여 유왕을 공격했고, 유왕이 견융에게 살해된 후 포사는

견융의 군주에게 사로잡혀 능욕을 당함. 견융이 제후들에게 쫓겨 도망가는 중에 포사는 스스로 목숨을 끊음. 제2회. 제3회.

● **포숙아**鮑叔牙(?~기원전 644) | 제齊 환공桓公의 대부. 관중管仲과 포숙아는 '관포지교管鮑之交'로 유명함. 공자 소백小白(제 환공)을 제나라 보위에 오르게 한 후 관중을 재상에 천거함. 정직하고 현명한 재능으로 제 환공을 패자覇者로 만듦. 관중이 죽은 후 한동안 제나라 재상으로 재직함. 제 환공이 관중의 유언을 저버리고 다시 수초豎貂, 옹무雍巫, 개방開方 등 간신을 등용하자 울화병이 나 죽음. 제15회. 제16회. 제17회. 제20회. 제21회. 제23회. 제30회. 제31회. 제32회.

● **포식**鮑息 | 제齊 도공悼公이 포목을 죽인 후 아들 포식을 포숙아의 후계자로 세움. 부친을 죽인 제 도공을 시해하라는 진항의 요청을 거절함. 사신으로 파견된 오자서를 죽이려는 제 간공簡公을 만류함. 오자서가 자신의 아들 오봉을 포식에게 맡기자 오봉과 의형제를 맺고 보호해줌. 제81회. 제82회.

● **포연**暴鳶 | 한韓 이왕釐王의 장수. 연燕 악의樂毅, 진秦 백기白起, 조趙 염파廉頗, 위魏 진비晉鄙와 함께 제齊나라를 정벌하여 망국지경으로 몰아넣음. 제96회에는 위魏나라 장수로 나옴. 제95회. 제96회.

● **포향**襃珦 | 주周 유왕幽王 때 포성襃城의 대부. 유왕이 조숙대趙叔帶를 추방하는 등 폭정을 펴자 유왕에게 간언을 올리다가 하옥됨. 그의 아들 홍덕洪德이 미녀 포사襃姒를 바치고 풀려남. 제2회.

● **풍서**酆舒 | 적적赤狄의 별종인 노潞나라 재상. 망명한 호야고狐射姑를 잘 보살펴줌. 유약한 군주 영아嬰兒를 무시하며 전횡을 휘두름. 노潞나라 군주의 부인 백희伯姬(진晉 경공景公의 여동생)를 핍박하여 자결하게 함. 진晉나라 순

임보의 정벌을 받고 패배하여 위衛나라로 달아남. 위衛나라에서는 풍서를 잡아 진晉나라로 보내 주살하게 함. 제47회. 제48회.

◉ **풍씨**風氏 | 수구자須句子의 딸. 노魯 장공莊公의 첩. 공자 신申을 낳음. 자신의 아들 신이 노 장공의 후사가 될 수 있도록 계우에게 부탁했으나 거절당함. 제22회.

◉ **풍정**馮亭 | 한韓나라 상당上黨 태수. 상당 땅의 17개 고을을 조趙나라에 바친 후 화릉군華陵君에 봉해짐. 진秦나라 군사에 패배한 후 자결함. 제98회.

◉ **풍호자**風胡子 | 초楚 소왕昭王 때의 명검 감정사. 초 소왕이 얻은 보검이 오나라 검장劍匠 구야자歐冶子가 만든 잠로湛盧임을 감정함. 제75회.

◉ **풍환**馮驩 | 제齊나라 맹상군孟嘗君의 빈객. 맹상군을 위해 설읍薛邑의 빚과 조세를 적절하게 처리함. 쫓겨난 맹상군을 다시 상국에 복위시키는 데 큰 공을 세움. 말년에 위魏나라 신릉군의 빈객이 됨. 제94회. 제102회.

◉ **풍희**馮喜 | 장의張儀의 문객. 장의의 명령에 의해 초나라 빈객으로 위장하고 제齊 민왕湣王을 만나 위魏나라 정벌을 중지하게 함. 제92회.

◉ **피이**被離 | 오吳나라의 유명한 관상쟁이. 공자 광光(합려)에 의해 시장 관리인으로 임명됨. 시장통에서 퉁소를 불고 노래하는 오자서를 알아보고 공자 광에게 추천함. 또 오자서에게 백비伯嚭를 등용하지 말라고 당부했으나 오자서는 듣지 않음. 제73회. 제74회. 제75회. 제79회.

◉ **필공**畢公 | 성명 희고姬高. 주周 문왕文王의 열다섯 번째 아들. 필畢 땅에 봉해져 필공으로 불림. 성왕成王의 고명을 받고 강왕康王을 보좌하여 태평성대를 이룸. 제1회.

◉ **필만**畢萬 | 진晉 헌공獻公의 대부. 전공을 세워 위魏 땅에 봉해짐. 위씨魏氏의 시조. 후손들이 대대로 진晉나라의 고관대작을 역임하며 전국시대 위魏

나라의 기반을 닦음. 제20회.

● **핍길**偪姞 │ 진晉 문공文公의 둘째 부인. 아들 환驩과 딸 백희伯姬를 둠. 포성蒲城에서 죽음. 진 문공이 그곳을 떠난 후 두수頭須가 두 아이를 포성의 평민 수씨遂氏 집에 맡겨 기름. 제37회.

ㅎ

● **하무저**夏無且 │ 진왕秦王 정政의 어의御醫. 약 자루로 형가荊軻를 공격함. 제107회.

● **하부**夏扶 │ 연燕 태자 단丹의 용사. 용력이 뛰어나 태자 단에게 후대를 받았으나 진秦나라와의 싸움에서 전사함. 제106회.

● **하설**夏齧 │ 진陳나라 하징서의 현손玄孫. 진공陳公 천봉수 휘하의 장수. 천봉수 대신 진陳나라 군사를 이끌고 채공蔡公의 반란에 참전. 채공이 초 평왕으로 즉위한 후 대부에 임명. 오나라와 전투 중 오나라 공자 광光에게 피살됨. 제70회. 제73회.

● **하숙영**瑕叔盈 │ 정鄭 장공莊公의 장수. 용력이 뛰어나 영고숙과 '모호蝥弧' 깃발로 힘을 겨룸. 허許나라와의 전투와 주 환왕과의 전투에서 전공을 세움. 제5회. 제7회. 제9회.

● **하어숙**夏御叔 │ 진陳 영공靈公의 사마司馬. 부친은 공자 소서少西. 조부는 진陳 정공定公. 정 목공穆公의 딸 하희夏姬를 아내로 맞음. 이들의 아들이 하징서임. 제52회.

- **하징서**夏徵舒 | 하어숙과 하희夏姬의 아들. 진陳 영공靈公의 사마. 자신의 모친 하희가 진陳 영공, 공영孔寧, 의행보儀行父와 사통하는 것을 보고 진 영공을 시해함. 초 장왕에게 사로잡혀 거열형에 처해짐. 제52회. 제53회.

- **하화**荷華 | 하희夏姬의 시녀. 하희의 음란 행각을 도움. 제52회. 제53회.

- **하희**夏姬 | 정鄭 목공穆公의 딸로 진陳나라 하어숙에게 출가함. 하어숙은 아들 하징서의 나이 12세 때 병사함. 출가 전에 정 영공靈公의 서형庶兄이고 자신의 이복 오라비인 공자 만蠻과 사통(3년 만에 공자 만 요절). 남편이 죽은 후 진陳 영공靈公, 공영孔寧, 의행보儀行父와 함께 음란 행각을 벌임. 아들 하징서가 진 영공을 시해한 후 초나라로 잡혀가서 연윤連尹 양로襄老에게 강제로 출가함. 양로가 필성邲城 오산敖山 전투에 나간 틈에 양로의 아들 흑요黑要와 사통. 양로가 진晉과의 싸움에서 전사하자 양로의 시신을 찾는다는 핑계를 대고 친정인 정나라로 가서 초나라를 탈출해온 굴무와 혼인함. 나중에 다시 굴무와 진晉나라로 도망침. 제52회. 제53회. 제57회.

- **하희**夏姬 | 진秦 안국군安國君의 비빈. 이인異人의 모친. 총애를 받지 못하고 일찍 죽음. 제99회.

- **한**韓 **문후**文侯(?~기원전 377) | 한韓 열후烈侯의 아들. 제86회.

- **한**韓 **선혜왕**宣惠王(?~기원전 312) | 한韓 위후威侯. 한韓 소후昭侯의 아들. 한韓나라에서는 처음으로 왕을 칭함. 제90회. 제91회.

- **한**韓 **소후**昭侯(?~기원전 333) | 한韓 의후懿侯의 아들 무武. 이후釐侯라고도 함. 형명학刑名學에 정통한 신불해申不害를 재상으로 삼아 나라를 잘 다스림. 정나라를 멸망시키고 도읍을 그곳으로 옮김. 위魏나라 장수 방연의 공격을 받고 제나라에 구원을 요청. 제나라 군사軍師 손빈의 작전에 따라 마릉馬陵에서 대승을 거둠. 제86회. 제88회. 제89회.

● **한韓 애후哀侯**(?~기원전 374) | 한韓 문후文侯의 아들. 상국相國 한산견韓山堅에게 시해됨. 제86회.

● **한韓 열후烈侯**(?~기원전 387) | 한취韓取. 경후景侯 한건韓虔의 아들. 제86회.

● **한韓 의후懿侯**(?~기원전 363) | 한韓 애후哀侯의 아들 약산若山. 공후共侯라고도 함. 제86회.

● **한韓 이왕釐王**(?~기원전 273) | 한韓 양왕襄王의 아들 구咎. 주周 천자의 명령으로 위魏 소왕昭王과 함께 합종책에 의지하여 진秦을 정벌했으나 이궐伊闕에서 진秦나라 장수 백기에게 대패함. 진秦이 어여閼與를 포위하자 조趙나라에 구원을 요청함. 조趙나라 장수 조사의 도움으로 진秦나라를 물리침. 제94회. 제96회.

● **한韓 환혜왕桓惠王**(?~기원전 239) | 한韓 이왕釐王의 아들. 진秦 소양왕昭襄王이 서주西周를 멸망시키고 구정九鼎을 함양咸陽으로 옮기자 가장 먼저 진秦으로 가서 조공을 바치고 신하를 칭함. 소양왕이 죽자 역시 맨 먼저 상복을 입고 신하로서의 예를 다함. 제101회. 제105회.

● **한간韓簡** | 한만韓萬의 손자. 진晉 혜공惠公의 대부. 시호가 정定이어서 흔히 한정백韓定伯이라 불림. 진晉 혜공惠公에게 진秦나라의 은혜를 배신하지 말라고 간언을 올렸으나 받아들여지지 않음. 한원韓原 전투에서 서걸술을 쓰러뜨리는 등 전공을 세웠으나 결국 패배하여 진晉 혜공과 함께 진秦나라로 끌려감. 귀국 후 혜공이 죽자 공자 중이를 맞아들여 보위에 올림. 제28회. 제30회. 제31회. 제36회. 제37회.

● **한건韓虔**(?~기원전 400) | 한韓 경후景侯. 한무자韓武子 한계장韓啓章의 아들. 진晉나라 한호韓虎의 손자. 주 왕실의 위열왕威烈王에 의해 한후韓侯로 책봉되어 정식으로 제후의 반열에 오름. 제85회.

● **한궐**韓厥 | 한자여韓子輿의 아들. 진晉 영공靈公의 군중 사마. 어려서부터 조돈趙盾의 집에서 자란 조돈의 문객. 진晉 경공景公의 신군원수. 조씨 고아 조무趙武를 궁궐에서 빼내 정영程嬰에게 맡겨 기르게 함. 진晉 도공悼公의 중군원수. 뒷날 그의 후손들이 한韓나라를 세움. 제48회. 제50회. 제54회. 제56회. 제57회. 제58회. 제59회. 제60회.

● **한기**韓起(?~기원전 514) | 한궐韓厥의 아들. 한무기韓無忌의 아우. 한선자韓宣子. 진晉 도공悼公의 상군 부장副將. 조무趙武에게 상군 대장 직을 양보함. 조씨趙氏, 순씨荀氏, 위씨魏氏 등과 난영欒盈의 반란을 진압함. 조무 사후 진晉나라 국정을 장악함. 진晉 평공平公의 명령으로 교사郊祀의 예에 따라 곤鯀에게 제사를 올림. 한기가 국정을 맡았을 때 초나라의 전횡을 견제하지 못하여 진晉나라는 패자覇者의 지위를 서서히 잃게 됨. 제60회. 제62회. 제64회. 제66회. 제68회. 제69회. 제70회. 제71회.

● **한무기**韓無忌 | 한궐韓厥의 아들. 진晉 도공悼公의 공족대부公族大夫. 사씨士氏, 조씨趙氏, 한씨韓氏 등과 난영欒盈의 반란을 평정함. 제59회. 제60회. 제64회.

● **한불신**韓不信 | 자는 백음伯音. 한간자韓簡子. 진晉 경공頃公 때의 육경六卿. 조씨趙氏, 지씨智氏(순역荀躒), 위씨魏氏(위만다魏曼多)와 연합하여 범씨范氏(사길석士吉射)와 중항씨中行氏(순인荀寅) 가문을 몰아냄. 제72회. 제79회.

● **한비자**韓非子 | 공자 비非. 한韓나라 왕족. 순자荀子의 제자로 법가사상을 집대성함. 진秦나라로 가서 이사李斯의 모함으로 옥에 갇혔다가 목을 매어 자결함. 제105회.

● **한빙**韓憑 | 송宋나라 사인舍人. 아내 식씨息氏를 송 강왕康王에게 빼앗기고 자결함. 제94회.

◉ **한산견**韓山堅 | 한韓나라 상국 협누俠累가 협객 섭정聶政에게 살해된 후 한韓 열후烈侯에 의해 상국에 임명됨. 한韓 애후哀侯를 시해했다고 대신들에게 살해당함. 제86회.

◉ **한섭**韓聶 | 송宋 강왕康王을 정벌하기 위한 제 민왕湣王의 장수. 송 강왕의 10대 죄악을 격문에 적고 토벌에 나섬. 송 강왕을 유인한 뒤 초와 위魏의 병사들에게 수양성睢陽城을 직접 공격하게 함. 송 강왕의 장수 굴지고屈之高를 참수함. 송나라를 멸망시킴. 연나라 공격을 받고 패하여 악의의 동생 악승에게 살해됨. 제94회. 제95회.

◉ **한왕**韓王 **안**安(?~기원전 226) | 한韓 환혜왕桓惠王의 태자. 환혜왕 사후 보위에 오름. 진秦나라의 공격을 받고 항복함. 한韓나라 땅은 진秦나라의 영천군潁川郡이 됨. 제105회. 제106회.

◉ **한자여**韓子與 | 진晉나라 장수. 한궐韓厥의 부친. 효산崤山 전투에서 진秦나라 군사를 격파함. 제45회.

◉ **한천**韓穿 | 진晉 경공景公의 상군 대부. 신상군 부장. 필성邲城 전투 때 사회士會, 극극郤克, 한천韓穿 등의 계책에 따라 오산敖山 전방에 군사를 매복시켜 패배를 면함. 안鞍 땅 전투에서 초나라에 승리함. 제54회. 제57회.

◉ **한호**罕虎 | 정鄭 간공簡公의 상경. 양소良霄를 죽인 공손흑公孫黑이 공손교公孫僑까지 죽이려 하자 이를 만류하여 제지함. 정 간공이 국정을 맡기려 하자 공손교에게 양보함. 제67회.

◉ **한호**韓虎(?~기원전 424) | 진晉 출공出公 때 한씨韓氏 가문의 종주. 한강자韓康子. 지요智瑤가 100리의 땅을 할양하라고 요구하자 처음에는 그 요구를 들어줬으나 나중에는 위씨魏氏, 조씨趙氏와 힘을 합쳐 지씨智氏를 멸망시킴. 위씨, 조씨와 모의하여 강주絳州와 곡옥曲沃 이외의 진晉 땅을 삼등분하여

서로 나누어 가짐. 이로써 진晉은 실질적으로 한韓, 위魏, 조趙로 나뉘어짐.
제84회. 제85회.

◉ **항연**項燕(?~기원전 223) │ 초왕楚王 부추負芻의 대장. 초나라의 마지막 명장.
초패왕楚覇王 항우項羽의 조부. 초왕 부추의 친동생 창평군昌平君을 초왕으
로 옹립하고, 난릉蘭陵에서 마지막 항전을 하던 중 창평군이 진秦나라의 화
살을 맞고 전사하자 자신도 스스로 칼로 목을 찔러 장렬한 최후를 마침.
제107회. 제108회.

◉ **해숙**解肅 │ 진晉나라 조무趙武 휘하의 용장. 해옹解雍의 동생. 난영欒盈의
용장인 독융督戎과의 싸움에서 패배함. 제64회.

◉ **해양**解揚 │ 자는 자호子虎. 진晉나라 장수. 북림北林 전투에서 초나라 장수
위가蔿賈에게 사로잡혔다가 1년 뒤에 방면됨. 초나라에 포위된 송나라를
구원하기 위해 사신으로 파견되었다가 초나라에게 사로잡혔으나 죽음을
무릅쓰고 임무를 완수함. 제50회. 제55회.

◉ **해옹**解雍 │ 진晉나라 조무 휘하의 용장. 해숙解肅의 형. 난영欒盈의 용장인
독융과의 싸움에서 중상을 입고 그날 밤 숨을 거둠. 제64회.

◉ **해장**解張 │ 진晉 문공文公 때 개자추介子推의 이웃 사람. 개자추가 공신 명
단에서 빠진 것을 알고 조정에 알림. 그 공로로 하대부에 임명됨. 진晉 경
공景公 때 중군 대장 극극郤克의 어자御者. 제齊나라와의 전투에서 대장 극
극을 보위하며 승리로 이끎. 제37회. 제56회.

◉ **해제**奚齊 │ → 공자 해제

◉ **허**許 **도공**悼公(?~기원전 523) │ 성명 강매姜買. 초나라를 방문하여 우호를
다짐. 제67회.

◉ **허**許 **목공**穆公(?~기원전 659) │ 성명 강신신姜新臣. 초나라를 정벌하기 위한

제 환공의 연합군에 참여했다가 진중에서 세상을 떠남. 제23회.

● **허許 소공**昭公(?~기원전 582) | 성명 강석아姜錫我. 허許 희공僖公을 이어 보위에 오름. 진晋나라 조돈趙盾이 주도한 신성新城 회맹에 참가함. 제49회.

● **허許 장공**莊公 | 성명 강불姜弗. 제齊, 노魯, 정鄭 연합군의 공격을 받고 위衛나라로 도망쳤다가 위나라에서 죽음. 제7회.

● **허許 환공**桓公(?~기원전 698) | 성명 강신민姜新民. 허許 장공莊公의 아우. 제齊, 노魯, 정鄭 연합군의 공격을 받고 허 장공이 위衛나라로 도주하자 정鄭 장공莊公이 그 아우 신민新民을 보위에 세운 후 허숙許叔으로 부르게 함. 사후 환공桓公이란 시호를 받음. 제23회.

● **허許 희공**僖公(?~기원전 621) | 허許 목공穆公의 세자 업業. 송宋 양공襄公이 주도한 우盂 땅 회맹에 초 성왕, 정 문공 등과 참여. 일관되게 초나라를 섬기다가 진晋 문공 등 연합군의 정벌을 받고 항복함. 제24회. 제33회. 제41회. 제43회.

● **허백**許伯 | 초楚 장왕莊王의 장수. 필성邲城 전투에서 악백樂伯의 병거를 몰며 진晋나라 군사를 유인함. 제53회.

● **허언**許偃 | 초 장왕의 장수. 필성 전투에 참전하여 승리함. 제53회.

● **허역**許歷 | 조사趙奢 부대의 군졸. 어여閼與에서 조사에게 진秦나라와 싸울 대책을 올림. 그 공으로 조사의 추천을 받아 국위國尉에 임명됨. 제96회.

● **허희**許姬 | 강씨姜氏. 초 장왕의 비빈. 절영대회絶纓大會의 주인공. 제51회.

● **현고**弦高 | 정鄭 목공穆公 때의 소장수. 자신의 소 스무 마리를 잡아 진秦나라 대군을 대접하면서 정나라가 진秦나라 정벌에 대비하고 있다고 속임. 이로써 정나라는 진秦나라 공격에서 벗어남. 제44회.

● **협누**俠累(?~기원전 397) | 진晋나라 한씨韓氏 가문의 심복. 한건韓虔의 제후

책봉을 위해 주周 왕실에 사신으로 파견됨. 한건이 제후가 된 후 상국에 임명됨. 자신의 은인이며 의형제인 엄중자를 박대하다가 엄중자가 고용한 협객 섭정에게 살해됨. 제85회. 제86회.

● **형가**荊軻(?~기원전 227) │ 위衛나라 사람으로 본명은 경가慶軻인데 연나라로 가서 형가라고 칭함. 전광田光의 추천으로 연燕 태자 단丹을 만나 진왕秦王 정政을 암살하기 위한 계획에 참여함. 진秦나라를 배신한 번오기樊於期의 목과 독항督亢의 지도를 가지고 진왕에게 접근하여 비수로 찔렀으나 결국 실패하고 살해당함. 제106회. 제107회.

● **형경**荊卿 │ → 형가荊軻

● **형괴**邢蒯 │ 난영欒盈 휘하의 맹장. 제 장공의 휘하에 들어 진晉나라를 공격하다가 공산共山 아래에서 독사에 물려 죽음. 제62회. 제63회. 제64회.

● **형비**邢妃 │ 위衛 선공宣公의 정실부인. 위 선공이 이강夷姜을 총애하고 형비는 박대함. 제12회.

● **혜문태후**惠文太后 │ 조趙 혜왕惠王의 왕비. 조趙 위후威后. 조趙 효성왕孝成王의 모후. 효성왕 즉위 후 수렴청정을 함. 제98회.

● **혜후**惠后 │ 주周 혜왕惠王의 차비次妃 진규陳嬀. 태숙 대帶의 모후. 태숙 대를 보위에 올리기 위해 욕심을 부림. 태숙 대와 외후隗后의 불륜을 알고도 덮어둠. 제24회. 제37회.

● **호**皓 │ 월왕 구천勾踐의 사직司直. 제80회.

● **호**狐 │ 주周 평왕平王의 태자. 정나라 세자 홀忽과 인질로 교환됨. 주 평왕 사후 보위를 잇기 위해 귀국했다가 슬픔이 지나쳐서 바로 세상을 떠남. 제5회.

● **호광**胡廣 │ 조趙 무령왕武靈王의 대부. 무령왕이 꿈에서 본 금琴 타는 여인이 맹요孟姚임을 알려줌. 제93회.

● **호국거**狐鞠居(?~기원전 621) ㅣ 호모狐毛의 아들. 진晉나라 장수. 사촌 형 호야고狐射姑와 모의하여 태부 양처보陽處父를 살해함. 나중에 조돈趙盾에게 탄핵을 받고 처형됨. 제45회. 제46회.

● **호돌**狐突 ㅣ 진晉나라 국구國舅. 진晉 헌공獻公의 부인인 호희狐姬의 부친. 진晉 문공文公 중이重耳는 헌공과 호희 사이에서 태어난 아들임. 호모와 호언은 호희와 남매간. 즉 호모와 호언은 진 문공의 외삼촌임. 진晉나라 대신. 평생토록 외손자 중이를 보호하며 보위에 올리기 위해 노력함. 진晉 회공懷公이 호돌에게 중이를 따라간 호모와 호언을 불러들이라고 요구했으나 호돌은 회공의 말을 거절했고 결국 처형됨. 제25회. 제27회. 제28회. 제29회. 제31회. 제35회.

● **호모**狐毛(?~기원전 629) ㅣ 호돌狐突의 맏아들. 진晉 문공文公의 외숙. 동생 호언狐偃과 함께 공자 중이重耳(진晉 문공文公)를 평생토록 보좌하며 천하의 패자가 되게 함. 제20회. 제27회. 제31회. 제35회. 제36회. 제37회. 제39회. 제40회. 제41회. 제44회.

● **호보**狐父 ㅣ 진晉 평공平公의 대부. 채蔡나라를 포위한 초楚 영왕靈王에게 파견되어 포위를 풀어달라고 간청했으나 초 영왕은 듣지 않음. 제69회.

● **호상**胡傷 ㅣ 진秦 소양왕昭襄王의 객경. 위魏나라 장수 망묘芒卯를 패배시키고 남양南陽 땅을 빼앗아 남양군南陽郡을 설치함. 20만 대군으로 한韓나라 어여閼與 땅을 포위했다가 구원을 온 조趙나라 장수 조사趙奢에게 대패함. 백기白起의 명령으로 조나라 장수 조괄趙括의 군사를 양분하고 협공하여 대승을 거둠. 제96회. 제98회.

● **호숙**壺叔 ㅣ 진晉 문공의 공신. 19년 동안 공자 중이重耳의 망명을 수행하며 수레와 말 등 행장行裝을 관리함. 제27회. 제31회. 제36회. 제37회.

● **호아반**虎兒班 | 무종국無終國의 대장. 제齊 환공桓公을 도와 산융山戎을 쳐서 큰 전공을 세움. 제21회.

● **호야고**狐射姑 | 호언狐偃의 아들. 진晉 문공文公의 공신. 진晉 양공襄公의 중군원수. 조돈과 반목하다가 양처보를 죽인 후 적翟나라 군주 백돈에게 투신. 나중에 노潞나라에 몸을 의탁했다가 그곳에서 여생을 마침. 제27회. 제35회. 제37회. 제38회. 제44회. 제45회. 제46회. 제47회. 제48회. 제55회.

● **호언**狐偃(?~기원전 629) | 호돌狐突의 둘째 아들. 자는 자범子犯. 진晉 문공文公의 외숙이어서 구범舅犯, 구범臼犯, 구범咎犯이라고도 함. 19년 동안 공자 중이(진晉 문공)의 외국 생활을 수행하며 고락을 함께함. 진秦나라의 도움으로 중이를 진晉나라 보위에 올리고 천하의 패자霸者가 되도록 보좌함. 제27회. 제28회. 제31회. 제34회. 제35회. 제36회. 제37회. 제38회. 제39회. 제40회. 제41회. 제42회. 제43회. 제44회.

● **호용**狐庸 | 굴무屈巫의 아들. 오吳나라로 가서 행인行人 벼슬을 함. 부친 무신巫臣(굴무)이 죽은 뒤 오나라에 정착하여 상국에 오름. 굴씨屈氏 성을 다시 회복하여 굴호용으로 불림. 제57회. 제60회. 제66회.

● **호자**扈子 | 초楚 소왕昭王의 악사. 「궁녹窮黷」이란 노래로 소왕을 깨우침. 제77회.

● **호첩**扈輒(?~기원전 233) | 조趙 도양왕悼襄王의 장수. 방난龐煖 휘하의 부장으로 진秦 몽오蒙驁의 공격을 요산堯山에서 막아냄. 태항산太行山에 매복했다가 진秦나라 군사를 크게 무찌르고 대장 방난과 함께 적장 몽오를 화살로 쏘아 죽임. 위왕魏王이 바치는 업군鄴郡 세 성을 인수했다가 진秦나라 장수 환의桓齮의 공격을 받고 대패함. 도양왕의 국상을 틈타 공격을 재개한 환의

에게 의안宜安에서 대패하여 목이 잘림. 제103회. 제105회.

◦ **호해**胡亥(기원전 230~기원전 207) │ 진왕秦王 정政과 호희胡姬 사이에서 태어
난 아들. 진秦나라의 제2대 황제(진이세秦二世). 제107회.

◦ **호훤**狐咺 │ 제齊 민왕湣王의 대부. 맹상군孟嘗君을 다시 등용하라는 간언을
올리다가 참수당함. 제94회.

◦ **호희**胡姬 │ 조왕趙王 안安의 궁녀였으나 조나라가 망한 후 진秦나라의 궁녀
가 됨. 금琴을 잘 타서 진왕秦王 정政의 총애를 받고 아들 호해胡亥를 낳음.
제107회.

◦ **호희**狐姬 │ 견융 군주의 동생 호돌狐突의 딸. 진晉 헌공獻公과의 사이에서
아들 중이重耳를 낳음. 중이가 바로 진晉 문공文公. 제20회.

◦ **혼양부**渾良夫 │ 위衛나라 공회孔悝 집안의 젊은 가신. 공회가 죽은 후 공회
의 부인인 공희孔姬와 사통. 공희의 부탁으로 세자 괴귀蒯聵(공희의 동생)에게
여장을 하게 하여 귀국시킴. 괴귀가 보위(장공莊公)에 오른 후 경卿으로 임명
됨. 출공出公 첩輒을 귀국시키려다 세자 질疾에게 참수당함. 제82회. 제83회.

◦ **홍덕**洪德 │ 포향褒珦의 아들. 부친이 주周 유왕幽王의 폭정을 바로잡기 위
해 간언을 올리다가 옥에 갇히자 미녀 포사褒姒를 바치고 부친을 풀려나게
함. 제2회.

◦ **홍연**弘演(?~기원전 660) │ 위衛 의공懿公의 대부. 의공이 형택滎澤에서 북적
北狄 군사들에게 살해당하자 홍연은 자신의 배를 가르고 의공의 간을 넣어
보호한 후 숨을 거둠. 제23회.

◦ **화계**華啟 │ 화정華定의 아들. 송宋 원공元公에게 인질로 보내졌다가 송 원공
에 의해 참수됨. 제72회.

◦ **화다료**華多僚 │ 화비수華費遂의 둘째 아들. 형 화추華貙와 사이가 좋지 못

함. 화다료華多僚가 화추를 송 원공元公에게 참소함. 그러자 화추의 가신 장개張匃가 화다료를 공격하여 죽임. 제72회.

● **화독**華督(?~기원전 682) | 송宋 상공殤公, 송 민공閔公의 태재. 공보가孔父嘉를 죽이고 그의 처를 빼앗음. 송 상공을 시해한 후 공자 빙馮(송 장공)을 보위에 올림. 이후 화독의 후손이 송나라 권력을 장악함. 제8회. 제10회. 제11회. 제17회. 제49회.

● **화등**華登 | 화비수華費遂의 셋째 아들. 송宋나라 호족 화씨 가문의 일족. 송 원공元公과 대치 중 초나라로 가서 초 평왕에게 군사 원조를 요청. 초나라 장수 위월薳越이 군사를 이끌고 도움을 주러 옴. 제72회.

● **화무척**華無慼 | 화해華亥의 아들. 송宋 원공元公에게 인질로 보내졌다가 송 원공에 의해 참수됨. 제72회.

● **화비수**華費遂 | 송宋 원공元公의 대사마. 세자를 인질로 잡고 있는 화씨를 공격하여 진陳나라로 추방함. 두 아들 화추와 화다료가 불화하여 화추의 가신家臣 장개가 화다료를 죽인 후 화비수를 위협하여 남리南里에서 반란을 일으킴. 나중에 반란에 실패하여 초나라로 망명함. 제72회.

● **화수로**華秀老 | 송宋 양공襄公, 성공成公의 대부. 주周 왕실 태자 정鄭을 보위에 올리기 위해 각국 대표와 함께 주周나라 조정으로 파견됨. 송 양공과 함께 정나라 정벌에 참전함. 초나라 장수 성득신에게 패배한 후 진晉 문공과 제 환공에게 구원병을 요청하기 위해 사신으로 파견됨. 제34회. 제40회.

● **화양군**華陽君 | 미융羋戎. 진秦 선태후宣太后의 친동생. 양후穰侯 위염魏冉과 함께 진秦나라 정사를 오로지하다가 범수范雎에 의해 관외關外로 추방됨. 제97회.

● **화양부인**華陽夫人 | 진秦 안국군安國君이 총애하는 부인. 여불위의 계책으

로 이인異人을 양자로 들여 후사로 삼음. 제99회. 제100회.

● **화어사**華御事 | 송宋 양공襄公의 장수. 송 성공成公, 소공昭公의 사구司寇. 송 목공穆公과 양공襄公의 파당이 일으킨 반란을 잘 수습함. 제33회. 제48회.

● **화용활**華龍滑 | 위衛 의공懿公의 태사太史. 북적北狄의 공격을 받고 위衛 왕실의 역대 전적을 보호함. 제23회.

● **화우**華耦(?~기원전 611) | 송宋 소공昭公의 사마司馬. 공자 포鮑(송 문공)의 명령을 받고 소공을 시해함. 공자 포가 보위에 오른 뒤 갑자기 심장병이 발작하여 죽음. 제48회. 제49회.

● **화원**華元 | 송宋 소공昭公의 우사右師. 송 문공文公의 대신. 대극大棘 전투에서 초나라로 망명한 정나라 공자 귀생歸生에게 사로잡힘. 다시 귀국하여 송 문공의 대부가 되었다가 초나라가 송나라를 포위 공격하자 강화를 성사시키고 다시 초나라에 인질로 잡혀감. 이후 다시 풀려나 송 공공共公의 상경上卿이 됨. 제49회. 제50회. 제55회. 제58회. 제59회. 제60회.

● **화정**華定 | 송나라 호족 화씨華氏 집안의 일족. 제72회.

● **화주**華周 | 제齊 장공莊公의 장수. 거莒나라와의 저우문且于門 싸움에서 용력을 발휘하다가 온몸에 화살을 맞고 거나라 군사에게 사로잡힘. 그 후 제나라로 송환되었다가 부상이 악화되어 죽음. 제64회.

● **화추**華貙 | 송나라 대사마 화비수의 맏아들. 동생 화다료와 사이가 좋지 못함. 화다료의 참소로 국외로 나가려 할 때 그의 가신 장개가 화다료를 공격하여 죽임. 제72회.

● **화해**華亥 | 송나라 우사右師. 화원華元의 아들. 송 원공元公이 화씨華氏 집안을 제거하려 하자 원공의 측근인 공자 인寅과 공자 어융御戎을 유인하여 죽이고 상승向勝과 상행向行을 구금함. 원공에게 세자 및 측근을 자신에게 인

질로 보내라 하고 자신의 아들 화무척 등을 원공에게 인질로 보냄. 원공이 인질을 죽이고 화해를 공격하자 화해는 싸움에서 패하여 진陳나라로 도주. 다시 장개의 요청으로 송나라 남리南里로 돌아와 반란을 일으켰다가 초나라로 망명함. 제69회. 제72회.

• **화향**華向 | 송나라 호족 화씨華氏 집안의 일족. 제72회.

• **환연**環淵 | 제齊 선왕宣王의 직하학사. 상대부. 제89회.

• **환의**桓齮 | 진秦 장양왕莊襄王, 진왕秦王 정政의 장수. 초나라 춘신군春申君이 한韓, 위魏, 연燕과 연합하여 위남渭南을 공격하자 여불위呂不韋 휘하에서 방어에 나섬. 장안군長安君 성교成蟜와 번오기樊於期가 반란을 일으키자 대장 왕전王翦의 선봉장으로 반란을 진압함. 또 노애嫪毐의 반란 때 노애를 사로잡고 반란을 평정함. 조趙나라 장수 이목李牧에게 패배한 후 서민으로 강등됨. 제103회. 제104회. 제105회.

• **환퇴**桓魋 | 송나라 사마司馬. 송 경공景公의 남색男色. 송 경공의 총애를 뺏길까봐 공자孔子를 죽이려 함. 제79회.

• **황보눌**皇甫訥 | 동고공東皐公의 친구. 오자서伍子胥로 변장하여 오자서가 소관昭關을 통과하게 해줌. 제72회.

• **황수**皇戌 | 정鄭 양공襄公의 대부. 필성邲城 전투에서 진晉과 초楚의 싸움을 부추김. 필성 전투가 끝난 후 초나라에 포로가 된 순앵荀罃과 진晉나라에 시신이 보관된 왕자 곡신穀臣 및 양로襄老의 시신을 교환할 때 그 중재를 맡음. 제54회. 제57회.

• **황연**黃淵 | 난영欒盈 휘하의 맹장. 난영의 파당이 제거되는 과정에서 사로잡혀 처형됨. 제62회. 제63회.

• **황이**黃夷(?~기원전 660) | 위衛 의공懿公의 장수. 북적北狄의 공격을 받고 선

봉장으로 출전했으나 패배하여 전사함. 제23회.

- **황자**皇子 | 제齊나라 서쪽 변방의 농부. 제 환공桓公이 본 소택지 귀신 위이委蛇를 알아봄. 제22회.

- **황헐**黃歇 | → 춘신군春申君

- **황화**黃花 | 고죽국孤竹國 대장. 제齊 환공桓公의 공격을 받고 고죽국을 지키기 위해 노력하다가 전사함. 제21회.

- **황힐**皇頡 | 정鄭나라 장수. 천봉수穿封戌에게 사로잡힘. 자신을 두고 초나라 장수 천봉수와 공자 위圍가 다투자 초나라 태재太宰 백주리伯州犁의 손이 가리키는 암시에 따라 자신은 공자 위에게 포로로 잡혔다고 거짓 진술을 함. 여기에서 '상하기수上下其手'라는 고사성어가 생겨남. 제66회.

- **회영**懷嬴 | → 문영文嬴

- **후누**侯孺 | 조曹 공공共公의 관리. 조 공공의 석방을 위해 진晉 문공에게 사신으로 파견됨. 진晉 태복太卜 곽언郭偃에게 뇌물을 주고 진 문공의 꿈을 조 공공에게 유리하도록 해몽하게 하여 조 공공을 석방시킴. 제43회.

- **후범**侯犯 | 노魯나라 숙손씨叔孫氏 가문 후읍郈邑의 마정馬正. 후읍의 읍재邑宰 공약막公若藐을 칼로 찔러 죽이고 스스로 읍재가 되어 조정에 항거. 사적駟赤의 기지에 말려 후읍을 버리고 제나라로 망명. 제78회.

- **후생**侯生 | → 후영侯嬴

- **후선다**侯宣多 | 정鄭 문공文公의 대부. 석신보石申父와 함께 진晉나라 군영으로 가서 공자 난蘭을 맞아왔고, 공자 난은 세자로 책봉됨. 제44회.

- **후숙외**侯叔隗 | → 외후隗后

- **후승**后勝 | 제齊나라 군왕후君王后의 동생. 제왕 건建의 상국. 진秦나라에서 뇌물을 받아먹고 전쟁 준비를 하지 않아 나라를 망하게 함. 나라가 망한

후 진秦나라 대장 왕분王賁에게 참수됨. 제107회. 제108회.

◉ **후영**侯嬴 | 위魏나라 은사隱士. 신릉군信陵君의 문객. 대량大梁 도성 이문夷門의 문지기. 신릉군에게 위魏 안리왕安釐王의 병부를 훔쳐 조趙나라를 도우라고 계책을 제시함. 자신의 문객 주해朱亥를 신릉군에게 추천하고 전송하는 자리에서 스스로 자결하여 의리를 보임. 제94회. 제98회. 제100회.

◉ **흑요**黑要 | 초楚나라 연윤連尹 양로襄老의 아들. 흑요의 계모 하희夏姬는 양로가 필성邲城 오산敖山 전투에 나간 틈에 흑요를 유혹하여 사통함. 흑요는 전사한 부친의 시신을 거두지도 않고 음행에 몰두함. 굴무가 하희와 함께 진晉나라로 도망친 후 공자 측側에게 사로잡혀 참수됨. 제57회.

◉ **희굴**姬窟 | 중산국中山國 군주. 위魏나라 장수 악양樂羊의 공격을 막지 못하고 자결함. 제85회.

◉ **희록**僖祿 | 조曹나라 대부. 희부기僖負羈의 아들. 진晉나라 장수 전힐顚頡과 위주魏犫가 희부기의 집에 방화했을 때 희록의 모친이 희록을 업고 연못 속으로 들어가서 살아남음. 모친과 함께 진晉 문공文公을 따라 진晉나라로 갔다가 장성한 후 귀국하여 조曹나라 대부가 됨. 제39회.

◉ **희부기**僖負羈 | 조曹 공공共公의 대부. 조曹 공공에게 진晉 공자 중이重耳(진晉 문공)를 후대해야 한다고 간언을 올렸으나 공공이 듣지 않자 스스로 중이를 후대함. 중이가 보위에 오른 후 조曹나라를 정벌하고 희부기에게 큰 상을 내림. 그것을 시기한 전힐顚頡과 위주魏犫는 희부기의 집에 불을 질렀고, 희부기는 화상을 입고 죽음. 제33회. 제35회. 제39회.

◉ **희양속**戲陽速 | 위衛 영공靈公의 세자인 괴귀蒯聵의 가신. 괴귀가 자신의 모후 남자南子의 음란함을 싫어하여 희양속을 시켜 칼로 찌르게 했으나 사전에 발각됨. 제79회.

장회별 등장인물

◉ 제1회 ◉

강왕康王, 강후姜后, 걸왕桀王, 두백杜伯, 무왕武王, 방숙方叔, 백양보伯陽父, 사일史佚, 성왕成王, 소공召公, 소호召虎, 습숙隰叔, 여왕厲王, 윤길보尹吉甫, 이왕夷王, 정정靜, 좌유左儒, 주周 선왕宣王, 주공周公, 주왕紂王, 중산보仲山甫, 필공畢公.

◉ 제2회 ◉

괵공虢公 석보石父 = 괵석보虢石父 = 석보石父, 달기妲己, 말희妹喜, 문왕文王, 백복伯服, 백양보伯陽父, 사대姒大, 산의생散宜生, 소호召虎, 신후申后, 신후申侯 = 신백申伯, 온온溫媼, 윤구尹球, 윤길보尹吉甫, 정鄭 환공桓公 = 정백鄭伯 우友, 조숙대趙叔帶, 주周 선왕宣王, 주周 유왕幽王, 주周 평왕平王, 채공祭公 = 채공역祭公易, 포사褒姒, 포향褒珦, 홍덕洪德.

◉ 제3회 ◉

고리적古里赤, 공자 성成, 괵공虢公 석보石父 = 괵석보虢石父 = 석보石父, 만야속滿也速, 무강武姜, 백복伯服, 신후申侯 = 신백申伯, 여장呂章, 위衛 무공武公 = 위후衛侯 희화姬和, 윤구尹球, 융주戎主, 정鄭 무공武公 = 공자 굴돌掘突, 정鄭 환공桓公 = 정백鄭伯 우友, 주周 유왕幽王, 주周 평왕平王, 주공周公 훤咺, 진秦

양공襄公 = 진군秦君 영개嬴開, 진후晉侯 희구姬仇, 채공祭公 = 채공역祭公易, 패정孛丁, 포사褒姒.

◎ 제4회 ◎

공손활公孫活, 공자 단段 = 공숙共叔 단段, 공자 여呂, 노로 혜공惠公, 영고숙潁考叔, 정鄭 무공武公 = 공자 굴돌掘突, 정鄭 장공莊公 = 공자 오생寤生, 진秦 문공文公, 채족祭足, 태사 돈敦, 태재 양讓.

◎ 제5회 ◎

고거미高渠彌, 공보가孔父嘉, 공손활公孫活, 공자 주우州吁, 공자 휘翬, 곽공虢公 기보忌父, 노로 은공隱公, 대규戴嬀, 석작石碏, 석후石厚, 송宋 목공穆公, 송宋 상공殤公 = 공자 여이與夷, 송宋 선공宣公, 송宋 장공莊公 = 공자 빙馮, 여규厲嬀, 영고숙潁考叔, 영익寧翊, 위衛 선공宣公 = 공자 진晉, 위衛 장공莊公 = 공자 괴귀蒯聵, 위衛 환공桓公 = 공자 완完, 장강莊姜, 정鄭 소공昭公 = 공자 홀忽, 정鄭 장공莊公 = 공자 오생寤生, 제齊 희공僖公, 주周 환왕桓王, 주공周公 흑견黑肩, 태자 호狐, 하숙영瑕叔盈.

◎ 제6회 ◎

고거미高渠彌, 공보가孔父嘉, 공손알公孫閼, 공자 주우州吁, 공자 타佗, 공자 휘翬, 곽공虢公 기보忌父, 누양견獳羊肩, 석작石碏, 석후石厚, 송宋 상공殤公 = 공자 여이與夷, 영고숙潁考叔, 우재右宰 추醜, 위衛 선공宣公 = 공자 진晉, 이중년夷仲年, 자겸子鍼, 정鄭 소공昭公 = 공자 홀忽, 정鄭 장공莊公 = 공자 오생寤生, 제齊 희공僖公, 주周 환왕桓王, 주공周公 흑견黑肩, 진陳 환공桓公, 채족祭足.

고거미高渠彌, 공보가孔父嘉, 공손알公孫閼, 공손획公孫獲, 공자 여呂, 공자 원元, 공자 휘翬, 노魯 은공隱公, 노魯 혜공惠公, 노魯 환공桓公 = 공자 궤軌, 백리百里, 송宋 장공莊公 = 공자 빙馮, 신신新臣, 영고숙潁考叔, 우재右宰 추醜, 이중년夷仲年, 정鄭 소공昭公 = 공자 홀忽, 정鄭 여공厲公 = 공자 돌突, 정鄭 장공莊公 = 공자 오생寤生, 제齊 희공僖公, 중자仲子, 채족祭足, 하숙영瑕叔盈, 허許 장공莊公.

고거미高渠彌, 공보가孔父嘉, 공손대중公孫戴仲, 공자 미亹, 공자 원元, 공자 의儀, 대량大良, 목금보木金父, 소량小良, 송宋 상공殤公 = 공자 여이與夷, 송宋 장공莊公 = 공자 빙馮, 송宋 장공莊公, 위씨魏氏, 정鄭 소공昭公 = 공자 홀忽, 정鄭 장공莊公 = 공자 오생寤生, 제齊 희공僖公, 채족祭足, 축담祝聃, 화독華督.

고거미高渠彌, 공자 면免, 공자 원元, 공자 타佗, 공자 휘翬, 괵공虢公 임보林父, 노魯 환공桓公 = 공자 궤軌, 만백曼伯, 문강文姜, 백원제伯爰諸, 선강宣姜, 원번原繁, 장손달臧孫達, 정鄭 장공莊公 = 공자 오생寤生, 제齊 양공襄公, 제齊 희공僖公, 주周 환왕桓王, 주공周公 흑견黑肩, 진陳 환공桓公, 채족祭足, 축담祝聃, 하숙영瑕叔盈.

계량季梁, 고거미高渠彌, 공자 원元, 굴하屈瑕, 남궁장만南宮長萬, 백원제伯爰諸.

소사少師, 송宋 장공莊公, 옹규雍糾, 옹길雍姞, 옹솔熊率, 위장蒍章, 정鄭 소공昭公 = 공자 홀忽, 정鄭 여공厲公 = 공자 돌突, 정鄭 장공莊公 = 공자 오생寤生, 진陳 여공厲公, 채계蔡季, 채족祭足, 초楚 무왕武王, 초楚 문왕文王, 축담祝聃, 투단鬬丹, 투백비鬬伯比, 화독華督.

◉ 제11회 ◉

강서强鉏, 공보정숙公父定叔, 공손무지公孫無知, 공자 알閼, 공자 원元, 공자 유柔, 공자 유游, 공자 익溺, 공자 팽생彭生, 남궁우南宮牛, 남궁장만南宮長萬, 노魯 환공桓公 = 공자 궤軌, 단백檀伯, 맹획猛獲, 송宋 장공莊公, 송宋 환공桓公, 양자梁子, 영계嬴季, 옹규雍糾, 옹늠雍廩, 원번原繁, 위衛 혜공惠公 = 공자 삭朔, 정鄭 여공厲公 = 공자 돌突, 제齊 양공襄公, 제齊 희공僖公, 주周 장왕莊王, 주공周公 흑견黑肩, 진자秦子, 채족祭足, 화독華督.

◉ 제12회 ◉

고거미高渠彌, 공손무지公孫無知, 공자 검모黔牟, 공자 급자急子, 공자 미鼻, 공자 석碩, 공자 수壽, 단백檀伯, 영궤甯跪, 우공자右公子 직職 = 공자 직職, 위衛 선공宣公 = 공자 진晉, 위衛 혜공惠公 = 공자 삭朔, 이강夷姜, 정鄭 소공昭公 = 공자 홀忽, 정鄭 여공厲公 = 공자 돌突, 좌공자左公子 예洩 = 공자 예洩, 형비邢妃.

◉ 제13회 ◉

고거미高渠彌, 공자 경보慶父, 공자 계우季友, 공자 미鼻, 공자 숙아叔牙 = 공자 아牙, 공자 언偃, 관지보管至父, 노魯 장공莊公 = 공자 동同, 맹양孟陽, 문강

文姜, 석지분여石之紛如, 숙첨叔詹, 시백施伯, 신申, 신백辛伯, 신수申繻, 연씨連氏
= 연비連妃, 연칭連稱, 영숙榮叔, 왕자 극克, 왕자 성보成父, 왕희王姬 = 양부
인襄夫人, 우공자右公子 직職 = 공자 직職, 원번原繁, 전손생顓孫生, 제齊 양공
襄公, 조말曹沫 = 조귀曹劌, 좌공자左公子 예洩 = 공자 예洩, 주공周公 흑견黑
肩, 채족祭足.

⊛ 제14회 ⊛

고혜高傒, 공손무지公孫無知, 공자 검모黔牟, 공자 팽생彭生, 관지보管至父, 국
의중國懿仲, 굴중屈重, 기후紀侯, 노魯 장공莊公 = 공자 동同, 맹양孟陽, 문강文
姜, 백희伯姬, 부진富辰, 비費 내시, 서괵공西虢公 백개伯皆, 석지분여石之紛如,
송宋 민공閔公, 숙희叔姬, 연칭連稱, 영계嬴季, 영궤甯跪, 옹늠雍廩, 왕희王姬 =
양부인襄夫人, 우공자右公子 직職 = 공자 직職, 위衛 혜공惠公 = 공자 삭朔, 자
돌子突, 제齊 양공襄公, 좌공자左公子 예洩 = 공자 예洩, 주周 장왕莊王, 주공周
公 기보忌父, 진陳 선공宣公 = 공자 저구杵臼, 채蔡 애후哀侯, 초楚 무왕武王, 초
楚 문왕文王, 투기鬪祈.

⊛ 제15회 ⊛

공손무지公孫無知, 공손습붕公孫隰朋, 공자 규糾, 관중管仲 = 관이오管夷吾, 관
지보管至父, 노魯 장공莊公 = 공자 동同, 동곽아東郭牙, 문강文姜, 소홀召忽, 습
붕隰朋, 시백施伯, 양자梁子, 연칭連稱, 영월甯越, 옹늠雍廩, 왕자 성보成父, 제齊
환공桓公 = 공자 소백小白, 조말曹沫 = 조귀曹劌, 중손추仲孫湫, 진자秦子, 포
숙아鮑叔牙.

◈ 제16회 ◈

공손습붕公孫隰朋, 공자 규糾, 공자 언偃, 관중管仲 = 관이오管夷吾, 국의중國
懿仲, 노魯 장공莊公 = 공자 동同, 동곽아東郭牙, 빈수무賓須無, 소홀召忽, 시백
施伯, 영월甯越, 왕자 성보成父, 제齊 환공桓公 = 공자 소백小白, 조말曹沫 = 조
귀曹劌, 포숙아鮑叔牙.

◈ 제17회 ◈

공손습붕公孫隰朋, 공손이公孫耳, 공자 결結, 공자 목이目夷, 공자 언偃, 공자
유游, 관중管仲 = 관이오管夷吾, 구목仇牧, 굴중屈重, 남궁우南宮牛, 남궁장만南
宮長萬, 노魯 장공莊公 = 공자 동同, 대숙피戴叔皮, 맹획猛獲, 소숙대심蕭叔大心
= 소군蕭君, 송宋 민공閔公, 송宋 환공桓公, 수초豎貂 = 수조豎刁, 시백施伯, 식
규息嬀 = 도화부인桃花夫人 = 문부인文夫人, 식후息侯, 역아易牙, 위衛 혜공惠公
= 공자 삭朔, 위장蔿章, 육권鬻拳 = 태백太伯, 장위희長衛姬, 전손생顓孫生, 제
齊 환공桓公 = 공자 소백小白, 조말曹沫 = 조귀曹劌, 주周 이왕釐王 = 주周 희
왕僖王, 주周 장왕莊王, 중손추仲孫湫, 진陳 선공宣公 = 공자 저구杵臼, 채蔡 애
후哀侯, 초楚 문왕文王, 투기鬬祈, 투단鬬丹, 투백비鬬伯比, 투염鬬廉, 포숙아鮑叔
牙, 화독華督.

◈ 제18회 ◈

공손습붕公孫隰朋, 공자 경보慶父, 관중管仲 = 관이오管夷吾, 노魯 장공莊公 =
공자 동同, 대숙피戴叔皮, 동곽아東郭牙, 문강文姜, 선멸單蔑 = 선자單子, 송宋
환공桓公, 수초豎貂 = 수조豎刁, 시백施伯, 역아易牙, 영척甯戚, 왕자 성보成父,
정婧, 제齊 환공桓公 = 공자 소백小白, 조曹 장공莊公, 조말曹沫 = 조귀曹劌, 주

周 이왕釐王 = 주周 희왕僖王, 주자邾子 극克, 중손추仲孫湫, 진陳 선공宣公 = 공자 저구杵臼, 채蔡 애후哀侯.

◉ 제19회 ◉

강서强鉏, 고혜高傒, 공자 알閼, 공자 어구御寇, 공자 완完, 공자 의儀, 관중管仲 = 관이오管夷吾, 노魯 장공莊公 = 공자 동同, 도숙堵叔, 문강文姜, 변백邊伯, 부하傅瑕, 빈수무賓須無, 사숙師叔 = 자인사子人師, 서괵공西虢公 백개伯皆, 석속石速, 소공召公 요廖 = 소백召伯 요廖, 숙첨叔詹, 식후息侯, 애강哀姜, 어손御孫, 염오閻敖, 영척寧戚, 왕자 퇴頹, 요희姚姬, 웅간熊艱, 원번原繁, 위衛 혜공惠公 = 공자 삭朔, 위국蔿國, 육권鬻拳 = 태백太伯, 자금子禽, 정鄭 문공文公 = 공자 첩踕, 정鄭 여공厲公 = 공자 돌突, 제齊 환공桓公 = 공자 소백小白, 주周 장왕莊王, 주周 혜왕惠王, 주공周公 기보忌父, 채蔡 애후哀侯, 채족祭足, 첨보詹父, 초楚 문왕文王, 초楚 성왕成王 = 웅운熊惲, 축궤祝跪.

◉ 제20회 ◉

가군賈君, 가희賈姬, 곡옥무공曲沃武公, 공자 개방開方, 공자 선善, 공자 신생申生 = 신생申生, 공자 탁자卓子 = 탁자卓子, 공자 해제奚齊, 공자 화華, 곽언郭偃, 관중管仲 = 관이오管夷吾, 굴완屈完, 동관오東關五, 두원관杜原款, 사소史蘇, 사위士蔿, 소공召公 요廖 = 소백召伯 요廖, 소위희少衛姬, 소희少姬, 숙첨叔詹, 양오梁五, 여이생呂飴甥 = 여생呂省, 여희驪姬, 영척寧戚, 왕손가王孫嘉, 왕손유王孫游, 왕자 성보成父, 우시優施 = 시施, 운鄖 부인, 웅간熊艱, 위衛 의공懿公, 위衛 혜공惠公 = 공자 삭朔, 이극里克, 장위희長衛姬, 정鄭 문공文公 = 공자 첩踕, 제齊 환공桓公 = 공자 소백小白, 제강齊姜, 조숙趙夙, 주周 혜왕惠王, 진晉 문공

文公 = 공자 중이重耳, 진晉 헌공獻公, 진晉 혜공惠公, 초楚 성왕成王 = 웅운熊惲, 투누오도鬪穀於莬 = 자문子文, 투반鬪班, 투백비鬪伯比, 투약오鬪若敖, 투어강鬪御彊, 투염鬪廉, 투오鬪梧, 투장鬪章, 포숙아鮑叔牙, 필만畢萬, 호모狐毛, 호희狐姬.

◉ 제21회 ◉

고흑高黑, 공손습붕公孫隰朋, 공자 개방開方, 공자 경보慶父, 관중管仲 = 관이오管夷吾, 노魯 장공莊公 = 공자 동同, 답리가答里呵, 밀로密盧, 빈수무賓須無, 속매速買, 수초豎貂 = 수조豎刁, 연燕 장공莊公, 연지連摯, 올률고兀律古, 왕자 성보成父, 제齊 환공桓公 = 공자 소백小白, 포숙아鮑叔牙, 호아반虎兒班, 황화黃花.

◉ 제22회 ◉

겸계鍼季, 고혜高傒, 공손오公孫敖, 공손자公孫玆, 공자 계우季友, 공자 반般, 공자 숙아叔牙 = 공자 아牙, 공자 해사奚斯, 관중管仲 = 관이오管夷吾, 노魯 민공閔公 = 공자 계啓, 노魯 장공莊公 = 공자 동同, 노魯 희공僖公, 맹임孟任, 복의卜齮, 송宋 환공桓公, 수초豎貂 = 수조豎刁, 숙강叔姜, 신불해愼不害, 애강哀姜, 양씨梁氏, 어인圉人 낙犖, 영나嬴拿, 영속寧速, 위衛 의공懿公, 제齊 환공桓公 = 공자 소백小白, 중손추仲孫湫, 추아秋亞, 풍씨風氏, 황자皇子.

◉ 제23회 ◉

거공渠孔, 공손습붕公孫隰朋, 공숙孔叔, 공영제孔嬰齊, 공자 개방開方, 공자 계우季友, 공자 무휴無虧, 관중管仲 = 관이오管夷吾, 굴완屈完, 노魯 희공僖公, 담백聃伯, 빈수무賓須無, 서영徐嬴, 석기자石祁子, 송宋 환공桓公, 수만瞍瞞, 수초

豎貂 = 수조豎刁, 숙안叔顏, 영속寧速, 예공禮孔, 우백于伯, 위衛 대공戴公, 위衛 문공文公 = 공자 훼燬, 위衛 의공懿公, 정鄭 문공文公 = 공자 첩踕, 제齊 환공 桓公 = 공자 소백小白, 조曹 소공昭公, 진陳 선공宣公 = 공자 저구杵臼, 채蔡 목 공穆公, 채희蔡姬, 초楚 성왕成王 = 웅운熊惲, 투누오도鬪穀於菟 = 자문子文, 투 염鬪廉, 투장鬪章, 포숙아鮑叔牙, 허許 목공穆公, 허許 환공桓公, 홍연弘演, 화용 활華龍滑, 황이黃夷.

◉ 제24회 ◉

공손습붕公孫隰朋, 공손오公孫敖, 공숙孔叔, 공자 목이目夷, 공자 장臧, 공자 화華, 관중管仲 = 관이오管夷吾, 굴완屈完, 백타百佗, 사숙師叔 = 자인사子人師, 소공召公 요廖 = 소백召伯 요廖, 송宋 양공襄公 = 공자 자보玆父, 송宋 환공桓 公, 숙첨叔詹, 신후申侯, 연길燕姞, 영속寧速, 왕자 호虎, 원도도轅濤塗, 원선轅 選, 위衛 문공文公 = 공자 훼燬, 정鄭 문공文公 = 공자 첩踕, 제齊 환공桓公 = 공자 소백小白, 제齊 효공孝公 = 공자 소昭, 주周 양왕襄王, 주周 혜왕惠王, 주 공周公 공孔, 진晉 문공文公 = 공자 중이重耳, 진晉 헌공獻公, 진晉 혜공惠公, 초 楚 성왕成王 = 웅운熊惲, 태숙太叔 대帶, 허許 희공僖公, 혜후惠后.

◉ 제25회 ◉

건숙蹇叔, 공손지公孫枝, 공자 신생申生 = 신생申生, 공자 칩縶, 공자 탁자卓子 = 탁자卓子, 공자 해제奚齊, 곽언郭偃, 괵공虢公 추醜, 궁지기宮之奇, 동관오東關 五, 두씨杜氏, 백리해百里奚, 백희伯姬, 순식荀息, 양오梁五, 여희驪姬, 왕자 퇴 頹, 우시優施 = 시施, 이극里克, 주지교舟之僑, 진秦 목공穆公, 진晉 헌공獻公, 태 사소蘇, 호돌狐突.

건병蹇丙 = 백을병白乙丙, 건숙蹇叔, 공손지公孫枝, 공자 칩縶, 내사內史 요廖, 두씨杜氏, 백리시百里視 = 맹명시孟明視, 백리해百里奚, 보부인寶夫人, 서걸술西乞術, 섭군葉君, 오리吾離, 유여繇余, 적반赤斑, 진秦 강공康公 = 공자 앵罃, 진秦 목공穆公.

가화賈華, 개자추介子推, 공자 신생申生 = 신생申生, 공자 탁자卓子 = 탁자卓子, 공자 해제奚齊, 곡사穀射, 극예郤芮, 동관오東關五, 두원관杜原款, 맹孟 부인, 발제勃鞮, 비정보不鄭父, 서신胥臣 = 구계臼季, 선진先軫, 순식荀息, 양오梁五, 여이생呂飴甥 = 여생呂省, 여희驪姬, 우시優施 = 시施, 위주魏犨, 이극里克, 전힐顚頡, 조최趙衰, 진晉 문공文公 = 공자 중이重耳, 진晉 헌공獻公, 진晉 혜공惠公, 호돌狐突, 호모狐毛, 호숙壺叔, 호야고狐射姑, 호언狐偃.

가군賈君, 건숙蹇叔, 공손습붕公孫隰朋, 공손지公孫枝, 공자 칩縶, 공자 해제奚齊, 공화共華, 곡사穀射, 극예郤芮, 도안이屠岸夷, 동관오東關五, 목희穆姬, 비정보不鄭父, 소희少姬, 순식荀息, 양오梁五, 양유미梁繇靡, 여이생呂飴甥 = 여생呂省, 왕자 당黨, 위주魏犨, 이극里克, 제齊 환공桓公 = 공자 소백小白, 조최趙衰, 주周 양왕襄王, 진秦 목공穆公, 진晉 문공文公 = 공자 중이重耳, 진晉 회공懷公 = 공자 어圉, 추천騅遄, 한간韓簡, 호돌狐突, 호언狐偃.

가화賈華, 건숙蹇叔, 공사共賜, 공손습붕公孫隰朋, 공자 개방開方, 공화共華, 관중管仲 = 관이오管夷吾, 곽사虢射, 극걸郤乞, 극예郤芮, 기거祁舉, 냉지冷至, 누호累虎, 목희穆姬, 비정보丕鄭父, 비표丕豹, 빈수무賓須無, 산기山祈, 소공召公 요廖 = 소백召伯 요廖, 수초豎貂 = 수조豎刁, 숙견叔堅, 여이생呂飴甥 = 여생呂省, 역아易牙, 영척寧戚, 왕자 대帶, 이극里克, 제齊 환공桓公 = 공자 소백小白, 주공周公 공孔, 진秦 목공穆公, 추천騅遄, 특궁特宮, 호돌狐突.

가복도家僕徒, 건병蹇丙 = 백을병白乙丙, 건숙蹇叔, 경정慶鄭, 고호高虎, 공손습붕公孫隰朋, 공손지公孫枝, 공자 개방開方, 공자 칩縶, 곽언郭偃, 관중管仲 = 관이오管夷吾, 곽사虢射, 극걸郤乞, 극보양郤步揚, 극예郤芮, 냉지冷至, 도안이屠岸夷, 목희穆姬, 백리시百里視 = 맹명시孟明視, 백리해百里奚, 백씨伯氏, 비표丕豹, 서걸술西乞術, 수초豎貂 = 수조豎刁, 아석蛾晰, 양유미梁繇靡, 역아易牙, 유여繇余, 제齊 환공桓公 = 공자 소백小白, 진秦 목공穆公, 진晉 혜공惠公, 진晉 회공懷公 = 공자 어圉, 포숙아鮑叔牙, 한간韓簡.

가복도家僕徒, 개자추介子推, 경정慶鄭, 계외季隗, 공손지公孫枝, 공자 개방開方, 극걸郤乞, 극예郤芮, 도안이屠岸夷, 두수頭須, 목희穆姬, 발제勃鞮, 백리시百里視 = 맹명시孟明視, 사마司馬 열說, 서신胥臣 = 구계臼季, 수초豎貂 = 수조豎刁, 숙외叔隗, 아석蛾晰, 양유미梁繇靡, 여이생呂飴甥 = 여생呂省, 역아易牙, 영속寧速, 위衛 문공文公 = 공자 훼燬, 위주魏犨, 장위희長衛姬, 전힐顚頡, 제齊 환공桓公

= 공자 소백小白, 조최趙衰, 진秦 목공穆公, 진晉 혜공惠公, 진晉 회공懷公 = 공자 어圉, 포숙아鮑叔牙, 한간韓簡, 호돌狐突, 호모狐毛, 호숙壺叔, 호언狐偃.

◉ 제32회 ◉

갈영葛嬴, 고호高虎, 공자 개방開方, 공자 무휴無虧, 공자 옹雍, 관평管平, 국의 중國懿仲, 노魯 희공僖公, 밀희密姬, 서희徐姬, 송宋 양공襄公 = 공자 자보玆父, 송화자宋華子, 수초豎貂 = 수조豎刁, 안아晏蛾兒, 양려陽厲, 역아易牙, 영속寧速, 왕희王姬, 위衛 문공文公 = 공자 훼燬, 정희鄭姬, 제齊 소공昭公, 제齊 의공懿公, 제齊 혜공惠公, 제齊 환공桓公 = 공자 소백小白, 제齊 효공孝公 = 공자 소昭, 최요崔夭, 편작扁鵲 = 진완秦緩, 포숙아鮑叔牙.

◉ 제33회 ◉

고호高虎, 공손고公孫固, 공자 목이目夷, 공자 탕蕩, 노魯 희공僖公, 성득신成得臣, 송宋 양공襄公 = 공자 자보玆父, 수초豎貂 = 수조豎刁, 역아易牙, 영제嬰齊, 정鄭 문공文公 = 공자 첩踕, 제齊 소공昭公, 제齊 의공懿公, 제齊 혜공惠公, 제齊 환공桓公 = 공자 소백小白, 제齊 효공孝公 = 공자 소昭, 조曹 공공共公, 진陳 목공穆公, 채蔡 장공莊公, 초楚 성왕成王 = 웅운熊惲, 최요崔夭, 투누오도鬪穀於菟 = 자문子文, 투발鬪勃, 허許 희공僖公, 화어사華御事, 희부기僖負羈.

◉ 제34회 ◉

공손고公孫固, 공자 목이目夷, 공자 수遂 = 동문수東門遂 = 중수仲遂, 공자 탕蕩, 노魯 희공僖公, 문미文羋, 백미伯羋, 상자수向訾守, 서신胥臣 = 구계臼季, 성득신成得臣, 송宋 성공成公, 송宋 양공襄公 = 공자 자보玆父, 숙미叔羋, 숙첨叔

詹, 악복이樂僕伊, 위여신蔿呂臣, 위주魏犨, 전힐顚頡, 정鄭 문공文公 = 공자 첩
踕, 제齊 효공孝公 = 공자 소昭, 제강齊姜, 조최趙衰, 진晉 문공文公 = 공자 중
이重耳, 초楚 성왕成王 = 웅운熊惲, 투발鬪勃, 투의신鬪宜申 = 의신宜申, 호언狐
偃, 화수로華秀老.

◈ 제35회 ◈

개자추介子推, 건숙蹇叔, 공손고公孫固, 공손지公孫枝, 곽언郭偃, 극예郤芮, 목
희穆姬, 문영文嬴 = 회영懷嬴, 백리해百里奚, 서신胥臣 = 구계臼季, 성득신成得
臣, 송宋 성공成公, 숙첨叔詹, 여씨呂氏, 여이생呂飴甥 = 여생呂省, 위주魏犨, 정
鄭 문공文公 = 공자 첩踕, 조최趙衰, 진秦 강공康公 = 공자 앵罃, 진秦 목공穆
公, 진晉 문공文公 = 공자 중이重耳, 진晉 회공懷公 = 공자 어圉, 초楚 성왕成王
= 웅운熊惲, 호돌狐突, 호모狐毛, 호야고狐射姑, 호언狐偃, 희부기僖負羈.

◈ 제36회 ◈

가복도家僕徒, 개자추介子推, 공손지公孫枝, 공자 칩縶, 극보양郤步揚, 극예郤芮,
극진郤溱, 난돈欒盾, 난지欒枝, 등혼鄧惛, 발제勃鞮, 백리해百里奚, 비표丕豹, 사
회士會 = 수계隨季, 서신胥臣 = 구계臼季, 선멸기先蔑箕 = 선멸先蔑, 순임보荀林
父, 양설직羊舌職, 양유미梁繇靡, 여이생呂飴甥 = 여생呂省, 위주魏犨, 유여繇余,
정선도鄭先都, 조최趙衰, 주지교舟之僑, 진秦 강공康公 = 공자 앵罃, 진秦 목공
穆公, 진晉 문공文公 = 공자 중이重耳, 진晉 회공懷公 = 공자 어圉, 한간韓簡,
호모狐毛, 호숙壺叔, 호언狐偃.

가복도家僕徒, 개자추介子推, 계외季隗, 공자 사예士洩, 곽언郭偃, 극걸郤乞, 극보양郤步揚, 극예郤芮, 극진郤溱, 기만祁滿, 난지欒枝, 도격屠擊, 도유미堵俞彌, 도자桃子, 두수頭須, 문영文嬴 = 회영懷嬴, 백복伯服, 백희伯姬, 보부인寶夫人, 부진富辰, 사회士會 = 수계隨季, 서신胥臣 = 구계臼季, 서영徐嬴, 선멸기先蔑箕 = 선멸先蔑, 선진先軫, 소동小東, 손백규孫伯糾, 숙외叔隗, 숙흥叔興, 양유미梁繇靡, 여이생생飴甥 = 여생呂省, 외후隗后 = 후숙외侯叔隗, 위衛 문공文公 = 공자 훼燬, 위주魏犨, 유손백游孫伯, 전힐顚頡, 정鄭 문공文公 = 공자 첩踕, 제齊 효공孝公 = 공자 소昭, 조괄趙括, 조돈趙盾, 조동趙同, 조영趙嬰 = 조영제趙嬰齊, 조최趙衰, 조희趙姬 = 장양후莊襄后, 주周 양왕襄王, 주공周公 공孔, 주지교舟之僑, 진秦 목공穆公, 진晉 문공文公 = 공자 중이重耳, 진晉 양공襄公 = 공자 환驩, 진晉 헌공獻公, 태숙太叔 대帶, 퇴숙頹叔, 핍길偪姞, 한간韓簡, 해장解張, 혜후惠后, 호모狐毛, 호숙壺叔, 호야고狐射姑, 호언狐偃.

간사보簡師父, 건숙蹇叔, 공자 칩縶, 곽언郭偃, 극진郤溱, 난지欒枝, 담백譚伯, 도자桃子, 모위毛衛, 백리해百里奚, 부진富辰, 서신胥臣 = 구계臼季, 소공召公 과過, 소동小東, 원백原伯 관貫, 위衛 문공文公 = 공자 훼燬, 위衛 성공成公, 위주魏犨, 장손진臧孫辰, 적정赤丁, 적풍자赤風子, 전힐顚頡, 정鄭 문공文公 = 공자 첩踕, 조최趙衰, 좌언보左鄢父, 주周 양왕襄王, 주공周公 공孔, 진秦 목공穆公, 진晉 문공文公 = 공자 중이重耳, 창갈蒼葛, 태숙太叔 대帶, 퇴숙頹叔, 호야고狐射姑, 호언狐偃.

◉ 제39회 ◉

고호高虎, 공손고公孫固, 공자 수遂 = 동문수東門遂 = 중수仲遂, 공자 숙무叔武, 극곡郤穀, 극보양郤步揚, 극진郤溱, 기만祁滿, 난지欒枝, 노로 희공僖公, 발제勃鞮, 서신胥臣 = 구계臼季, 선진先軫, 성득신成得臣, 손염孫炎, 송宋 성공成公, 순임보荀林父, 신공申公 숙후叔侯, 영유寧俞, 우랑于郎, 원훤元咺, 위衛 성공成公, 위가蔿賈, 위여신蔿呂臣, 위주魏犨, 장손진臧孫辰, 전획顚獲, 전희展喜, 전힐顚頡, 제齊 소공昭公, 제齊 효공孝公 = 공자 소昭, 조曹 공공共公, 조최趙衰, 진晉 문공文公 = 공자 중이重耳, 최요崔夭, 투누오도鬪穀於菟 = 자문子文, 호모狐毛, 호언狐偃, 희녹僖祿, 희부기僖負羈.

◉ 제40회 ◉

건병蹇丙 = 백을병白乙丙, 공손고公孫固, 공자 옹雍, 공자 은慭, 공자 인印, 공자 칩慭, 국귀보國歸父, 극보양郤步揚, 극진郤溱, 기만祁滿, 난지欒枝, 모벌茅茷, 문윤門尹 반般, 백주百疇, 사회士會 = 수계隨季, 서신胥臣 = 구계臼季, 석계石癸, 선진先軫, 성대심成大心, 성득신成得臣, 손백규孫伯糾, 손염孫炎, 송宋 성공成公, 순임보荀林父, 신공申公 숙후叔侯, 양설돌羊舌突, 역아易牙, 영유寧俞, 완춘宛春, 원선轅選, 위衛 성공成公, 위여신蔿呂臣, 위주魏犨, 전힐顚頡, 제齊 소공昭公, 제齊 효공孝公 = 공자 소昭, 조曹 공공共公, 조최趙衰, 주지교舟之僑, 진秦 목공穆公, 진晉 문공文公 = 공자 중이重耳, 초楚 성왕成王 = 웅운熊惲, 최요崔夭, 투누오도鬪穀於菟 = 자문子文, 투발鬪勃, 투월초鬪越椒, 투의신鬪宜申 = 의신宜申, 호모狐毛, 호언狐偃, 화수로華秀老.

◉ 제41회 ◉

공손고公孫固, 공자 숙무叔武, 공자 은憖, 공자 천견歂犬, 국귀보國歸父, 극진郤溱, 기만祁滿, 난지欒枝, 노魯 희공僖公, 반왕潘尫, 서신胥臣 = 구계臼季, 선멸기先蔑箕 = 선멸先蔑, 선진先軫, 성가成嘉, 성대심成大心, 성득신成得臣, 손염孫炎, 송宋 성공成公, 숙흥叔興, 순임보荀林父, 영유寗俞, 왕자 호虎, 원각元角, 원훤元咺, 위衛 성공成公, 위가蔿賈, 위여신蔿呂臣, 위주魏犨, 윤무공尹武公, 율사矞似, 자인 구子人九, 정鄭 문공文公 = 공자 첩踕, 제齊 소공昭公, 조曹 공공共公, 조최趙衰, 주周 양왕襄王, 주지교舟之僑, 진秦 목공穆公, 진陳 목공穆公, 진晉 문공文公 = 공자 중이重耳, 채蔡 장공莊公, 초楚 성왕成王 = 웅운熊惲, 투반鬪班, 투발鬪勃, 투월초鬪越椒, 투의신鬪宜申 = 의신宜申, 허許 희공僖公, 호모狐毛, 호언狐偃.

◉ 제42회 ◉

겸장자鍼莊子, 공자 천견歂犬, 공자 하瑕, 극보양郤步揚, 노魯 희공僖公, 사마만司馬瞞, 사영士榮, 선멸기先蔑箕 = 선멸先蔑, 선진先軫, 손염孫炎, 송宋 성공成公, 순임보荀林父, 야근冶廑, 영유寗俞, 왕자 호虎, 원훤元咺, 위衛 성공成公, 장장長牂, 정鄭 문공文公 = 공자 첩踕, 제齊 소공昭公, 조최趙衰, 주周 양왕襄王, 주지교舟之僑, 주천周歂, 진陳 공공共公, 진秦 목공穆公, 진陳 목공穆公, 진晉 문공文公 = 공자 중이重耳, 채蔡 장공莊公, 호언狐偃.

◉ 제43회 ◉

공달孔達, 공자 의儀, 공자 하瑕, 곽언郭偃, 기자杞子, 노魯 희공僖公, 방손逢孫, 백리시百里視 = 맹명시孟明視, 백리해百里奚, 선멸기先蔑箕 = 선멸先蔑, 선진先軫, 숙첨叔詹, 야근冶廑, 양손楊孫, 연衍, 영유寗俞, 원훤元咺, 위衛 성공成公, 일지호佚之狐, 장손진臧孫辰, 정鄭 목공穆公, 정鄭 문공文公 = 공자 첩踕, 조曹 공공共公, 주周 양왕襄王, 주공周公 열閱, 주천周歂, 진秦 목공穆公, 진晉 문공文公 = 공자 중이重耳, 초楚 성왕成王 = 웅운熊惲, 촉무燭武, 허許 희공僖公, 호언狐偃, 후누侯孺.

◉ 제44회 ◉

건병蹇丙 = 백을병白乙丙, 건숙蹇叔, 건타蹇他, 공손지公孫枝, 공자 낙樂, 공자 옹雍, 곽언郭偃, 극결郤缺, 기자杞子, 기정보箕鄭父 = 기정箕鄭, 방손逢孫, 백리시百里視 = 맹명시孟明視, 백리해百里奚, 서걸술西乞術, 서신胥臣 = 구계臼季, 서영胥嬰, 석신보石申父, 선도先都, 선진先軫, 양손楊孫, 양처보陽處父, 왕손만王孫滿, 왕자 호虎, 위과魏顆, 위주魏犨, 일지호佚之狐, 정鄭 목공穆公, 정鄭 문공文公 = 공자 첩踕, 조최趙衰, 주周 양왕襄王, 진秦 목공穆公, 진晉 문공文公 = 공자 중이重耳, 진晉 성공成公 = 공자 흑둔黑臀, 진晉 양공襄公 = 공자 환驩, 초楚 성왕成王 = 웅운熊惲, 촉무燭武, 투장鬬章, 포만자褒蠻子, 현고弦高, 호모狐毛, 호야고狐射姑, 호언狐偃, 후선다侯宣多.

◉ 제45회 ◉

건병蹇丙 = 백을병白乙丙, 공손지公孫枝, 곽언郭偃, 극결郤缺, 난돈欒盾, 난지欒枝, 낭심狼瞫, 내구萊駒, 도격屠擊, 백돈白暾, 백리시百里視 = 맹명시孟明視, 백부호白部胡, 서걸술西乞術, 서신胥臣 = 구계臼季, 서영胥嬰, 선멸기先蔑箕 = 선멸先蔑, 선백鮮伯, 선저거先且居, 선진先軫, 양처보陽處父, 양홍梁弘, 유여繇余, 조최趙衰, 진秦 목공穆公, 진晉 양공襄公 = 공자 환驩, 포만자褒蠻子, 한자여韓子輿, 호국거狐鞠居, 호야고狐射姑.

◉ 제46회 ◉

건병蹇丙 = 백을병白乙丙, 공자 귀생歸生, 공자 성成, 공자 직職, 극결郤缺, 난돈欒盾, 낭심狼瞫, 미씨芈氏, 반숭潘崇, 백돈白暾, 백리시百里視 = 맹명시孟明視, 백부호白部胡, 서걸술西乞術, 서신胥臣 = 구계臼季, 선백鮮伯, 선저거先且居, 선진先軫, 성대심成大心, 양처보陽處父, 원선轅選, 유여繇余, 윤무공尹武公, 율사商似, 적반赤斑, 조돈趙盾, 조최趙衰, 주周 양왕襄王, 중귀仲歸, 진秦 목공穆公, 진晉 양공襄公 = 공자 환驩, 초楚 목왕穆王, 초楚 성왕成王 = 웅운熊惲, 투극황鬪克黃, 투반鬪班, 투발鬪勃, 투월초鬪越椒, 호국거狐鞫居, 호야고狐射姑.

◉ 제47회 ◉

건병蹇丙 = 백을병白乙丙, 겸호鍼虎, 공손저구公孫杵臼, 공손지公孫枝, 공자 낙樂, 공자 옹雍, 괴득蒯得, 교여僑如, 극결郤缺, 기정보箕鄭父 = 기정箕鄭, 난지欒枝, 노魯 문공文公, 농옥弄玉, 목영穆嬴 = 양부인襄夫人, 목희穆姬, 백리시百里視 = 맹명시孟明視, 부보종생富父終甥, 사곡士穀, 사회士會 = 수계隨季, 서신胥臣 = 구계臼季, 선극先克, 선도先都, 선멸기先蔑箕 = 선멸先蔑, 선저거先且居, 소사蕭史 = 소삼랑蕭三郎, 숙손교여叔孫僑如, 숙손득신叔孫得臣, 순임보荀林父, 양익이梁益耳, 양처보陽處父, 엄식奄息, 유변臾騈, 유여繇余, 윤무공尹武公, 조돈趙盾, 조최趙衰, 주周 양왕襄王, 중항仲行, 진秦 강공康公 = 공자 앵罃, 진秦 목공穆公, 진晉 양공襄公 = 공자 환驩, 진晉 영공靈公, 풍서酆舒, 호야고狐射姑.

◉ 제48회 ◉

건병蹇丙 = 백을병白乙丙, 공자 견堅, 공자 방龐, 공자 수遂 = 동문수東門遂 = 중수仲遂, 공자 앙卬, 공자 주朱, 공자 패茷, 공자 풍豐, 괴득蒯得, 극결郤缺,

기정보箕鄭父 = 기정箕鄭, 난돈欒盾, 백리시百里視 = 맹명시孟明視, 범산范山, 사곡士穀, 사회士會 = 수계隨季, 서갑胥甲, 서걸술西乞術, 서극胥克, 선곡先穀, 선극先克, 선도先都, 선멸기先蔑箕 = 선멸先蔑, 송宋 성공成公, 송宋 소공昭公, 수여壽餘, 순임보荀林父, 신무외申無畏 = 신주申舟, 악이樂耳, 양익이梁益耳, 양홍梁弘, 요조繞朝, 위가蒍賈, 유변臾騈, 정鄭 목공穆公, 제미명提彌明, 조돈趙盾, 조천趙穿, 주周 경왕頃王, 진秦 강공康公 = 공자 앵罃, 진陳 공공共公, 진晉 영공靈公, 채蔡 장공莊公, 첨가詹嘉, 초楚 목왕穆王, 탕의제蕩意諸, 투월초鬪越椒, 풍서酆舒, 한궐韓厥, 호야고狐射姑, 화어사華御事, 화우華耦.

◉ 제49회 ◉

경영敬嬴, 계무일季無佚, 계손행보季孫行父, 고경高傾, 공손공숙公孫孔叔, 공손수公孫壽, 공손우公孫友, 공손종리公孫鍾離, 공자 사舍, 공자 수須, 공자 수遂 = 동문수東門遂 = 중수仲遂, 공자 숙힐叔肹, 공자 시視, 공자 악惡, 공자 앙卬, 국귀보國歸父, 극결郤缺, 기씨己氏, 노魯 문공文公, 노魯 선공宣公, 대기戴己, 맹손곡孟孫穀, 맹손난孟孫難, 병원邴原, 병촉邴歜, 사회士會 = 수계隨季, 서걸술西乞術, 선백單伯, 성기聲己, 소희昭姬, 송宋 문공文公, 송宋 소공昭公, 수여壽餘, 숙손득신叔孫得臣, 숙중팽생叔仲彭生, 순임보荀林父, 악예樂豫, 염직閻職, 왕희王姬, 위衛 성공成公, 정鄭 목공穆公, 제齊 소공昭公, 제齊 의공懿公, 제齊 혜공惠公, 조돈趙盾, 조삭趙朔, 주周 광왕匡王, 중손멸仲孫蔑, 진秦 강공康公 = 공자 앵罃, 진晉 영공靈公, 진陳 영공靈公, 초楚 장왕莊王, 출강出姜 = 강씨姜氏, 탕의제蕩意諸, 탕훼蕩虺, 허許 소공昭公, 화독華督, 화우華耦, 화원華元.

◉ 제50회 ◉

경영敬嬴, 계손행보季孫行父, 공손영제公孫嬰齊, 공염무인公冉務人, 공자 귀생歸生, 공자 수遂 = 동문수東門遂 = 중수仲遂, 공자 숙힐叔肹, 굴탕屈蕩, 노로 선공宣公, 도안고屠岸賈, 반왕潘尪, 번희樊姬, 사회士會 = 수계隨季, 서예鉬麑, 소종蘇從, 숙손득신叔孫得臣, 숙중팽생叔仲彭生, 신무외申無畏 = 신주申舟, 영첩靈輒, 위가蒍賈, 유변臾騈, 제齊 혜공惠公, 제미명提彌明, 조돈趙盾, 조삭趙朔, 조천趙穿, 진晉 영공靈公, 초楚 장왕莊王, 투월초鬪越椒, 한궐韓厥, 해양解揚, 화원華元.

◉ 제51회 ◉

공자 귀생歸生, 공자 송宋, 공자 영제嬰齊, 공자 측側, 도안고屠岸賈, 동호董狐, 반왕潘尪, 번희樊姬, 사회士會 = 수계隨季, 소종蘇從, 손숙오孫叔敖, 악백樂伯, 양유기養繇基, 왕손만王孫滿, 우구虞邱, 웅부기熊負羈, 위가蒍賈, 장희莊姬, 정鄭 목공穆公, 정鄭 영공靈公, 조괄趙括, 조돈趙盾, 조동趙同, 조삭趙朔, 조영趙嬰 = 조영제趙嬰齊, 조전趙旃, 조천趙穿, 조희趙姬 = 장양후莊襄后, 주周 정왕定王, 진晉 성공成公 = 공자 흑둔黑臀, 진晉 영공靈公, 초楚 장왕莊王, 투극鬪克, 투극황鬪克黃, 투기鬪旗, 투분황鬪賁皇, 투월초鬪越椒, 허희許姬.

◉ 제52회 ◉

공영孔寧, 공자 가嘉, 공자 거질去疾, 공자 귀생歸生, 공자 발發, 공자 비騑, 공자 서舒, 공자 송宋, 공자 언偃, 공자 연然, 공자 영제嬰齊, 공자 우羽, 공자 지志, 공자 풍豐, 공자 희喜, 극결郤缺, 설야泄冶, 순임보荀林父, 의행보儀行父, 정鄭 양공襄公, 정鄭 영공靈公, 조돈趙盾, 진晉 경공景公, 진晉 성공成公 = 공자 흑둔黑臀, 진陳 영공靈公, 초楚 장왕莊王, 하어숙夏御叔, 하징서夏徵舒, 하화荷華, 하희夏姬.

◉ 제53회 ◉

공영孔寧, 공자 거질去疾, 공자 곡신穀臣, 공자 영제嬰齊, 공자 측側, 교여僑如, 굴무屈巫, 굴탕屈蕩, 당교唐狡, 반당潘黨, 선곡先縠, 설야泄冶, 손숙오孫叔敖, 순임보荀林父, 신숙시申叔時, 악백樂伯, 양로襄老, 양유기養繇基, 오참伍參, 우구虞邱, 웅부기熊負羈, 원파轅頗, 의행보儀行父, 정鄭 양공襄公, 제齊 경공頃公, 진陳 성공成公, 진陳 영공靈公, 채구거蔡鳩居, 초楚 장왕莊王, 팽명彭名, 하징서夏徵舒, 하화荷華, 하희夏姬, 허백許伯, 허언許偃.

◉ 제54회 ◉

공삭鞏朔, 공윤工尹 제齊, 공자 곡신穀臣, 공자 영제嬰齊, 공자 장張, 굴탕屈蕩, 극극郤克, 난서欒書, 방개逢蓋, 방백逢伯, 방영逢寧, 사회士會 = 수계隨季, 선곡先縠, 섭숙攝叔, 손숙오孫叔敖, 손안孫安, 순수荀首, 순앵荀罃 = 지앵智罃, 순임보荀林父, 악백樂伯, 양로襄老, 우맹優孟, 웅부기熊負羈, 위기魏錡, 위빙蓬憑, 정鄭 양공襄公, 진晉 경공景公, 채구거蔡鳩居, 초楚 장왕莊王, 포계鮑癸, 한궐韓厥, 한천韓穿, 황수皇戍.

◉ 제55회 ◉

공자 영제嬰齊, 공자 측側, 극옹郤雍, 두회杜回, 백종伯宗, 백희伯姬, 사회士會 = 수계隨季, 송宋 공공共公, 송宋 문공文公, 순임보荀林父, 신무외申無畏 = 신주申舟, 신서申犀, 신숙시申叔時, 악영제樂嬰齊, 양설직羊舌職, 영아嬰兒, 위衛 목공穆公, 위과魏顆, 위주魏犨, 조희祖姬, 진晉 경공景公, 진秦 공공共公, 진秦 환공桓公, 초楚 장왕莊王, 해양解揚, 호야고狐射姑, 화원華元.

계손행보季孫行父, 고고高固, 공손귀보公孫歸父, 공자 수首, 공자 수遂 = 동문
수東門遂 = 중수仲遂, 극극郤克, 극옹郤雍, 난서欒書, 노로 선공宣公, 노로 성공成
公, 노포취괴盧蒲就魁, 도안고屠岸賈, 방축보逄丑父, 백종伯宗, 병하邴夏, 사섭士
燮, 사회士會 = 수계隨季, 상금向禽, 석직石稷, 소태부인蕭太夫人, 손양부孫良夫,
숙손득신叔孫得臣, 양설직羊舌職, 영상寧相, 장손허臧孫許 = 장선숙臧宣叔, 정구
완鄭邱緩, 정주보鄭周父, 제齊 경공頃公, 제齊 혜공惠公, 주周 정왕定王, 중손멸仲
孫蔑, 중숙우해仲叔于奚, 진晉 경공景公, 초楚 공왕共王, 한궐韓厥, 해장解張.

계손행보季孫行父, 공삭鞏朔, 공손저구公孫杵臼, 공자 곡신穀臣, 공자 영제嬰齊,
공자 측側, 국좌國佐, 굴무屈巫, 극기郤錡, 난서欒書, 노로 성공成公, 누영樓嬰,
도안고屠岸賈, 성부인成夫人, 소태부인蕭太夫人, 손양부孫良夫, 수몽壽夢, 순수荀
首, 순앵荀罃 = 지앵智罃, 순추荀騅, 장희莊姬, 정鄭 도공悼公, 정鄭 양공襄公, 정
영程嬰, 제齊 경공頃公, 조동趙同, 조무趙武, 조병趙屏, 조삭趙朔, 조승趙勝, 조
영趙嬰 = 조영제趙嬰齊, 조원趙原, 조전趙旃, 중손멸仲孫蔑, 진晉 경공景公, 하희
夏姬, 한궐韓厥, 한천韓穿, 호용狐庸 = 무호용巫狐庸, 황수皇戌, 흑요黑要.

강충江忠, 고완高緩, 고화高和, 공윤工尹 양襄, 공자 영제嬰齊, 공자 임부任夫,
공자 측側, 공자 파罷, 굴탕屈蕩, 극걸郤乞, 극겸郤鍼, 극기郤錡, 극의郤毅, 극
주郤犨, 극지郤至, 난겸欒鍼, 난서欒書, 난염欒饜, 도안고屠岸賈, 반당潘黨, 백종
伯宗, 백주리伯州犁, 사개士匄 = 범개范匄, 사섭士燮, 상문무당桑門大巫, 서동胥

童, 송末 공공共公, 순앵荀罃 = 지앵智罃, 순언荀偃 = 중항언中行偃, 양유기養繇基, 요구이姚鉤耳, 웅패熊茷, 위기魏錡, 위상魏相, 이양오夷羊五, 장려씨匠麗氏, 장어교長魚矯, 정鄭 성공成公, 진晉 경공景公, 진晉 여공厲公, 초楚 공왕共王, 투분황鬪賁皇, 팽명彭名, 한궐韓厥, 화원華元.

◉ 제59회 ◉

가신賈辛, 곡양穀陽, 공자 담談, 공자 영제嬰齊, 공자 임부任夫, 공자 측側, 극기郤錡, 극주郤犨, 극지郤至, 기해祁奚, 난규欒糾, 난서欒書, 도안고屠岸賈, 맹장孟張, 사개士匄 = 범개范匄, 사방士魴, 사섭士燮, 사악탁士渥濁, 상대向帶, 상위인向爲人, 서동胥童, 순빈荀賓, 순앵荀罃 = 지앵智罃, 순언荀偃 = 중항언中行偃, 양설직羊舌職, 양유기養繇基, 어부魚府, 어석魚石, 웅패熊茷, 위강魏絳, 위상魏相, 이양오夷羊五, 인주鱗朱, 장노張老, 장려씨匠麗氏, 장어교長魚矯, 적언籍偃, 정鄭 성공成公, 정영程嬰, 정정程鄭, 정활程滑, 조무趙武, 조승趙勝, 진晉 도공悼公 = 공손주公孫周, 진晉 여공厲公, 청비퇴清沸魋, 초楚 공왕共王, 탁알구鐸遏寇, 한궐韓厥, 한무기韓無忌, 화원華元.

◉ 제60회 ◉

가보嘉父, 공손사지公孫舍之, 공손채公孫蠆, 공손첩公孫輒, 공자 가嘉, 공자 발發, 공자 비騑, 공자 양간楊干, 공자 여제餘祭, 공자 영제嬰齊, 공자 이매夷昧, 공자 임부任夫, 공자 정貞, 공자 측側, 공자 핍偪, 굴무屈巫, 기오祁午, 기해祁奚, 난염欒黶, 노좌老佐, 등요鄧廖, 맹낙孟樂, 맹손멸孟孫蔑, 사개士匄 = 범개范匄, 사방士魴, 상대向帶, 상수向戌, 상위인向爲人, 수몽壽夢, 숙양흘叔梁紇, 순앵荀罃 = 지앵智罃, 순언荀偃 = 중항언中行偃, 순회荀會, 양설적羊舌赤, 양설직羊舌

職, 양설힐羊舌肸, 어부魚府, 어석魚石, 운반妘斑, 원교여轅僑如, 위강魏絳, 위상
魏相, 위힐魏頡, 인주鱗朱, 장노張老, 적사미狄虒彌, 정鄭 간공簡公, 정鄭 성공成
公, 정鄭 희공僖公, 제齊 영공靈公, 제齊 장공莊公, 제번諸樊, 조무趙武, 주周 영
왕靈王, 중손멸仲孫蔑, 진晉 도공悼公 = 공손주公孫周, 진陳 성공成公, 진陳 애
공哀公, 진근보秦堇父, 초楚 공왕共王, 최저崔杼, 한궐韓厥, 한기韓起, 한무기韓無
忌, 호용狐庸 = 무호용巫狐庸, 화원華元.

◉ 제61회 ◉

거원蘧瑗 = 거백옥蘧伯玉, 공손교公孫僑, 공손사지公孫舍之, 공손양소公孫良霄,
공손정公孫丁, 공손채公孫蠆, 공손첩公孫輒, 공손하公孫夏, 공자 가嘉, 공자 계
찰季札, 공자 교蟜, 공자 당黨, 공자 무지無地, 공자 발發, 공자 비騑, 공자 여
제餘祭, 공자 이매夷昧, 공자 정貞, 공자 흑견黑肩, 난겸欒鍼, 난기欒祁, 난염欒
饜, 난영欒盈, 백변伯駢, 범앙范鞅 = 사앙士鞅, 북궁괄北宮括, 사개士匄 = 범개范
匄, 사방士魴, 사조師曹, 상수向戌, 서장庶長 무武, 석착石㚟, 손괴孫蒯, 손임보孫
林父, 송宋 평공平公, 수몽壽夢, 숙손표叔孫豹, 순앵荀罃 = 지앵智罃, 순언荀偃 =
중항언中行偃, 양설힐羊舌肸, 양유기養繇基, 영식甯殖, 영첨嬴詹, 울지尉止, 위衛
상공殤公 = 공손표公孫剽, 위衛 헌공獻公, 위강魏絳, 위상魏相, 유공차庾公差,
윤공타尹公佗, 장노張老, 정鄭 간공簡公, 정강定姜, 제번諸樊, 조무趙武, 진秦 경
공景公, 초楚 강왕康王, 초楚 공왕共王.

◉ 제62회 ◉

경봉慶封, 고후高厚, 공누工僂, 공손사지公孫舍之, 공손정公孫丁, 공손채公孫蠆,
공손하公孫夏, 공자 가嘉, 공자 아牙, 공자 오午 = 자경子庚, 공자 전鱄 = 자선

子鮮, 공자 정정貞, 곽최郭最, 기유箕遺, 난서欒書, 난영欒盈, 독융督戎, 범앙范鞅 =
사앙士鞅, 사개士匃 = 범개范匃, 사광師曠, 서동胥童, 석귀보析歸父, 손임보孫林
父, 숙사위夙沙衛, 숙손표叔孫豹, 순언荀偃 = 중항언中行偃, 순오荀吳, 식작殖綽,
신유辛俞, 안영晏嬰, 안희顔姬, 양설숙호羊舌叔虎 = 숙호叔虎 = 양설호羊舌虎,
양필陽筆, 영고靈皐, 영식寧殖, 위衛 상공殤公 = 공손표公孫剽, 위衛 헌공獻公,
위강魏絳, 위서魏舒, 유공차庾公差, 윤공타尹公佗, 융자戎子, 장갱章鏗, 장견臧堅,
장군신張君臣, 장어교長魚矯, 적언籍偃, 정활程滑, 제齊 경공景公 = 공자 저구杵
臼, 제齊 영공靈公, 제齊 장공莊公 = 공자 광光, 제齊 장공莊公, 제번諸樊, 조무
趙武, 종희鬷姬, 주빈州賓, 주작州綽, 중항희中行喜, 진晉 여공厲公, 진晉 평공平
公, 최저崔杼, 한기韓起, 형괴邢蒯, 황연黃淵.

◎ 제63회 ◎

가거賈擧, 경봉慶封, 공손오公孫傲, 곽최郭最, 기오祁午, 기유箕遺, 기해祁奚, 난
낙欒樂, 난방欒魴, 난영欒盈, 노포계盧蒲癸, 누인僂堙, 당강棠姜 = 동곽씨東郭氏,
독융督戎, 동곽언東郭偃, 범앙范鞅 = 사앙士鞅, 병사邴師, 봉구封具, 사개士匃 =
범개范匃, 서오胥午, 석귀보析歸父, 순오荀吳, 식작殖綽, 신유辛俞, 악왕부樂王鮒,
안영晏嬰, 양군襄君, 양설숙호羊舌叔虎 = 숙호叔虎 = 양설호羊舌虎, 양설적羊舌
赤, 양설힐羊舌肸, 양필陽筆, 왕하王何, 위서魏舒, 장갱章鏗, 적언籍偃, 제齊 장공
莊公 = 공자 광光, 주빈州賓, 주작州綽, 중항희中行喜, 지기智起, 진晉 평공平公,
최강崔彊, 최명崔明, 최성崔成, 최저崔杼, 탁보鐸甫, 형괴邢蒯, 황연黃淵.

◎ 제64회 ◎

가거賈擧, 가수賈竪, 경봉慶封, 곽최郭最, 기양杞梁, 기오祁午, 난낙欒樂, 난방欒

鲂, 난영欒盈, 난영欒欒, 당강棠姜 = 동곽씨東郭氏, 독융督戎, 맹강孟姜, 모강牟剛, 모경牟勁, 모등牟登, 범앙范鞅 = 사앙士鞅, 병사邴師, 비표斐豹, 사개士匃 = 범개范匃, 순오荀吳, 습후중隰侯重, 식작殖綽, 신선우申鮮虞, 안이晏氂, 양설적羊舌赤, 양설힐羊舌肹, 여비공黎比公, 왕손휘王孫揮, 위서魏舒, 장맹적張孟耀, 제齊 장공莊公 = 공자 광光, 조무趙武, 조승趙勝, 주작州綽, 지삭智朔, 진晉 평공平公, 최저崔杼, 한기韓起, 한무기韓無忌, 해숙解肅, 해옹解雍, 형괴邢蒯, 화주華周.

◉ 제65회 ◉

가거賈擧, 가수賈竪, 거원蘧瑗 = 거백옥蘧伯玉, 경봉慶封, 경사慶舍, 고지高止, 공기孔羈, 공손면여公孫免餘, 공손무지公孫無地, 공손신公孫臣, 공손오公孫傲, 공손정公孫丁, 공자 각角, 공자 전鱄 = 자선子鮮, 국하國夏, 남사씨南史氏, 노포계盧蒲癸, 노포별盧蒲嫳, 누인僂埋, 당강棠姜 = 동곽씨東郭氏, 당무구棠無咎, 동곽언東郭偃, 병사邴師, 봉구封具, 북궁유北宮遺, 석악石惡, 손가孫嘉, 손양孫襄, 손임보孫林父, 식작殖綽, 신선우申鮮虞, 안영晏嬰, 양군襄君, 여비공黎比公, 영식寧殖, 영희寧喜, 옹서雍鉏, 왕하王何, 우재右宰 곡穀, 위衛 상공殤公 = 공손표公孫剽, 위衛 헌공獻公, 저대褚帶, 저사신褚師申, 제齊 경공景公 = 공자 저구杵臼, 제齊 장공莊公 = 공자 광光, 제번諸樊, 제악齊惡, 주작州綽, 진수무陳須無, 척강崔彊, 최성崔成, 최저崔杼, 탁보鐸甫, 태사太史 백伯, 태숙太叔 의儀.

◉ 제66회 ◉

거원蘧瑗 = 거백옥蘧伯玉, 경봉慶封, 경사慶舍, 공손교公孫僑, 공손면여公孫免餘, 공손무지公孫無地, 공손신公孫臣, 공자 겸鍼, 공자 이매夷昧, 공자 전鱄 = 자선子鮮, 굴건屈建, 노포계盧蒲癸, 노포별盧蒲嫳, 당무구棠無咎, 동곽언東郭偃, 백주리伯州犁, 상수向戌, 석악石惡, 손괴孫蒯, 손임보孫林父, 식작殖綽, 식환息桓, 안영晏嬰, 양설힐羊舌肹, 양유기養繇基, 영희寧喜, 옹서雍鉏, 우재右宰 곡穀, 위衛 헌공獻公, 위서魏舒, 윤상允常, 자강子彊, 정鄭 간공簡公, 제齊 경공景公 = 공자 저구杵臼, 제악齊惡, 조무趙武, 주周 영왕靈王, 진秦 경공景公, 진晉 평공平公, 진무우陳無宇, 진수무陳須無, 천봉수穿封戌, 초楚 강왕康王, 초楚 영왕靈王 = 웅건熊虔, 최강崔彊, 최명崔明, 최성崔成, 최저崔杼, 한기韓起, 호용狐庸 = 무호용巫狐庸, 황힐皇頡.

◈ 제67회 ◈

접오郟敖 = 공자 균麇 = 웅균熊麇, 경강慶姜, 경봉慶封, 경사慶舍, 경사慶嗣, 경승慶繩, 경유慶遺, 고강高彊, 고수高豎, 고지高止, 고채高蠆, 공손교公孫僑, 공손설公孫洩, 공손초公孫楚, 공손흑公孫黑, 공자 녹祿, 공자 막幕, 공자 이매夷昧, 공자 평하平夏, 굴생屈生, 굴신屈申, 궐유蹶繇, 기오祁午, 난시欒施, 난조欒鼃, 노포계盧蒲癸, 노포별盧蒲嫳, 반자신潘子臣, 백주리伯州犁, 백희伯姬, 사대駟帶, 상수向戌, 상수과常壽過, 숙손표叔孫豹, 신무우申無宇, 안영晏嬰, 양소良霄, 양지良止, 여구영閭邱嬰, 오거伍擧, 왕자 진晉, 왕하王何, 웅비熊比, 웅흑굉熊黑肱, 위계강遠啓彊, 위엄遠掩, 위피遠罷, 유길游吉, 윤상允常, 인단印段, 자복하子服何, 정鄭 간공簡公, 정단鄭丹, 제齊 경공景公 = 공자 저구杵臼, 조무趙武, 주周 경왕景王, 진무우陳無宇, 진수무陳須無, 채蔡 경공景公, 채蔡 영공靈公, 초楚 영왕靈王 = 웅건熊虔, 투성연鬪成然, 포국鮑國, 한호罕虎, 허許 도공悼公.

◈ 제68회 ◈

고강高彊, 난시欒施, 노魯 소공昭公, 맹희孟姬, 반자신潘子臣, 사광師曠, 사연師

涓, 안영晏嬰, 양설힐羊舌肸, 오거伍擧, 왕흑王黑, 위衛 영공靈公, 위계강薳啓疆, 정鄭 간공簡公, 정단鄭丹, 진晉 소공昭公, 진晉 평공平公, 진무우陳無宇, 초초楚 영왕靈王 = 웅건熊虔, 포국鮑國, 한기韓起.

◉ 제69회 ◉

공손귀생公孫歸生, 공손오公孫吳, 공자 과過, 공자 승勝, 공자 언사偃師, 공자 유有, 공자 유留, 공자 초招, 낭와囊瓦, 순오荀吳, 신무우申無宇, 안영晏嬰, 양개陽匄, 오거伍擧, 우징사于徵師, 위계강薳啓疆, 위피薳罷, 정단鄭丹, 제齊 경공景公 = 공자 저구杵臼, 조오朝吳, 진晉 소공昭公, 진陳 애공哀公, 진공환陳孔奐, 채蔡 영공靈公, 채약蔡略, 채유蔡洧, 천봉수穿封戌, 초楚 강왕康王, 초楚 영왕靈王 = 웅건熊虔, 초楚 평왕平王, 투성연鬪成然, 한기韓起, 호보狐父, 화해華亥.

◉ 제70회 ◉

계손의여季孫意如, 고야자古冶子, 공자 건建, 공자 녹祿, 관종觀從, 낭와囊瓦, 백극완伯郤宛 = 극완郤宛, 분양奮揚, 비무극費無極, 사마司馬 독督, 사패史猈, 수무모須務牟, 순오荀吳, 신해申亥, 안영晏嬰, 양개陽匄, 양병梁丙, 양설힐羊舌肸, 언장사鄢將師, 연인涓人 주疇, 오거伍擧, 오사伍奢, 오상伍尚, 오왕 합려闔閭, 웅비熊比, 웅흑굉熊黑肱, 위계강薳啓疆, 위사薳射, 위서魏舒, 위월薳越, 위피薳罷, 유헌공劉獻公, 의상倚相, 자복혜백子服惠伯, 장격張骼, 적담籍談, 정단鄭丹, 제齊 경공景公 = 공자 저구杵臼, 조오朝吳, 지역智躒, 진晉 소공昭公, 진陳 혜공惠公, 채蔡 평공平公, 채유蔡洧, 천봉수穿封戌, 초楚 영왕靈王 = 웅건熊虔, 초楚 평왕平王, 투성연鬪成然, 하설夏齧, 한기韓起.

◉ 제71회 ◉

계손의여季孫意如, 공손첩公孫捷, 공자 건建, 공자 계찰季札, 공자 방魴, 공자 승勝, 공자 이매夷昧, 공자 주朱, 공자 포蒲, 기승祁勝, 기영祁盈, 노魯 소공昭公, 맹영孟嬴, 범앙范鞅 = 사앙士鞅, 분양奮揚, 비무극費無極, 안영晏嬰, 양구거梁邱據, 양설식아羊舌食我, 양설힐羊舌肸, 언장사鄢將師, 영상嬴爽, 오사伍奢, 오상伍尙, 오왕 합려闔閭, 오왕吳王 요僚, 오자서伍子胥 = 오운伍員, 오장鄔臧, 위서魏舒, 장가莊賈, 전개강田開疆, 전양저田穰苴 = 양저穰苴, 제齊 경공景公 = 공자 저구杵臼, 제녀齊女, 조오朝吳, 지역智躒, 진晉 경공頃公, 진秦 애공哀公, 진무우陳無宇, 채蔡 도공悼公 = 공자 동국東國, 초楚 소왕昭王 = 공자 진珍, 초楚 평왕平王, 한기韓起.

◉ 제72회 ◉

가씨賈氏, 공손교公孫僑, 공자 건建, 공자 난欒, 공자 승勝, 공자 어융御戎, 공자 인寅, 공자 좌痤, 공자 지地, 공자 진辰, 동고공東皐公, 무성흑武城黑, 범앙范鞅 = 사앙士鞅, 비무극費無極, 상나向羅, 상승向勝, 상영向寧, 상행向行, 송宋 원공元公, 송宋 평공平公, 순인荀寅, 신포서申包胥, 심윤수沈尹戌, 악대심樂大心, 어옹漁翁, 언장사鄢將師, 오사伍奢, 오상伍尙, 오자서伍子胥 = 오운伍員, 위서魏舒, 위월遠越, 유길游吉, 의요宜僚, 장개張匄, 정鄭 정공定公, 조앙趙鞅, 좌성左誠, 지역智躒, 진晉 경공頃公, 한불신韓不信, 화계華啓, 화다료華多僚, 화등華登, 화무척華無慼, 화비수華費遂, 화정華定, 화추華貙, 화해華亥, 화향華向, 황보눌皇甫訥.

◉ 제73회 ◉

감평공甘平公, 경기慶忌, 곤髡, 공자 계찰季札, 공자 승勝, 공자 신申, 남궁극南

宮極, 낭와囊瓦, 백극완伯郤宛 = 극완郤宛, 비무극費無極, 선목공單穆公, 소은召
圂, 소장공召莊公, 심윤수沈尹戍, 심힐鄩肹, 양개陽匄, 어옹漁翁, 언장사鄢將師,
엄여掩餘, 영월, 오왕 합려闔閭, 오왕吳王 요료, 오자서伍子胥 = 오운伍員, 완사
녀浣紗女, 왕자 조朝, 위월遠越, 유권劉卷, 유헌공劉獻公, 윤문공尹文公, 윤상允
常, 전의專毅, 전제專諸, 정정鄭 정공定公, 주주周 경왕敬王, 주주周 도왕悼王, 진쯥 경
공頃公, 채희蔡姬, 초초楚 소왕昭王 = 공자 진珍, 촉용燭庸, 피이被離, 하설夏齧.

◉ 제74회 ◉

간장干將, 경기慶忌, 공자 신申, 낭와囊瓦, 뇌환雷煥, 막야莫邪, 백극완伯郤宛 =
극완郤宛, 백비伯嚭, 비무극費無極, 심윤수沈尹戍, 양영종陽令終, 양완陽完, 양
타陽佗, 언장사鄢將師, 오왕 합려闔閭, 오자서伍子胥 = 오운伍員, 요이要離, 장
화張華, 초구흔椒邱訴, 피이被離.

◉ 제75회 ◉

가嘉, 경기慶忌, 공손성公孫姓, 공손철公孫哲, 공자 건乾, 공자 산山, 공자 원
元, 공자 파波, 낭와囊瓦, 당唐 성공成公, 무성흑武城黑, 미번羋繁, 백비伯嚭, 범
앙范鞅 = 사앙士鞅, 부개夫槪, 손무孫武, 순인荀寅, 승옥勝玉, 심윤수沈尹戍, 엄
여掩餘, 오왕 합려闔閭, 오자서伍子胥 = 오운伍員, 요이要離, 우희右姬, 유권劉
卷, 윤상允常, 장우章羽, 전의專毅, 좌희左姬, 주주周 경왕敬王, 진쯥 정공定公, 채
蔡 소후昭侯, 초초楚 소왕昭王 = 공자 진珍, 촉용燭庸, 풍호자風胡子, 피이被離.

◉ 제76회 ◉

계미季羋, 공자 건乾, 공자 결結, 공자 산山, 공자 신申, 남윤藍尹 미疊, 낭와囊

瓦, 맹영孟嬴, 무성흑武城黑, 백비伯嚭, 부개夫槪, 사황史皇, 손무孫武, 송목宋木,
신포서申包胥, 심윤수沈尹戍, 심제량沈諸梁, 오구비吳句卑, 오왕 합려闔閭, 오자
서伍子胥 = 오운伍員, 왕손어圉, 왕손유우繇于, 위사遠射, 위연遠延, 잠윤잠尹
고固, 전의專毅, 종건鍾建, 채蔡 소후昭侯, 초楚 소왕昭王 = 공자 진珍, 투소鬪
巢, 투신鬪辛, 투회鬪懷.

◉ 제77회 ◉

계미季羋, 공자 결結, 공자 산山, 공자 승勝, 공자 신申, 공자 파波, 남윤람尹
미羋, 당唐 성공成公, 맹영孟嬴, 백비伯嚭, 범여范蠡, 부개夫槪, 부장扶臧, 손무
孫武, 송목宋木, 신포서申包胥, 심제량沈諸梁, 어대부漁大夫, 오왕 합려闔閭, 오
자서伍子胥 = 오운伍員, 왕손유우繇于, 월희越姬, 위연遠延, 유길游吉, 윤상允常,
자포子蒲, 자호子虎, 전의專毅, 정鄭 정공定公, 종건鍾建, 진秦 애공哀公, 초楚 소
왕昭王 = 공자 진珍, 투소鬪巢, 투신鬪辛, 투회鬪懷, 호자扈子.

◉ 제78회 ◉

계손사季孫斯, 공산불뉴公山不狃, 공약막公若藐, 공렴양公斂陽, 공자孔子 = 공중
니孔仲尼, 공자 무인務人, 공자 연衍, 국하國夏, 노魯 소공昭公, 노魯 정공定公 =
공자 송宋, 맹손무기孟孫無忌, 맹피孟皮, 백비伯嚭, 사적馳赤, 소정묘少正卯, 숙
손주구叔孫州仇, 숙손첩叔孫輒, 숙양흘叔梁紇, 신구수申句須, 악기樂頎, 안영晏
嬰, 안징재顔徵在, 양월陽越, 양호陽虎, 여미黎彌, 염구冉求, 오왕 합려闔閭, 오
자서伍子胥 = 오운伍員, 임초林楚, 자로子路 = 중유仲由, 자무환玆無還, 전양저
田穰苴 = 양저穰苴, 점월苫越, 제齊 경공景公 = 공자 저구杵臼, 지역智躒, 포국鮑
國, 후범侯犯.

◉ 제79회 ◉

거원蘧瑗 = 거백옥蘧伯玉, 계손비季孫肥, 계손사季孫斯, 공자孔子 = 공중니孔仲尼, 공자 신申, 공자 우友, 공자 조朝, 공자 파波, 구천勾踐, 남자南子, 노魯 정공定公 = 공자 송宋, 동안우董安于, 두주竇犨, 문종文種, 미자하彌子瑕, 백비伯嚭, 범고이范皐夷, 범여范蠡, 복자천宓子賤, 부차夫差, 사길석士吉射, 서안胥犴, 소강少姜, 송宋 경공景公, 순갑荀甲, 순인荀寅, 순화舜華, 안영晏嬰, 양영보梁嬰父, 여미黎彌, 염구冉求, 영고부靈姑浮, 예양豫讓, 오왕 합려闔閭, 오자서伍子胥 = 오운伍員, 왕손낙駱, 왕손웅雄, 위衛 영공靈公, 위衛 장공莊公, 위衛 출공出公 = 공손첩公孫輒, 위만다魏曼多, 유약有若, 윤상允常, 자고子羔 = 고시高柴, 자공子貢, 자로子路 = 중유仲由, 장유삭張柳朔, 전의專毅, 제齊 경공景公 = 공자 저구杵臼, 제계영諸稽郢, 조앙趙鞅, 조오趙五, 주周 경왕敬王, 주무여疇無餘, 지역智躒, 지요智瑤 = 순요荀瑤, 진晉 경공頃公, 초楚 소왕昭王 = 공자 진珍, 포목鮑牧, 피이被離, 한불신韓不信, 환퇴桓魋, 희양속戱陽速.

◉ 제80회 ◉

계예計倪, 고성苦成, 고여皐如, 구천勾踐, 문종文種, 백비伯嚭, 범여范蠡, 부차夫差, 예용曳庸, 오자서伍子胥 = 오운伍員, 왕손웅雄, 제계영諸稽郢, 호皓.

◉ 제81회 ◉

감지闞止, 계손사季孫斯, 고무평高無平, 고장高張, 공손하公孫夏, 공손휘公孫揮, 공자 도荼 = 안유자安孺子, 구천勾踐, 국서國書, 국하國夏, 금뇌琴牢, 남림처녀南林處女, 노魯 애공哀公, 맹작孟綽, 문종文種, 백비伯嚭, 범여范蠡, 부차夫差, 서시西施, 선파旋波, 여구명呂丘明, 오자서伍子胥 = 오운伍員, 왕손웅雄, 육사鬻

如, 이광夷光, 익益, 자공子貢, 자석子石, 정단鄭旦, 제齊 간공簡公, 제齊 경공景

公 = 공자 저구杵臼, 제齊 도공悼公, 종누宗樓, 진걸陳乞, 진음陳音, 진항陳恒,

포목鮑牧, 포식鮑息.

감지闞止, 고무평高無平, 공손감公孫敢, 공손성公孫聖, 공손하公孫夏, 공손휘公

孫揮, 공자孔子 = 공중니孔仲尼, 공자 우友, 공회孔悝, 공희孔姬, 구천勾踐, 국서

國書, 노魯 애공哀公, 동갈董褐, 맹염孟黶, 문종文種, 백비伯嚭, 범여范蠡, 부차夫

差, 서문소胥門巢, 서상鉏商, 서시西施, 석걸石乞, 석번石番, 설용泄庸, 세자 질疾

= 공자 질疾, 숙손주구叔孫州仇, 여구명呂丘明, 오봉伍封, 오자서伍子胥 = 오운

伍員, 왕손낙駱, 왕손미용王孫彌庸, 왕자 고조姑曹, 왕자 지地, 위衛 장공莊公,

위衛 출공出公 = 공손첩公孫輒, 자고子羔 = 고시高柴, 자로子路 = 중유仲由, 전

여展如, 제齊 평공平公, 제계영諸稽郢, 조앙趙鞅, 종누宗樓, 주무여疇無餘, 진晉

정공定公, 진역陳逆, 진표陳豹, 진항陳恒, 포식鮑息, 혼양부渾良夫.

◉ 제83회 ◉

계예計倪, 고포자경姑布子卿, 공손성公孫聖, 공자 결結, 공자 기起, 공자 반사班

師, 공자 승勝, 공자 신申, 관관管寬, 관수管修, 구천勾踐, 노魯 애공哀公, 도주공陶

朱公, 문종文種, 백로伯魯, 백비伯嚭, 백선白善, 범여范蠡, 부차夫差, 서미사胥彌

救, 서시西施, 석걸石乞, 석포石圃, 세자 질疾 = 공자 질疾, 심제량沈諸梁, 어공

閼公 양陽, 영寧, 예용曳庸, 오자서伍子胥 = 오운伍員, 왕손낙駱, 왕자 계啓, 웅

의료熊宜僚, 위衛 도공悼公, 위衛 장공莊公, 위衛 출공出公 = 공손첩公孫輒, 조

무휼趙無卹, 조앙趙鞅, 지요智瑤 = 순요荀瑤, 진晉 애공哀公, 진晉 출공出公, 초

楚 혜왕惠王, 치이자피鴟夷子皮, 혼양부渾良夫.

◉ 제84회 ◉

고혁高赫, 단규段規, 서오徐吾, 예양豫讓, 원과原過, 위구魏駒, 임장任章, 장맹담張孟談, 조무휼趙無卹, 지개智開, 지과智果, 지국智國, 지소智宵, 지요智瑤 = 순요荀瑤, 치자絺疵, 한호韓虎.

◉ 제85회 ◉

게게揭, 고수鼓須, 공손초公孫焦, 공자 격擊, 공중련公仲連, 반班, 복상卜商, 서문표西門豹, 악서樂舒, 악양樂羊, 오기吳起, 위魏 문후文侯, 위성魏成, 이극李克, 임좌任座, 전문田文, 전반田盤, 전화田和 = 전태공田太公, 조무휼趙無卹, 조완趙浣, 조적趙籍, 조주趙周, 주周 고왕考王, 주周 위열왕威烈王, 진晉 애공哀公, 진晉 유공幽公, 진晉 정공靖公, 책황翟璜, 한건韓虔, 한호韓虎, 협누俠累, 희굴姬窟.

◉ 제86회 ◉

검부黔夫, 공의휴公儀休, 공중련公仲連, 단간목段干木, 단붕段朋, 단자檀子, 설유泄柳, 섭앵聶嫈, 섭정聶政, 순우곤淳于髡, 신불해申不害, 신상申詳, 엄중자嚴仲子, 오기吳起, 웅양부熊良夫, 위魏 무후武侯, 위魏 혜왕惠王, 위성魏成, 이극李克, 장축張丑, 전거田居, 전문田文, 전자방田子方, 전화田和 = 전태공田太公, 전힐田肹, 제齊 위왕威王, 조무휼趙無卹, 종수種首, 주周 안왕安王, 주周 위열왕威烈王, 진秦 간공簡公, 진秦 출자出子, 진秦 헌공獻公, 진秦 혜공惠公, 진秦 효공孝公, 책황翟璜, 초楚 도왕悼王, 초楚 숙왕肅王, 추기騶忌, 태사太史 담儋, 한韓 문후文侯, 한韓 소후昭侯, 한韓 애후哀侯, 한韓 열후烈侯, 한韓 의후懿侯, 한산견韓山堅, 협누俠累.

◉ 제87회 ◉

감용甘龍, 경감景監, 공손가公孫賈, 공숙좌公叔痤, 공자 건虔, 공자 앙卬, 귀곡
자鬼谷子, 두지杜摯, 맹자孟子 = 맹가孟軻, 묵적墨翟, 방모龐茅, 방연龐涓, 방영龐
英, 방총龐蔥, 복상卜商, 소진蘇秦, 왕착王錯, 위魏 혜왕惠王, 위성魏成, 위앙衛鞅
= 공손앙公孫鞅 = 상앙商鞅, 이극李克, 자사子思, 장의張儀, 전자방田子方, 진秦
혜문왕惠文王 = 진秦 혜왕惠王, 진秦 효공孝公.

◉ 제88회 ◉

공손열公孫閱, 공중치公仲侈, 귀곡자鬼谷子, 금활禽滑, 묵적墨翟, 방모龐茅, 방연龐
涓, 방영龐英, 방총龐蔥, 비선丕選, 성아誠兒, 손교孫喬, 손빈孫賓, 손탁孫卓, 손평
孫平, 순우곤淳于髡, 왕의王義, 원달遠達, 위魏 혜왕惠王, 전기田忌, 전영田嬰, 정
을丁乙, 제齊 선왕宣王, 제齊 위왕威王, 조趙 성후成侯, 추기騶忌, 한韓 소후昭侯.

◉ 제89회 ◉

감용甘龍, 공손가公孫賈, 공손연公孫衍, 공자 건虔, 공자 소관少官, 공자 신申,
공자 앙卬, 독고진獨孤陳, 두지杜摯, 맹자孟子 = 맹가孟軻, 방연龐涓, 방영龐英,
방총龐蔥, 서생徐生, 소양昭陽, 소진蘇秦, 손빈孫賓, 오획烏獲, 왕환王驩, 용가龍
賈, 원달遠達, 위魏 혜왕惠王, 위앙衛鞅 = 공손앙公孫鞅 = 상앙商鞅, 임비任鄙,
전기田忌, 전변田騈, 전영田嬰, 접여接輿, 조양趙良, 종리춘鍾離春, 주창朱倉, 진秦
혜문왕惠文王 = 진秦 혜왕惠王, 진秦 효공孝公, 초楚 위왕威王, 추기騶忌, 추연騶
衍, 한韓 소후昭侯, 환연環淵.

◉ 제90회 ◉

가사인賈舍人, 공손연公孫衍, 변화卞和, 봉양군奉陽君 = 공자 성成, 소대蘇代, 소
양昭陽, 소여蘇厲, 소진蘇秦, 연燕 문공文公, 연燕 역왕易王, 연왕燕王 쾌噲, 용가
龍賈, 위魏 양왕襄王, 위魏 혜왕惠王, 장의張儀, 제齊 선왕宣王, 조趙 숙후肅侯,
주周 현왕顯王, 진秦 혜문왕惠文王 = 진秦 혜왕惠王, 초楚 무왕武王, 초楚 문왕
文王, 초楚 여왕厲王, 초楚 위왕威王, 한韓 선혜왕宣惠王.

◉ 제91회 ◉

감무甘茂, 공손연公孫衍, 공자 유繇, 공자 직職, 공자 화華, 곽외郭隗, 광장匡章,
굴개屈匄, 굴경屈景, 굴평屈平, 극신劇辛, 근상靳尙, 녹모수鹿毛壽, 맹상군孟嘗君,
맹자孟子 = 맹가孟軻, 문부인文夫人, 방후축逢侯丑, 소대蘇代, 소양昭陽, 소여蘇
厲, 소진蘇秦, 송유宋遺, 시피市被, 악지樂池, 연燕 소왕昭王, 연燕 역왕易王, 연왕
燕王 쾌噲, 위魏 애왕哀王, 위魏 양왕襄王, 위장魏章, 자지子之, 장의張儀, 저리질樗
里疾, 전영田嬰, 제齊 민왕湣王, 제齊 선왕宣王, 조趙 무령왕武靈王, 진秦 혜문왕惠
文王 = 진秦 혜왕惠王, 진진陳軫, 초楚 회왕懷王, 추연騶衍, 한韓 선혜왕宣惠王.

◉ 제92회 ◉

감무甘茂, 경양군涇陽君 = 공자 회悝, 경쾌景快, 공손연公孫衍, 공숙영公叔嬰,
공자 난蘭, 공중치公仲侈, 굴원屈原, 굴평屈平, 근상靳尙, 맹분孟賁, 맹상군孟嘗
君, 몽오蒙驁, 백기白起, 상수向壽, 소수昭睢, 연燕 소왕昭王, 오획烏獲, 위魏 애
왕哀王, 위장魏章, 임비任鄙, 장의張儀, 저리질樗里疾, 정수鄭袖, 제齊 민왕湣王,
주周 난왕赧王, 진秦 무왕武王, 진秦 소양왕昭襄王, 진秦 혜문왕惠文王 = 진秦
혜왕惠王, 초楚 경양왕頃襄王 = 공자 횡橫, 초楚 회왕懷王, 풍희馮喜.

경양군涇陽君 = 공자 회悝, 고신高信, 공손석公孫奭, 공자 난蘭, 공자 장章, 광장匡章, 굴원屈原, 근상靳尙, 맹상군孟嘗君, 봉양군奉陽君 = 공자 성成, 비의肥義, 상수向壽, 소대蘇代, 수변, 연희燕姬, 오왜吳娃, 이태李兌, 저리질樗里疾, 전불례田不禮, 제齊 민왕湣王, 조趙 무령왕武靈王, 조趙 혜왕惠王 = 공자 하何 = 조趙 혜문왕惠文王, 조초趙招, 진秦 소양왕昭襄王, 초楚 경양왕頃襄王 = 공자 횡橫, 초楚 회왕懷王, 평원군平原君 = 공자 승勝 = 조승趙勝, 호광胡廣.

경성景成, 공손발公孫拔, 공손희公孫喜, 공자 발勃, 굴지고屈志高, 노만盧曼, 당매唐昧, 대오戴烏, 대직戴直, 망묘芒卯, 맹상군孟嘗君, 백기白起, 소대蘇代, 송宋 강왕康王, 송宋 벽공辟公, 식씨息氏, 신릉군信陵君, 여구검閭丘儉, 왕촉王蠋, 위魏 소왕昭王, 이유夷維, 제齊 민왕湣王, 주해朱亥, 진秦 소양왕昭襄王, 진거陳擧, 초楚 경양왕頃襄王 = 공자 횡橫, 태사太史 교敫, 평원군平原君 = 공자 승勝 = 조승趙勝, 풍환馮驩, 한韓 이왕釐王, 한빙韓憑, 한섭韓聶, 호훤狐咺, 후영侯嬴 = 후생侯生.

군왕후君王后, 극신劇辛, 기겁騎劫, 맹상군孟嘗君, 백기白起, 신릉군信陵君, 악간樂間, 악승樂乘, 악양樂羊, 악의樂毅, 연燕 소왕昭王, 연燕 혜왕惠王, 염파廉頗, 왕손가王孫賈, 왕촉王蠋, 요치淖治, 위魏 문후文侯, 위魏 소왕昭王, 이유夷維, 전단田單, 제齊 민왕湣王, 제齊 양왕襄王, 조趙 무령왕武靈王, 조趙 혜왕惠王 = 공자 하何 = 조趙 혜문왕惠文王, 진秦 소양왕昭襄王, 진비晉鄙, 초楚 경양왕頃襄王

= 공자 횡橫, 평원군平原君 = 공자 승勝 = 조승趙勝, 포연暴鳶, 한섭韓聶.

제96회 ●

망묘芒卯, 무현繆賢, 백기白起, 사이斯離, 양후穰侯 = 위염魏冉, 염파廉頗, 우경廣卿, 이극李克, 이목李牧, 인상여藺相如, 조趙 혜왕惠王 = 공자 하何 = 조趙 혜문왕惠文王, 조괄趙括, 조사趙奢, 진秦 소양왕昭襄王, 진秦 장양왕莊襄王 = 이인異人 = 자초子楚, 진秦 효문왕孝文王 = 안국군安國君, 초楚 경양왕頃襄王 = 공자 횡橫, 초楚 고열왕考烈王 = 공자 웅완熊完, 춘신군春申君 = 황헐黃歇, 평원군平原君 = 공자 승勝 = 조승趙勝, 포연暴鳶, 한韓 이왕釐王, 허역許歷, 호상胡傷.

● 제97회 ●

경양군涇陽君 = 공자 회悝, 고릉군高陵君 = 공자 시市, 범수范睢, 선태후宣太后, 수가須賈, 신릉군信陵君, 악의樂毅, 양후穰侯 = 위염魏冉, 왕계王稽, 위魏 안리왕安釐王, 위제魏齊, 전단田單, 정안평鄭安平, 제齊 민왕湣王, 제齊 양왕襄王, 진秦 소양왕昭襄王, 화양군華陽君.

● 제98회 ●

개동蓋同, 개부蓋負, 군왕후君王后, 몽오蒙驁, 백기白起, 범수范睢, 부표傅豹, 사마경司馬梗, 사마착司馬錯, 서사筮史, 소사蘇射, 수가須賈, 신릉군信陵君, 염파廉頗, 왕계王稽, 왕릉王陵, 왕분王賁, 왕용王容, 왕전王翦, 왕흘王齕, 우경廣卿, 위제魏齊, 장당張唐, 장안군長安君, 전단田單, 정안평鄭安平, 제왕齊王 건建, 조趙 효성왕孝成王, 조가趙茄, 조괄趙括, 조사趙奢, 조우趙禹, 조표趙豹, 주영朱英, 진秦 소양왕昭襄王, 초楚 고열왕考烈王 = 공자 웅완熊完, 춘신군春申君 = 황헐黃

歇, 평원군平原君 = 공자 승勝 = 조승趙勝, 풍정馮亭, 혜문태후惠文太后, 호상胡傷, 후영侯嬴 = 후생侯生.

◉ 제99회 ◉

공손건公孫乾, 모수毛遂, 백기白起, 범수范雎, 소대蘇代, 양천군陽泉君, 여불위呂不韋, 염파廉頗, 왕릉王陵, 왕전王翦, 왕흘王齕, 위魏 안리왕安釐王, 정안평鄭安平, 조趙 효성왕孝成王, 조괄趙括, 조희趙姬, 진秦 소양왕昭襄王, 진秦 장양왕莊襄王 = 이인異人 = 자초子楚, 진秦 효문왕孝文王 = 안국군安國君, 진비晉鄙, 진시황秦始皇 = 영정嬴政 = 조정趙政, 초楚 고열왕考烈王 = 공자 웅완熊完, 춘신군春申君 = 황헐黃歇, 평원군平原君 = 공자 승勝 = 조승趙勝, 하희夏姬, 화양부인華陽夫人.

◉ 제100회 ◉

공손건公孫乾, 노중련魯仲連, 모공毛公, 범수范雎, 설공薛公, 신릉군信陵君, 신원연新垣衍, 안은顏恩, 여불위呂不韋, 여희如姬, 왕흘王齕, 위魏 안리왕安釐王, 위경衛慶, 이동李同, 전파田巴, 정안평鄭安平, 조趙 효성왕孝成王, 주해朱亥, 진秦 소양왕昭襄王, 진秦 장양왕莊襄王 = 이인異人 = 자초子楚, 진秦 효문왕孝文王 = 안국군安國君, 진비晉鄙, 춘신군春申君 = 황헐黃歇, 평원군平原君 = 공자 승勝 = 조승趙勝, 화양부인華陽夫人, 후영侯嬴 = 후생侯生.

◉ 제101회 ◉

경양景陽, 경진慶秦, 극신劇辛, 당거唐擧, 동주군東周君, 몽오蒙驁, 범수范雎, 신릉군信陵君, 악간樂閒, 악승樂乘, 안은顏恩, 여불위呂不韋, 여희如姬, 연燕 무성왕武成王, 연燕 소왕昭王, 연燕 혜왕惠王, 연燕 효왕孝王, 연왕燕王 희喜, 염파廉頗, 영규嬴樛, 왕계王稽, 왕흘王齕, 위魏 경민왕景湣王, 율복栗腹, 이목李牧, 장거將渠, 장당張唐, 정안평鄭安平, 주周 난왕赧王, 진秦 효문왕孝文王 = 안국군安國君, 진시황秦始皇 = 영정嬴政 = 조정趙政, 채택蔡澤, 초楚 고열왕考烈王 = 공자 웅완熊完, 춘신군春申君 = 황헐黃歇, 평원군平原君 = 공자 승勝 = 조승趙勝, 한韓 환혜왕桓惠王.

◉ 제102회 ◉

경양景陽, 공손영公孫嬰, 곽개郭開, 극신劇辛, 모공毛公, 무양정武陽靖, 방난龐煖, 설공薛公, 신릉군信陵君, 악간樂閒, 악승樂乘, 안은顏恩, 여불위呂不韋, 위경衛慶, 위원군衛元君, 율원栗元, 이목李牧, 장거將渠, 장당張唐, 장안군長安君, 조趙 도양왕悼襄王, 조趙 효성왕孝成王, 주해朱亥, 채택蔡澤, 풍환馮驩.

◉ 제103회 ◉

감회甘回, 등등登騰, 방난龐煖, 번오기樊於期, 양단화楊端和, 여불위呂不韋, 왕분王賁, 왕전王翦, 이신李信, 이언李嫣, 이원李園, 장당張唐, 장안군長安君, 주영朱英, 초楚 고열왕考烈王 = 공자 웅완熊完, 초楚 애왕哀王, 초楚 유왕幽王, 춘신군春申君 = 황헐黃歇, 호첩扈輒, 환의桓齮.

◉ 제104회 ◉

갈갈噶竭, 노애嫪毐, 번오기樊於期, 사사史肆, 신승辛勝, 안설顏泄, 양단화楊端和, 왕분王賁, 이목李牧, 장안군長安君, 조趙 도양왕悼襄王, 조희趙姬, 진충陳忠, 태자 단丹, 환의桓齮.

◈ 제105회 ◈

곽개郭開, 당구唐玖, 대왕代王 가嘉 = 공자 가嘉, 등등騰, 모초茅焦, 안취顔聚, 양단화楊端和, 염파廉頗, 왕오王敖, 왕전王翦, 울요尉繚, 이목李牧, 이사李斯, 제왕齊王 건建, 조趙 도양왕悼襄王, 조왕趙王 천遷 = 유류왕幽謬王, 조총趙葱, 진충陳忠, 한韓 환혜왕桓惠王, 한비자韓非子, 호첩扈輒, 환의桓齮.

◈ 제106회 ◈

고점리高漸離, 곽개郭開, 국무鞠武, 대왕代王 가嘉 = 공자 가嘉, 등등騰, 번오기樊於期, 사마상司馬尙, 송의宋意, 안취顔聚, 양단화楊端和, 왕오王敖, 왕전王翦, 이목李牧, 이신李信, 전광田光, 조왕趙王 천遷 = 유류왕幽謬王, 조총趙葱, 진무양秦舞陽, 태자 단丹, 하부夏扶, 한왕韓王 안安, 형가荊軻 = 경가慶軻 = 형경荊卿.

◈ 제107회 ◈

갑섭蓋聶, 고점리高漸離, 굴정屈定, 대왕代王 가嘉 = 공자 가嘉, 몽가蒙嘉, 몽무蒙武, 연왕燕王 희喜, 왕분王賁, 왕전王翦, 울요尉繚, 위魏 경민왕景湣王, 위군衛君 각角, 위왕魏王 가假, 이신李信, 이원李園, 조고趙高, 초왕楚王 부추負芻, 태자 단丹, 하무저夏無且, 항연項燕, 호해胡亥, 호희胡姬, 후승后勝.

◈ 제108회 ◈

경기景騏, 굴정屈定, 대왕代王 가嘉 = 공자 가嘉, 몽무蒙武, 연왕燕王 희喜, 왕분王賁, 왕전王翦, 울요尉繚, 이사李斯, 이신李信, 제왕齊王 건建, 조고趙高, 진시황秦始皇 = 영정嬴政 = 조정趙政, 창평군昌平君, 초왕楚王 부추負芻, 항연項燕, 후승后勝.

제 2 장

제후국 사전

● **갑씨**甲氏 | 적적赤狄이 세운 부족 국가의 하나. 현대 학자 양보쥔楊伯俊은 지금의 산시山西 성 툰류屯留 북쪽 100리 밖에 있었던 것으로 추측함. 진晉 경공景公 때 사회士會가 멸망시킴. 제55회.(최초 등장 회차. 이하 같음.)

● **강**江 | 동이東夷 일파의 제후국. 시조는 백익伯益의 아들 현중玄仲이라고 함. 또는 백익의 후손이 상商나라나 서주西周 초기에 제후로 분봉을 받았다고도 함. 도성은 지금의 허난 성 정양正陽 동남쪽 화이허淮河 강 북안北岸으로 추정됨. 기원전 623년 무렵 초楚나라에게 멸망당함. 제10회.

● **강융**姜戎 | 중국 서부 유목 민족이 세운 부족 국가의 하나. 주周 선왕宣王 39년에 정벌한 신융申戎의 성이 강姜인 것으로 보아 같은 계열의 부족으로 보임. 이후 진晉 혜공惠公이 강융을 진晉나라 남쪽으로 옮겨 살게 함. 진晉나라가 효산崤山 전투에서 진秦나라 장수 맹명시孟明視, 서걸술西乞術, 백을병白乙丙을 사로잡을 때 강융이 군사 지원을 함. 제1회.

● **거**莒 | 동이東夷 일파의 제후국. 소호少昊의 후손으로 성은 영嬴임. 주周 무왕武王이 자여기玆輿期를 거莒에 봉함. 작위는 자작子爵. 지금의 산둥 성 동남쪽 쥐莒 현 일대에 거주함. 전성기에는 제齊, 노魯와 함께 산둥 성 3대 강국이었음. 기원전 431년 초楚 간왕簡王에 의해 멸망함. 제15회.

● **견융**犬戎 | 중국 서북 유목 민족의 하나. 험윤玁狁 또는 서융西戎이라도 함. 지금의 산시陝西 성과 간쑤甘肅 성 일대에서 맹위를 떨침. 도성은 지금의 간쑤 성 징닝靜寧 웨이룽威戎 진 일대. 주周 유왕幽王이 정실부인 신후申后와 태자 의구宜臼를 폐위하고 포사褒姒와 백복伯服을 세우자, 신후의 부친 신후申侯가 견융의 힘을 빌려 유왕과 백복을 죽이고 태자 의구亞王를 보위에 올림. 이후 평왕은 낙양洛陽으로 도읍을 옮겼고, 견융은 관중關中 서쪽과 간쑤 성 일대에서 흥성하다가 진秦나라에게 정복됨. 제3회.

◉ **고락씨**皐落氏 | 흔히 동산고락씨東山皐落氏라고 부름. 적적赤狄의 일파로 지금의 산시山西 성 경내로 들어와 정착하여 타이위안太原 동남쪽에 살다가 나중에는 더 남쪽인 장청絳城 근처로 이동함. 진晉 헌공獻公 때 세자 신생申生의 공격을 받고 패퇴함. 제25회.

◉ **고여**咎如 | 장고여廧咎如라고도 함. 외성隗姓으로 적적赤狄의 별종. 지금의 산시山西 성 타이위안太原 일대에 자리함. '咎'는 지명이나 부족명일 때 '고'로 읽음.(『사기색은史記索隱』「진세가晉世家」) 제31회.

◉ **고죽국**孤竹國 | 상商나라와 같은 계열의 부족 국가. 이미 하夏나라 때 태동한 것으로 알려짐. 상말商末 주초周初 고죽국의 왕자 백이伯夷·숙제叔齊 이야기로도 유명함. 상나라 탕왕湯王이 묵태씨墨台氏를 고죽국에 봉했다고 전해짐. 지금의 허베이 성 첸안遷安 첸시遷西, 칭룽青龍, 콴청寬城 일대와 랴오닝 성 서쪽 랴오허遼河 강 유역에 있었음. 제齊 환공桓公에게 멸망당함. 제21회.

◉ **곡옥**曲沃 | 진晉 소후昭侯는 자신의 숙부 환숙桓叔 성사成師가 강성하자 그를 곡옥백曲沃伯에 봉하고 자신의 진晉나라는 익翼(山西省 翼城)이라 칭하게 함. 이후 익과 곡옥은 이진二晉이라고 불리며 서로 주도권을 다툼. 환숙 성사의 손자 곡옥무공曲玉武公 칭稱이 익의 소자후小子侯를 죽이고 이진을 통일함. 곡옥무공은 국호를 다시 진晉으로 바꾸고 강絳 땅으로 도읍을 옮김. 제20회.

◉ **곽**霍 | 주周 왕실 계열의 희성姬姓 제후국. 주周 무왕武王이 자신의 아우이며 문왕文王의 여섯째 아들인 처處를 곽 땅에 봉함. 이로써 처는 곽숙霍叔으로 불림. 곽은 지금의 산시山西 성 휘저우霍州 일대임. 관숙管叔과 채숙蔡叔의 난 때 곽숙은 폐서인되었고, 그의 아들이 보위를 이어받음. 기원전 661년 진晉 헌공獻公에게 멸망당함. 제20회.

● **괵**虢 | 주周 왕실 계열의 희성姬姓 제후국. 주周 무왕武王이 은殷을 멸한 후 자신의 아우 괵중虢仲을 서괵西虢에 봉하고, 또 다른 아우 괵숙虢叔을 동괵東虢에 봉함. 서괵국은 본래 지금의 산시陝西 성 바오지寶鷄 동쪽에 있었으나, 주周 평왕平王이 낙양으로 도읍을 옮길 때 허난성 산陝 현으로 함께 옮겨 옴. 나라의 땅이 황하黃河 남북쪽 연안에 걸쳐 있어서 북쪽에 있는 땅을 북괵北虢, 남쪽에 있는 땅을 남괵南虢이라고 함. 기원전 655년 진晉 헌공獻公이 가도멸괵假道滅虢의 계책으로 남괵, 북괵을 모두 멸함. 동괵은 지금의 허난성 싱양滎陽 쓰수이汜水 진에 있었고, 기원전 767년 정鄭나라에게 멸망당함. 제25회.

● **교**絞 | 동이東夷 일파의 언성偃姓 제후국. 대체로 고요皐陶의 후예로 추정됨. 지금의 후베이성 단장커우丹江口 시자뎬習家店 일대 또는 윈鄖 현 북서쪽 일대에 있었던 나라. 기원전 700년경 초楚나라에게 멸망당함. 제10회.

● **권**權 | 상商나라 계열의 자성子姓 제후국. 상나라 임금 무정武丁의 후예가 봉해진 나라. 지금의 후베이성 당양當陽 동남쪽에 위치했음. 초楚 무왕武王에게 멸망당함. 제17회.

● **균**麏 | 『춘추공양전』에는 권국圈國이라고 되어 있음. 춘추시대 소제후국. 나라의 유래가 불분명함. 기원전 611년 용국庸國과 함께 초楚 장왕莊王에게 멸망당함. 제66회.

● **기**杞 | 하夏나라 계열의 사성姒姓 제후국. 작위는 후작侯爵, 공작公爵, 백작伯爵으로 바뀜. 하나라 우왕禹王의 후예가 봉해진 나라로 알려짐. 본래 지금의 허난 성 치杞 현에 있다가 산둥 성 신타이新泰를 거쳐 다시 산둥 성 안추安丘 동북 지역으로 옮긴 것으로 추정됨. 초楚 혜왕惠王에게 멸망당함. 제30회.

● **기**紀 | 제齊나라 동쪽에 위치한 강성姜姓 제후국. 작위는 후작侯爵. 지금의 산둥 성 중북부 서우광壽光 경내에 있었음. 한때 제齊, 노魯와 경쟁하다가 제齊 양공襄公에 의해 멸망함. 제11회.

● **나**羅 | 초楚나라와 같은 계열의 미성羋姓 제후국. 작위는 자작子爵. 전설에 의하면 축융祝融의 후예가 봉해진 나라라고 함. 본래 지금의 허난 성 뤄산羅山에 있다가 간쑤 성 정양正陽을 거쳐 후베이 성 이청宜城으로 옮긴 것으로 추정됨. 주周 무왕武王이 상商을 정벌할 때 공을 세워 자작에 봉해짐. 기원전 690년 초楚 무왕武王에게 멸망당함. 제10회.

● **노**潞 | 적적赤狄의 별종으로 성姓은 외隗, 작위는 자작, 여黎나라와 이웃해서 살고 있었음. 지금의 산시山西 성 리청黎城 일대임. 기원전 594년 진晉 경공景公에게 멸망당함. 제47회.

● **노**魯 | 주周 왕실 계열의 희성姬姓 제후국. 작위는 후작侯爵. 주周 무왕武王의 아우 주공周公 단旦이 봉해진 나라. 주공은 주나라의 천하 통일과 안정에 가장 큰 공을 세워서 그의 아들 백금伯禽이 태산泰山 남쪽에 봉해짐. 도읍은 지금의 산둥 성 취푸曲卓. 주 성왕成王의 섭정이었던 주공으로 인해 문화가 발달한 나라였으나 국력은 강성하지 못함. 기원전 256년 초楚 고열왕考烈王에 의해 멸망함. 제4회.

● **담**郯 | 나라의 유래가 불분명한 기성己姓 제후국. 지금의 산둥 성 탄청郯城 일대에 존재했음. 기원전 414년 월越나라에게 멸망당함. 제71회.

● **당**唐 | 전설에 의하면 성군 요堯(陶唐氏) 임금의 후예가 분봉을 받은 나라로 전해짐. 기성祁姓의 제후국으로 작위는 후작侯爵. 지금의 산시山西 성 중심 지역에 있었으나 주周 성왕成王이 그곳 당唐나라 백성을 지금의 허난 성 탕허唐河 일대로 옮기고, 자신의 아우 숙우叔虞를 당 땅에 봉함. 숙우의 당

나라는 이후 진晉나라가 되었고, 탕허로 옮겨간 당나라는 기원전 505년 초楚나라에게 멸망당함. 제75회.

◉ **대**代 ┃ 1) 상商나라 때부터 존재한 자성子姓 제후국. 지금의 산시山西 성 다퉁大同과 허베이 성 위蔚 현 일대에 있었다고 함. 2) 춘추시대 말기 중국 북쪽의 이민족이 세운 나라. 지금의 허베이 성 서북쪽, 산시山西 성 동북쪽에 있었음. 중심지는 산시山西 성 다이代 현임. 3) 기원전 228년 조趙나라가 진秦나라에게 멸망당한 후 조나라 공자 가嘉가 대代 땅으로 도주하여 대왕代王을 칭함. 6년 후 대왕은 진秦나라 대장 왕분王賁의 공격을 받고 사로잡혀 자결함. 제103회.

◉ **대**戴 ┃ 상商나라 계열의 자성子姓 제후국. 작위는 공작公爵. 지금의 허난 성 란카오蘭考와 민취안民權 일대에 있었음. 정鄭나라와 양梁나라 사이에 위치한 소국이었음. 기원전 713년 정鄭 장공莊公에게 멸망당함. 제6회.

◉ **도**道 ┃ 나라의 유래가 불분명한 희성姬姓 제후국. 지금의 허난 성 췌산確山 북쪽에 있었던 것으로 전해짐. 초楚 영왕靈王에 의해 형荊 땅으로 옮겨졌다가 초 평왕平王에 의해 본래의 위치로 복귀함. 그러나 결국 초나라에게 멸망당함. 제70회.

◉ **돈**頓 ┃ 주周 왕실 계열의 희성 제후국. 작위는 자작子爵. 주周 무왕武王이 상商을 멸한 후 회수淮水 중상류 지역에 분봉한 제후국. 지금의 허난 성 상수이商水에 돈나라 도성 유허지가 있음. 진陳나라에게 쫓겨 조금 남쪽으로 이주했다가 기원전 496년 초楚 소왕昭王에게 멸망당함. 제66회.

◉ **동괵**東虢 ┃ → 괵虢. 제4회.

◉ **동주**東周 ┃ → 주周.

◉ **등**滕 ┃ 주周 왕실 계열의 희성 제후국. 본래 작위는 후작이었으나 나중에

자작으로 강등됨. 주 무왕武王이 상나라를 멸한 후 자신의 이복동생 착숙수錯叔繡를 등滕 땅에 봉함. 지금의 산둥 성 텅저우滕州 서남쪽에 있었음. 기원전 414년 월왕越王 주구朱勾에게 멸망당함. 뒤에 다시 나라를 일으켰다가 대략 기원전 296년 무렵 송宋 강왕康王에게 멸망당함. 제33회.

● **등**鄧 ㅣ 나라의 유래가 불분명한 만성曼姓 제후국. 상나라 때 이미 분봉을 받은 나라. 상나라 후기에 지금의 허난 성 뤄허漯河 옌청郾城 구 동남쪽에 있었으나 서주西周 초기에 지금의 허난성 덩저우鄧州 서남쪽 린바林扒 진으로 이주함. 기원전 678년 초楚 문왕文王에게 멸망당함. 제10회.

● **무종**無終 ㅣ 중국 북방 이민족인 산융山戎 일파가 세운 부족 국가. 작위는 자작. 주周 무왕武王에 의해 무종산無終山 일대에 봉해짐. 지금의 허베이 성 위텐玉田 서북쪽에 있었음. 제齊 환공桓公이 영지令支를 정벌할 때 많은 힘을 보탬. 한때 중국 북방의 융족戎族을 통솔하는 지위에 있다가 기원전 470년 조양자趙襄子에게 멸망당함. 제21회.

● **방**房 ㅣ 전설에 의하면 요堯 임금의 아들인 단주丹朱의 후예가 봉해진 제후국이라고 함. 성은 기祁. 작위는 후작. 지금의 허난 성 쑤이핑遂平에 있었음. 기원전 529년 초楚 평왕平王에게 멸망당함. 제70회.

● **복**濮 ㅣ 백복국百濮國이라고도 함. 초楚나라 계열의 웅성熊姓 제후국. 지금의 후베이 성 스서우石首 일대에서 나라를 유지하다가 초나라에 병합된 것으로 추정됨. 제10회.

● **북융**北戎 ㅣ 산융山戎이라고도 함. 춘추전국시대에 중국 북쪽에서 가장 강력한 힘을 과시한 이민족으로 흉노匈奴의 일파로 추정됨. 지금의 허베이河北 성 북쪽에서 활동하며 자주 중원을 공격했음. 특히 연燕나라와 제齊나라 지역과 황하 북쪽 지역을 침입하다가 전국시대 말기에 이르러 점차 쇠약해

짐. 제8회.

◉ **북적**北狄 ┃ 주周나라 시기부터 중국 북쪽의 이민족을 총칭하여 북적이라고 함. 주나라에서는 중원에 사는 자신들을 중화中華라고 높여 부르고 남쪽 이민족은 남만南蠻, 동쪽 이민족은 동이東夷, 서쪽 이민족은 서융西戎, 북쪽 이민족은 북적이라고 낮춰 불렀음. 제23회.

◉ **산융**山戎 ┃ → 북융北戎. 제21회.

◉ **상**商 ┃ 왕조 후기에 천도한 도읍 명칭을 따서 은殷 또는 은상殷商이라고도 함. 전설에 의하면 고신씨高辛氏의 후예라고 알려짐. 탕왕湯王이 하夏나라 걸왕桀王을 정벌하고 천하를 통일함. 초기 도읍지는 박亳(지금의 河南省 商丘)이고, 후기 도읍지는 은殷(지금의 河南省 安陽)이었음. 제정일치祭政一致 국가로 알려짐. 화려한 청동기와 갑골문자가 남아 있음. 마지막 임금 주왕紂王이 무도하고 포악한 정치를 하다가 주周 무왕武王에게 멸망당함. 제1회.

◉ **서**徐 ┃ 서융徐戎 혹은 서이徐夷라고도 함. 동이東夷 계열의 영성嬴姓 제후국. 작위는 후작侯爵이었다가 주周 목왕穆王 때 자작子爵으로 강등됨. 하夏나라 우왕禹王 때 백익伯益의 아들 약목若木을 서徐 땅에 봉했다고 함. 본래 산둥 성 탄청郯城 일대가 근거지였으나 주周나라 때 안후이 성 쓰泗 현, 장쑤 성 쓰훙泗洪 일대로 이주했음. 서주西周 초기 무경武庚을 중심으로 한 상商나라 유민들이 반란을 일으켰을 때 적극 참가하여 맹위를 떨침. 동이 계열 제후국 중에서 가장 강성했으며 서언왕徐偃王 때는 어진 정치로 사방의 신망을 얻어 주위의 여러 나라가 조공을 바치기도 했음. 초楚나라에 패배하여 국력이 약화되다가 기원전 512년 오왕吳王 합려闔閭에게 멸망당함. 제4회.

◉ **서**舒 ┃ 동이東夷의 일파인 고요皋陶의 후예가 봉해진 제후국. 성은 언偃. 작위는 자작. 주周 무왕武王이 상商을 멸한 후 고요皋陶의 후예를 서국舒國,

서용국舒庸国, 서료국舒蓼国, 서구국舒鳩國, 서룡국舒龍國, 서포국舒鮑國, 서공국舒龔國에 봉했음. 이들은 대체로 정치·군사적으로 연합체의 성격을 유지하고 있었기에 흔히 군서국群舒國이라고 통칭함. 서국의 도읍지는 지금의 안후이 성 루장廬江 청츠城池 향임. 기원전 615년 초楚 장왕莊王에게 멸망당함. 제23회.

◉ **서구**舒鳩 ｜ 동이의 일파인 고요의 후예가 봉해진 부족 국가. 성은 언偃. 주周 무왕武王이 상商을 멸한 후 고요의 후예를 봉한 군서국 중의 하나. 지금의 안후이 성 수청舒城에 있었음. 줄곧 초楚나라 부용국으로 존재했음. 춘추시대 중기 이후 오吳나라가 강성해지자 오나라를 섬김. 나중에는 초楚 강왕康王에게 멸망당함. 기원전 548년. 제66회.

◉ **서융**西戎 ｜ 주周나라 시기부터 중국 서쪽의 이민족을 총칭하여 서융이라고 함. 주周나라에서는 중원에 사는 자신들을 중화中華라고 높여 부르고 남쪽 이민족은 남만南蠻, 동쪽 이민족은 동이東夷, 서쪽 이민족은 서융, 북쪽 이민족은 북적北狄이라고 낮춰 불렀음. 제2회.

◉ **서주**西周 ｜ → 주周. 제2회.

◉ **설**薛 ｜ 전설에 의하면 황제黃帝의 아들인 우양禹陽의 후예가 봉해진 제후국이라고 함. 하夏나라 우왕禹王이 치수治水할 때 우양의 12세손 해중奚仲이 큰 공을 세워 설성薛城(山東省 棗莊)을 봉토로 받았다고 함. 성은 임任이고, 작위는 후작侯爵. 기원전 418년 제齊나라에 점령되었고, 이후 제齊 민왕湣王이 정곽군靖郭君 전영田嬰을 설薛 땅에 봉함. 전영의 아들 맹상군孟嘗君 전문田文에 이르러 설성薛城은 제나라 도성 임치臨淄와 거의 맞먹는 번영을 누림. 맹상군 사후 설성을 노리던 위魏나라와 설성이 강성해지는 걸 우려한 제나라가 힘을 합쳐 설을 멸함. 제60회.

◉ **성**郕 ┃ 성국成國이라고도 함. 주周 왕실 계열의 희성姬姓 제후국. 작위는 백작伯爵. 주周 무왕武王이 자신의 아우이며 문왕文王의 일곱째 아들인 숙무叔武를 성郕(河南省 范縣 일대) 땅에 봉함. 국력이 약해 제齊나라와 노魯나라에 복속하다가 기원전 616년 노 문공文公 때 노나라의 부용국이 됨. 이후 다시 맹손씨孟孫氏의 봉지封地가 되었다가 기원전 408년 제齊 선공宣公에게 빼앗김. 제6회.

◉ **소**蕭 ┃ 춘추시대 송宋나라의 자성子姓 부용국. 남궁장만南宮長萬이 송 민공湣公을 시해하고 공자公子 유游를 보위에 올리자, 당시 소읍蕭邑 대부였던 대심大心이 공족公族들과 힘을 합쳐 남궁장만 일파를 제거하고 공자 어열御說을 보위에 올림. 이 공로로 소읍은 송나라의 부용국이 되었고 대심은 소숙蕭叔으로 일컬어짐. 기원전 597년 초楚 장왕莊王에 의해 멸망함. 제56회.

◉ **소주**小邾 ┃ 전설에 의하면 전욱顓頊의 후예가 봉해진 나라라고 함. 작위는 자작子爵. 춘추시대에 이보안夷父顔의 서자庶子 우友가 주周나라 천자에 의해 예倪(山東省 滕州) 땅에 봉해져 예국倪國으로 칭해짐. 예의 '倪'자는 '郳'로도 씀. 소주는 본래 조성曹姓이었으나 후손들은 주邾 무공武公 이보안夷父顔의 이름을 따서 안씨顔氏를 칭하기도 하고, 본래의 나라 이름에서 예씨倪氏를 칭하기도 함. 우友의 증손자 이래犂來가 다시 본래 도성에서 동쪽으로 40리 떨어진 곳에 성을 쌓아 이래성犂来城, 예리성倪犂城, 또는 예성倪城(山東省 棗莊 山亭區 東江村)이라고 부름. 이래가 주나라 천자에게서 자작의 작위를 받음. 예성은 본래 주邾나라 경내에 위치했고, 또 조상이 같았으므로 예국倪國을 소주小邾라고 일컫게 됨. 소추小鄒라고도 함. 대략 기원전 325년 무렵 초楚 회왕懷王에 의해 멸망한 것으로 보이며 이후 다시 나라가 재건되었으나 얼마 지나지 않아 노魯나라에 의해 완전히 멸망당함. 제61회.

● **송**宋│ 상商나라 계열의 자성子姓 제후국. 작위는 공작公爵. 주周 무왕武王이 상商을 멸한 후 그 마지막 임금 주왕紂王의 서형庶兄 미자계微子啓를 상구商邱(河南省 商邱)에 봉함. 송 양공襄公 때 패자霸者가 되기 위해 노력했으나 국력이 뒷받침되지 않아 실패함. 송 강공康公이 무도하여 기원전 286년 제齊, 초楚, 위魏 삼국의 공격을 받고 멸망함. 제5회.

● **수**隨│ 나라의 유래가 불분명한 희성姬姓 제후국. 춘추시대 장강長江과 한수漢水 유역에 있던 여러 희성 제후국의 하나. 작위는 후작侯爵. 도성은 지금의 후베이 성 쑤이저우隨州. 남방의 초楚나라가 강성해지기 전에는 수나라가 한수 유역에서 가장 강한 나라였음. 초 무왕武王과 성왕成王의 공격을 받고 항복하여 초나라의 부용국이 됨. 오왕吳王 합려의 공격을 받고 도성을 함락당한 초 소왕昭王이 피신해 오면서 재건의 기회를 맞이함. 이후 초나라에 병합됨. 제10회.

● **수**遂│ 전설에 의하면 하夏나라 때 순舜 임금의 후예 우수虞遂가 건국한 소국小國으로 알려짐. 성은 사姒, 그 근거지는 지금의 산둥 성 닝양寧陽 서북쪽 일대임. 춘추 시기에 이미 노魯나라의 부용국이 되었고 기원전 681년 제齊나라에게 멸망당함. 제18회.

● **숭**崇│ 전설에 의하면 황제黃帝의 후예 숭백곤崇伯鯀이 봉해진 사성姒姓 제후국이라고 함. 곤鯀은 치수로 유명한 우禹 임금의 부친임.『사기史記』「주본기周本紀」에 "숭후호를 정벌했다伐崇侯虎"는 기록이 있는 걸로 보아 백작에서 후작으로 작위가 높아진 것으로 보임. 본래 지금의 허난 성 쑹산嵩山 산 일대에 봉토를 받았다가 산시陝西 성 후戶 현 일대로 옮긴 것으로 알려짐. 주周 문왕文王이 숭후호를 정벌하고 풍읍酆邑을 건설했다고 함. 주周나라가 도읍을 낙양洛陽으로 옮긴 이후에는 진秦나라 땅이 됨. 제50회.

◉ **식**息 | 나라의 유래가 불분명한 희성姬姓 제후국. 작위는 후작侯爵. 지금의 허난 성 시息 현에 도읍이 있었음. 초楚 문왕文王이 식후息侯의 부인 식규息嬀의 미색을 탐하여 식息을 침공한 후 식규를 빼앗고 나라를 멸망시킴. 제17회.

◉ **신**申 | 서신西申이라고도 함. 서융西戎 계열의 부족 국가인 것으로 보임. 신융申戎, 강융姜戎으로 불림. 백이伯夷, 숙제叔齊의 후예가 봉해진 강성姜姓 제후국이라는 전설도 있음. 작위는 후작. 도성은 평양平陽으로 지금의 산시陝西 성 메이眉 현임. 주周 왕실과 대대로 혼인을 맺음. 주 유왕幽王이 포사褒姒를 총애하여 왕후 신씨申氏와 태자 의구宜臼를 폐위하고 포사를 왕후로, 그 아들 백복伯服을 태자로 세움. 결국 왕후 신씨의 부친인 신후申侯가 견융犬戎과 연합하여 유왕, 포사, 백복을 죽이고 태자 의구를 보위平王에 올림. 평왕은 폐허가 된 호경鎬京을 버리고 동쪽 낙양으로 천도함. 이후 진秦 헌공獻公에게 멸망당함. 제2회.

◉ **신**申 | 남신南申이라고도 함. 강융姜戎 계열의 강성姜姓 제후국. 작위는 백작. 주周 선왕宣王이 남쪽의 초楚나라 및 남만南蠻 제국諸國의 침공을 방비하기 위해 자신의 외삼촌을 옛 사국謝國 땅에 봉하고 신백申伯이라고 칭함. 그 도성은 남양南陽 완宛 현으로 지금의 허난 성 난양南陽임. 주 왕실을 지키는 남쪽 관문 역할을 하다가 초 문왕文王에게 멸망당함. 제10회.

◉ **심**沈 | 춘추시대에 장강長江과 한수漢水 유역에 존재했던 유래가 불명확한 제후국. 일설에는 주周 문왕의 막내아들 담숙계聃叔季가 봉해진 희성姬姓의 나라라고도 하고 또 다른 학설로는 주공周公 단旦의 후예가 봉해진 나라라고도 함. 도성은 지금의 안후이 성 린취안臨泉 또는 허난 성 핑위平輿라고 함. 기원전 506년 진晉나라의 지원을 받은 채蔡나라에 의해 멸망함. 제66회.

● **양**梁 │ 진秦나라 계열의 영성嬴姓 제후국. 작위는 백작伯爵. 진중秦仲이 주周 평왕平王의 동천東遷에 공을 세우자 그의 둘째 아들 진강秦康을 양백梁伯에 봉함. 양梁 땅은 지금의 산시陝西 성 한청韓城 근처임. 양은 진晉나라와 가까워 친밀한 관계를 유지했고, 진晉 혜공惠公 이오夷吾가 양에 망명했음. 기원전 649년 진秦 목공穆公에 의해 나라가 크게 파괴됨. 제27회.

● **양**梁 │ 전국칠웅의 하나인 위魏나라가 혜왕惠王에 이르러 대량大梁으로 천도한 후 양梁으로 불림. 대량은 지금의 허난 성 카이펑開封임. 『맹자』에 나오는 양혜왕梁惠王이 바로 위나라 혜왕임. 기원전 225년 진왕晉王 정政에게 멸망당함. 제85회.

● **여**黎 │ 전설에 의하면 본래 여국黎國은 동이東夷 계열 구려九黎 일파의 제후국으로 지금의 산시山西 성 창즈長治 서남쪽에 있었다고 함. 주周 문왕文王이 그 여국을 멸하고 요堯 임금의 후예를 그곳에 봉한 후 여전히 여국으로 부르게 함. 춘추시대에 지금의 산시山西 성 리청黎城 동북쪽으로 도읍을 옮김. 후에 진晉나라에 멸망당함. 제55회.

● **여융**驪戎 │ 중국 서북쪽에 거주하던 고대 융족戎族의 일파. 성씨는 희성姬姓으로 알려져 있음. 거주지는 지금의 산시陝西 성 시안西安 린퉁臨潼 구 일대 혹은 산시山西 성 시청산析城山과 왕우산王屋山 사이로 추정됨. 춘추시대 초기 진晉 헌공獻公이 여융을 정벌하자, 그곳 군주가 자신의 딸 여희驪姬와 소희少姬를 헌공에게 바치고 강화를 함. 이후 진晉나라에 병합됨. 제20회.

● **연**燕 │ 주周 왕실 계열의 희성姬姓 제후국. 작위는 후작. 전국칠웅의 하나. 주周 무왕武王의 아우 소공召公 석奭이 봉해진 나라. 도성은 계薊로 지금의 베이징 팡산房山 구 류리허琉璃河 진 일대임. 강역은 대체로 지금의 베이징과 허베이 성 중부, 북부를 포괄했음. 역왕易王에 이르러 왕을 칭함. 연왕燕

王 희喜의 태자 단丹이 자객 형가荊軻를 보내 진왕秦王 정政을 살해하려다 실패한 뒤, 기원전 222년 진秦나라의 공격을 받고 멸망함. 제11회.

● **영지**슈支 | 산융山戎 또는 서강西羌 일파가 영지 땅에 세운 부족 국가. 작위는 자작. 진秦나라 통일 이후에는 영지 지역을 이지離支 또는 이지離枝라고도 함. 지금의 허베이 성 쳰안遷安, 쳰시遷西, 롼灤 현 북쪽 지역이 주요 근거지였음. 중국 북쪽 지역을 침략하다가 제齊 환공桓公의 공격을 받고 패망함. 제21회.

● **예**郳 | → 소주小邾. 제61회.

● **오**吳 | 주周나라 계열의 희성姬姓 제후국. 작위는 백작伯爵. 도성은 고소姑蘇(江蘇省 蘇州). 주나라 태왕 고공단보古公亶父가 현명한 손자 문왕文王에게 대통을 잇게 하기 위해 문왕의 부친 계력季歷에게 보위를 물려주려 하자, 태왕의 맏아들 태백泰伯과 둘째 아들 중옹仲雍은 남만南蠻 땅으로 도망쳐 문신을 하고 그곳을 다스렸다고 함. 태백과 중옹이 일으킨 제후국이 바로 오吳나라임. 수몽壽夢에 이르러 처음 왕을 칭했으며 이후 합려闔閭와 부차夫差에 이르러 국력이 강성해졌고, 부차는 춘추오패의 하나로 일컬어짐. 오왕 부차는 월왕 구천勾踐과 쟁패 과정에서 처음에는 승리했으나 오자서伍子胥의 말을 듣지 않고 구천을 살려준 나머지 결국 구천에게 패배하고 나라도 멸망함. 제57회.

● **요**蓼 | 나라의 유래가 불분명한 언성偃姓 제후국. 작위는 후작. 도성은 지금의 허난 성 구스固始 동북쪽 랴오청강蓼城岡에 있었음. 기원전 622년 초楚 목왕穆王에게 멸망당함. 제46회.

● **용**庸 | 나라의 유래가 불분명한 중국 고대 제후국.『상서尚書』「목서牧誓」에 의하면 주周 무왕武王이 상商 주왕紂王을 정벌할 때 서쪽의 대국인 용도 다

른 일곱 나라와 함께 연합군에 참여했다고 함. 도성은 상용上庸으로 지금의 후베이 성 주산竹山 서남쪽 일대로 알려짐. 기원전 611년 초楚나라에게 멸망당함. 제10회.

● **우**鄅 | 나라의 유래가 불분명한 만성曼姓 제후국. 상왕商王 무정武丁이 그의 계부季父를 봉한 나라로 알려짐. 도성은 지금의 후베이 성 샹양襄陽 동북쪽에 있었다고 함. 주周나라까지 존속하다가 등鄧나라의 부용국이 되었으며 뒤에 초楚 문왕文王에게 멸망당함. 제10회.

● **우**虞 | 주周 왕실 계열의 희성姬姓 제후국. 주周 무왕武王이 상商나라를 멸한 후 고공단보古公亶父의 고손자 우중虞仲(仲雍의 증손자)을 성주成周의 북쪽 옛 하夏나라 도읍지에 봉함. 지금의 산시山西 성 남쪽 샤夏 현과 핑루平陸 일대임. 기원전 655년 진晉 헌공獻公의 가도멸괵假道滅虢 계책에 속아 길을 빌려줬다가 나라가 멸망함. 제25회.

● **운**鄖 | 유래가 불분명함. 영성嬴姓, 운성妘姓 혹은 희성姬姓 제후국이라고도 함. 봉작은 자작子爵. 도성도 지금의 후베이 성 안루安陸, 원鄖현, 또는 셴타오仙桃 등지에 있었다는 등의 여러 가지 학설이 있음. 초楚나라 대부 투백비鬪伯比의 부인과 초 평왕平王의 부인도 운나라 여인이고, 초 소왕昭王도 오吳나라의 공격을 받고 운鄖 땅으로 대피했음. 춘추시대 후기에 초나라에 병합됨. 제10회.

● **월**越 | 하夏나라 계열의 사성姒姓 제후국. 작위는 자작子爵. 도성은 회계會稽(浙江省 紹興)였고 오나라를 멸망시킨 후 고소姑蘇(江蘇省 蘇州)로 옮김. 하나라 임금 소강少康이 서자 무여無餘를 회계에 봉하고 우禹 임금의 제사를 받들게 했음. 지금도 사오싱에는 대우릉大禹陵이 있음. 윤상允常에 이르러 처음 왕을 칭했고, 윤상의 아들 구천勾踐에 이르러 오나라와 패권을 다투다가 마침내

오왕 부차夫差를 죽이고 오나라를 멸망시켰으며, 춘추오패의 하나로 일컬어짐. 구천 이후 국력이 쇠미해졌고 무강無疆에 이르러 초楚나라 위왕威王에게 멸망당함. 제66회.

• **위魏** | 주周 왕실 계열의 희성姬姓 제후국. 주周 무왕武王이 상商나라를 멸한 후 자신의 왕족 일파를 위魏에 봉함. 근거지는 지금의 산시山西 성 루이청芮城 북쪽 일대임. 진晉 헌공獻公이 본래의 위나라를 멸한 후 필공畢公 고高(주周 문공文王의 서자)의 후손 필만畢萬을 위魏에 봉함. 이 일족이 조趙, 한韓과 함께 진晉을 삼분하여 전국칠웅의 하나인 위魏를 건국함. 제20회.

• **위魏** | 주周 왕실 계열의 희성 위씨魏氏 제후국. 전국칠웅의 하나. 진晉 헌공이 필공 고의 후손 필만을 위魏에 봉함. 필만의 아들 위주魏犨가 망명한 진晉 문공文公을 19년 동안 수행하여 공신에 오르고 대부가 되어 가문의 입지를 튼튼히 함. 이후 대대로 진晉나라 대부를 역임하며 국가 대사에 참여하다가 조趙, 한韓과 함께 진晉을 삼분함. 위사魏斯(위 문후魏侯)가 주周 위열왕威烈王에 의해 정식 제후로 봉해졌고, 혜왕惠王에 이르러 왕을 칭함. 안읍安邑(山西省 夏縣)에 도읍했다가 혜왕惠王 때 대량大梁(河南省 開封)으로 천도하여 양梁으로 칭하기도 함. 기원전 225년 진왕秦王 정政에게 멸망당함. 제85회.

• **위衛** | 주周 왕실 계열의 희성姬姓 제후국. 작위는 후작侯爵. 주周 성왕成王의 섭정 주공周公 단旦이 삼감三監의 반란을 평정한 후 자신의 아우 강숙康叔을 위衛에 봉하고 그 일대를 다스리게 함. 위衛 무공武公이 주周 평왕平王의 낙양洛陽 천도에 공을 세워 나라의 기반을 튼튼히 함. 본래 상商나라 마지막 도읍지 조가朝歌에 도성을 세웠으나 위衛 의공懿公 때 북적北狄의 침략을 받고 패배하여 초구楚丘(河南省 滑縣 동쪽)로 천도함. 이후 다시 북적의 침략을 받고 제구帝丘(河南省 濮陽)와 야왕野王(河南省 沁陽)으로 도읍을 옮김. 진秦의

속국이 되었다가 진이세秦二世가 위군衛君 각角을 서민으로 강등시키면서 완전히 멸망함. 제3회.

◉ **유우**留吁 | 중국 북쪽의 적적赤狄 일파가 세운 부족 국가. 근거지는 지금의 산시山西 성 툰류屯留 남쪽임. 기원전 593년 진晉 경공 때 사회士會의 공격을 받고 멸망함. 제55회.

◉ **육**六 | 고요皐陶의 후손이 봉해진 언성偃姓 제후국. 근거지는 지금의 안후이 성 루안六安 일대임. 하夏나라에서 춘추시대까지 명맥이 이어짐. 초楚 목왕穆王에 의해 멸망함. 제46회.

◉ **융적**戎狄 | 주周나라 사람들은 중원에 사는 자신들을 중화中華라고 높여 부르고 남쪽 이민족은 남만南蠻, 동쪽 이민족은 동이東夷, 서쪽 이민족은 서융西戎, 북쪽 이민족은 북적北狄이라고 낮춰 불렀음. 융적은 주로 중국 서쪽과 북쪽에 사는 이민족을 가리키는 말이지만 모든 이민족을 총칭하는 용어로 쓰이기도 함. 제1회.

◉ **은**殷 | → 상商.

◉ **은상**殷商 | → 상商.

◉ **이**貳 | 나라의 유래가 불분명한 희성姬姓 제후국. 근거지는 지금의 후베이 성 광수이廣水 시 경내임. 후에 초楚나라에게 멸망당함. 제10회.

◉ **이지**離支 | → 영지令支.

◉ **익**翼 | 진晉 소후昭侯가 숙부 환숙桓叔 성사成師의 강성함이 두려워 곡옥백曲沃伯에 봉한 후 자신의 진晉나라를 익翼(山西省 翼城)이라고 부르게 함. 이후 익과 곡옥은 이진二晉이라고 불리며 서로 주도권을 다툼. 익은 국력이 점점 약해져서 환숙 성사의 손자 곡옥무공曲沃武公에게 멸망당함. 곡옥무공은 다시 국호를 진晉으로 바꾸고 강絳 땅으로 도읍을 옮김. 제20회.

● **장**郕 | 강태공姜太公의 손자 장郕 목공穆公이 봉해진 강성姜姓 제후국. 근거지는 지금의 산둥 성 둥핑東平 장청郕城 촌 일대임. 처음에는 기紀나라의 부용국이 됐다가 기紀가 제齊에 의해 망한 후 다시 제나라의 부용국이 됨. 장郕 호공胡公에 이르러 제나라에게 멸망당함. 제20회.

● **장고여**廧咎如 | → 고여咎如.

● **적**狄 | → 북적北狄. 제22회.

● **적**翟 | 적翟은 적狄과 통용됨. 적적赤狄이 세운 외성隗姓 부족 국가의 하나. 지금의 산시山西 성 또는 산시陝西 성 북쪽에서 활동했음. 기원전 6세기 무렵 진晉나라의 공격을 받고 멸망함. 제27회.

● **적적**赤狄 | 북적北狄의 일파로 붉은 옷을 즐겨 입었기 때문에 적적赤狄이라고 불림. 주로 산시山西 성 창즈長治 일대에서 활동함. 기원전 660년 진晉나라의 압박을 받은 뒤 태항산太行山 동남쪽으로 남하했고, 형邢나라와 위衛나라를 공격하여 위기에 빠뜨림. 이때 위衛 의공懿公이 전사하고 위나라는 제齊 환공桓公의 도움을 받아 도읍을 초구楚丘(河南省 滑縣 동쪽)로 옮김. 적적의 주요 부족으로 노씨潞氏, 고락씨皐落氏, 유우씨留吁氏, 갑씨甲氏, 탁진씨鐸辰氏, 장고여씨廧咎如氏, 유적씨有狄氏, 원흘씨袁紇氏, 곡률씨斛律氏, 해비씨解批氏, 호골씨護骨氏, 이기근씨異奇斤氏 등이 있음. 제25회.

● **정**鄭 | 주周 왕실 계열의 희성姬姓 제후국. 작위는 백작伯爵. 주周 선왕宣王이 자신의 아우 왕자 우友를 정백鄭伯(정鄭 환공桓公)에 봉하여 도성을 호위하게 함. 본래 지금의 산시陝西 성 펑샹鳳翔 일대에 봉토가 있었으나 다시 화華 현 일대로 옮김. 주周 평왕平王이 동쪽 낙양洛陽으로 천도할 때 주 왕실을 호위하는 데 힘을 바침. 이때 정나라도 주 왕실을 따라 지금의 허난 성 신정新鄭으로 도읍을 옮김. 정 환공桓公에서 정 장공莊公 때까지 국력이 강성

하여 소패주로 불리며 전성기를 구가함. 동서남북 강국 사이에 위치해 있어 항상 여러 나라의 침탈 대상이 됨. 기원전 375년 한韓 소후昭侯에게 멸망당함. 제2회.

● **제齊** | 주周나라 천하 통일의 일등공신 강태공姜太公 여상呂尙이 봉해진 제후국. 작위는 후작侯爵. 도성은 지금의 산둥 성 린쯔臨淄임. 제齊 환공桓公이 춘추시대 첫째 패자霸者가 되어 천하를 호령했고, 이후 전국시대에도 전국칠웅으로 불리며 여전히 최강국의 하나로 군림함. 중간에 제齊 태공太公 전화田和가 보위를 찬탈하여 나라의 성姓이 바뀜. 제齊 위왕威王에 이르러 왕을 칭함. 진秦, 초楚와 천하의 패권을 다투다가 기원전 221년 전국칠웅 중에서 가장 마지막으로 진秦나라에게 멸망당함. 제5회.

● **조曹** | 주周 왕실 계열의 희성姬姓 제후국. 작위는 백작伯爵. 주周 문왕文王의 아들 조숙曹叔 진탁振鐸이 봉해진 나라. 도성은 도구陶丘로 지금의 산둥 성 딩타오定陶 서남쪽임. 국력이 약해 주위 제후국의 침략 대상이 됨. 기원전 487년 송宋 경공景公에게 멸망당함. 제18회.

● **조趙** | 백익伯益의 후예가 봉해진 영성嬴姓 조씨趙氏의 제후국. 전국칠웅의 하나. 도성은 진양晉陽(山西省 太原)에서 중모中牟(河南省 中牟)를 거쳐 한단邯鄲(河北省 邯鄲)으로 옮김. 조성자趙成子 조최趙衰가 진晉 문공文公의 망명을 19년 동안 수행하여 공신에 오르고 대부가 되어 가문의 입지를 튼튼히 함. 이후 조돈趙盾, 조무趙武, 조앙趙鞅 등을 거치면서 진晉나라의 권력을 장악함. 기원전 403년 조趙 열후烈侯 조적趙籍이 한韓 경후景侯, 위魏 문후文侯와 함께 주周 고열왕考烈王으로부터 정식 제후로 인정을 받은 뒤 기원전 376년 한韓, 위魏와 함께 진晉 정공靜公을 폐위하고 그 땅을 나누어 가짐. 무령왕武靈王 조옹趙雍에 이르러 왕을 칭함. 기원전 229년 진秦나라의 공격을 받고 조왕

趙王 천穿이 항복했고, 다시 기원전 222년 대왕代王 가嘉가 진秦에 항복함으로써 나라가 완전히 멸망함. 제85회.

● **종오국**鍾吾國 ｜ 나라의 유래가 불분명한 춘추시대 때의 제후국. 작위는 자작子爵. 도성은 지금의 장쑤 성 신이新沂 일대. 오吳나라 공자 촉용燭庸의 망명을 허용했다가 오나라의 공격을 받고 멸망함. 제73회.

● **주**邾 ｜ 전설에 의하면 전욱顓頊의 후예가 봉해진 나라라고 함. 작위는 자작. 도성은 지금의 산둥 성 쩌우청鄒城 일대임. 주邾의 시조인 안안晏安의 5세손 협挾이 조曹 땅에 봉해져 조협曹挾으로 불리며 후손들이 조성曹姓을 칭함. 이후 다시 주무공邾武公 이보안夷父顔의 이름을 따서 안씨顔氏를 칭하기도 함. 본래 나라 이름은 주루邾婁였으나 '주루'를 연음으로 빨리 읽으면서 '추鄒'로 발음했고 이 때문에 전국시대 이후에는 추로 불림. 노魯나라의 부용국이 되었다가 초楚나라 또는 제齊나라에게 멸망당한 것으로 보임. 제18회.

● **주**周 ｜ 중국 서북쪽에서 이동해온 나라로 주周 무왕武王이 상商 주왕紂王을 정벌하고 천하를 통일하여 천자로 등극함. 본래 후직后稷의 후예로 고공단보古公亶父와 문왕文王·무왕武王에 이르러 빈豳(陝西省 邠縣)과 기산岐山(陝西省 岐山)을 거쳐 호경鎬京(陝西省 西安 서남쪽)에 정착함. 무왕이 강태공姜太公의 보좌를 받아 상商을 멸망시켰고, 무왕의 아우 주공周公이 어린 조카 성왕成王을 도와 나라의 기틀을 안정시킴. 성왕, 강왕康王의 전성기를 거쳐 점차 국력이 쇠퇴함. 유왕幽王 때 이르러 견융犬戎의 침략을 받고 망국지경에 빠졌으며, 이후 유왕의 아들 평왕平王이 낙양洛陽으로 천도하여 나라의 명맥을 유지함. 낙양에 도읍한 시기를 흔히 동주東周라고 부르고 그 이전을 서주西周라고 부름. 동주시대가 바로 춘추전국 시기에 해당하며, 천자의 권위가 땅에 떨어져 사방의 강력한 제후국들이 천하를 놓고 쟁패를 벌이던 시기임. 주周

난왕赧王이 진秦나라의 공격을 받고 항복함으로써 나라가 망함. 제1회.

◉ **중산국**中山國 │ 중국 북쪽의 이민족 백적白狄 계열의 제후국. 선우鮮虞라 불리기도 함. 작위는 자작子爵. 근거지는 태항산太行山 동쪽 기슭으로 조趙나라와 연燕나라 사이에 위치했음. 도성은 처음에 고顧(미상)였으나 지금의 허베이 성 링서우靈壽으로 옮김. 위魏 문후文侯의 공격으로 나라가 망했다가 20년 후에 재건함. 기원전 296년 조趙나라의 공격을 이겨내지 못하고 완전히 멸망함. 제85회.

◉ **증**鄫 │ 중국繒國이라고도 함. 하夏나라 임금 저杼의 차자次子 곡렬曲烈이 봉해진 사성姒姓 제후국으로 알려짐. 작위는 자작子爵. 도성은 증鄫(河南省 方城 북쪽), 층구層邱(安徽省과 河南省의 경계), 증관繒關(河南省 方城 일대)을 거쳐 역현嶧縣(山東省 棗莊)으로 옮김. 기원전 567년 거莒나라의 공격을 받고 멸망함. 제33회.

◉ **진**晉 │ 주周 왕실 계열의 희성姬姓 제후국. 작위는 후작侯爵. 주周 성왕成王이 자신의 아우 숙우叔虞를 당唐(山西省 翼城 서쪽) 땅에 봉함. 숙우의 아들 섭보燮父가 진수晉水 근처로 거주지를 옮기면서 진晉으로 칭해짐. 이후 진晉 소후昭侯가 숙부 환숙桓叔 성사成師를 곡옥백曲沃伯에 봉하고 자신의 진晉나라를 익翼(山西省 翼城)이라고 부르게 함. 익과 곡옥은 이진二晉이라고 불리며 서로 주도권을 다투다가 익의 국력이 점점 약해져서 환숙 성사의 손자 곡옥무공曲沃武公에게 멸망당함. 곡옥무공은 다시 국호를 진晉으로 바꾸고 강絳(山西省 翼城 동남쪽) 땅으로 도읍을 옮김. 진晉 문공文公에 이르러 국력이 강성해져서 천하의 패자霸者로 칭해짐. 이후 계속 춘추시대 가장 강성한 나라로 군림하다가 점차 권신權臣들의 힘이 강해져서 진晉 정공靜公 때 조趙, 위魏, 한韓 세 나라三晉로 갈라짐. 진晉이 삼분된 것을 계기로 그 시기를 전국

시대라고 칭함. 제1회.

● **진秦** | 백익伯益의 후예가 봉해진 영성嬴姓 제후국. 작위는 백작伯爵. 전국 칠웅의 하나. 주周 효왕孝王이 목축에 뛰어난 진비자秦非子를 진읍秦邑(甘肅省 天水)에 봉하고 부용국으로 삼음. 진秦 양공襄公이 주周 평왕平王의 동천東遷을 도와 백작伯爵의 작위를 하사받고 정식으로 제후국이 됨. 이를 계기로 서주西周 본래의 근거지를 영토로 삼고 옹성雍城(陝西省 鳳翔)으로 도읍을 옮김. 진秦 목공穆公 때 현신을 등용하여 국정을 개혁하고 서융西戎을 합병하여 패자覇者로 칭해짐. 진秦 혜문왕惠文王이 왕호王號를 사용함. 진왕秦王 정政에 이르러 천하를 통일했으나, 가혹한 법가 통치로 반란이 일어나 진2세秦二世 때 멸망함. 제1회.

● **진陳** | 순舜 임금의 후예가 봉해진 규성嬀姓 진씨陳氏 제후국. 작위는 후작侯爵. 주周 무왕武王이 호공胡公 만滿을 진陳(宛丘: 河南省 淮陽)에 봉함. 호공胡公은 시호諡號. 만은 주周 문왕文王의 도정陶正 직을 역임한 우알보虞閼父의 아들임. 거리가 가까운 채蔡나라와 자주 통혼함. 중간에 초楚 영왕靈王이 진후陳侯 유留를 쫓아내고 현縣을 설치한 뒤 천봉술穿封戌을 현윤縣尹으로 삼음. 초 평왕平王이 영왕을 추방하고 보위에 올라 진陳나라를 다시 세워줌. 진陳 여왕厲王의 아들 공자 완完(陳敬仲)은 제齊나라로 이주했고 그의 후손들이 성씨를 전씨田氏로 쓰며 제齊나라 보위를 찬탈함. 기원전 478년 초 혜왕惠王에 의해 나라가 멸망함. 제5회.

● **진軫** | 동이東夷 일파인 고요皐陶의 후예가 봉해진 언성偃姓 제후국. 도성은 지금의 후베이 성 잉청應城 서쪽. 기원전 655년 초楚 성왕成王에 의해 멸망함. 제10회.

● **채蔡** | 주周 왕실 계열의 희성姬姓 제후국. 작위는 후작侯爵. 주周 무왕武王

이 자신의 아우 숙도叔度를 채蔡(河南省 上蔡 서남쪽) 땅에 봉함. 그러나 채숙도蔡叔度는 삼감三監의 난에 가담하여 봉토가 몰수되고 타지로 추방됨. 채숙도의 아들 호胡가 행실을 개선하고 주 왕실에 복종하여 다시 채蔡땅의 봉토가 회복됨. 이후 초楚 영왕靈王이 채 영후靈侯를 죽인 뒤 채나라에 현縣을 설치하고 자신의 아우 기질棄疾을 채공蔡公으로 삼음. 조오朝吳와 채유蔡洧가 초 평왕平王을 도와 초 영왕을 몰아내고 채나라를 다시 일으켜 세움. 기원전 447년 초楚 혜왕惠王에게 멸망당함. 제5회.

◉ **초楚** ┃ 형荊 또는 형초荊楚라고 부름. 축융祝融의 후예가 봉해진 미성羋姓 웅씨熊氏 제후국. 작위는 자작子爵에 불과하나 중국 남방에서 국력이 가장 강성하여 초楚 무왕武王 때부터 왕을 칭함. 도성은 본래 단양丹陽(河南省 淅川)이었으나 정세의 변화에 따라 강영彊郢(湖北省 宜城), 기영紀郢(湖北省 荊州), 진영陳郢(河南省 淮陽), 수춘壽春(安徽省 壽縣), 팽성彭城(江蘇省 徐州)으로 옮김. 초楚 장왕莊王에 이르러 국력이 크게 신장하여 천하의 패자覇者로 일컬어짐. 진秦, 제齊와 패권을 다투다가 기원전 223년 진秦나라에 멸망당함. 제10회.

◉ **촉蜀** ┃ 중원과는 계통이 다른 촉산씨蜀山氏와 잠총씨蠶叢氏의 후예가 세운 부족 국가. 대체로 고대 강족羌族의 일파로 추정됨. 지금의 쓰촨 성 청두成都를 중심으로 고대 문화를 발전시킴. 쓰촨 분지의 특성으로 인해 중원과는 교류가 드물다가 기원전 316년 진秦 혜왕惠王에 의해 진秦에 병합됨. 제89회.

◉ **탁진鐸辰** ┃ 중국 북쪽의 적적赤狄 일파가 세운 부족 국가. 근거지는 지금의 산시山西 성 루청潞城과 툰류屯留 일대임. 유우留吁의 속국이었다가 기원전 593년 진晉 경공景公 때 사회士會의 공격을 받고 멸망함. 제55회.

◉ **파巴** ┃ 나라의 유래가 불분명한 희성姬姓 제후국. 작위는 자작子爵. 하夏나

라, 상商나라 시대부터 존재했다고 함. 주周 무왕武王이 상商 주왕紂王을 정벌할 때 공을 세워 정식 제후국으로 봉해짐. 지금의 후베이 성 서쪽 언스恩施에서 시작하여 충칭重慶 시 일대로 영역을 넓힘. 바로 이웃한 촉蜀과 더불어 흔히 파촉巴蜀으로 병칭됨. 기원전 316년 진秦 혜왕惠王에 의해 진秦에 병합됨. 제10회.

● **핍양偪陽** | 부양傅陽이라고도 함. 나라의 유래가 불분명한 운성妘姓 제후국. 작위는 자작. 도성은 지금의 산둥 성 짜오좡棗莊 이청嶧城 구. 기원전 563년 노魯, 진晉, 제齊, 송宋, 위衛, 조曹나라가 핍양국 인근 사柤 땅에서 회맹을 한 뒤 함께 힘을 합쳐 핍양국을 멸하고 그 땅을 송나라에 귀속시킴. 제60회.

● **하夏** | 중국 역사에 등장하는 최초의 세습 왕조. 순舜 임금 때 우왕禹王이 치수治水에 공을 세워 왕위를 선양받았다고 전해짐. 대체로 신석기시대와 청동기시대 초기의 국가로 알려져 있음. 영역은 지금의 산시山西 성 남부와 허난 성 북부 및 산시陝西 성 동부 지역에 걸쳐 있었던 것으로 추정됨. 도성은 본래 지금의 산시山西 성 샤夏 현에 있었으나 새 임금이 즉위할 때마다 여러 곳으로 옮긴 것으로 조사됨. 마지막 임금 걸왕桀王이 무도하여 상商나라 탕왕湯王에게 추방된 뒤 나라가 망함. 제1회.

● **한韓** | 주周 왕실 계열의 희성姬姓 한씨韓氏 제후국. 전국칠웅의 하나. 진晉나라 곡옥장백曲沃莊伯의 아우 만萬이 한원韓原에 봉해져 한씨韓氏를 칭함. 한만韓萬의 후손 한궐韓厥은 조씨趙氏의 가신이 되어 조씨고아趙氏孤兒 조무趙武를 보호하는 데 공을 세운 뒤 가문의 입지를 튼튼히 함. 이후 한韓 경후景侯 한건韓虔은 조趙 열후烈侯, 위魏 문후文侯와 함께 주周 고열왕考烈王에게 정식 제후로 인정을 받음. 기원전 376년 한韓, 위魏와 함께 진晉 정공靜公을

폐위하고 그 땅을 나누어 가짐. 선혜왕宣惠王에 이르러 왕을 칭함. 도성은 본래 평양平陽(山西省 臨汾 서남)이었으나 정세의 변화에 따라 의양宜陽(河南省 宜陽), 양적陽翟(河南省 禹州), 신정新鄭(河南省 新鄭)으로 옮김. 기원전 230년 전국 칠웅 중 첫 번째로 진秦나라에게 멸망당함. 제85회.

◉ 허許ㅣ 제齊나라와 같은 계열의 강성姜姓 허씨許氏 제후국. 작위는 남작男爵. 주周 무왕武王이 허문숙許文叔을 허許(河南省 許昌 동쪽) 땅에 봉하고 태악太岳의 제사를 받들게 함. 도성은 정세의 변화에 따라 허에서 섭葉(河南省 葉縣 남쪽), 이夷(安徽省 亳州 남동), 석석石析(河南省 陝縣), 용성容城(河南省 魯山縣 남쪽)으로 옮김. 도성을 섭 땅으로 옮긴 이후부터 초楚나라의 부용국이 되었다가 전국시대 초기에 이르러 초나라에게 멸망당함. 제6회.

◉ 형荊ㅣ 초楚나라가 초기에 형산荊山(湖北省 서쪽) 일대에 봉토를 받아 형荊으로 칭해짐. 영郢으로 도읍을 옮긴 이후부터 초楚로 불림. 제4회.

◉ 형邢ㅣ 주周 왕실 계열의 희성姬姓 형씨邢氏 제후국. 작위는 후작侯爵. 주공周公 단旦의 후예가 봉해진 나라로 추정됨. 도성은 본래 형邢(河北省 邢臺)에 있었으나 북적北狄의 침략을 받아 이의夷儀(山東省 聊城)로 옮김. 기원전 635년 위衛나라에게 멸망당함. 제5회.

◉ 호胡ㅣ 동이족東夷族 계열의 귀성歸姓 제후국. 작위는 자작子爵. 도성은 지금의 허난 성 뤄허漯河 옌청郾城 구 또는 안후이 성 푸양阜陽 일대. 기원전 518년 전후 초楚나라에게 멸망당함. 제66회.

◉ 활滑ㅣ 주周 왕실 계열의 희성姬姓 제후국. 작위는 백작伯爵. 주공周公 단旦의 여덟째 아들이 봉해진 나라. 도성은 지금의 허난 성 화滑 현에서 옌스偃師 푸뎬府店 진으로 옮김. 정鄭나라의 인근에 위치하여 정鄭나라의 공격을 자주 받음. 기원전 627년 정나라를 공격하려던 진秦나라가 정나라의 철저한

방어력을 보고는 방향을 바꾸어 활滑나라를 공격해 멸망시킴. 제37회.

◉ **황**黃 ｜ 동이족東夷族의 일파인 황이黃夷가 세운 영성嬴姓 제후국. 작위는 자작子爵. 황이는 동이 계열 소호少昊의 후예로 추정됨. 도성은 지금의 허난 성 황촨潢川 룽구隆古 향 일대. 기원전 648년 초楚나라에게 멸망당함. 제10회.

◉ **회이**淮夷 ｜ 상商나라, 주周나라 시대에 지금의 중국 동쪽 화이허淮河 강 및 창장長江 강 유역을 생활 근거지로 갖고 있던 동이東夷 부족을 총칭함. 제30회.

◉ **훈육**獯鬻 ｜ 고대 중국의 북방을 호령한 흉노匈奴. 훈육薰育이라고도 씀. 하夏나라 때는 훈육, 주周나라 때는 험윤玁狁, 진秦·한漢 때는 흉노라 했음. 제23회.

제 3 장

고사성어 사전

● **가도멸괵**假途滅虢 │ 진晉나라가 우虞나라에게 길을 빌려 괵虢나라를 멸망시키고 우나라까지 쳐 없앴다는 의미. 본래의 의도를 숨기고 상대방에게 도움을 요청한 다음, 자신의 목적을 달성하고 나서는 도움을 준 상대방에게까지 피해를 끼치는 행위를 비유함.(『좌전』 희공僖公 2년) 제25회

● **가화우인**嫁禍于人 │ 재앙을 다른 사람에게 전가한다는 뜻. 자신이 당해야 할 재앙을 남에게 떠넘기는 것을 비유함.(『사기』「조세가趙世家」) 제98회

● **각화무염**刻畫無鹽 │ 무염無鹽 땅의 추녀醜女 종리춘이 화장을 한다는 뜻. 아무리 꾸며도 표가 나지 않아 꾸민 효과를 보지 못함을 비유함.(『진서晉書』「주개전周凱傳」) 제89회

● **거정절빈**擧鼎絕臏 │ 솥을 들다가 정강이뼈가 부러졌다는 뜻. 분수도 모르고 힘을 과시하다가 낭패를 당하는 것을 비유함. 임무는 무거운데 힘이 부족한 것을 비유하기도 함.(『사기』「진본기秦本紀」) 제92회

● **결초보은**結草報恩 │ 풀을 묶어 적장을 쓰러뜨린 후 은혜를 갚는다는 뜻. 죽어서도 자신이 받은 은혜를 잊지 않고 보답함을 비유함. 이후 위과魏顆의 후손들은 진晉나라의 귀족으로서 영광을 누리다가 전국시대에는 위魏나라를 다스리는 왕족이 됨.(『좌전』 선공宣公 15년) 제55회

● **계명구도**鷄鳴狗盜 │ 개 소리를 흉내 내어 도둑질한 사람과 닭 울음소리를 흉내 내어 관문을 연 사람을 뜻함. 비천하고 작은 재주도 쓸모가 있음을 비유함. 정도가 아닌 하찮은 재주를 비유하기도 함.(『사기』「맹상군열전孟嘗君列傳」) 제93회

● **고황지질**膏肓之疾 │ 뜸이나 침 또는 약으로도 치료할 수 없는 불치병을 뜻함. 자연이나 어떤 취미에 깊이 빠져 헤어나지 못하는 경우도 '고황膏肓'이라고 함. 예를 들어 자연을 깊이 사랑하여 산수 간에 노니는 것을 '천석고황

泉石膏肓'이라고 함. 병입고황病入膏肓이라고도 함.(『좌전』 성공成公 10년) 제58회

● **곤수유투**困獸猶鬪 | 곤궁에 빠진 짐승은 오히려 싸우려고 한다는 뜻. 막다른 골목에 몰리거나 절망에 빠진 사람이 목숨을 걸고 마지막 분투를 하는 것을 비유함.(『좌전』 정공定公 4년) 제76회

● **골등육비**骨騰肉飛 | 뼈가 튀어 오르고 힘살이 날아다닌다는 뜻. 몸과 마음의 약동 또는 용사의 동작이 매우 민첩함을 비유함. 미인이 다른 사람을 심하게 호리거나 그런 미인을 보았을 때 몸과 마음에 심한 충동이 일어나는 것을 비유하기도 함.(『오월춘추吳越春秋』「합려내전闔閭內傳」) 제74회

● **공성신퇴**功成身退 | 공을 이루고 물러난다는 뜻. 성공을 이루었으나 자신의 공을 자랑하지 않고 겸허하게 뒤로 물러남을 비유함.(『노자』 제9장) 제77회

● **관포지교**管鮑之交 | 관중管仲과 포숙아鮑叔牙의 진실한 사귐을 뜻함. 서로 마음을 알아주는 벗을 비유함.(『열자列子』「역명力命」) 제15회

● **구세지구**九世之仇 | 9세世 동안 전해 내려온 원수. 마땅히 갚아야 할 오래된 원한을 비유함.(『공양전公羊傳』 장공莊公 4년) 제20회

● **구혈미간**口血未干 | 회맹 때 입에 바른 희생의 피가 아직 마르지 않았다는 뜻. 서로 맹세한 시기가 오래지 않았는데도 벌써 약속을 지키지 않음을 비유함.(『좌전左傳』 양공襄公 9년) 제11회

● **귤화위지**橘化爲枳 | 장강長江 남쪽의 귤橘이 장강 북쪽으로 가면 탱자가 된다는 뜻. 환경에 따라 사람의 습성이나 기질이 변함을 비유함. 남귤북지南橘北枳라고도 함.(『안자춘추晏子春秋』「잡하雜下」) 제69회

● **급과이대**及瓜而代 | 참외(오이)가 익을 때 자리를 교대시켜준다는 뜻. 교체 시기가 되면 새로운 사람으로 차례를 바꿔준다는 의미임. 그러나 제齊 양

공襄公은 임무 교대 약속을 지키지 않아 결국 연칭과 관지보에게 시해당함. 따라서 처음에 굳은 약속을 했다가 나중에 그것을 지키지 않는다는 의미로도 쓰임.(『좌전』 장공莊公 8년) 제14회

● **기강지복**紀綱之僕 | 그물망처럼 전후좌우의 대열이 질서정연하게 잘 맞는 군사를 뜻함. 진秦나라 정예병 3000명이 회영의 수레를 실은 배가 황하 물살에 떠내려가지 않도록 그물망紀綱처럼 호위하며 강을 건넜음. 여기서 '복僕'은 하인이 아니라 군사라는 뜻임. 이후 군기가 확실하게 잡힌 군사를 기강지복이라고 함. 집안이나 나라를 질서 있게 잘 다스리는 것을 비유하기도 함. 우리가 현재에도 흔히 쓰는 '기강紀綱'이란 단어도 여기에서 나옴.(『좌전』 희공僖公 24년) 제37회

● **기해천수**祁奚薦讐 | 기해祁奚가 원수怨讐를 천거했다는 뜻. 공평무사하게 적임자를 천거함을 비유함. 기해지거祁奚之擧, 기해지천祁奚之薦, 기해천구祁奚薦仇, 기해천자祁奚薦子 등으로도 씀.(『좌전』 양공襄公 3년) 제60회

● **기화가거**奇貨可居 | 기이한 물건을 손에 넣어 간직한다는 뜻. 뒷날 큰 이익을 가져다줄 진귀한 보배나 뛰어난 인물을 미리 알아보고 일찍이 그것에 투자하는 것을 비유함.(『사기』 「여불위열전呂不韋列傳」) 제99회

● **낭자야심**狼子野心 | 이리 새끼의 야성은 길들일 수 없다는 뜻. 본래 투월초鬪越椒의 끝없는 야심을 지적하는 말이었음. 왜곡된 마음을 가진 사람에게는 올바른 교육과 두터운 은혜를 베풀어도 아무 소용이 없고, 끝내 배신하게 됨을 비유함.(『좌전』 선공宣公 4년) 제41회

● **낭중지추**囊中之錐 | 주머니 속의 송곳이라는 뜻. 재능이나 지혜가 뛰어난 사람은 보통 사람들 사이에 묻혀 있어도 금방 두각을 나타냄을 비유함. 대중지추袋中之錐, 낭추출두囊錐出頭라고도 함.(『사기』 「평원군열전平原君列傳」) 제

99회

● **노련도해**魯連蹈海 ¦ 노중련魯仲連이 동해 바다를 밟고 들어간다는 뜻. 차라리 죽음을 택할지라도 강적이나 강대국의 굴욕은 받지 않겠다는 굳은 절개를 비유함.(『전국책戰國策』「조책趙策」) 제100회

● **노마지지**老馬之智 ¦ 늙은 말의 지혜라는 뜻. 하찮은 동물에게도 배울 만한 지혜가 있음을 비유함. 경험 많은 사람에게 지혜를 얻을 수 있음을 일깨워 줌. 노마식도老馬識途라고도 함.(『한비자』「세림說林」上) 제21회

● **당랑규선**螳螂窺蟬 ¦ 사마귀가 매미를 엿본다는 뜻. 목전의 이익만 탐하다가 뒷날의 재앙을 생각하지 못함을 비유함. 당랑포선螳螂捕蟬이라고도 함.(『장자莊子』「산목山木」, 『설원說苑』「정간正諫」) 제82회

● **대의멸친**大義滅親 ¦ 대의를 위해 혈친도 죽인다는 의미. 공공의 이익을 위해 가족 간의 친분도 희생함을 비유함.(『좌전』은공隱公 4년) 제6회, 제22회

● **도불습유**道不拾遺 ¦ 길에 떨어진 물건을 줍지 않는다는 뜻. 나라가 잘 다스려지고 풍속이 아름다움을 비유함.(『전국책戰國策』「진책秦策」一) 제87회

● **도행역시**倒行逆施 ¦ 어떤 일을 급박하게 처리하느라 순리를 거스르고 이치에 맞지 않게 행동하는 것을 말함. 상식적인 이치에서 벗어나 무리하게 일을 처리하는 것을 비유함.(『사기』「오자서열전伍子胥列傳」) 제77회

● **동병상련**同病相憐 ¦ 같은 병을 앓는 사람끼리 서로 가엾게 여긴다는 뜻. 괴로운 처지에 있는 사람들이 서로 도움을 주며 의지함을 비유.(『오월춘추吳越春秋』「합려내전闔閭內傳」) 제74회

● **동실조과**同室操戈 ¦ 서오범의 누이동생을 아내로 맞아오기 위해 사촌 형제간인 공손초와 공손흑이 서로 창을 들고 싸운 일에서 생겨난 고사성어. 형제간이나 가까운 친척 사이의 불화나 암투를 비유함.(『좌전』 소공昭公 원

년) 제67회

● **동호직필**董狐直筆 │ 동호가 견지한 곧은 필법을 뜻함. 역사 진실에 대한 사관의 엄정함과 단호함, 역사 기록의 무서움을 비유함.(『좌전』 선공宣公 2년) 제51회

● **명렬전모**名列前茅 │ 전모前茅는 본래 초楚나라 군대의 선봉대를 의미함. 명성이나 성적이 매우 우수하거나 서열이 맨 앞에 있음을 비유함.(『좌전』 선공宣公 12년) 제51회

● **모수자천**毛遂自薦 │ 모수毛遂가 스스로를 천거함. 자신 자신을 추천함을 비유.(『사기』 「평원군열전平原君列傳」) 제99회

● **문경지교**刎頸之交 │ 목이 잘려도 마음이 변치 않는 사귐을 뜻함. 생사와 환난을 함께하는 지극한 우정을 비유함.(『사기』 「염파인상여열전廉頗藺相如列傳」) 제96회

● **문정경중**問鼎輕重 │ 초楚 장왕莊王이 구정九鼎의 모양과 무게를 물어보며 천하 제패의 야욕을 드러냈다는 것에서 생겨난 고사성어. 은근히 상대방의 허실을 엿보며 자신의 욕심을 드러내는 것을 비유함. 문정중원問鼎中原 또는 간단하게 문정問鼎이라고도 함.(『좌전』 선공宣公 3년) 제51회

● **물망재거**勿忘在莒 │ 거주莒州에 있을 때를 잊지 말라는 뜻. 전단田單이 망국의 상황에서도 거주에 근거지를 마련하고 민심을 수습하여 제齊나라를 다시 일으켜 세운 일을 가리킴. 어려운 시절을 잊지 말고 항상 경계하며 성실하게 살아야 함을 비유함.(『사기』 「전단열전田單列傳」) 제95회

● **백룡어복**白龍魚服 │ 흰 용이 물고기로 변해 연못 속에서 노닌다는 뜻. 임금이나 고관대작이 신분을 숨기고 잠행하는 것을 비유함.(『설원說苑』 「정간正諫」) 제95회

• **백마소거**白馬素車 | 백마가 끄는 하얀 수레라는 뜻. 월越나라 대부 범여와 문종의 꿈에 나타난 오자서가 '백마가 끄는 하얀 수레'를 탔다고도 하고, 전당강錢塘江에 세찬 조수潮水가 밀려들 때 오자서가 조수의 첫머리에 '백마가 끄는 하얀 수레'를 타고 나타났다고도 함. 소거백마素車白馬라고도 하며, 흔히 나라의 멸망이나 사람의 장례를 비유함.(『사기』「오자서열전伍子胥列傳」, 『사기』「진시황본기秦始皇本紀」) 제83회

• **백발백중**百發百中 | 화살을 백 번 쏘아 백 번 다 맞춘다는 뜻. 무슨 일이든 생각한 대로 다 이루는 것 또는 시도한 대로 모든 일을 다 성취하는 것을 비유함.(『전국책戰國策』「서주책西周策」) 제51회

• **백보천양**百步穿楊 | 백 보나 떨어진 거리에서 작은 버들잎을 맞춘다는 뜻. 활솜씨가 뛰어난 명궁을 비유함.(『전국책戰國策』「서주책西周策」) 제58회

• **범주지역**泛舟之役 | 강물 위에 배가 가득 덮일 정도의 장관을 뜻함. 큰 행사를 비유함.(『좌전』 희공僖公 13년) 제30회

• **병필직서**秉筆直書 | 붓을 잡고 역사를 올바르게 기록한다는 뜻. '동호직필 董狐直筆'과 함께 사관의 추상 같은 기록 정신과 역사 기록의 엄정성을 일깨우는 고사성어.(『사기』「제태공세가齊太公世家」) 제65회

• **봉목시성**蜂目豺聲 | 벌 같은 눈에 이리 같은 목소리. 악인惡人의 흉악한 형상을 비유함.(『좌전』 문공文公 원년) 제46회

• **봉시장사**封豕長蛇 | 큰 돼지와 긴 뱀. 탐욕스럽고 포악함을 비유함.(『좌전』 정공定公 4년) 제77회

• **부로휴유**扶老携幼 | 늙은이를 부축하고 어린아이를 데리고 나온다는 뜻. 남녀노소 모두가 나와서 기쁘게 환영함을 비유함.(『전국책戰國策』「제책齊策」 四) 제94회

● **부형청죄**負荊請罪 | 회초리를 짊어지고 죄를 청한다는 뜻. 자신의 잘못을 인정하고 허심탄회하게 속죄를 청하는 것을 비유함.(『사기』 「염파인상여열전廉頗藺相如列傳』) 제96회

● **불삼불사**不三不四 | 셋도 아니고 넷도 아님. 이도 저도 아님. 점잖지 못하고 너절함을 비유함.(『동주열국지』) 제53회

● **불양토양**不讓土壤 | 작은 흙덩이도 양보하지 않는다는 뜻. 작은 것이 모여야 큰 것을 이룰 수 있음을 비유. 뒤의 구절과 관련지어 불택세류不擇細流 또는 토양세류土壤細流라고도 함.(『사기』 「이사열전李斯列傳』) 제105회

● **비견접종**比肩接踵 | 어깨가 나란히 이어지고 발꿈치가 서로 닿는다는 뜻. 서로 몸이 닿고 발 디딜 틈이 없을 정도로 사람들이 많아 붐비는 것을 비유함. 비견계종比肩繼踵, 접종마견接踵摩肩이라고도 함.(『안자춘추晏子春秋』 「잡하雜下』) 제69회

● **비필충천**飛必沖天 | 한 번 날면 반드시 하늘을 뚫고 오른다는 뜻. 평소에는 평범한 것처럼 보이다가 일을 한번 시작하면 놀랄 만한 성과를 내는 사람 또는 그 과정을 비유함. 『사기』 「초세가楚世家』에는 비장충천蜚將沖天, 『사기』 「골계열전滑稽列傳』는 일비충천一飛沖天, 『한비자』 「유로喩老』에는 비필충천으로 되어 있음. 일비충천一飛衝天이라고도 씀. 일명경인一鳴驚人도 같은 뜻임. 제50회

● **사분오열**四分五裂 | 넷으로 나눠지고 다섯으로 찢어진다는 뜻. 사물이나 사람이 뿔뿔이 흩어져 단결하지 못함을 비유함.(『전국책戰國策』 「위책魏策』一) 제91회

● **살처구장**殺妻求將 | 아내를 죽여 장수 자리를 구한다는 뜻. 자신의 영달을 위해 천륜을 저버리는 것을 비유함.(『사기』 「손자오기열전孫子吳起列傳』) 제86회

● **삼부지언**三夫之言 │ 세 사람(많은 사람)이 퍼뜨리는 유언비어를 뜻함. 유언비어가 만연하면 진실이 가려질 수 있음을 비유함. 증삼의 어머니가 아들 증삼의 결백함을 굳게 믿고 있었음에도 불구하고, 증삼이 살인을 했다는 세 사람의 유언비어를 듣고 결국 아들을 의심하게 되었다는 이야기에서 유래됨.(『전국책戰國策』「진책秦策」) 제92회

● **상경여빈**相敬如賓 │ 서로 공경하기를 손님 대하듯 한다는 뜻. 부부간에 예의를 잃지 않고 서로 지극히 공경하는 것을 비유함.(『좌전』희공僖公 33년) 제44회

● **상하기수**上下其手 │ 자신의 손으로 위를 가리키기도 하고 아래를 가리키기도 한다는 뜻. 사사로운 인정이나 권력에 의지하여 사실을 왜곡하고 시비是非를 뒤집는 것을 비유함.(『좌전』양공襄公 26년) 제66회

● **색정이조**塞井夷竈 │ 우물을 덮고 부뚜막을 메워 진陣을 친다는 뜻. 진을 치고 전투 준비를 함. 마음먹고 전투에 나섬을 비유함. 평조색정平竈塞井, 전정평조填井平竈라고도 함.(『좌전』성공成公 16년) 제58회

● **선발제인**先發制人 │ 먼저 군사를 출동시켜 적을 제압한다는 뜻. 기선을 잡고 적을 무찌름을 비유함.(『한서漢書』「항적전項籍傳」) 제3회

● **송양지인**宋襄之仁 │ 전쟁터에서 송宋 양공襄公이 쓸데없이 어진 마음을 베풀었다는 뜻. 어리석은 대의명분이나 쓸데없는 인정으로 일을 그르치는 것을 비유함.(『좌전』희공僖公 22년) 제34회

● **순망치한**脣亡齒寒 │ 입술이 없어지면 이가 시리다는 뜻. 서로 가까이 의지하던 나라나 단체 혹은 개인 중에서 어느 하나가 사라지면 나머지 하나도 결국 망하거나 피해 입게 되는 것을 비유함. 우虞나라와 괵虢나라가 서로 이웃해서 의지하며 돕고 살다가 결국 진晉나라의 가도멸괵假途滅虢 술책에

의해 곽나라가 망하게 되었고 이어서 바로 우나라도 멸망함.(『여씨춘추』「권훈權勳」) 제25회

⊙ **식불감미**食不甘味 | 밥을 먹어도 단맛을 모른다는 뜻. 마음속에 고통이나 걱정이 심해 아무 즐거움이 없음을 비유함.(『사기』「손자오기열전孫子吳起列傳」) 제75회

⊙ **안토중천**安土重遷 | 자신이 살고 있는 땅을 편안히 여기고 이사 가는 것을 무겁게 여긴다는 뜻. 익숙한 곳에 편안하게 머물며 다른 곳으로 떠나려고 하지 않는 것을 가리키는 말.(『한서漢書』「원제기元帝紀」) 제78회

⊙ **애학실중**愛鶴失衆 | 학을 지나치게 좋아하여 민심을 잃는다는 뜻. 작은 것을 탐하다가 큰 것을 잃음을 비유함.(『좌전』 민공閔公 2년) 제23회

⊙ **언귀어호**言歸於好 | 언귀우호言歸于好라고도 함. 춘추시대의 맹세문에 상투적으로 나오는 문구임. 언言은 의미 없는 어조사. 서로 함께 우호로 귀의한다는 뜻. 분쟁 없이 사이좋게 지냄을 비유함. 악수언환握手言歡과 비슷한 의미로 쓰임.(『좌전』 희공僖公 9년) 제24회

⊙ **여병말마**厲兵秣馬 | 무기를 날카롭게 갈고 병마兵馬를 배불리 먹인다는 뜻. 앞으로 닥쳐올 전투에 철저하게 대비함을 비유함.(『좌전』 희공僖公 33년) 제44회

⊙ **여화여도**如火如荼 | 불꽃이 붉게 타오르는 것 같고 띠꽃이 하얗게 흐드러진 것 같다는 의미. 군사들의 기세가 세차거나 사물의 형세가 흥성하는 것을 비유함.(『국어國語』「오어吳語」) 제82회

⊙ **역자이식**易子而食 | 전쟁이나 기근으로 먹을 것이 없을 때 차마 자신의 자식은 잡아먹을 수 없으므로 서로 자식을 바꾸어 먹으며 굶주림에서 벗어나는 상황을 뜻함. 극심한 기근이나 전쟁의 참화를 비유함. 역자위식易子爲

食이라고도 함.(『춘추공양전』 선공宣公 15년) 제55회

• **연성지벽**連城之璧 | 여러 성城의 값어치와 맞먹는 옥구슬을 뜻함. 매우 귀한 보배를 비유함. 화씨지벽和氏之璧.(『사기』「염파인상여열전廉頗藺相如列傳」) 제96회

• **영위계구, 물위우후**寧爲雞口, 勿爲牛後 | 닭의 머리가 될지언정 소의 꼬리는 되지 말라는 뜻. 큰 집단에서 하찮은 일을 하는 것보다 작은 집단에서 지도자가 되는 것이 더 좋음을 비유함.(『전국책戰國策』「한책韓策」一) 제90회

• **영탈이출**脫穎而出 | 뾰족한 송곳 끝이 주머니 밖으로 뚫고 나온다는 뜻. 재능이 뛰어난 사람은 여러 사람 가운데서 저절로 돋보이기 마련임을 비유함.(『사기』「평원군열전平原君列傳」) 제99회

• **오두백, 마생각**烏頭白, 馬生角 | 까마귀 머리가 희어지고, 말 머리에 뿔이 돋는다는 뜻. 절대 일어날 수 없는 일을 비유함. 오백마각烏白馬角 또는 오두마각烏頭馬角이라고도 함.(『사기』「자객열전刺客列傳」) 106회

• **와신상담**臥薪嘗膽 | 장작더미 위에서 잠을 자고 쓰디쓴 쓸개를 맛본다는 뜻. 치욕을 잊지 않고 고통을 감수하며 복수를 도모하는 것을 비유함.(『사기』「월구천세가越王勾踐世家」) 제80회

• **완벽귀조**完璧歸趙 | 화씨벽和氏璧을 완전하게 보호하여 다시 조趙나라로 귀환시켰다는 뜻. 자신이 맡은 임무를 완전하게 수행함을 비유함. 줄여서 완벽完璧이라고도 함.(『사기』「염파인상여열전廉頗藺相如列傳」) 제96회

• **우맹의관**優孟衣冠 | 본뜻은 우맹이 손숙오의 의관으로 분장해 초楚 장왕莊王을 깨우쳤다는 뜻. 연기자나 문학예술가가 진실을 전달하기 위해 은근한 풍자의 기법을 사용하는 것을 비유함. 근래에는 겉모양만 비슷하고 진상은 전혀 다른 사이비를 일컫는 말로 사용되기도 하고, 문학예술 작품에

독창성이나 예술성이 전혀 없는 경우를 비유하기도 하는데, 이는 본뜻과는 다름. 의관우맹衣冠優孟이라고도 함.(『사기』「골계열전滑稽列傳」) 제54회

● **위약조로**危若朝露 ┊ 위태롭기가 아침이슬과 같다는 뜻. 해가 뜨면 금방 사라지는 아침이슬처럼 매우 위태로운 상황을 비유함.(『사기』「상군열전商君列傳」) 제89회

● **의문이망**倚門而望 ┊ 문에 기대어 기다린다는 뜻. 밖으로 나간 자식이 돌아오기를 간절하게 바라며 기다리는 부모의 심정을 비유함. 의문의려倚門倚閭, 의문지망倚門之望, 의려이망倚閭而望, 의려지정倚閭之情이라고도 함.(『전국책戰國策』「제책齊策」) 제95회

● **인인성사**因人成事 ┊ 다른 사람의 힘에 의지하여 일을 성취한다는 뜻. 하는 일 없이 남에게 빌붙어서 공로를 함께 누림을 비유함.(『사기』「평원군열전平原君列傳」) 제99회

● **일고작기**一鼓作氣 ┊ 북소리 한 번으로 사기를 진작시킨다는 뜻. 힘을 비축했다가 단숨에 기세 좋게 일을 성공시킴을 비유함.(『좌전』 장공莊公 10년) 제17회

● **일국삼공**一國三公 ┊ 한 나라에 공자公子가 세 사람이라는 뜻. 명령이나 체계가 통일되지 않아서 누구를 따라야 할지 모르는 상황을 비유함.(『좌전』 희공僖公 5년) 제20회

● **일모도원**日暮途遠 ┊ 날은 저무는데 갈 길은 멀다는 뜻. 급박하게 할 일은 많지만 시간이 많지 않음을 비유함.(『사기』「오자서열전伍子胥列傳」) 제77회

● **일한여차**一寒如此 ┊ 이처럼 한결같이 춥고 배고프다는 뜻. 가난이 계속 이어져 형편이 나아지지 않음을 비유함.(『사기』「범수채택열전范雎蔡澤列傳」) 제97회

◉ **자고현량**刺股懸梁 | 중국 전국시대 때 소진은 송곳으로 넓적다리를 찔러
가며 졸음을 쫓았고, 전한前漢 시대 손경은 자신의 목을 끈으로 묶은 뒤
그 끈을 들보에 매달아 졸음을 쫓았음. 각고의 노력으로 학문에 정진함을
비유함. 현량자고懸梁刺股라고도 함.(『전국책戰國策』「진책秦策」, 『한서漢書』「손경전
孫敬傳」) 제90회

◉ **전엽위규**剪葉爲珪 | 오동잎을 잘라 홀을 만든다는 뜻. 주공周公의 도움으
로 어린 나이에 즉위한 주周 성왕成王이 동생 숙우叔虞와 놀다가 오동잎을
잘라 홀珪 모양을 만들어 동생에게 주면서 "내가 너를 당唐 땅에 봉한다"라
고 했고, 주공이 그 이야기를 듣고 성왕에게 묻자 성왕은 놀이를 하다가
장난으로 그런 거라고 대답함. 그러나 주공은 성왕에게 '임금은 장난으로
도 거짓말을 해서는 안 됩니다天子無戲言'라고 하면서 훗날 숙우를 실제로
당 땅에 봉하게 했음. 임금은 자신이 한 말을 반드시 지켜야 함을 비유함.
동엽봉제桐葉封弟라고도 함.(『여씨춘추』「중언편重言篇」) 제20회

◉ **절영대회**絶纓大會 | 갓끈을 끊고 크게 잔치를 벌인다는 뜻. 아랫사람의 작
은 잘못을 관대하게 용서하여 나중에 큰 보답을 받는다는 의미. 절영지연
絶纓之宴, 절영지회絶纓之會, 절영연회絶纓宴會, 절영회絶纓會 또는 더 줄여서 절
영絶纓이라고도 함.(『한시외전韓詩外傳』 권7. 후세 한대漢代 유향劉向의 『설원說苑』
「복은復恩」에도 실려 있음.) 제51회

◉ **존망계절**存亡繼絶 | 망한 것을 되살리고 끊어진 것을 이어준다는 뜻. 망한
나라나 끊어진 자손을 다시 되살리고 이어주는 것을 비유함.(『곡량전』 희공
僖公 17년) 제33회

◉ **좌관성패**坐觀成敗 | 앉아서 다른 사람의 승패를 구경한다는 뜻. 수수방관
하며 자신의 이익 추구에 전념함을 비유함.(『사기』「전숙열전田叔列傳」) 제54회

● **진진지호**秦晉之好 | 진秦나라와 진晉나라가 위치상 이웃해 있으면서 혼인으로 우호 관계를 돈독히 유지한 것을 가리킴. 흔히 대대로 혼인을 맺은 국가나 가문을 비유함.(『사기』「진세가晉世家」, 『양세인연兩世姻緣』 제3절) 제61회

● **천금매골**千金買骨 | 천금으로 죽은 말의 뼈를 샀다는 뜻. 인재를 중시하며 인재 얻기를 갈망하는 것을 비유함.(『전국책戰國策』「연책燕策」) 제91회

● **천금매소**千金買笑 | 천금으로 웃음을 산다는 뜻. 막대한 대가를 지불하고 미녀의 웃음을 구한다는 뜻으로 미색에 빠져 망국의 길로 나아가는 것을 비유함.(『여씨춘추呂氏春秋』「신행론愼行論」) 제2회

● **천하무쌍**天下無雙 | 천하에 둘도 없다는 뜻. 물건이나 인재가 뛰어나서 비교할 만한 대상이 없음을 비유함.(『사기』「위공자열전魏公子列傳」) 제93회

● **추승무염**醜勝無鹽 | 추한 모습이 무염無鹽보다 더 심하다는 뜻. 용모가 매우 추한 여성을 비유함.(『열녀전列女傳』 卷之六) 제89회

● **출기불의**出其不意 | 의도하지 않은 방법을 고안해 낸다는 뜻. 적이 생각지도 않은 뜻밖의 계책을 씀을 비유함.(『손자병법孫子兵法』「계편計篇」) 제103회

● **측목이시**側目而視 | 눈길을 옆으로 돌리고 본다는 뜻. 두려움에 정면으로 쳐다보지 못하고 눈길을 피하는 것을 비유함.(『전국책戰國策』「진책秦策 一」) 제90회

● **칠신탄탄**漆身吞炭 | 몸에 옻칠을 하여 피부가 짓무른 문둥병 환자로 가장하고, 뜨거운 숯불을 삼켜 목소리까지 변하게 만든다는 뜻. 복수를 위해 자신의 몸을 아끼지 않음을 비유함.(『전국책戰國策』「조책趙策」, 『사기』「자객열전刺客列傳」) 제84회

● **침구지지**寢丘之志 | 가장 척박한 침구寢丘 땅을 봉토로 요구한다는 의미. 고관대작의 후손이 욕심을 버리고 안분지족하며 살아감을 비유함.(『열자列

子』「설부說符」) 제54회

● **탁고구조**託孤救趙 | 정영程嬰에게 고아를 부탁하여 조씨趙氏 가문을 구함. 은인의 한 점 혈육을 살리기 위해 자신의 자식을 희생하는 것을 비유함.(『사기』「조세가趙世家」) 제57회

● **탁발난수**擢髮難數 | 머리카락을 뽑아 세어도 다 세기 어렵다는 뜻. 이루 헤아릴 수 없을 정도로 많은 죄를 지었음을 비유함. 원문은 다음과 같음. "제(수가須賈) 머리카락을 뽑아 저의 죄를 센다 해도 오히려 부족할 것입니다擢賈之髮, 以數賈之罪, 尙未足."(『사기』「범수채택열전范雎蔡澤列傳」) 제97회

● **탐천지공**貪天之功 | 진晉나라 문공文公 중이重耳가 19년 동안 천하를 떠돌며 고생하다가 귀국하여 천하의 패자覇者가 된 것은 천명天命인데, 호언狐偃이 이를 자신의 공로로 생각하는 것은 사리사욕에 사로잡혀 하늘의 공로를 탐하는 행위라는 뜻. 흔히 다른 사람의 공로를 자신의 것으로 가로채는 것을 비유함.(『좌전』 희공僖公 24년) 제36회

● **토사구팽**兎死狗烹 | 한漢나라 초기 고조高祖 유방이 건국공신들을 죽일 때 나온 고사성어로 알려져 있지만, 사실은 오왕吳王 부차가 그전에 한 말임. 교활한 토끼를 잡고 나면 그것을 사냥할 때 이용한 사냥개도 쓸모가 없어지므로 결국 잡아먹게 된다는 뜻. 필요할 때는 이용하다가 필요가 없어지면 야박하게 내버리는 상황을 비유함. 『한비자』「내저설좌하內儲說左下」에는 '狡兎盡則良犬烹, 敵國滅則謀臣亡'으로 되어 있고, 『사기』「월왕구천세가越王勾踐世家」에는 '飛鳥盡, 良弓藏, 狡兎死, 走狗烹'으로 되어 있음. 제83회

● **토포악발**吐哺握髮 | 주周나라 주공周公은 손님이 찾아오면 밥을 먹다가도 씹고 있던 밥을 뱉고 뛰어나가 손님을 맞았으며, 머리를 감다가도 물이 흐르는 머리칼을 움켜쥐고 달려나가 마중했다는 고사. 현인을 등용하기 위해

헌신하는 모습을 비유함.(『사기』「노주공세가魯周公世家」) 제18회

◉ **퇴피삼사**退避三舍 | 먼저 90리를 후퇴하여 명분을 지켰다는 뜻. 은혜를 갚기 위해 먼저 많은 것을 양보하고 나중에 승리를 쟁취함을 비유함.(『좌전』 희공僖公 22년) 제35회

◉ **폐중언감**幣重言甘 | 예물이 융숭하고 말이 달콤하다는 뜻. 어떤 목적을 달성하기 위해 많은 뇌물로 유인함을 비유함.(『좌전』 희공僖公 10년) 제29회

◉ **표리산하**表裏山河 | 진晉나라의 지세를 보면 밖으로는 황하가 굽이쳐 흐르고 안으로는 태항산太行山 등 험준한 산이 가로막고 있어 방어에 편리하다는 뜻. 후세에는 험준한 산천에 둘러싸인 천험의 요새를 비유함.(『좌전』 희공僖公 28년) 제40회

◉ **풍마우**風馬牛 | 제齊나라와 초楚나라는 남북으로 멀리 떨어져 있기 때문에 아무 상관이 없다는 뜻. 후세에도 서로 아무런 관계가 없는 사이를 비유함. 전체 문구는 '풍마우불상급風馬牛不相及'임.(『좌전』 희공僖公 4년) 제23회

◉ **피갈아영**彼竭我盈 | 저들은 고갈되었고, 우리는 가득 찼다는 뜻. 적군의 사기는 고갈되고 아군의 사기는 드높아졌음을 비유함.(『좌전』 장공莊公 10년) 제17회

◉ **한기핍인**寒氣逼人 | 뼛속까지 파고드는 한기가 사람을 핍박한다는 뜻. 매우 추운 날씨를 비유함.(『동주열국지』) 제21회

◉ **허좌이대**虛左以待 | 주인이 자신의 왼쪽 자리를 비워놓고 손님을 기다린다는 뜻. 왼쪽 자리는 상좌이므로 빈객을 극진하게 우대하는 것을 비유함.(『사기』「위공자열전魏公子列傳」) 제94회

◉ **혜전탈우**蹊田奪牛 | 남의 소가 내 밭을 짓밟았다고 그 소를 빼앗는다는 뜻. 하징서夏徵舒가 진陳 영공靈公을 시해한 것은 본래 영공과 간신들의 음행

으로 인해 일어난 일이기 때문에 진陳나라를 멸망시킬 정도의 큰 죄는 아니라는 뜻. 지은 죄보다 받은 죄가 무거운 경우를 비유함.(『좌전』「선공宣公」11년) 제53회

⦿ **화사곤제**華士昆弟 ︱ 주周나라 강태공이 제齊나라에 봉해진 후 봉지封地로 갔는데 동해 가에 천자를 섬기지도 않고 제후와 사귀지도 않으면서 손수 농사지어 먹고 사는 고귀한 은사隱士 광율과 화사곤제華士昆弟가 있다는 소문을 들었음. 강태공이 두 사람을 여러 번 불렀으나 초빙에 응하지 않자 결국 사람을 보내 죽임. 주공周公이 이유를 묻자 '천자를 섬기지 않고 제후와 사귀지도 않으면서 초빙에도 응하지 않는 자는 반역의 무리와 같다'라고 함. 권력에 굴하지 않고 숨어 사는 은자를 비유함.(『한비자』「외저설우상外儲說右上」) 제78회

⦿ **화씨지벽**和氏之璧 ︱ 변화卞和가 바친 아름다운 옥을 가리킴. 화씨벽和氏璧, 화벽和璧, 형옥荊玉, 형벽荊璧, 화박和璞이라고도 함. 전도顚倒된 시비是非, 숨어 있는 인재, 드러나지 않은 진리, 난관의 극복 등을 의미함. 또한 가치를 따질 수 없는 보배無價之寶라는 뜻으로도 쓰임.(『한비자韓非子』「화씨편和氏篇」, 『신서新序』「잡사오雜事五」) 제90회

⦿ **화우지계**火牛之計 ︱ 소꼬리에 불을 붙여 적을 격파한 계책을 뜻함. 어려운 상황에서 기발한 계책으로 적을 물리치는 것을 비유함.(『사기』「전단열전田單列傳」) 제95회

⦿ **황작재후**黃雀在後 ︱ 참새가 뒤에서 사마귀를 노린다는 뜻. 목전의 이익만 탐하다가 뒷날의 재앙을 생각하지 못함을 비유함.(『장자莊子』「산목山木」, 『설원說苑』「정간正諫」) 제82회

⦿ **회계지치**會稽之恥 ︱ 월왕越王 구천이 회계산會稽山에서 오왕吳王 부차에게

패해 노예로 잡혀가는 치욕을 당했다는 의미. 구천은 그 치욕을 잊지 않고 20년간 와신상담臥薪嘗膽하여 결국 오吳나라를 멸망시킴.(『사기』「월구천세가越王勾踐世家」) 제80회

⦿ **휘한성우**揮汗成雨 ┊ 땀을 흘리면 바로 비가 되어 내린다는 뜻. 인산인해를 이룰 정도로 사람이 많음을 비유함. 휘한여우揮汗如雨라고도 함.(『전국책戰國策』「제책齊策」→) 제69회

제 4 장

주요 왕실 계보도

◉ 일러두기 ◉

1. 이 계보도는 『동주열국지』의 내용을 중심으로 그린 것이다.

2. 한 사람이 여러 이름으로 불린 경우 『동주열국지』에 기재된 것을 우선시했다.

3. 처음 즉위한 후 쫓겨났다가 다시 복위한 제후는 처음 즉위한 순서대로 계보도의 차례를 정했다.

4. 계보도를 한 장에 모두 그릴 수 없는 경우, 두 장 이상으로 나누어 그렸다.

5. 이 계보도는 각 권마다 시대별로 나누어져 있던 왕실 계보도를 합한 것으로, 가나다순으로 정리했다.

거莒 계보도

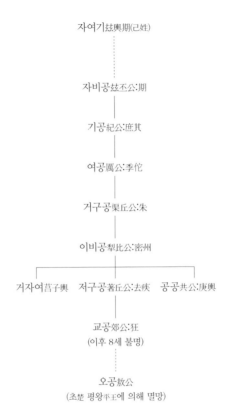

자여기兹與期(己姓)

자비공兹丕公:期

기공紀公:庶其

여공厲公:季佗

거구공渠丘公:朱

이비공犁比公:密州

거자여莒子輿　　저구공著丘公:去疾　　공공共公:庚輿

교공郊公:狂
(이후 8세 불명)

오공敖公
(초楚 평왕平王에 의해 멸망)

노魯 계보도(1)

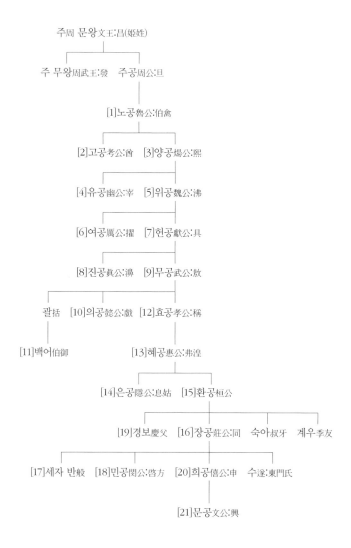

노魯 계보도(2)

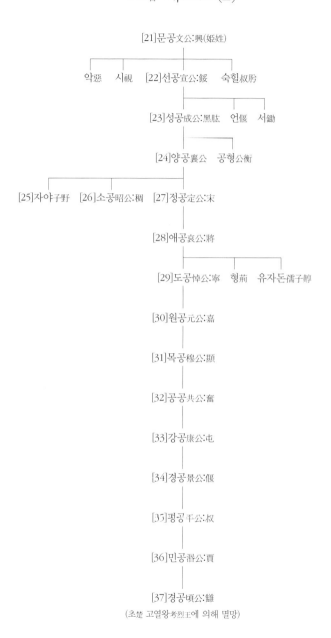

[21]문공文公:興(姬姓)

악惡　시視　[22]선공宣公:餒　숙힐叔肹

[23]성공成公:黑肱　언偃　서鉏

[24]양공襄公　공형公衡

[25]자야子野　[26]소공昭公:稠　[27]정공定公:宋

[28]애공哀公:將

[29]도공悼公:寧　형荊　유자돈孺子酓

[30]원공元公:嘉

[31]목공穆公:顯

[32]공공共公:奮

[33]강공康公:屯

[34]경공景公:偃

[35]평공平公:叔

[36]민공湣公:賈

[37]경공頃公:讎

(초楚 고열왕考烈王에 의해 멸망)

동주東周 계보도(1)

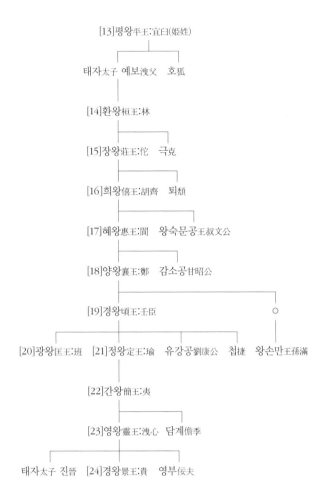

[13]평왕平王:宜臼(姬姓)

태자太子 예보洩父　호狐

[14]환왕桓王:林

[15]장왕莊王:佗　극克

[16]희왕僖王:胡齊　퇴頹

[17]혜왕惠王:閬　왕숙문공王叔文公

[18]양왕襄王:鄭　감소공甘昭公

[19]경왕頃王:壬臣　　　　　　　　　○

[20]광왕匡王:班　[21]정왕定王:瑜　유강공劉康公　첩捷　왕손만王孫滿

[22]간왕簡王:夷

[23]영왕靈王:洩心　담계儋季

태자太子 진晉　[24]경왕景王:貴　영부佞夫

동주東周 계보도(2)

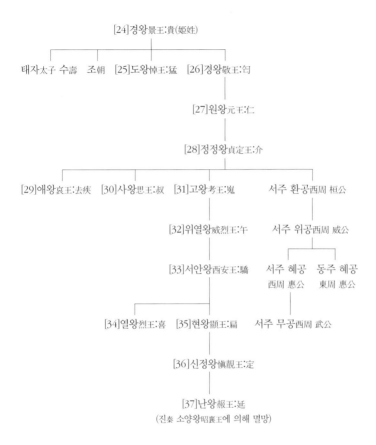

[24]경왕景王:貴(姬姓)

태자太子 수壽　조朝　[25]도왕悼王:猛　[26]경왕敬王:句

[27]원왕元王:仁

[28]정정왕貞定王:介

[29]애왕哀王:去疾　[30]사왕思王:叔　[31]고왕考王:嵬　서주 환공西周 桓公

[32]위열왕威烈王:午　서주 위공西周 威公

[33]서안왕西安王:驕　서주 혜공 동주 혜공
西周 惠公　東周 惠公

[34]열왕烈王:喜　[35]현왕顯王:扁　서주 무공西周 武公

[36]신정왕愼靚王:定

[37]난왕赧王:延
(진秦 소양왕昭襄王에 의해 멸망)

서주西周 계보도

계력季歷:왕계王季(姬姓)

문왕文王:姬昌　곽중虢仲　곽숙虢叔

백읍고伯邑考　[1]무왕武王:發　주공周公:旦　소공召公:奭
　　　　　　　주周 왕실　　노魯　　　연燕

[2]성왕成王:誦　숙우叔虞:唐(晉)

[3]강왕康王:釗

[4]소왕昭王:瑕

[5]목왕穆王:滿

[6]공왕共王:緊扈　[8]효왕孝王:辟方

[7]의왕懿王:囏

[9]이왕夷王:燮

[10]여왕厲王:胡

공화共和

[11]선왕宣王:靜　정백鄭伯
　　　　　　　우友:桓公

[12]유왕幽王:宮涅

[13]평왕平王:宜臼　백복伯服
(동쪽 낙양洛陽으로 도읍을 옮김)

송宋 계보도(1)

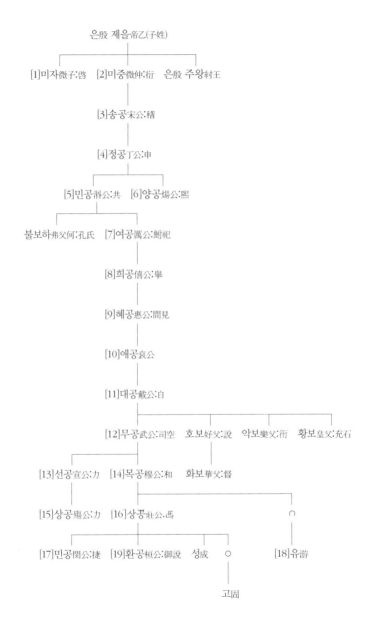

은殷 제을 帝乙(子姓)

[1]미자微子:啓　[2]미중微仲:衍　은殷 주왕紂王

[3]송공宋公:稽

[4]정공丁公:申

[5]민공湣公:共　[6]양공煬公:熙

불보하弗父何:孔氏　[7]여공厲公:鮒祀

[8]희공僖公:舉

[9]혜공惠公:間見

[10]애공哀公

[11]대공戴公:白

[12]무공武公:司空　호보好父:說　악보樂父:衎　황보皇父:充石

[13]선공宣公:力　[14]목공穆公:和　화보華父:督

[15]상공殤公:力　[16]상공莊公:馮　◯

[17]민공閔公:捷　[19]환공桓公:御說　성성成　◯　[18]유游

고固

송宋 계보도(2)

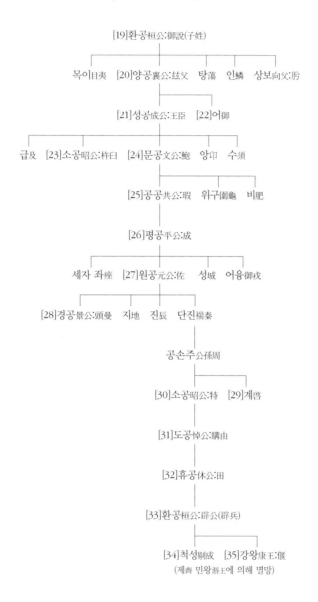

[19]환공桓公:御說(子姓)

목이目夷　　[20]양공襄公:玆父　　탕蕩　　인린茵鱗　　상보向父:肹

[21]성공成公:王臣　　[22]어御

급及　　[23]소공昭公:杵臼　　[24]문공文公:鮑　　앙卬　　수수須

[25]공공共公:瑕　　위구圍龜　　비肥

[26]평공平公:成

세자 좌痤　　[27]원공元公:佐　　성성城　　어융御戎

[28]경공景公:頭曼　　지地　　진辰　　단진褍秦

공손주公孫周

[30]소공昭公:特　　[29]계啓

[31]도공悼公:購由

[32]휴공休公:田

[33]환공桓公:辟公(辟兵)

[34]척성剔成　　[35]강왕康王:偃
　　　　　　　　(제齊 민왕湣王에 의해 멸망)

연燕 계보도(1)

주周 문왕文王

주周 무왕武王   소공召公:奭(姬姓)

[1]연후燕侯:克

세자 규癸   [2]연후燕侯:旨

[3]연후燕侯:舞

혜후惠侯

이후釐侯:莊

경후頃侯

애후哀侯

정후鄭侯

목후穆侯

선후宣侯

환후桓侯

장공莊公

양공襄公

연燕 계보도(2)

양공襄公

(이하 문공文公까지 계보가 불분명)

문공文公

역왕易王

? ── 자지子之   연왕燕王:噲

소왕昭王:平

혜왕惠王

무성왕武成王

효왕孝王

연왕燕王:喜

태자 단丹
(진왕秦王 정政에 의해 멸망)

오吳 계보도

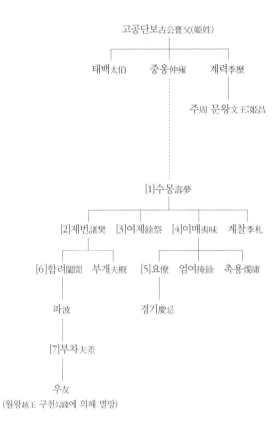

고공단보古公亶父(姬姓)

태백太伯　　중옹仲雍　　계력季歷

주周 문왕文王:姬昌

[1]수몽壽夢

[2]제번諸樊　[3]여제餘祭　[4]이매夷昧　계찰季札

[6]합려闔閭　부개夫槪　　[5]요僚　엄여掩餘　촉용燭庸

파波　　　　　　경기慶忌

[7]부차夫差

우友
(월왕越王 구천勾踐에 의해 멸망)

월越 계보도

하夏 우왕禹王(姒姓)

소강少康

부담夫譚

윤상允常

월왕越王 구천勾踐

녹영鹿郢

불수不壽

주구朱勾

월왕越王 예翳　예豫

무강無疆
(초楚 위왕威王에 의해 멸망)

위衛 계보도(1)

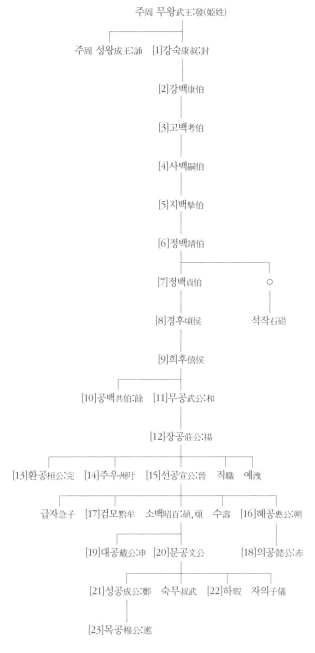

위衛 계보도(2)

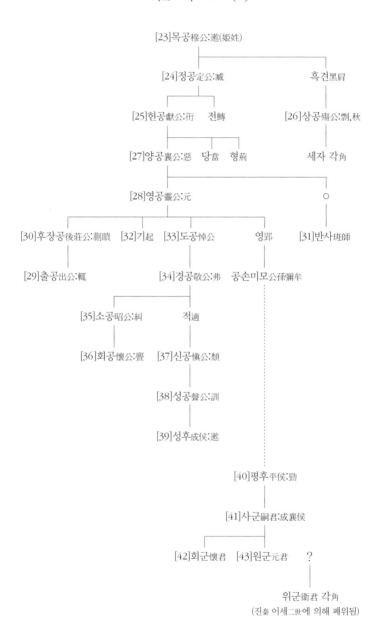

위魏 계보도

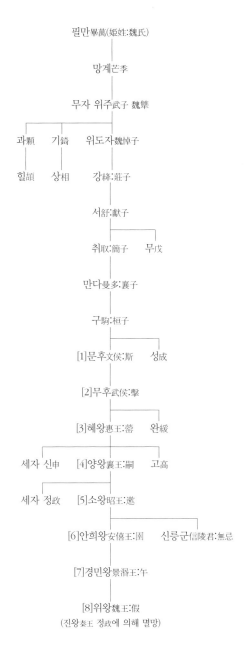

필만畢萬(姬姓:魏氏)

망계芒季

무자 위주武子 魏犨

과顆　　기錡　　위도자魏悼子

힐頡　　상相　　강絳:莊子

서舒:獻子

취取:簡子　　무戊

만다曼多:襄子

구駒:桓子

[1]문후文侯:斯　　성成

[2]무후武侯:擊

[3]혜왕惠王:罃　　완緩

세자 신申　　[4]양왕襄王:嗣　　고高

세자 정政　　[5]소왕昭王:遬

[6]안희왕安僖王:圉　　신릉군信陵君:無忌

[7]경민왕景湣王:午

[8]위왕魏王:假
(진왕秦王 정政에 의해 멸망)

정鄭 계보도

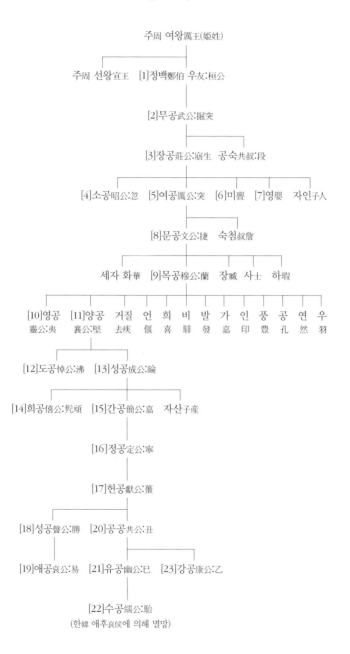

주周 여왕厲王(姬姓)

주周 선왕宣王   [1]정백鄭伯 우友:桓公

[2]무공武公:掘突

[3]장공莊公:寤生   공숙共叔:段

[4]소공昭公:忽   [5]여공厲公:突   [6]미亹   [7]영嬰   자인子人

[8]문공文公:捷   숙첨叔詹

세자 화華   [9]목공穆公:蘭   장臧   사士   하瑕

[10]영공   [11]양공   거질   언   희   비   발   가   인   풍   공   연   우
靈公:夷   襄公:堅   去疾   偃   喜   騑   發   嘉   印   豊   孔   然   羽

[12]도공悼公:沸   [13]성공成公:睔

[14]희공僖公:髡頑   [15]간공簡公:嘉   자산子産

[16]정공定公:寧

[17]헌공獻公:蠆

[18]성공聲公:勝   [20]공공共公:丑

[19]애공哀公:易   [21]유공幽公:巳   [23]강공康公:乙

[22]수공繻公:駘
(한韓 애후哀侯에 의해 멸망)

제齊 계보도(1)

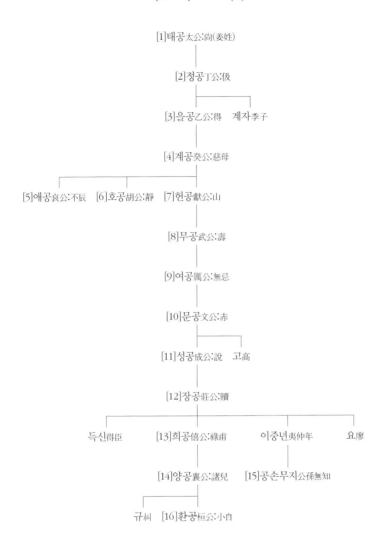

[1]태공太公:尙(姜姓)

[2]정공丁公:伋

[3]을공乙公:得　계자季子

[4]계공癸公:慈母

[5]애공哀公:不辰　[6]호공胡公:靜　[7]헌공獻公:山

[8]무공武公:壽

[9]여공厲公:無忌

[10]문공文公:赤

[11]성공成公:說　고高

[12]장공莊公:贖

득신得臣　[13]희공僖公:祿甫　이중년夷仲年　요廖

[14]양공襄公:諸兒　[15]공손무지公孫無知

규糾　[16]환공桓公:小白

제齊 계보도(2)

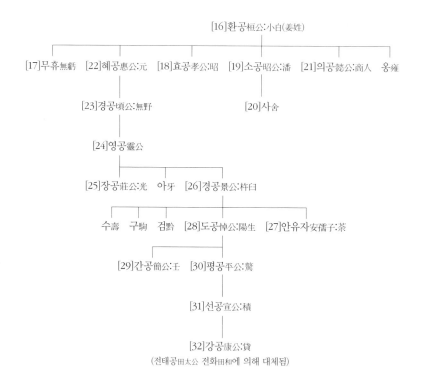

[16]환공桓公:小白(姜姓)

[17]무휴無虧　[22]혜공惠公:元　[18]효공孝公:昭　[19]소공昭公:潘　[21]의공懿公:商人　옹雍

[23]경공頃公:無野　　　　　　　[20]사舍

[24]영공靈公

[25]장공莊公:光　아牙　[26]경공景公:杵臼

수壽　구駒　겸黔　[28]도공悼公:陽生　[27]안유자安孺子:荼

[29]간공簡公:壬　[30]평공平公:驁

[31]선공宣公:積

[32]강공康公:貸
(전태공田太公 전화田和에 의해 대체됨)

제齊 계보도(3) 田氏

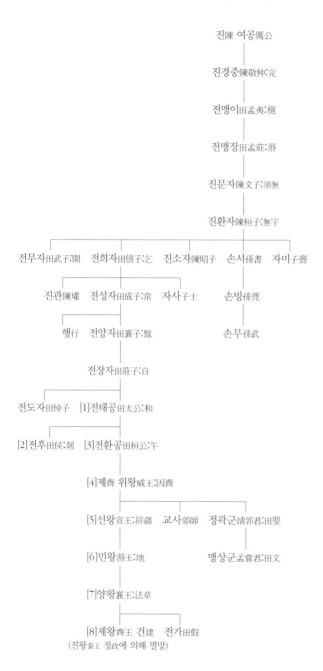

진陳 여공厲公

진경중陳敬仲:完

전맹이田孟夷:穉

전맹장田孟莊:湣

진문자陳文子:須無

진환자陳桓子:無宇

전무자田武子:開　　전희자田僖子:乞　　진소자陳昭子　　손서孫書　　자미子亹

진관陳瓘　　전성자田成子:常　　자사子士　　손빙孫憑

행行　　전양자田襄子:盤　　손무孫武

전장자田莊子:白

전도자田悼子　　[1]전태공田太公:和

[2]전후田侯:剡　　[3]전환공田桓公:午

[4]제齊 위왕威王:因齊

[5]선왕宣王:辟疆　　교사郊師　　정곽군靖郭君:田嬰

[6]민왕湣王:地　　맹상군孟嘗君:田文

[7]양왕襄王:法章

[8]제왕齊王 건建　　전가田假
(진왕秦王 정政에 의해 멸망)

조曹 계보도(1)

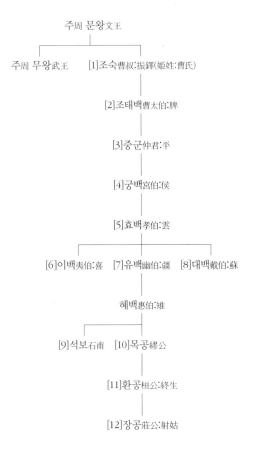

주周 문왕文王

주周 무왕武王   [1]조숙曹叔:振鐸(姬姓:曹氏)

[2]조태백曹太伯:脾

[3]중군仲君:平

[4]궁백宮伯:侯

[5]효백孝伯:雲

[6]이백夷伯:喜   [7]유백幽伯:彊   [8]대백戴伯:蘇

혜백惠伯:雉

[9]석보石甫   [10]목공繆公

[11]환공桓公:終生

[12]장공莊公:射姑

조曹 계보도(2)

[12]장공莊公:射姑

기羈　[13]희공僖公:夷

[14]소공昭公:班

[15]공공共公:襄

[16]문공文公:壽

[17]선공宣公:强

세자　[18]성공成公:負芻　흔시欣時

[19]무공武公:勝

[20]평공平公:須　[23]은공隱公:通

[21]도공悼公:午　[22]성공聲公:野　[24]정공靖公:露

[25]조백曹伯:陽
(송末 경공景公에 의해 멸망)

조趙 계보도(1)

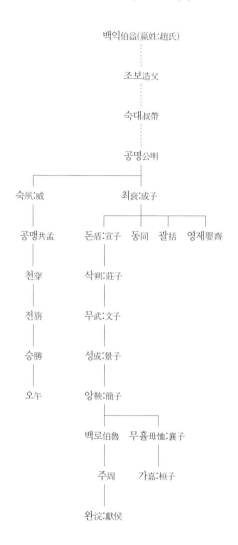

백익伯益(嬴姓:趙氏)

조보造父

숙대叔帶

공명公明

숙이夙威　　　　최쇠成子

공맹共孟　　돈盾:宣子　동同　괄括　영제嬰齊

천穿　　삭朔:莊子

전旃　　무武:文子

승勝　　성成:景子

오午　　앙鞅:簡子

백로伯魯　　무휼毋恤:襄子

주周　　가嘉:桓子

완浣:獻侯

조趙 계보도(2)

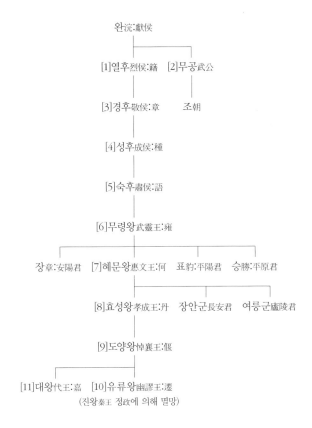

완浣:獻侯

[1]열후烈侯:籍   [2]무공武公

[3]경후敬侯:章   조朝

[4]성후成侯:種

[5]숙후肅侯:語

[6]무령왕武靈王:雍

장章:安陽君   [7]혜문왕惠文王:何   표표豹:平陽君   승勝:平原君

[8]효성왕孝成王:丹   장안군長安君   여릉군廬陵君

[9]도양왕悼襄王:偃

[11]대왕代王:嘉   [10]유류왕幽謬王:遷
              (진왕秦王 정政에 의해 멸망)

진秦 계보도(1)

백익伯益

비자非子

진후秦侯

공백公伯

진중秦仲

장공莊公(嬴姓)

세보世父　[1]양공襄公:開

[2]문공文公

정공靜公

[3]헌공憲公:立

[5]무공武公　[6]덕공德公　[4]출자出子

[7]선공宣公　[8]성공成公:惲　[9]목공穆公:任好

[10]강공康公:罃　홍弘　은慭

[11]공공共公:和,稻

[12]환공桓公:榮

[13]경공景公:石　겸鍼

[14]애공哀公:畢公

진秦 계보도(2)

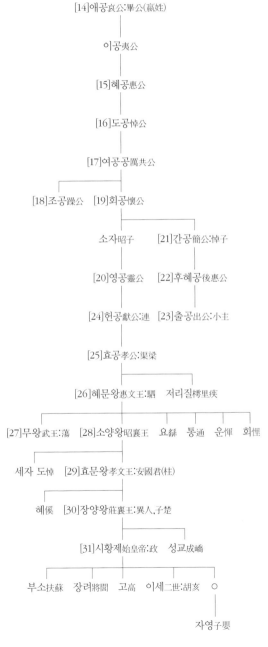

[14]애공哀公:畢公(嬴姓)

이공夷公

[15]혜공惠公

[16]도공悼公

[17]여공공厲共公

[18]조공躁公　[19]회공懷公

소자昭子　[21]간공簡公:悼子

[20]영공靈公　[22]후혜공後惠公

[24]헌공獻公:連　[23]출공出公:小主

[25]효공孝公:渠梁

[26]혜문왕惠文王:駟　저리질樗里疾

[27]무왕武王:蕩　[28]소양왕昭襄王　요繇　통通　운惲　회悝

세자 도悼　[29]효문왕孝文王:安國君(柱)

혜傒　[30]장양왕莊襄王:異人,子楚

[31]시황제始皇帝:政　성교成嶠

부소扶蘇　장려將閭　고高　이세二世:胡亥　○

자영子嬰

진晉 계보도(1)

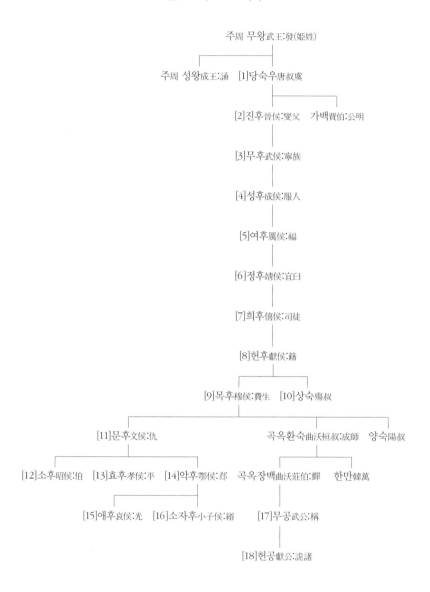

주周 무왕武王:發(姬姓)

주周 성왕成王:誦   [1]당숙우唐叔虞

[2]진후晉侯:燮父   가백賈伯:公明

[3]무후武侯:寧族

[4]성후成侯:服人

[5]여후厲侯:福

[6]정후靖侯:宜臼

[7]희후僖侯:司徒

[8]헌후獻侯:籍

[9]목후穆侯:費生   [10]상숙殤叔

[11]문후文侯:仇   곡옥환숙曲沃桓叔:成師   양숙陽叔

[12]소후昭侯:伯 [13]효후孝侯:平 [14]악후鄂侯:郄 곡옥장백曲沃莊伯:鱓   한만韓萬

[15]애후哀侯:光 [16]소자후小子侯:緡   [17]무공武公:稱

[18]헌공獻公:詭諸

진晉 계보도(2)

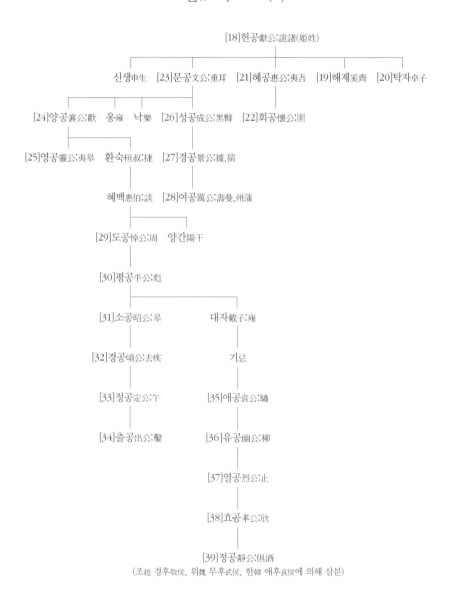

[18]헌공獻公:詭諸(姬姓)

신생申生　[23]문공文公:重耳　[21]혜공惠公:夷吾　[19]해제奚齊　[20]탁자卓子

[24]양공襄公:歡　옹雍　낙樂　[26]성공成公:黑臀　[22]회공懷公:圉

[25]영공靈公:夷皋　환숙桓叔:捷　[27]경공景公:據,獳

혜백惠伯:談　[28]여공厲公:壽曼,州蒲

[29]도공悼公:周　양간陽干

[30]평공平公:彪

[31]소공昭公:皋　대자戴子:雍

[32]경공頃公:去疾　기忌

[33]정공定公:午　[35]애공哀公:驕

[34]출공出公:鑿　[36]유공幽公:柳

[37]열공烈公:止

[38]효공孝公:欣

[39]정공靜公:俱酒

(조趙 경후敬侯, 위魏 무후武侯, 한韓 애후哀侯에 의해 삼분)

진陳 계보도(1)

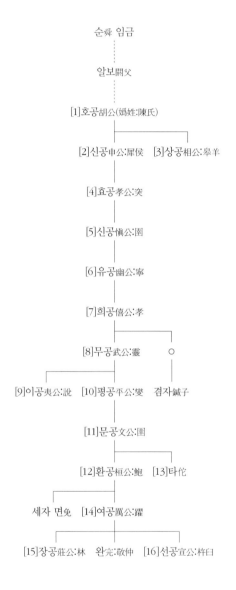

순舜 임금

알보關父

[1]호공胡公(媯姓:陳氏)

[2]신공申公:犀侯　　[3]상공相公:皋羊

[4]효공孝公:突

[5]신공愼公:圉

[6]유공幽公:寧

[7]희공僖公:孝

[8]무공武公:靈　　　○

[9]이공夷公:說　[10]평공平公:燮　겹자鍼子

[11]문공文公:圉

[12]환공桓公:鮑　[13]타佗

세자 면免　[14]여공厲公:躍

[15]장공莊公:林　완完:敬仲　[16]선공宣公:杵臼

진陳 계보도(2)

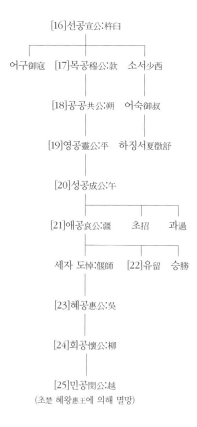

[16]선공宣公:杵臼

어구御寇　[17]목공穆公:款　소서少西

[18]공공共公:朔　어숙御叔

[19]영공靈公:平　하징서夏徵舒

[20]성공成公:午

[21]애공哀公:弱　초招　과過

세자 도悼:偃師　[22]유留　승勝

[23]혜공惠公:吳

[24]회공懷公:柳

[25]민공閔公:越
(초楚 혜왕惠王에 의해 멸망)

채蔡 계보도(1)

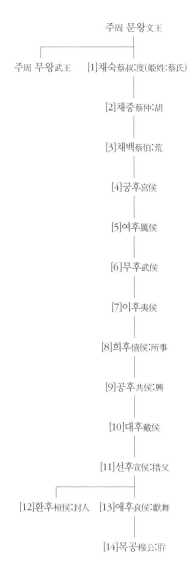

주周 문왕文王

주周 무왕武王　　[1]채숙蔡叔:度(姬姓:蔡氏)

[2]채중蔡仲:胡

[3]채백蔡伯:荒

[4]궁후宮侯

[5]여후厲侯

[6]무후武侯

[7]이후夷侯

[8]희후僖侯:所事

[9]공후共侯:興

[10]대후戴侯

[11]선후宣侯:措父

[12]환후桓侯:封人　　[13]애후哀侯:獻舞

[14]목공穆公:肸

채蔡 계보도(2)

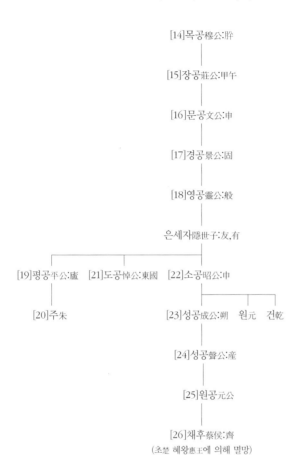

[14]목공穆公:肸

[15]장공莊公:甲午

[16]문공文公:申

[17]경공景公:固

[18]영공靈公:般

은세자隱世子:友,有

[19]평공平公:廬   [21]도공悼公:東國   [22]소공昭公:申

[20]주朱   [23]성공成公:朔   원元   건乾

[24]성공聲公:産

[25]원공元公

[26]채후蔡侯:齊
(초楚 혜왕惠王에 의해 멸망)

초楚 계보도(1)

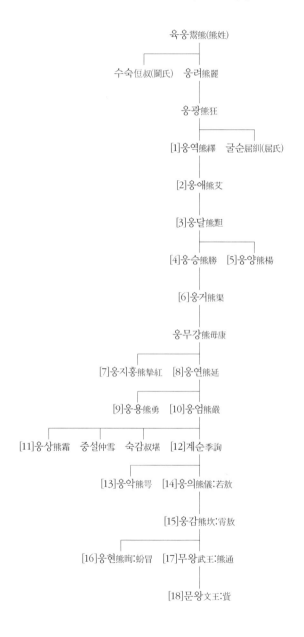

육웅鬻熊(熊姓)

수숙侸叔(鬭氏)   웅려熊麗

웅광熊狂

[1]웅역熊繹   굴순屈紃(屈氏)

[2]웅애熊艾

[3]웅달熊䵣

[4]웅승熊勝   [5]웅양熊楊

[6]웅거熊渠

웅무강熊毋康

[7]웅지홍熊摯紅   [8]웅연熊延

[9]웅용熊勇   [10]웅엄熊嚴

[11]웅상熊霜   중설仲雪   숙감叔堪   [12]계순季詢

[13]웅악熊咢   [14]웅의熊儀:若敖

[15]웅감熊坎:霄敖

[16]웅현熊眴:蚡冒   [17]무왕武王:熊通

[18]문왕文王:貲

초楚 계보도(2)

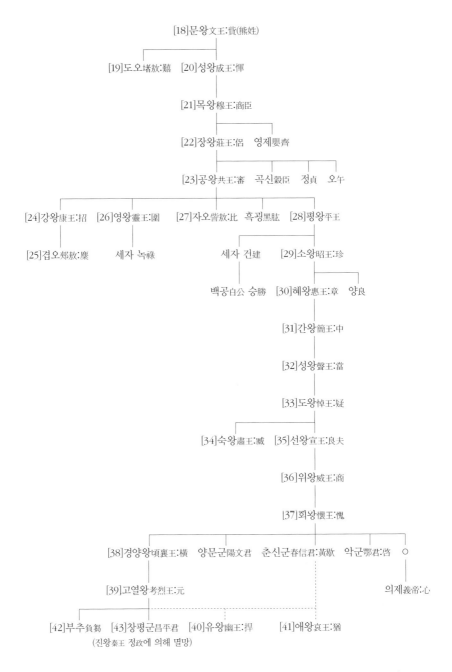

[18]문왕文王:貲(熊姓)

[19]도오堵敖:囏   [20]성왕成王:惲

[21]목왕穆王:商臣

[22]장왕莊王:侶   영제嬰齊

[23]공왕共王:審   곡신穀臣   정貞   오午

[24]강왕康王:招   [26]영왕靈王:圍   [27]자오訾敖:比   흑굉黑肱   [28]평왕平王

[25]겹오郟敖:麋   세자 녹祿   세자 건建   [29]소왕昭王:珍

백공白公 승勝   [30]혜왕惠王:章   양良

[31]간왕簡王:中

[32]성왕聲王:當

[33]도왕悼王:疑

[34]숙왕肅王:臧   [35]선왕宣王:良夫

[36]위왕威王:商

[37]회왕懷王:槐

[38]경양왕頃襄王:橫   양문군陽文君   춘신군春信君:黃歇   악군鄂君:啓   ○

[39]고열왕考烈王:元   의제義帝:心

[42]부추負芻   [43]창평군昌平君   [40]유왕幽王:捍   [41]애왕哀王:猶
(진왕秦王 정政에 의해 멸망)

한韓 계보도(1)

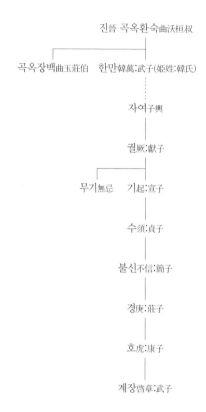

진晉 곡옥환숙曲沃桓叔

곡옥장백曲玉莊伯　　한만韓萬:武子(姬姓:韓氏)

자여子輿

궐厥:獻子

무기無忌　　기起:宣子

수須:貞子

불신不信:簡子

경庚:莊子

호虎:康子

계장啓章:武子

한韓 계보도(2)

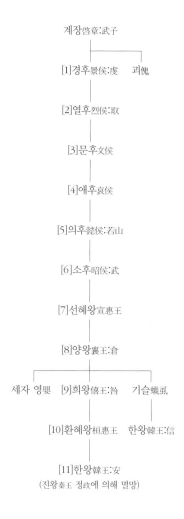

계장啓章:武子

[1]경후景侯:虔   괴傀

[2]열후烈侯:取

[3]문후文侯

[4]애후哀侯

[5]의후懿侯:若山

[6]소후昭侯:武

[7]선혜왕宣惠王

[8]양왕襄王:倉

세자 영嬰   [9]희왕僖王:咎   기슬蟣虱

[10]환혜왕桓惠王   한왕韓王:信

[11]한왕韓王:安
(진왕秦王 정政에 의해 멸망)

허許 계보도

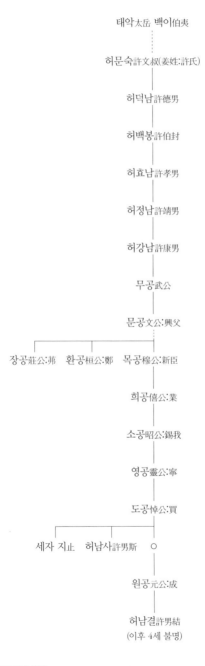

태악太岳 백이伯夷

허문숙許文叔(姜姓:許氏)

허덕남許德男

허백봉許伯封

허효남許孝男

허정남許靖男

허강남許康男

무공武公

문공文公:興父

장공莊公:弗　환공桓公:鄭　목공穆公:新臣

희공僖公:業

소공昭公:錫我

영공靈公:寧

도공悼公:買

세자 지止　허남사許男斯　○

원공元公:成

허남결許男結
(이후 4세 불명)

제 5 장

춘추전국시대 연표

◉ 일러두기 ◉

1. 이 연표는 『동주열국지』『춘추좌전』『사기』 등의 책과 춘추전국시대 관련 각종 자료의 내용을 종합하여 만들어졌다.

2. 이 연표는 주周 평왕平王의 낙양洛陽 천도(기원전 770)에서 진시황의 중국 통일(기원전 220)까지 대략 550년의 역사를 다루고 있다.

3. 이 연표는 주로 소설 『동주열국지』를 일목요연하게 이해하기 위해 만들어진 것이기 때문에, 자료의 내용이 서로 상충될 때는 『동주열국지』의 것을 제일 우선으로 했다. 학설이 판이해 조정하기 어려운 경우는 『사기』「연표」의 견해에 따랐다.

4. 별다른 사건이 없는 연대는 중간중간 생략하기도 했다.

5. 소설 『동주열국지』에 나오지 않는 내용은 상당 부분 생략했다.

춘추시대

기원전	주周	노魯	제齊	진晉	곡옥曲沃	진秦	조楚	송宋	위衛	진陳	채蔡	조曹	정鄭	연燕
770	1 주 평왕平王, 낙양洛陽 천도	37 노 효공孝公	25 제 장공莊公	11 진 문후文侯		8 진 양공襄公 백제白帝에게 제사	21 조 약오若敖	30 송 대공戴公	43 위 무공武公	8 진 평공平公	40 채 희후僖侯	26 조 혜백惠伯	1 정 무공武公	21 연 경후頃侯
768	3	1 노 혜공惠公	27	13		10	23	32	45	10	42	28	3	23
766	5	3	29	15		12	25	34	47	12	44	30	5	1 연 애후哀侯
765	6	4	30	16		1 진 문공文公	26	1 송 무공武公	48	13	45	31	6	2
764	7	5	31	17		2	27	2	49	14	46	32	7	1 연 정후鄭侯
763	8	6	32	18		3	1 조 소오霄敖	3	50	15	47	33	8	2
761	10	8	34	20		5	3	5	52	17	1 채 공후共侯	35	10 정 무공, 신후申侯의 딸 무강武姜과 혼인	4
759	12	10	36	22		7	5	7	54	19	1 채 대후戴侯	1 조 목공穆公	12	6
757	14	12	38	24		9	1 조 분모蚡冒	9	1 위 장공莊公	21	3	3	14	8
756	15	13	39	25		10 부치鄜畤時를 짓다	2	10	2	22	4	1 조 환공桓公	15	9

연燕	정鄭	조曹	채蔡	진陳	위衛	송宋	초楚	진秦	곡옥曲沃	진晉	제齊	노魯	주周	
11	17	3	6	1 진 문공文公	4	12	4	12		27	41	15	17	754
16	22	8	1 채 선후宣侯	6	9	17	9	17		32	46	20	22	749
18	24	10	3	8	11	1 송 선공宣公	11	19 진보사陳寶祠를 짓다		34	48	22	24	747
20	26	12	5	10	13	3	13	21	성사成師가 곡옥曲沃에 봉해짐	1 진 소후昭侯. 성사成師를 곡옥曲沃에 봉함	50	24	26	745
21	27	13	6	1 진 환공桓公	14	4	14	22	1 환숙桓叔	2	51	25	27	744
22	1 정 장공莊公. 채중祭仲을 재상으로 삼다	14	7	2	15	5	15	23	2	3	52	26	28	743
23	2	15	8	3	16	6	16	24	3	4	53	27	29	
24	3	16	9	4	17 서자 주우州吁를 총애	7	17	25	4	5	54	28	30	741
25	4	17	10	5	18	8	1 초 무왕武王	26	5	6	55	29	31	740

연도	주周	노魯	제齊	진晉	곡옥曲沃	진秦	초楚	송宋	위衛	진陳	채蔡	조曹	정鄭	연燕
739	32	30	56	7 반보潘父가 소후昭侯를 시해하고 성사成師를 맞아들이려 했으나 실패. 효후孝侯 즉위	6 진晉나라의 공격을 받고 패배하다	27	2	9	19	6	11	18	5	26
738	33	31	57	1 진 효후孝侯	7	28	3	10	20	7	12	19	6	27
735	36	34	60	4	10	31	6	13	23 적자가 없어 서자 환공桓公 즉위	10	15	22	9	30
734	37	35	61	5	11	32	7	14	1 위 환공桓公	11	16	23	10	31
733	38	36	62	6	12	33	8	15	2 교만한 주우州吁를 환공이 추방하다	12	17	24	11	32
731	40	38	64	8	14 환숙桓叔이 죽고 아들 선鱓이 즉위	35	10	17	4	14	19	26	13	34
730	41	39	1 제 희공僖公	9	1 곡옥 장백莊伯	36	11	18	5	15	20	27	14	35

연도	주周	노魯	제齊	진晉	곡옥曲沃	진秦	초楚	송宋	위衛	진陳	채蔡	조曹	정鄭	연燕
729	42	40	2	10	2	37	12	19 송 선공이 죽고 이우 화和 즉위	6	16	21	28	15	36
728	43	41	3	11	3	38	13	1 송 목공 穆公	7	17	22	29	16	1 연 목후 穆侯
724	47	45	7	15 곡옥이 진 효후를 시해하자 진晉은 악후鄂侯를 보위에 올리다	7 진 효후를 시해하다	42	17	5	11	21	26	33	20	5
723	48	46	8	1 진 악후鄂侯, 곡옥이 강성해짐	8	43	18	6	12	22	27	34	21	6
722	49	1 노 은공隱公	9	2	9	44	19	7	13	23	28	35	22 태숙 단段 반란 실패 망명	7
721	50	2	10	3	10	45	20	8	14	24	29	36	23 정 장공이 이문을 파고 무후를 만나다	8
720	51	3	11	4	11	46	21	9 송 상공 殤公 즉위	15	25	30	37	24 주周를 침략, 벼를 탈취	9

연도	周주	魯노	齊제	晉진	曲沃곡옥	秦진	楚초	宋송	衛위	陳진	蔡채	曹조	鄭정	燕연
719	1 주 환왕桓王	4	12	5	12	47	22	1 송 상공殤公	16 위주가 환공을 시해하고 보위에 오름	26 위衛 석작 石碏이 진陳에 도움을 청음	31	38	25	10
718	2 곡옥號公, 곡옥曲沃 정벌	5	13	6 악후鄂侯가 죽자 다시 곡옥을 공격. 진 애후哀侯 즉위	13 진晉을 공격	48	23	2 정鄭과 공격을 주고받는다	1 위 선공宣公, 주우를 죽임	27	32	39	26	11
717	3	6	14	1 진 애후哀侯	14	49	24	3	2	28	33	40	27 주 왕실에 입조 했으나 박대를 받다	12
716	4	7	15	2	15 정백 죽고 아들 칭위	50	25	4	3	29	34	41	28	13
715	5	8	16	3	1 곡옥 무공武公	1 진 헌공憲公	26	5	4	30	35	42	29	14
714	6	9	17	4	2	2	27	6	5	31	1 채 환후桓侯	43	30	15
713	7	10	18	5	3	3	28	7 제후 연합군의 공격을 받는다	6	32	2	44	31	16
712	8	11 공자 휘翬가 노 은공隱公을 시해하다	19	6	4	4	29	8	7	33	3	45	32	17

주周	노魯	제齊	진晉	곡옥曲沃	진秦	초楚	송宋	위衛	진陳	채蔡	조曹	정鄭	연燕
9	1 노 환공桓公	20	7	5	5	30	9	8	34	4	46	33	18
10	2 송宋나라에서 뇌물로 준 보정寶鼎을 태묘에 들이다	21	8	6	6	31	10 화독華督이 공보가 孔父嘉와 송 상공을 죽이다 1 송 장공 莊公	9	35	5	47	34	1 연 선후 宣侯
11	3	22	9 곡옥에서 쳐들어와 애후를 잡아가다. 소자후小子侯 즉위	7 진晉을 정벌하고 진 애후를 포로로 잡다	7	32	2	10	36	6	48	35	2
12	4	23	1 소자후小子侯	8	8	33	3	11	37	7	49	36	3
13 정鄭을 정벌하다	5	24	2	9	9	34	4	12	38 공자 타佗가 세자 면免을 죽이고 즉위	8	50	37 죽담 祝聃이 주 환왕에게 화살을 쏘아 상처를 입히다	4

周주	魯노	齊제	晉진	曲沃곡옥	秦진	楚초	宋송	衛위	陳진	蔡채	曹조	鄭정	燕연
706	14	6	25 산융山戎이 처음어오다	3	10	10	35 수隨를 정벌	5	13	1 진후 타佗. 채蔡가 군사를 보내 진후 타를 죽이고 여공厲公을 세움 1 진 여공 厲公	9	51	38 세자 홀忽이 산융을 물리치고 제齊를 구원함	5
705	15	7	26	4 곡옥에서 소자후를 죽이다. 주 왕실에서 곡옥을 정벌하고 애후의 아우 민緡을 보위에 올림	11 진晉 소자후를 죽이다. 주 왕실이 정벌을 받는다	11	36	6	14	2 공자 완完·敬仲 탄생. 후손이 제齊나라 보위를 찬탈	10	52	39	6
704	16	8	27	1 진후 민緡	12	12	37 왕호를 칭하다. 수隨를 정벌	7	15	3	11	53	40	7
703	17	9	28	2	13	1 진 출자出子	38	8	16	4	12	54	41	8
701	19	11	30	4	15	3	40	10 채족을 잡아 정 여공을 옹립하라고 협박	18 급자 急子와 아우 수壽가 함께 살해됨	6	14	1 조 장공 莊公	1 정 소공 昭公. 1년 만에 채족에게 죽임당함	10
700	20	12	31	5	16	4	41	11	19	7	15	2	1 정 여공 厲公	11

	주周	노魯	제齊	진晉	곡옥曲沃	진秦	초楚	송宋	위衛	진陳	채蔡	조曹	정鄭	연燕
699	21	13	32 공손무지를 세자와 같이 대우하라고 함	6	17	5	42	12	1 위 혜공惠公	1 진 장공莊公	16	3	2	12
697	23	15	제 양공襄公. 공손무지를 박대하여 원망을 품음	8	19	1 진 무공武公	44	14	3 혜공이 쫓겨 나고 공자 검모 즉위	3	18	5	4 채족이 소공을 맞아오자 여공은 역櫟으로 도피	1 연 환후桓侯
696	1 주 장왕莊王	16	2	9	20	2	45	15	1 검모黔牟	4	19	6	1 정 소공昭公	2
695	2	17	3	10	21	3	46	16	2	5	20	7	3 고거미高渠彌가 소공을 시해함	3
694	3	18 문강文姜 제 양공襄公과 사통. 제 양공 팽생彭生을 시켜 노 환공을 죽임	4 팽생을 시켜 노 환공을 죽이고 다시 팽생까지 주살함	11	22	4	47	17	3	6	1 채 애후哀侯	8	4 자미子亹. 제 양공이 자미를 죽이고, 자의 子儀를 죽이시킴	4
693	4 주공 흑견黑肩이 왕자 극克을 죽이려 모의를 하다가 발각되어 주살됨. 극은 연燕으로 도주	1 노 장공莊公	5	12	23	5	48	18	4	7	2	9	5 자의子儀	5
692	5	2	6	13	24	6	49	19	5	1 진 선공宣公	3	10	2	6

周	魯	齊	晉	곡옥曲沃	秦	楚	宋	위衛	진陳	채蔡	조曹	정鄭	연燕	
6	3	7	14	25	7	50	1 송 민공 宋閔公	6	2	4	11	3	7	691
7	4 기료를 정벌. 도읍을 빼앗다	8	15	26	8	51 초 무왕, 수행나라 정벌 도중 죽다	2	7	3	5	12	4	1 연 장공 莊公	690
8	5 제齊나라와 위 혜공惠公을 보위에 올리다	9	16	27	9	1 초 문왕 文王	3	8	4	6	13	5	2	689
9	6	10	17	28	10	2 신申을 정벌함	4	9 혜공 복위. 검머 주周로 도주	5	7	14	6	3	688
11	8 제齊 공자 규糾가 망명옴	12 공손무지 公孫無知, 제 양공 시해	19	30	12	4	6	14	7	9	16	8	5	686
12	9 제齊 공자 규糾 실패	1 공손무지 살해되고 공자 소백小白 (제 환공桓公) 즉위	20	31	13	5	7	15	8	10	17	9	6	685
13	10 공자 규로 인해 제齊나라와 전쟁	2	21	32	14	6 초 문왕이 식息을 침범. 부인 식규息嬀를 경질하다	8	16	9	11 초 문왕이 채蔡 애후를 포로로 잡다	18	10	7	684

682~678

주周	노魯	제齊	진晋	곡옥曲沃	진秦	조초楚	송宋	위衛	진陳	채蔡	조曹	정鄭	연燕
682 15 주 희왕王	12	4	23	34	16	8	10 남궁장만 南宮長萬이 송 민공을 시해함	18	11	13	20	12	9
681 1	13 조말曹沫이 제환공을 위협하여 잃은 땅을 찾다	5 노魯와 가柯 땅에서 회맹	24	35	17	9	1 송 환공 桓公(御說)	19	12	14	21	13	10
679 3	15	7 제 환공, 견鄄 땅에서 회맹에서 처음 패자로 칭해짐	26	37	19	11	3	21	14	16	23	1 여공厲公 복위	12
678 4	16	8	27 곡옥曲沃에서 진후 민을 시해	38 무공이 진晋을 병합하다	20	12 등部을 정벌하여 멸망 시키다	4	22	15	17	24	2 제후들의 정벌을 받다	13

677~675

주周	노魯	제齊	진晋	진秦	조초楚	송宋	위衛	진陳	채蔡	조曹	정鄭	연燕
677 5	17	9	39 무공武公이 죽고 아들 궤제詭諸: 헌공獻公 즉위	1 진 덕공德公	13	5	23	16	18	25	3	14
676 1 주 혜왕惠王, 진후陳侯 딸을 왕후로 들이다	18	10	1 진 헌공獻公	2	14	6	24	17	19	26	4	15
675 2 연燕과 위衛가 왕실을 침범하여 왕자 퇴頹를 보위에 올리다	19	11	2	1 진 선공宣公	15	7	25	18	20	27	5	16 왕자 퇴頹를 천자로 옹립

주周	노魯	제齊	진晉	진秦	초楚	송宋	위衛	진陳	채蔡	조曹	정鄭	연燕	
674	3	20	12	3	2	1 초 도오 楮敖	8	26	19	1 채 목공 穆公	28	6	17
673	4 왕자 퇴 주살, 혜왕 복위	21	13	4	3	2	9	27	20	2	29	7 주 혜왕을 복위시킴	18
672	5	22	14 진陳 공자 완完, 망명해옴	5 여융驪戎 정벌, 여희, 소희를 취함	4	3 웅운熊惲이 왕을 시해하고 보위에 오름	10	28	21 공자 완 제로 망명	3	30	1 정 문공 文公	19
671	6	23	15	6	5	1 초 성왕成王	11	29	22	4	31	2	20
670	7	24	16	7	6	2	12	30	23	5	1 조 희공 僖公	3	21
668	9	26	18	9 강성絳城을 도읍으로 정함	8	4	14	1 위 의공懿公	25	7	3	5	23
665	12	29	21	12 여희의 모략으로 태자 신생申生은 곡옥曲沃, 공자 중이重耳는 포蒲, 이오夷吾는 굴屈로 추방됨	11	7	17	4	28	10	6	8	26
663	14	31	23 산융山戎 정벌	14	1 진 성공成公	9	19	6	30	12	8	10	28
662	15	32 경보慶父 공자 반般을 시해, 민공閔公 즉위	24	15	2	10	20	7	31	13	9	11	29

연도	주周	노魯	제齊	진晉	진秦	초楚	송宋	위衛	진陳	채蔡	조曹	정鄭	연燕
661	16	1 노 민공 閔公	25	16 조숙趙夙과 필만畢萬을 봉하다	3	11	21	8	32	14	1 조 소공 昭公	12	30
660	17	경보慶父 민공 시해. 계우季友 경보를 죽이고 희공僖公 옹립	26	17	4	12	22	9 적翟이 침공함. 의공懿公 의공은 학을 좋아한 나라가 망함. 위기에서 제 환공의 도움으로 나라를 재건함	33	15	2	13	31
659	18	1 노 희공 僖公	27	18	1 진 목공穆公	13	23	위 대공戴公 1 위 문공文公	34	16	3	14	32
658	19	2	28 위衛 초구楚丘에 도성을 쌓아주다	19 순식荀息이 우虞에 길을 빌려 괵號을 공격	2	14	24	2 제 환공桓公이 초구楚丘에 도성을 쌓아주다	35	17	4	15	33
657	20	3	29 배 위에서 환공을 놀린 채희蔡姬를 추방	20	3	15	25	3	36	18	5	16	1 연 양공襄公
656	21	4	30 제후와 연합, 채蔡와 초楚를 정벌하다	21 여희驪姬가 태자로 신생 자살. 중이와 이오는 외국으로 탈출	4 진晉 백희伯姬를 부인으로 맞다	16 제齊의 공격을 받고 형돼邢邸 땅에서 화평	26	4	37	19	6	17	2
655	22	5	31	22 우虞와 괵虢을 멸함. 중이重耳 적翟으로 망명	5	17	27	5	38	20	7	18	3
654	23	6	32 제후와 연합, 정鄭을 정벌	23 이오夷吾, 양梁으로 망명	6	18 허許를 공격, 항복을 받음	28	6	39	21	8	19	4

연도	주周	노魯	제齊	진晉	진秦	초楚	송宋	위衛	진陳	채蔡	조曹	정鄭	연燕
652	25 주 양왕襄王 즉위	8	34	25 중이重耳를 잡기 위해 적翟을 공격	8	20	30 세자 자보玆父가 목이目夷에게 양보	8	41	23	1 조 공공共公	21	6
651	1 주 양왕襄王	9	35 제후들과 규구葵丘에서 회맹	26 헌공이 죽고 해제奚齊와 탁자卓子가 이극里克에게 살해됨. 이오夷吾 즉위	9 이오夷吾를 진晉나라 임금에 올려주다	21	31 송 환공이 죽고 중이重耳 규구葵丘 예서 회맹	9	42	24	2	22	7
650	2	10	36	1 진 혜공惠公, 이극을 주살하다	10 비표丕豹가 망명해오다	22	1 송 양공襄公	10	43	25	3	23	8
649	3 태숙 대帶가 융戎을 불러 반란을 일으켰다가 제齊로 망명	11	37	2	11 융戎을 정벌하고 주 왕실을 구하다	23 황黃을 정벌	2	11	44	26	4	24 공자 난蘭:穆公 탄생	9
648	4	12	38 관중管仲이 융成을 평정한 공으로 주 왕실의 하경下卿이 됨	3	12	24	3	12	45	27	5	25	10
647	5	13	39	4 기근이 들어 진秦에서 식량을 원조받다	13 진晉에 식량을 원조하다	25	4	13	1 진 목공穆公	28	6	26	11
646	6	14	40	5 기근이 든 진秦에 식량 원조를 거부	14 진晉에 식량 원조를 요청, 거부당함	26	5	14	2	29	7	27	12
645	7	15	41	6 진秦의 공격을 받고 해공이 포로로 잡혔다 풀려나다	15 식량 원조를 거부한 진晉을 공격, 대파함	27	6	15	3	1 채 정공莊公	8	28	13

연燕	정鄭	조曹	채蔡	진陳	위衛	송宋	조楚	진秦	진晉	제齊	노魯	주周	
14	29	9	2	4	16	7 운석 떨어짐. 익조가 거꾸로 날다	28	16	7 중이가 적翟을 떠나 제齊로 가다	42 주 왕실을 위해 융적을 물리치다	16	8	644
16	31	11	4	6	18	9	30	18	9	1 제 효공孝公	18	10	642
17	32	12	5	7	19	10	31	19 양梁을 멸함	10	2	19	11	641
19	34	14	7	9	21	12 송 양공襄公이 회맹	33 송 양공襄公을 포로로 잡았다가 귀환시킴	21	12	4	21	13	639
20	3	15	8	10	22	13 홍수泓水에서 초楚에 패배	34	22	13 세자 어圉가 진秦에 인질로 갔다 도망쳐 귀국	5	22	14 태숙 대, 귀국	638
21	36 중이를 무례하게 대하다	16 중이를 무례하게 대하다	9	11	23 중이를 무례하게 대하다	14 송 양공 죽음	35 중이를 후대하다	23 중이, 초楚로 망명	14 세자 어 즉위	6 회맹에 참석하지 않은 송宋을 정벌	23	15	637
22	37	17	10	12	24	1 송 성공成公	36	24 군대를 동원해 진晉을 중이를 보위에 올려주다	1 진 문공文公이가 보위에 오르다. 세자 어를 살해하다	7	24	16 태숙 대를 피해 양왕이 정鄭의 사읍으로 망명	636
23	38	18	11	13	25	2	37	25	2 주 양왕을 복위시키다	8	25	17 진晉이 양왕을 복위시킴	635
24	39	19	12	14	1 위 성공成公	3 진晉에 복종	38	26	3	9	26	18	634
25	40	20	13	15	2	4 초楚의 침략. 진晉에게 구원 요청	39 성득신成得臣이 송宋을 정벌	27	4	10 효공이 죽고 아우 반潘昭公이 즉위하다	27	19	633

연燕	정鄭	조曹	채蔡	진陳	위衛	송宋	초楚	진秦	진晉	제齊	노魯	주周	
26	41	21 진晉이 조曹를 잡아가다	14 성복 전투 참가, 초楚에 승리	16 성복 전투 참가, 초楚에 승리	3 진晉에 오록五鹿을 뺏기다. 성공 쫓겨나고 공자 하瑕가 즉위	5 성복 전투 참가, 초楚에 승리	40 성득신, 성복 전투에서 패배	28 성복 전투 참가, 초楚에 승리	5 성복 전투 주도, 초楚에 승리, 천토 회맹 맹주	1 제 소공昭公, 성복城濮 전투 참가, 초楚에 승리	28 천토踐土 회맹 참가	20	632
27	42	22	15	1 진공공 共公	4	6	41	29	6	2	29	21	631
28	43 진晉과 진秦이 공격해옴	23	16	2	5 주 왕실의 도움으로 성공이 복위하다	7	42	30 진晉과 함께 정鄭을 포위	7 위 성공成公을 귀국시키고 진秦과 함께 정鄭을 포위	3	30	22	630
30	45	25	18	4	7	9	44	32 정鄭을 기습했으나 실패	9	5	32	24	628
31	1 정 목공鄭 穆公. 현고 弦高가 진秦을 물리침	26	19	5	8	10	45	33 효산에서 진晉에게 패배	1 진 양공襄公, 효산에서 진秦을 격파	6 적狄이 침공함	33	25	627
32	2	27	20	6	9	11	46 세자 상신商臣, 반승潘崇과 함께 성왕을 시해하고 즉위	34 효산에서 포로가 된 세 장수 귀환	2	7	1 노 문공文公	26	626
33	3	28	21	7	10	12	1 초 목왕穆王, 반승을 재상으로 삼다	35 왕관王官에서 진晉에 패배	3 왕관王官에서 진秦에 패배	8	2	27	625
34	4	29	22	8	11	13	2	36 명명茅明 등이 진晉을 정벌	4 진秦이 왕관王官을 탈취	9	3	28	624

주周	노魯	제齊	진晉	진秦	초楚	송宋	위衛	진陳	채蔡	조曹	정鄭	연燕
623												
29	4	10	5 진秦이 원原, 신성新城 포위	37 진晉이 공격해옴	3	14	12	9	23	30	5	35
622												
30	5	11	6 조최趙衰, 난지欒枝 등 죽다	38	4	15	13	10	24	31	6	36
621												
31	6	12	7 양공 죽다. 조돈趙盾이 어린 세자 대신 공자 옹雍을 주대하려다 결국 세자 이고夷皋를 올림	39 목공이 죽다. 많은 사람을 순장하다	5	16	14	11	25	32	7	37
620												
32	7	13	1 진 영공靈公. 조돈이 정권 잡다	1 진 강공康公	6	17 공손고 公孫固를 성공을 사례하다	15	12	26	33	8	38
619												
33	8	14	2 진秦이 무성武城을 탈취	2	7	1 송 소공昭公	16	13	27	34	9	39
618												
1 주 경왕頃王	9	15	3 제후 연합군과 정鄭을 구조	3	8 진晉에 복속된 정鄭을 정벌	2	17	14	28	35	10 초楚가 침공	40
617												
2	10	16	4	4	9	3	18	15	29	1 조 문공文公	11	1 연 환공桓公
616												
3	11 적적 長翟을 물리침	17	5	5	10	4	19	16	30	2	12	2

주周	노魯	제齊	진晉	진秦	초楚	송宋	위衛	진陳	채蔡	조曹	정鄭	연燕	
4	12	18	6 기마곤을 진泰에 뺏기다. 하곡河曲에서 진秦과 싸우다	6 기마곤馬곤을 빼앗다. 하곡河曲에서 진晉과 싸우다	11	5	20	17	31	3	13	3	615
5	13	19	7 사회士會 귀환	7 사회를 뺏기다	12	6	21	18	32	4	14	4	614
6 경왕이 죽고 공경들이 정권을 다투다	14	20 소공이 죽고 상인商人이 세자를 죽이고 즉위하다	8 조돈이 병거 800승으로 주 왕실의 혼란을 평정	8	1 초 장왕莊王	7	22	1 진 영공靈公	33	5	15	5	613
1 주 광왕匡王	15	1 제 의공懿公	9 채蔡를 정벌	9	2	8	23	2	34 진晉이 침 공	6 제齊가 침공	16	6	612
2	16	2	10	10	3	9 양부인襄夫人과 공자 포鮑를 소공을 시해하다	24	3	1 채 문공文公	7	17	7	611
3	17	3	11 제후 연합군과 송宋을 정벌	11	4	1 송 문공文公. 제후 연합군의 공격을 받다	25	4	2	8	18	8	610
4	18 동문수 東門遂가 적자를 죽이고 서자 선공宣公 옹립	4 병촉邴歜과 염직閻職이 의공을 시해하다. 공자 원元 즉위	12	12	5	2	26	5	3	9	19	9	609

연도	주周	노魯	제齊	진晉	진秦	초楚	송宋	위衛	진陳	채蔡	조曹	정鄭	연燕
608	5	1 노 선공宣公. 제齊가 침공	1 제 혜공惠公. 노魯 땅을 탈취하다	13 조돈, 정鄭을 정벌, 진陳과 송宋 구원	1 진 공공共公	6 진晉에 복속한 송宋과 진陳 정벌	3 진晉에 복속했다고 초楚와 정鄭이 침공해옴	27	6	4	10	20 초楚와 함께 진陳을 송宋 정벌	10
607	6	2	2 왕자 성보成父 적적長翟을 매퇴시킴	14 조천趙穿 영공을 시해. 조돈, 공자 흑둔黑臀 옹립	2	7	4 화원華元, 귀생歸生에게 포로가 됨	28	7	5	11	21 화원을 사로잡다	11
606	1 주 정왕定王	3	3	1 진 성공成公	3	8 낙양에서 구정의 무게를 묻다	5 화원, 귀환하다	29	8	6	12	22	12
605	2	4	4	2	4	9 투월초의 반란 진압하다	6	30	9	7	13	1 정 영공靈公. 자라국을 나눠주지 않자 귀생歸生이 영공을 시해	13
604	3	5	5	3 순임보荀林父가 정鄭나라를 구원하려고 진陳나라를 치다	1 진 환공桓公	10	7	31	10 진晉을 구원 하려고 초楚는 정鄭을 치다	8	14	1 정 양공襄公. 조曹를 침공	14
603	4	6	6	4 위衛와 연합. 진陳을 공격	2	11	8	32 진晉과 연합. 진陳을 공격	11 진晉과 위衛가 침공	9	15	2	15
601	6	8	8	6 노魯와 연합 진秦를 공격	4 진晉이 침공	13 진陳을 공격	10	34	13 초楚가 침공	11	17	4	1 연 선공宣公

주周(연도)	주周	노魯	제齊	진晉	진秦	초楚	송宋	위衛	진陳	채蔡	조曹	정鄭	연燕
600	7	9	9	7 제후들과 연합. 정鄭을 구원. 성공 사망	5	14 정鄭을 정벌. 구원 온 진晉에 패배	11	35	14	12	18	5 조초楚가 침공	2
599	8	10	10 고씨高氏와 국씨國氏가 최저崔杼를 위衛로 추방	1 진 경공景公. 송宋과 연합 정鄭을 공격	6	15	12	1 위 목공穆公. 제齊 최저崔杼가 망명해옴	15 하징서夏徵舒가 자기 모친과 사통한 영공을 시해함	13	19	6 진晉. 송宋. 조楚가 침공해 오다	3
598	9	11	1 제 경공頃公	2	7	16 진陳의 하징서를 주살하고 공자 오午를 옹립	13	2	1 진 성공成公	14	20	7	4
597	10	12	2	3 정鄭을 구원하다 초楚에 패배	8	17 정 성공 어깨를 드러내고 항복	14	3	2	15	21	8 조초楚에 항복	5
595	12	14	4	5 초楚에 복속한 정鄭을 정벌	10	19 사신을 죽인 송宋을 정벌	16 조초楚가 침공	5	4	17	23	10 진晉이 침공	7
594	13	15	5	6 송宋을 구원, 해양解揚을 사로잡다. 진秦이 침공	11	20 송宋을 포위, 화원華元이 야신을 보여 포위를 풀다	17 화원의 노력으로 조楚가 포위를 풀다	6	5	18	1 조 선공宣公	11 조초楚를 도와 송宋을 공격	8
593	14	16	6	7 사회士會가 적적赤狄을 멸하다	12	21	18	7	6	19	2	12	9
592	15	17	7 진晉 사신 극극郤克이 소태부인에게 모욕을 당하다	8 소태부인이 진晉 사신 극극을 모욕을 주다	13	22	19	8	7	20	3	13	10

주周	노魯	제齊	진晉	진秦	초楚	송宋	위衛	진陳	채蔡	조曹	정鄭	연燕
591 16	18	8 진晉나라에 패배하다	9 제齊를 공격하여 승리하다	14	23	20	9	8	1 채 경공 景公	4	14	11
590 17	1 노 성공 成公	9	10	15	1 초 공왕共王	21	10	9	2	5	15	12
589 18	2 진晉과 연합하여 제齊를 공격함. 안鞍 땅 전투에서 진晉 극극郤克이 방축보逢丑父가 문양汶陽 땅을 돌려받다	10 안鞍 땅 전투에서 진晉 극극함. 방축보逢丑父가 옷을 바꿔 입고 경공을 구하다	11 노魯, 조曹와 연합하여 제齊를 격파하다	16	2 굴무屈巫가 하희夏姬를 데리고 진晉으로 망명. 무신巫臣으로 개명	22	11 제후와 연합하여 제齊를 패퇴시기다. 조曹의 침공을 받다	10	3	6	16	13
588 19	3 제후와 연합하여 정鄭을 공격	11 경공이 진晉에 입조하다	12 제후와 연합. 정鄭을 공격	17	3	1 송 공공共公	1 위 정공定公	11	4	7 제후와 연합. 정鄭을 공격	17 제후들의 공격을 받다	14
587 20	4 진晉에 간 성공이 무례한 대우를 받다	12	13 노 성공을 무례하게 대하다	18	4 정鄭을 구원하다	2	2	12	5	8	18 진晉 난서欒書가 벼郫땅을 빼앗다	15
586 21	5	13	14	19	5 조曹를 배신한 정鄭을 정벌	3	3	13	6	9	1 정 도공悼公	1 연 소공 昭公

주周	노魯	제齊	진晉	진秦	초楚	송宋	위衛	진陳	채蔡	조曹	정鄭	연燕	오吳
585 1 주 간왕簡王	6	14	15 난서, 정鄭을 구원하고 채蔡를 공격	20	6	4	4	14	7 진晉이 침공	10	2 초楚가 침공. 진晉 난서가 구원함	2	1 오왕吳王 수몽壽夢

	주周	노魯	제齊	진晉	진秦	초楚	송宋	위衛	진陳	채蔡	조曹	정鄭	연燕	오吳
584	2	7	15	16 무신巫臣이 오吳와 연합하다	21	7 정鄭을 공격	5	5	15	8	11	1 정 성공成公, 초楚가 침공	3	2 진晉 무신이 수교하러 오다
583	3	8	16	17 조무趙武 복권	22	8	6	6	16	9	12	2	4	3
582	4	9	17	18 진秦을 공격	23 진晉을 공격하다	9 진晉과 강화	7	7	17	10	13	3 초楚와 회맹	5	4
581	5	10	1 제 영공靈公	19	24	10	8	8	18	11	14	4 진晉이 침공	6	5
580	6	11	2	1 진 여공厲公	25 진晉과 협하夾河에서 회맹	11	9	9	19	12	15	5	7	6
578	8	13 진晉과 연합, 진秦를 공격	4 진晉과 연합, 진秦를 공격	3 진秦을 공격, 장수 성차成差를 사로잡다	27 제후 연합군이 침공해오다	13	11 진晉과 연합, 진秦를 공격	11	21	14	17 진晉과 연합, 진秦를 공격	7 진晉과 연합, 진秦를 공격	9	8
577	9	14	5	4	28	14	12	12	22	15	1 조 성공成公	8	10	9
576	10	15 오吳와 수교	6	5 세 극씨郤氏, 백종伯宗을 모함 살해	1 진 경공景公	15	13 화원華元, 진晉에 망명	1 위 헌공獻公	23	16	2 진晉이 조 성공을 잡아가다	9	11	10 노魯와 종리鍾離에서 회맹
575	11	16	7	6 언릉鄢陵에서 초楚를 격파	2	16 공자 측側, 언릉에서 진晉에 패배 자결	1 송 평공平公	2	24	17	3	10 초楚와 회맹하자 진晉이 침공해옴	12	11

오吳	연燕	정鄭	조曹	채蔡	진陳	위衛	송宋	초楚	진秦	진晉	제齊	노魯	주周	
13	1 연 무공武公	12 조촉와 연합, 송末을 공격	5	19	26	4	3 조초가 팽성彭城을 탈취	18 송末 팽성彭城을 취해 어석공 右公을 봉함	4	8 난서欒書, 순언荀偃이 여공厲公 시해, 도공悼公을 옹립	9	18	13	573
14	2	13 진晉이 침공하자 초末가 구원 오다	6	20	27	5 송末 팽성을 치다	4 진晉이 어석魚石을 죽이고 팽성을 돌려주다	19 정鄭을 구원하기 위해 송末을 공격	5	1 진 도공悼公, 송末 팽성을 치다	10 진晉이 침공, 세자 광光을 진晉에 인질로 보냄	1 노 양공襄公, 송末 팽성을 치다	14	572
15	3	14 진晉이 침공	7	21	28	6	5	20	6	2 제후와 연합, 호뢰虎牢에 성을 쌓다	11	2 진晉과 연합, 호뢰虎牢에 성을 쌓다	1 주 영왕靈王	571
16 초초가 침공	4	1 희공僖公	8	22	29 조초가 침공	7	6	21 공자 영제嬰齊가 오吳를 공격	7	3 위강魏絳이 양간楊干을 엄벌하다	12	3	2	570
17	5	2	9	23	30 조초가 침공	8	7	22 진陳을 공격	8	4 위강이 융적과 강화를 주장, 융적이 입조함	13	4	3	569
18	6	3	10	24	1 진 애공哀公	9	8	23 진陳을 공격	9	5	14	5 계문자季文子 죽다	4	568
20	8	5 공자 비费, 희공僖公을 시해하다	12	26	3	11	10	25	11	7	16	7	6	566
21	9	1 정 간공簡公	13	27 정鄭이 침공	4	12	11	26 정鄭을 공격	12	8	17	8	7	565

주周		노魯	제齊	진晉	진秦	초楚	송宋	위衛	진陳	채蔡	조曹	정鄭	연燕	오吳
564	8	9 晉과 연합, 鄭을 정벌	18 晉과 연합, 鄭을 정벌	9 제후들과 연합, 鄭을 정벌. 秦이 침공	13 晉을 공격, 楚와. 구원병을 보냄	27 鄭을 공격, 도움. 陳을 도움.	12 晉과 연합, 鄭을 정벌	13 晉과 연합, 鄭을 정벌	5	28	14 晉과 연합, 鄭을 정벌	공자 비辭를 주살. 제후 연합군의 공격을 받다	10	22
563	9	10 楚와 鄭이 침공	19 세자 광光과 고후高厚, 종리鐘離에 회맹에 참석	10 제후들과 정벌. 순앵荀罃. 秦을 공격	14 晉이 침공	28 공자 정貞을 시켜 鄭을 공격	13 鄭이 침공. 衛가 구원 옴	14 宋을 구원	6	29	15	3 제후 연합군이 침공, 楚군이 구원 옴. 공자 기疆 반란. 공자 교橋 등 공격하여 평정	11	23
562	10	11 삼환三桓이 삼군三軍을 나누어 각기 대장을 맡다	20	11 제후들과 鄭을 공격. 역櫟에서 秦에 패배	15 晉을 공격, 鄭을 구원. 역櫟에서 晉軍에 승리	29 鄭과 연합, 宋을 공격	14 楚와 鄭이 침공 옴	15 鄭을 공격	7	30	16	4 楚宋와 연합, 宋을 공격. 諸侯들이 침공. 秦이 구원.	12	24
560	12	13	22	13	17	31 吳가 침공	16	17	9	32	18	6	14	1 제번諸樊. 楚를 공격
559	13	14	23 衛 헌공獻公이 망명 옴	15	18 晉과 제후 연합군을 격퇴함	1 초 강왕康王. 吳를 공격	17	18 손임보孫林父 衛 헌공을 축출. 상공殤公 세움	10	33	19	7	15	2 계찰季札이 보위를 양보함. 楚가 침공
558	14	15 齊가 침공	24 魯를 공격	1 진 평공平公. 조楚를 공격	19	2	18	1 衛 상공殤公	11	34	20	8	16	3
557	15	16 齊가 북쪽 변경을 침공	25 魯를 공격	2	20	3 晉에 패배	19	2	12	35	21	9	17	4
556	16	17 齊가 북쪽 변경을 침공	26 魯를 공격		21	4	20 陳을 공격	3 曹를 공격	13 宋이 침공	36	22 衛가 침공	10	18	5

	주周	노魯	제齊	진晉	진秦	조초楚	송宋	위衛	진陳	채蔡	조曹	정鄭	연燕	오吳
555	17	18 진晉과 연합 제齊를 공격	27 진晉이 임치臨淄를 공격	3 제후 연합군과 제齊를 공격 대파함	22	5 정鄭을 공격	21 진晉과 연합, 제齊를 공격	4	14	37	23	11 진晉과 연합, 공격, 제齊를 초楚가 침공	19	6
554	18	19	28 세자 광光을 폐하고 세종, 광이 최저崔杼와 함께 세자 아를 죽이고 즉위	4	23	6	22	5	15	38	1 조 무공武公	12 공자 교僑가 경卿이 되다	1 연 전문공前文公	7
553	19	20	1 제 장공莊公	5	24	7	23	6	16	39	2	13	2	8
552	20	21	2	6 양설호羊舌虎를 주살	25	8	24	7	17	40	3	14	3	9
551	21	22 공자孔子 탄생	3 진晉 난영欒盈 망명 오다	7 난영이 제齊로 망명	26	9	25	8	18	41	4	15	4	10
550	22	23	4 난영을 지원하여 진晉을 공격	8	27	10	26	9	19	42	5	16	5	11
549	23	24 제齊를 공격	5 진晉을 견제하기 위해 초楚와 수교	9	28	11 제齊와 수교, 정鄭을 공격	27	10	20 초楚와 연합, 정鄭을 공격	43 초楚와 연합, 정鄭을 공격	6	17 진晉 범선자范宣子가 구정병을 요청함	6	12

연도(B.C.)	오吳	연燕	정鄭	조曹	채蔡	진陳	위衛	송宋	초楚	진秦	진晉	제齊	노魯	주周
548	13 초楚를 공격 소문巢門에 까지 이르렀다가 오왕 제번이 화살을 맞고 전사	1 연 의공懿公	18 진陳을 공격	7	44	21 정鄭이 침공	11	28	12 오吳가 침공해오다. 오왕 제번諸樊을 쏘아 죽이다	29	10 제齊를 공격, 고당高唐에 까지 이르다	6 최저崔杼가 자신의 아내와 사통한 장공을 시해하고 그 아우 경공景公을 세우다	25 제齊가 북쪽 변방을 침공	24
547	1 오왕 여제餘祭	2	19 초楚, 진陳, 채蔡가 침공해옴	8	45	22 초楚의 연합, 정鄭을 공격	12 제齊와 진晉이 상공을 죽이고 헌공을 복위시킴	29	13 진陳, 채蔡와 연합, 정鄭을 공격	30	11 위 상공殤公을 주살하고 위 헌공을 복위시키다	1 제 경공景公, 진晉에 위 헌공衛 獻公의 귀국을 요청하다	26	25
546	2	3	20	9	46	23	1 후위 헌공 後衛 獻公	30	14	31	12	2 경봉慶封이 최저崔杼의 집안을 멸문시킴	27	26
545	3 제齊 경봉이 망명해오다	4	21	10	47	24	2	31	15	32	13	3 포鮑, 고高, 난欒씨 경봉을 축출, 경봉 오吳로 망명	28	27
544	4 오왕 여제, 월越에게 사해당함 宗人이 계찰季札 파견	1 연 혜공惠公 제齊 고지高止가 망명해옴	22 오吳 계찰 사신으로 오다	1	48	25	3	32	1 초 겹오郟敖	33	14 오吳 계찰 사신으로 오다	4 오吳 계찰 사신으로 오다	29 오吳 계찰 季札이 와서 음악을 듣다	1 주 경왕景王

연도	주周	노魯	제齊	진晉	진秦	초楚	송宋	위衛	진陳	채蔡	조曹	정鄭	연燕	오吳
543	2	30	5	15	34	2	33	1 위 양공襄公	26	49 채 경공, 세자 비로 맞아온 초녀楚女와 사통, 세자 반殷, 경후를 시해함	12	23 여러 공자가 권력을 다투며 서로 상쟁하다	2	1 오왕 이매夷昧
542	3	31	6	16	35	3 공자 위圍가 영윤이 됨	34	2	27	1 채 영공靈公	13	24	3	2
541	4	1 노 소공昭公	7	17	36	4 공자 위가 왕을 시해하고 즉위하다	35	3	28	2	14	25	4	3
540	5	2	8	18	37	1 초 영왕靈王	36	4	29	3	15	26	5	4
539	6	3	9 안영晏嬰이 진晉으로 사신 가다	19	38	2	37	5	30	4	16	27	6	5
538	7	4 청병하고 초초와 회맹에 불참	10	20	39	3 제후들과 회맹, 오吳를 공격, 경봉을 주살하다	38	6 청병하고 초초와 회맹에 불참	31	5	17 청병하고 초초와 회맹에 불참	28	7	6 초초가 경봉을 공격하여 주살하다
537	8	5	11	21	40	4 오吳를 공격	39	7	32	6	18	29	8	7 초초가 침공
536	9	6	12 연연을 공격	22	1 진 애공哀公	5 오吳를 공격	40	8	33	7	19	30	9 제제가 침공	8 초초가 침공

주周	노魯	제齊	진晉	진秦	초楚	송宋	위衛	진陳	채蔡	조曹	정鄭	연燕	오吳	
10	7	13	23	2	6	41	9	34	8	20	31	1 연 도공 悼公	9	535
11	8 소공. 초楚로 가서 장화대章華臺 낙성을 축하함	14	24	3	7 장화대 준공, 진陳을 멸함	42	1 위 영공 靈公	35 공자 초招의 반란, 애공 자살	9	21	32	2	10	534
12	9	15	25	4	8 공자 기질棄疾, 진陳을 평정함	43	2	1 진 혜공 惠公	10	22	33	3	11	533
14	11	17	1 진 소공昭公	6	10 채후蔡侯를 죽이고 공자 기질을 채후로 삼다	1 송 원공元公	4	3	12 영공을 초楚가 살해, 초 공자 기질을 채후로 삼다	24	35	5	13	531
15	12	18	2	7	11	2	5	4	1 채 평공 平公	25	36	6	14	530
16	13	19	3	8	12 공자 기질 반란, 영왕 자살. 진陳과 채蔡를 재건시킴	3	6	5 초 평왕 平王, 진陳을 재건	2 초 평왕, 채蔡를 재건	26	1 정 정공定公	7	15	529
17	14	20	4	9	1 초 평왕 平王	4	7	6	3	27	2	1 연 공공 共公	16	528

연도	주周	노魯	제齊	진晉	진秦	초楚	송宋	위衞	진陳	채蔡	조曹	정鄭	연燕	오吳
527	18	15	21	5	10	2 평왕이 진녀 秦女를 비로 들여서 자신이 취함	5	8	7	4	1 조 평공曹平公	3	2	17
526	19	16	22	6	11	3	6	9	8	5	2	4	3	1 오왕 요僚
525	20	17	23	1 진 경공頃公	12	4 오吳와 전투	7	10	9	6	3	5	4	2 초楚와 전투
523	22	19	25	3	14	6	9	12	11	8	1 조 도공悼公	7	1 연 평공平公	4
522	23	20	26	4	15	7 오사伍奢와 오상伍尙 주살. 세자 건建 송宋으로 망명. 오자서 伍子胥 오吳로 망명	10 원공이 여러 공자를 죽임. 초楚 세자 건이 망명 옴. 다시 정鄭으로 망명.	13	12	9 공손 동국東國이 평공의 아들을 죽이고 즉위	2	8 초 세자 건建이 망명해오다	2	5 오자서 伍子胥 망명해오다
521	24	21	27	5	16	8 채 도공悼公 망명 옴	11	14	13	1 채 도공悼公 초楚로 망명	3	9	3	6
520	25	22	28	6 주周 왕실의 변란을 평정. 경왕敬王 올림	17	9	12	15	14	2	4	10	4	7
519	1 주 경왕敬王	23	29	7	18	10 오吳에 패배	13	16	15 오吳에 패배	3	5	11 초 세자 건의 반란을 모의하여 주살당하다	5	8 공자 광光, 초를 격파

연도	주周	노魯	제齊	진晉	진秦	초楚	송宋	위衛	진陳	채蔡	조曹	정鄭	연燕	오吳
518	2	24	30	8	19	11 오吳가 초楚의 종리鍾離를 취하다	14	17	16	1 채 소공昭公	6	12	6	9
517	3	25 삼환三桓이 축출, 소공을 운부로 도피	31	9	20	12	15	18	17	2	7	13	7	10
516	4	26	32	10	21	13 공자 신申이 보위를 사양, 진녀秦女의 아들 진珍이 즉위함	1 송 경공景公	19	18	3	8	14	8	11
515	5	27	33	11	22	1 초 소왕昭王	2	20	19	4	9	15	9	12 공자 광光이 오왕 요를 죽이고 즉위
514	6	28	34	12 육경六卿이 공족을 죽이고 고을을 나눠 갖다	23	2	3	21	20	5	1 조 성공聲公	16	10	1 오왕 합려闔閭
513	7	29	35	13	24	3	4	22	21	6	2	1 정 헌공獻公	11	2
511	9	31	37	1 진 정공定公	26	5 오吳가 침공	6	24	23	8	4	3	13	4 초楚를 공격
510	10	32	38	2	27	6	7	25	24	9	5 공자 통通이 송공을 人해하고 즉위함	4	14	5

	주周	노로魯	제제齊	진진晉	진진秦	초초楚	송송宋	위위衛	진진陳	채채蔡	조조曹	정정鄭	연연燕	오오吳
509	11	1 노 정공定公. 소공이 망명지에서 죽다	39	3	28	7 낭와囊瓦가 치다 패배, 채후蔡侯가 입조하다	8	26	25	10 초楚에 입조했다가 갖옷 때문에 억류됨	1 조 은공隱公	5	15	6 초楚의 침공을 격퇴하고 거소居巢를 빼앗다
507	13	3	41	5	30	9 채 소공 3년 동안 억류 되었다가 낭와에게 갖옷을 주고 귀국	10	28	27	12 소공 귀국 하여 진晉에 초楚를 칠 것을 요청	3	7	17	8
506	14	4	42	6 제후들과 연합하여 초楚를 공격	31 초楚 신포서申包胥가 구원병을 요청하다	10 오吳, 채蔡가 영도郢都를 점령. 소왕 도피. 오자서는 평왕의 시신에 매질을 함.	11	29	28	13 오吳와 연합. 초楚를 영도를 점령	4	8	18	9 채蔡와의 연합. 초楚를 공격하여 영도를 점령하다
505	15 양호陽虎가 계환자季桓子에게 반란을 일으키다	5	43	7	32	11 진秦이 구원병 보냄 오 퇴각, 소왕 귀환	12	30	1 진 회공懷公	14	1 조 정공靖公	9	19	10
504	16 왕자 조朝의 반란으로 경왕이 진晉으로 도피	6	44	8	33	12 오吳가 번番 땅을 점령	13	31	2	15	2	10 노魯가 침공	1 연 간공簡公	11 초楚를 변番 땅을 취함

	周주	魯노	齊제	晉진	秦진	楚초	宋송	衛위	陳진	蔡채	曹조	鄭정	燕연	吳오
503	17 유권卷이 진晉의 도움으로 경왕을 맞이음	7 제齊가 침공	45 위衛와 노魯를 공격	9 주 경왕을 귀국시키다	34	13	14	32 제齊가 침공	3	16	3	11	2	12
502	18	8 양호陽虎가 삼환三桓을 공격하다 패배, 양관陽關으로 도주	46 노魯가 침공, 서鉏, 공방을 별임	10 위衛를 공격	35	14	15	33 진晉과 노魯가 침공	4 회공이 오吳로 감	17	4	12	3	13 진陳 회공懷公이 왔다가 오吳에서 죽다
501	19	9 양호가 제齊로 도주	47 양호가 제齊에서 진晉으로 도주	11 양호가 망명 옴	36	15	16 양호가 송宋에 왔다가 진晉으로 도주	34	1 진 민공閔公	18	1 조백 양曹伯陽	13	4	14
500	20	10 제齊와 협곡夾谷 회맹, 공자孔子가 명을 돌려받다	48	12	1 진 혜공惠公	16	17	35	2	19	2	1 정 성공聲公	5	15
498	22	12 제齊에서 여악女樂을 보냄, 계환자季桓子가 정공이 받아들이자 공자가 사직함	50 노魯에 여악을 보내 미인계를 쓰다	14	3	18	19	37 조曹를 공격	4	21	5 위衛가 침공	3	7	17
497	23	13	51	15 조앙趙鞅이 범씨와 중항씨를 주방	4	19	20	38 공자 孔子가 위衛로 오다	5	22	5	4	8	18

주周	노魯	제齊	진晉	진秦	초楚	송宋	위衛	진陳	채蔡	조曹	정鄭	연燕	오吳
496 24	14	52	16	5	20	21	39 세자 괴외蒯聵, 괴외가 국외로 도피	6 공자 孔子, 진陳에 오다	23	6	5 공손교公孫僑(子産)가 죽다	9	19 합려闔閭를, 월월越을 공격 중 받가락이 잘려 그 부상이 악화되어 죽다
495 25	15	53	17	6	21 호胡를 멸함	22 정鄭이 침공	40	7	24	7	6 송末을 공격	10	1 오왕 부차夫差
494 26	1 노 애공哀公	54 진晉를 공격	18 조앙이 범씨와 중항씨를 공격, 제齊, 위衛가 침공	7	22 제후들과 연합, 채蔡를 공격	23	41 진晉을 공격	8	25 초楚가 침공	8	7	11	2 월越을 침공
493 27	2	55 범씨와 중항씨를 지원하다	19 조앙이 범씨와 중항씨를 공격, 정鄭의 구원병을 격퇴	8	23	24	42 영공이 죽고 괴외의 아들 첩輒이 즉위. 괴외 진晉에 망명	9	26	9	8 범씨와 중항씨를 출병, 진晉를 구원하러 조앙과의 전투에서 패배	12	3
492 28	3	56	20	9	24	25 환퇴桓魋가 공자를 공격	1 위 출공出公	10	27	10 송末이 공격	9	1 연 효공孝公	4
491 29	4	57 진晉에 범씨의 구원을 요청	21 조앙이 한단邯鄲과 백인柏人을 함락시킴	1 진 도공悼公	25	26	2	11	28 대부 공共이 소공昭公을 시해	11	10	2	5

주周	노魯	제齊	진晉	진秦	초楚	송宋	위衛	진陳	채蔡	조曹	정鄭	연燕	오吳
490 / 30	5	58 / 경공이 죽자 애공의 아들을 족이 옹위케 함	22 / 범씨와 중항씨 조앙에게 패배. 후 제齊로 망명. 위衛를 공격	2	26	27	3 / 진晉이 침공	12	1 / 채 성공 成公	12	11	3	6
489 / 31	6	1 / 안유자 安孺子 진걸 陳乞이 공자 양생 陽生을 보위에 올리려고 안유자를 시해함	23	3	27 / 진陳을 구원하려다 소왕이 성보城父에서 죽다	28 / 조曹를 공격	4	13 / 오吳가 침공. 초楚가 구원옴	2	13 / 송宋이 침공	12	4	7 / 진陳을 공격
488 / 32	7 / 오왕과 증鄫에서 회맹	도공 悼公	24 / 위衛를 공격	4	1 / 초 혜왕惠王	29 / 정鄭과 조曹를 공격	5 / 진晉이 침공	14	3	14 / 송宋이 침공. 정鄭이 구원 옴	13	5	8 / 노魯나라와 증鄫에서 회맹
487 / 33	8 / 오吳가 침공. 제齊, 세 고을을 탈취해감	2 / 노魯를 공격, 세 고을을 취함	25	5	2 / 오吳에서 공자 승勝을 불러들여 백공白公에 봉함	30 / 조曹를 공격하여 멸망시킴	6	15	4	15 / 송宋이 조曹를 멸망시킴	14	6	9 / 노魯를 공격
486 / 34	9	3	26	6	3 / 진陳을 공격	31 / 정鄭이 침공을 격퇴	7	16 / 오吳와 우호	5		15 / 송宋을 공격하다 패배	7	10
485 / 35	10 / 오吳와 연합 제齊를 공격	4 / 진항陳恒이 도공을 시해. 공자 임壬을 옹립	27 / 제齊를 공격	7	4 / 진陳을 공격	32 / 정鄭을 공격	8 / 진陳에서 공자 칸子가 오다	17	6		16	8	11 / 오자서 伍子胥를 자결케 하다

주周	노魯	제齊	진晉	진秦	조초	송宋	위衛	진陳	채蔡	조曹	정鄭	연燕	오吳
484 36	11 공자孔子 귀국 孔子가 귀국	1 제 간공 簡公	28	8	5	33	9	18	7		17	9	12
482 38	13 오몽와 황지 黃池에서 회맹	3	30 황지 회맹에서 오몽와 패주를 다툼	10	7	35	11	20	9		19	11	14 제후들과 황지黃池에서 회맹
481 39	14 서쪽 교외에서 기린을 잡다. 위출공이 망명 오다	4 진항이 감지闞止, 간공簡公을 죽이고 평공주公을 옹립	31	11	8	36	12 괴귀 귀국, 읜도 출공은 국외로 망명	21	10		20	12	15
480 40	15 제齊가 빼앗은 땅을 돌려주다	1 제 평공 平公 주公 전씨田氏가 권력 장악	32	12	9	37	1 위 장공 莊公	22	11		21	13	16
479 41	16 공자孔子가 죽다	2	33	13	10 백공 반란, 섭공葉公이 반란 진압, 백공은 자살	38	2	23	12		22	14	17
478 42	17	3	34	14	11 진陳을 멸함	39	3 진晉이 장공을 죽출함	24 초楚가 진陳을 멸함	13		23	15	18 월越이 침공
477 43	18	4	35	15	12	40	1 위 군기 君起, 출공이 복위함		14		24	16	19
476 44	19	5	36	1 진 여공공 厲共公	13 오몽기 침공	41	1 위 출공 복위		15		25	17	20 초楚를 공격

연도	주周	노魯	제齊	진晉	진秦	초楚	송宋	위衛	진陳	채蔡	조曹	정鄭	연燕	오吳
475	1 주 원왕元王	20	6	37	2	14	42	2		16		26	18	21 월越이 공격해옴
474	2	21	7	1 진 출공出公	3	15	43	3		17		27	19	22
473	3	22	8	2	4	16	44	4		18		28	20	23 월越이 오吳를 멸함
471	5	24	10	4	6	18	46	6		1 채 성공聲公		30	22	
470	6	25	11	5	7	19 왕자영 王子英 진晉으로 망명	47	7 대부들과 불화한 출공이 월越로 쫓겨남		2		31	23	
469	7	26	12	6	8	20	48 세자 득得, 대윤大尹 계를 공자 계를 죽이고 즉위함	1 위 도공悼公		3		32	24	
468	1 주 정정왕貞定王	27 애공이 삼환三桓을 죽출하려다 오히려 쫓겨남	13	7	9	21	1 송 소공昭公	2		4		33	25	

전국시대

기원전	주周	진秦	조趙	위魏	한韓	초楚	연燕	제齊	송宋	월越	진晉	노魯	위衛	중산中山	기杞	정鄭
468	1 주 정정왕 貞定王	9 진 여공공 厲共公	8 조 양자 襄子			21 초 혜왕 惠王	25 연 효공 孝公	13 제 평공 平公	1 송 소공 昭公	29 월왕 구천 勾踐, 낭야琅邪로 도읍을 옮김	7 진 출공 出公	27 노 애공哀公, 삼환三桓을 축출하려 오히려 쫓겨남	2 위 도공 悼公		3 기 애공 哀公	33 정 성공 聲公
467	2	10 위성魏城을 공격	9			22	26	14	2	30	8	1 노 도공悼公, 삼환三桓이 권력을 장악하다	3		4	34
465	4	12	11	조 양자 襄子 즉위	한 간자 簡子 즉위	24	28	16	4	32	10	3	5		6	36
464	5	13	12			25	29	17 정鄭을 구원	5	33	11 지백요 智伯瑤 정鄭을 공격	4	1 위 경공 敬公		7	37 진晉 지백이 침공
463	6	14	13			26	30	18	6	1 월왕 녹영 鹿郢	12	5	2		8	38
462	7	15	14			27	31	19	7	2	13	6	3		9	1 정 애공 哀公
461	8	16 대려大荔 정벌	15	위 환자 桓子 즉위	한 장자 莊子 즉위	28	32	20	8	3	14	7	4		10	2
460	9	17	16			29	33	21	9	4	15	8	5		1 기 출공 出公	3

연도	주周	진秦	조趙	위魏	한韓	조초趙楚	연燕	제齊	송宋	월越	진晉	노魯	위衛	중산中山	기杞	정鄭
458	11	19	18 지백智伯과 함께 범씨范氏, 중항씨中行氏의 땅을 나누어 갖다	범씨, 중항씨의 땅을 나누어 갖다	범씨, 중항씨의 땅을 나누어 갖다	31	35	23	11	6	17 범씨, 중항씨의 땅을 나누어 갖다	10	7		3	5
457	12	20	19			32	36	24	12	1 월왕 불수不壽	18 지백, 중산中山을 정벌	11	8	진晉 지백智伯이 침공	4	6
455	14	22	21 지백智伯이 땅을 요구하다. 위魏와 한韓이 진양晉陽을 침공	조趙 진양晉陽을 공격	조 진양을 공격	34	38	1 제 선공宣公	14	3	20 지백이 위魏, 한韓과 연합해 조趙를 공격	13	10		6	8 정 애공이 시해되고 정 공공共公 즉위 1 정 공공共公
454	15	23	22			35	1 연 성공成公	2	15	4	21	14	11		7	2
453	16	24	23 지백을 패배시키고, 위魏, 한韓과 그 땅을 나누어 갖다	지백을 패배시키고 그 땅을 나누어 갖다	지백을 패배시키고 그 땅을 나누어 갖다	36	2	3	16	5	22 조趙, 위魏, 한韓이 지씨智氏를 멸하고 그 땅을 나누어 갖다	15	12		8	3
452	17	25 진晉 대부 지개知開가 망명 오다	24			37 진 출공出公 초楚로 망명	3	4	17	6	23 출공三卿을 제거하려다 공격을 받고 초楚로 망명 객사함	16	13		9	4

주周	진秦	조趙	위魏	한韓	조楚	연燕	제齊	송宋	월越	진晉	노魯	위衛	중산中山	기杞	정鄭
451	18	26	25			38	4	5	18	7	1 진 애공哀公	17	14		10	5
448	21	29	28			41	7	8	21	10 월왕 불수 시해됨	4	20	17		1 기 간공簡公	8
447	22	30	29			42 채蔡를 멸함	8	9	22	1 주구 朱勾	5	21	18		2	9
445	24	32	31	1 위 문후 文侯		44 기杞를 멸함	10	11	24	3	7	23	20		4 초楚가 기杞를 멸함	11

주周	진秦	조趙	위魏	한韓	조楚	연燕	제齊	송宋	월越	진晉	노魯	위衛	중산中山	정鄭
444	25	33 의거義渠를 공격, 왕을 사로잡다	32	2		45 월越과 장강에서 전투. 공수반 公輸盤이 무기를 만들다	11	12	25	4 초楚와 장강에서 전투	8	24	21		12
442	27	1 진 조공躁公	34	4		47	13	14	27	6	10	26	23		14
440	1 주 고왕考王, 왕이 아우 게를 하남河南에 봉하고 서주공西周公이라 함	3	36	6		49	15	16	29	8	12	28	25		16

주周	진秦	조趙	위魏	한韓	초楚	연燕	제齊	송宋	월越	진晉	노魯	위衛	중산中山	정鄭
439 2	4	37	7		50 송宋을 공격	16	17	30 초楚가 침공	9	13	29	26		17
438 3	5	38	8		51	1 연 민공 閔公	18	31	10	14	30	27		18
436 5	7	40	10		53	3	20	33	12	16	1 노 원공 元公	29		20
433 8	10	43	13		56	6	23	36	15	1 진 유공幽公. 한韓, 조趙, 위魏, 강성하여 강絳과 곡옥曲沃만 소유	4	32		23
431 10	12	45	15		1 조 간왕簡王 거듭을 열음	8	25	38	17	3	6	1 위 소공 昭公		25
428 13	1 진 회공懷公	48	18		4	11	28	41	20	6	9	4		28
426 15	3	50	20		6	13	30	43	22	8	11	6 공자미 公子亹을 시해, 보위에 오름		30
425 1 주 위열왕 威烈王	4 서장자 조朝가 진회공을 시해함. 세자가 일찍 죽어서 세자의 아들을 보위에 올리다	51 조앙자가 죽고 조양자 趙襄子 대를 잇다. 獻侯이	21		7	14	31	44	23	9	12	1 위 해공 懷公		31

年	周주	秦진	趙조	魏위	韓한	楚초	燕연	齊제	宋송	越월	晉진	魯노	衛위	中山중산	鄭정
424	2	1 진 영공靈公	1 조헌자趙獻子의 조양자의 아들 조가趙嘉가 현후를 죽출하고 자립. 조헌자가 죽고 현후가 다시 옹립됨	22 위문후가 개원改元하고 정식 제후를 칭함	1 한무자韓武子, 평양平陽에 도읍하고 제후를 칭함	8	15	32	45	24	10	13	2		32
423	3	2	1 조 헌후獻侯	2	2 정鄭을 정벌하고 정 유공幽公을 죽이다	9	16	33	46	25	11	14	3		1 정 유공幽公 한韓이 유공을 죽임 정 수공繻公 즉위
422	4	3	2	3	3	10	17	34	47	26	12	15	4		1 정 수공繻公
416	10	9	3	9 진 유공을 幽公을 죽이고 그 아안 지止를 옹립	9	16 위魏를 공격	23	40	53	32	18 위환가 유공幽公을 죽이고 그 아안 지止를 옹립	21	10		7
415	11 서주 환공西周桓公이 죽다	10 직고籍姑에 성을 쌓다	9	10	10	17	24	41	54	33	1 진 열공烈公	1 노 목공穆公 공의휴公儀休가 성국이 됨	11 공자 퇴穨, 희공僖公을 죽이고 즉위		8

주周	진秦	조趙	위魏	한韓	조초楚	연燕	제齊	송宋	월越	진晋	노魯	위衛	중산中山	정鄭
414	1 진 간공簡公	10	11	11	18	1 연 간공簡公	42	55	34 등滕을 멸함	2	2	1 위 신공愼公	1 무공武公	9
413	2 위魏와 싸워 패배하다	11	12 제齊가 침략. 진秦을 격파	12	19 위魏를 공격	2	43 진晋을 공격	56	35 담郯을 멸함	3	3	2	2	10
412	3 위魏가 번방繁龐을 탈취	12	13 진秦의 번방繁龐을 함락시킴	13	20	3	44 노魯, 거莒, 인양安陽을 공격	57	36	4	4 제齊가 침략, 오기吳起가 격퇴함	3	3	11
411	4	13 평읍주邑에 성을 쌓음	14	14	21	4	45 노魯를 공격	58	37	5	5 오기吳起로 망명	4	4	12
410	5	14	15	15	22	5	46	59	1 월왕 예翳	6	6	5	5	13
409	6 위魏가 다섯 성을 빼앗다	15	16 오기吳起를 시켜 진秦의 다섯 성을 빼앗고 임진臨晋과 원리元里에 성을 쌓다	16	23	6	47	60	2	7	7	6	6	14
408	7 위魏에 하서河西 땅을 빼앗기다	1 조 열후烈侯. 세자를 시켜 중산국을 공격하다	17 진秦을 공격. 오기吳起를 시켜 태수로 삼다. 중산국을 공격하다	1 한 경후景侯. 정鄭을 공격 우구雍丘를 탈취	24	7	48 노魯, 성읍郕邑을 탈취	61	3	8	8 제齊에 성읍郕邑을 빼앗기다	7	7 위魏가 침략	15 한韓이 침략

연도	주周	진秦	조趙	위魏	한韓	조楚	연燕	제齊	송宋	월越	진晉	노魯	위衛	중산中山	정鄭
407	19	8	2	18 위 문후 文侯가 자하 子夏에게서 경전 공부를 하다	2 정鄭이 침략	1 초 성왕聲王 송宋을 공격	8	49	62 조楚가 침략	4	9	9	8	8	16 한韓을 공격하여 승리
406	20	9	3	19 중산국 中山國을 멸함	3	2	9	50 서성西城에서 정鄭과 회맹, 위衛를 공격	63	5	10	10	9 제齊가 침략	9 위魏에게 멸망	17
405	21	10	4	20	4	3	10	51 전도자田悼子가 죽고 전화田和가 가문을 잇다	64	6 제齊를 공격, 중묘을 멸함	11	11	10		18
404	22	11	5 제齊를 공격	21 삼진三晉이 제齊를 공격, 제 선공宣公을 잡다	5 강공康公이 제齊를 공격	4	11	1 제 강공康公, 삼진三晉이 침략, 선공宣이 잡히다	65	7	12	12	11		19
403	23 구정九鼎이 흔들림	12	6 정식 제후가 되다	22 정식 제후가 되다	6 정식 제후가 되다	5	12	2	1 송 도공悼公	8	13	13	12		20
402	24	13	7 조 열후가 음악에 탐닉하다	23	7	6 초 성왕聲王이 도적에게 시해되다	13	3	2	9	14	14	13		21
401	1 주 안왕安王	14 위魏를 공격	8	24 진秦이 침략	8	1 초 도왕悼王	14	4	3	10	15	15	14		22

	주周	진秦	조趙	위魏	한韓	초楚	연燕	제齊	송宋	월越	진晉	노魯	위衛	중산中山	정鄭
400	2	15	9 조초를 공격	25 삼진三晉이 초楚를 공격	9 정鄭이 침략	2 삼진三晉이 침략	15	5	4	11	16	16	15		23 한韓을 공격
399	3 왕자 정定, 위魏로 망명	1 진 혜공惠公	1 조 무공武公	26	1 한 열후烈侯	3	16	6	5	12	17	17	16		24
398	4	2	2	27	2	4 정鄭을 공격	17	7	6	13	18	18	17		25
397	5	3	3	28	3 섭정聶政이 상국 협루俠累를 살해	5	18	8	7	14	19	19	18		26
396	6	4	4	29	4	6	19	9	8	15	20	20	19		27 상국 자양子陽, 구隙, 수공繻公을 시해
395	7	5	5	1 위 무후武侯	5	7	20	10	9	16	21	21	20		1 정 강공康公
394	8	6	6	2	노魯를 구원	8	21	11 노魯를 공격	10	17	22 제齊가 침략	22	21		2
393	9	7	7	3 정鄭을 공격	7 초楚가 부서 負黍 땅을 빼앗다	9 한韓을 공격, 부서負黍 땅을 탈취	22	12	11	18	23	23	22		3 위魏가 침략
392	10	8	8	4	8	10	23	13 전화田和, 강공康公을 바닷가로 유폐하다	12	19 제齊를 공격	24	24	23		4

BC	주周	진秦	조趙	위魏	한韓	초楚	연燕	제齊	송宋	월越	진晉	노魯	위衛	중산中山	정鄭
391	11	9 한韓 의양宜陽 공격, 육읍六邑을 뺏다	9 초楚를 공격	5 삼진三晉이 초楚를 공격	9 진秦이 육읍을 뺏앗다	11 삼진三晉이 침략	24	14	13	20	25	25	24	5	5
390	12	10	10	6	10	12 오기吳起가 망명	25	15 노魯에게 패배	14	21	26	26 제齊에 승리	25	6	6
389	13	11	1-	7	11	13 영윤 오기吳起, 변법 시행	26	16	15	22	27	27	26	7	7
388	14	12	12	8	12	14	27	17	16	23	1 진 효공孝公	28	27	8	8
387	15	13	13 무공 죽다	9	13	15	28	18	17	24	2	29	28	9	9
386	16	1 진 출공出公	1 조 경후敬侯 무공武公의 아들 조명趙朝이 반란, 위魏로 망명	10 조趙나라 한단邯鄲을 기습	1 한 문후文侯	16	29	1 제 태공太公 전화田和가 정식 제후가 되다	18	25	3	30	29	10	10
385	17	2 대신들이 출공出公을 시해하고 진 헌공獻公 옹립	2	11	2 정鄭을 공격, 송宋을 공격, 도읍을 옮기다	17	30	2	19 한韓이 침략, 도읍을 점이남. 1 송 휴공休公	26	4	31	30		11 한韓이 침략
384	18	1 진 헌공獻公	3 위魏를 구원	12 제齊에 패배, 조趙가 구원	3	18	31	1 전후田侯 섬剡이 위魏를 공격	2	27	5	32	31	12	12

정鄭	중산中山	위衛	노魯	진晉	월越	송宋	제齊	연燕	조楚	한韓	위魏	조趙	진秦	주周	
13		32 조趙가 침략. 위魏가 구원	33	6	28	3	2	32	19	4 위衛를 구원에 승리	13 위衛를 구원. 조趙에 승리	4 위衛를 공격, 위魏가 구원	2	19	383
14		1 殤公. 조趙를 공격	1 공공 共公	7	29	4	3 위衛를 원조	33	20	5	14 위衛를 원조	5 위衛가 침략	3	20
15		2	2	8	30	5	4	34	21 오기吳起 위魏를 공격. 조趙를 구원. 귀족들이 오기를 살해	6	15 조楚가 침략. 조趙가 침략	6 위魏 하북을 공격 河北을 공략	4	21	381
16		3	3	9	31	6	5 연燕을 공격	35 제齊가 침략. 삼진 三晉이 구원	1 조 숙왕肅王 도왕의 시신에 화살을 쏜 70여 가문을 멸문시킴	7 제齊를 공격	16 제齊를 공격	7 제齊를 공격	5	22	380
17	환공 桓公. 나라를 재건	4 조趙가 기습	4	10	32	7	6 제 강공康公이 죽고 강태공의 제사가 끊김	36	2	8	17	8 위衛를 공격, 파배함	6	23	379
18	1 환공 桓公	5	5	11	33 오몽도 천도	8	7 삼진三晉이 침략	37	3	9 제齊를 공격	18 제齊를 공격	9 제齊를 공격	7	24	378
19	2 조趙와 전투	6	6	12	34	9	8	38	4	10	19	10 중산국과 방자房子에서 전투	8	25	377

Table 1

기원전	주周	진秦	조趙	위魏	한韓	초楚	연燕	제齊	송宋	월越	진晉	노魯	위衛	중산中山	정鄭
376	26	9	1 중산국과 전투	20	1 한 애후哀侯	5	39	9	10	35	13	7	7	3 조趙와 중인中人에서 전투	20
375	1 주 열왕烈王	10	12	21 초楚나라 유관楡關을 탈취	2 정鄭을 멸하고 그곳으로 도읍을 옮김	6 위魏가 유관楡關을 뺏어감	40	10	11	36 태자 제구諸咎가 월왕 예翳를 시해함. 무착지無錯枝가 보위에 오름	14	8	8	4	21 한韓에 의해 멸망

Table 2

기원전	주周	진秦	조趙	위魏	한韓	초楚	연燕	제齊	송宋	월越	진晉	노魯	위衛	중산中山
374	2	11	1 조 성후成侯	22	3 한엄韓嚴, 애후 시해. 공자 약산若山 즉위. 1 한 의후懿侯	7	41	1 전환공田桓公 전오田午가 임금을 시해하고 스스로 왕이 됨	12	1 무착지無錯枝	15	9	9	5
373	3	12	2	23 제齊를 공격	2	8	42 제齊에 승리	2 연燕에 패배. 위魏와 노魯가 침략	13	2 변란이 일어나 무여無余가 즉위	16	10 제齊를 공격	10	6
372	4	13	3 위衛를 공격 73개 성읍을 뺏다. 위 魏에 패배	24 조趙에 승리	3	9	43	3 위衛가 설릉薛陵을 탈취	14	1 월왕 무여無余	17	11	11 제齊 설릉薛陵을 뺏음. 조趙가 침략	7

주周	진秦	조趙	위魏	한韓	초楚	연燕	제齊	송宋	월越	진晉	노魯	위衛	중산中山	
5	14	4	25 초楚를 공격, 노양魯陽을 뺏다	4	10 위魏가 노양魯陽을 뺏아감	44	4	15	2	18	12	1 위 성후成侯	8	371
6	15	5 제齊를 공격	26 위앵魏罃과 위완魏緩이 보위를 다툼	5	11	45	5 조趙가 침략	16	3	19	13	2	9	370
7	16	6	1 위 혜왕惠王 위앵이 보위에 오름	6	1 초 선왕宣王	1 연 환공桓公	6	17	4	20 조趙와 한韓이 효공을 둔류屯留로 옮김	14	3	10	369
1 주 현왕顯王. 공자 조朝와 근根이 다퉈 나라가 둘로 갈라짐	17 역양櫟陽에 황금 비가 내리다	7 제齊를 공격, 한韓과 함께 주周 왕실을 공격	2 제齊가 침략	7 조趙와 주周 왕실을 공격	2	2	7 위魏를 공격, 조趙가 침략	18	5	21	15	4	11	368
3	19 한韓과 위魏에 승리	9	4 진秦에 패배. 한韓과 태양宅陽에서 회맹	9 위魏와 태양宅陽에서 회맹	4	4	9	20	7	23	17	6	13	366
4	20	10	5 송宋을 공격	10	5	5	10	21 위魏가 침략	8	24	18	7	14	365
5 진秦에 축하 사절을 보냄	21 위魏에 승리, 6만 명을 참수함	11 위魏를 구원	6 진秦에 패배, 군사 6만이 죽음. 대량大梁 천도	11	6	6	11	22	9	25	19	8	15	364

周		秦	趙	魏	韓	楚	燕	齊	宋	越	晉	魯	衛	中山
362	7	23 위魏와 싸워 위 태자를 사로잡다	13 위魏에 패배. 한韓과 성당上黨 회함	8 진秦에 패배. 태자가 포로가 됨	1 한 소후昭侯. 조趙와 성당에서 회맹	8	8	13	1 송 환공桓公	11	27	21	10	17
361	8	1 진 효공孝公. 삼진三晉이 침략	14 한韓과 연함. 진秦을 공격	9 한韓과 무사 조趙와 무사 巫沙 회맹	2 위魏와 무사 회맹. 조趙와 연함. 진秦을 공격	9	1 연 문공文公	14	2	12	28	22	11	18
360	9	2	15 위魏를 도와 제齊를 공격	10 제齊를 공격	3	10	2	15 위魏가 침략	3	1 월왕越王 무전無彊	29	23	12	19
359	10	3	16 한韓과 함께 진晉을 둘로 나눔. 효공을 단씨端氏에 봉함	11	4	11	3	16	4	2	30 한韓 조趙, 땅을 분함. 효공을 단씨에 봉함	24	13	20
358	11	4 서산西山에서 한韓에 승리	17	12	5 서산에서 진秦에 패배	12	4	17	5	3	31	25	14	21
357	12	5	18 호鄗에서 위魏와 회맹	13 호鄗에서 조趙와 회맹. 한韓과 무사에서 회맹	6 송宋이 황지黃池를 빼앗아감. 위魏와 무사에서 회맹	13	5	18	6 한韓 황지黃池를 습격하다	4	32	26	15	22

주周	진秦	조趙	위魏	한韓	초楚	연燕	제齊	송宋	월越	진晉	노魯	위衛	중산中山
13 356	6	19 연燕과 아阿에서 회맹. 제齊, 송宋, 평륙平陸에서 회맹	14 노魯, 위衛, 송宋, 군주가 오다	7 소후昭侯가 위魏를 방문	14	6 조趙와 아阿에서 회맹	제 위왕威王 조趙, 송宋과 평륙平陸에서 회맹	7 환공이 위魏를 방문. 조趙, 송宋, 평륙平陸에서 회맹	5	1 진 정공靜公	27 공공共公이 위魏를 방문	16 성후成侯가 위魏를 방문	23
14 355	7 위魏와 두평杜平에서 회맹	20	15 진秦과 무릉에서 회맹. 송宋과 황지黃池를 공격	8 신불해申不害가 상국이 되다	15 소해휼昭奚恤이 영윤이 되다	7	2 추기鄒忌 금琴으로 위왕威王에게 유세하다	1 송 척성군剔成君. 자한子罕이 환공을 폐하고 즉위	6	2	28	17	24
15 354	8 원리元里에서 위魏 군사 7000명을 참수	21 위魏가 한단邯鄲을 공격	16 위衛를 구원하러 조趙 한단을 공격	9	16	8	3 추기鄒忌를 성후成侯에 봉함	2	7	3	29	18 조趙를 침략, 위魏가 구원	25
16 353	9	22 위魏에게 한단邯鄲 함락. 성후成侯 신도信都로 피신	17 조趙 한단邯鄲을 함락, 계릉桂陵에서 제齊에 패배	10 동주東周를 공격	17	9	4 조趙를 구원, 계릉桂陵에서 위魏에 승리	3 제齊, 위衛와 함께 위魏를 공격	8	4	30	19 제齊, 송宋과 함께 위魏를 공격	26
17 352	10 공손앙公孫鞅 등용. 위魏 안읍安邑을 공격	23	18 진秦이 안읍安邑을 빼앗아감	11 위魏를 구원, 제齊를 격파	18 제齊가 경사景舍에게 부탁, 위魏에 강화를 요청	10	5 위魏, 한韓이 제齊, 송宋, 위衛 연합군을 격파	4	9	5	1 노 강공康公	20	27
18 351	11	24 위魏가 한단邯鄲을 돌려줌	19 조趙에 한단邯鄲을 돌려줌	12	19	11	6	5	10	6	2	21	28

주周	진秦	조趙	위魏	한韓	조초楚	연燕	제齊	송宋	월越	진晉	노魯	위衛	중산中山
350 19	12 위魏가 침략	25 공자 설縏 권력쟁탈 실패, 한韓에 망명	20 진秦을 공격	13	20	12	7	6	11	7	3	22	29
349 20	13	조 숙후肅侯	21	14 한기韓記, 진군晉君 시해	21	13	8	7	12	8 한기韓記, 정공靜公 시해	4	23	30

주周	진秦	조趙	위魏	한韓	조초楚	연燕	제齊	송宋	월越	노魯	위衛	중산中山
348 21	14	2 위魏와 음진陰晉에서 회맹	22 조趙와 음진陰晉에서 회맹	15 소후昭侯, 진秦을 방문	22	14	9	8	13	5	24	31
344 25	18 상앙商鞅을 시켜 위魏惠王과 회맹	6 제齊를 공격, 고당高唐을 탈취	26 왕을 칭함, 열두 제후와 회맹	19	26	18	13 제 위왕威王, 진秦을 방문	12	17	9	28	35
343 26 진秦을 방백方伯에 봉함	19 천자가 진군秦君을 방백에 봉함	7	27 중산군中山君을 상국에 임명	20	27	19	14	13	18	1 노 경공景公	29	36
342 27	20 제후들과 택澤에서 회맹, 천자를 알현.	8	28 한韓을 공격, 승리함	21 위魏가 침략, 제齊가 구원	28	20	15 한韓을 구원, 위魏를 공격	14	1 월왕 무강無彊	2	1 위 평후平侯	37
341 28	21	9	29 방연龐涓이 마릉馬陵에서 제齊에 대패하여 자결함	22	29	21	16 전기田忌, 손빈孫臏 등이 마릉에서 위魏를 격파	15	2	3	2	38

	주周	진秦	조趙	위魏	한韓	조초	연燕	제齊	송宋	월越	노魯	위衛	중산中山
340	29	22 상앙商鞅을 대량조大良造에 봉함	10 위魏를 공격	30 진秦 상앙이 공자 앙띠을 잡아가다	23	30	22	17 조趙와 연합. 위魏를 공격	16	3	4	3	39
339	30	23	11	31 공자 혁赫을 태자로 삼다	24	1 조 위왕威王	23	18	17	4	5	4	1 성공成公
338	31	24 위魏와 안문岸門에서 전투. 효공孝公이 죽고 상앙이 망명 요청을 동지形地에서 거절함.	12	32 진秦이 안문을 침략. 상앙이 망명 요청을 거절함.	25	2	24	19	18	5	6	5	2
337	32	1 진 혜문왕惠文王	13	33	26	3	25	20	19	6	7	6	3
336	33	2	14	34 제齊와 동아東阿에서 회맹. 맹자孟子구가 오다	27 제齊와 동아에서 회맹	4	26	21 위魏, 한韓과 동아에서 회맹	20	7	8	7	4
335	34	3 혜문왕. 왕王을 칭함. 한韓을 의양宜陽을 뺏다	15	35 제齊와 견甄에서 회맹	28 제齊와 견에서 회맹. 진秦이 의양을 뺏앗이가다	5	27	22 위魏, 한韓과 견에서 회맹	21	8	9	8	5
334	35	4 주周 천자가 제육을 보내오다	16	36 제齊와 서주徐州에서 회맹. 1 해왕, 왕을 칭함. 개원改元	29	6	28	23 위魏와 서주徐州에서 회맹. 위왕, 왕을 칭함	22	9	10	1 위 사군嗣君	6

周同	秦진	趙조	魏위	韓한	楚초	燕연	齊제	宋송	越월	魯노	衛위	中山중산
333 / 36	5	17 위魏 땅을 공격했으나 이기지 못함	2 趙땅을 黃땅을 공격	30	7 서주徐州에서 제齊를 공격	29	24 趙楚가 서주를 침략, 신박申縛을 패배시킴	23	10	11	2	7
332 / 37	6	18 제齊, 위魏가 침략. 황하를 터서 수공으로 적을 공격	3 조趙를 공격, 진秦도 公孫衍이 침략해옴	1 한 선혜왕宣惠王	8	1 연 역왕易王	25 위魏와 연합, 조趙를 공격	24	11	12	3	8
331 / 38	7 의거義渠가 반란, 서장자 조操가 반란을 평정	19	4	2	9	2	26	25	12	13	4	9
330 / 39	8 위魏가 하서河西로 공격해오다	20	5 진秦에 용가龍賈의 군사가 패배, 하서 땅과 소량少梁을 잃다	3	10	3	27	26	13	14	5 군군으로 호칭이 낮아지다	10
329 / 40	9 황하를 건너 분음汾陰과 피씨皮氏를 취함	21	6 진秦에게 분음과 피씨를 빼기다	4	11 위魏가 형산陘山을 탈취하다	4	28	27 공자 언偃이 형 척성剔成을 쫓아내고 즉위	14	15	6	11
328 / 41	10 장의張儀가 재상이 됨, 공자 상桑과 포양蒲陽을 공격, 위魏가 상군上郡을 바치다	22 방자房子에서 중산中山을 격파	7 진秦에 상군을 바침	5	1 초회왕懷王	5 중산中山과 싸워 패배	29	1 송 강왕康王	15	16	7	12 조趙에 패배, 연燕에 승리
327 / 42	11 의거義渠의 군주가 신하가 됨, 초焦와 곡옥曲沃을 얻다	23	8 진秦에게 초와 곡옥을 잃다	6	2	6	30	2	16	17	8	1 중산왕中山王 착錯

	주周	진秦	조趙	위魏	한韓	초楚	연燕	제齊	송宋	월越	노魯	위衛	중산中山
326	43	12	24 진秦, 조楚, 연燕, 제齊, 위魏가 숙후肅侯의 장례에 모이다	9	7	3	7	31	3	17	18	9	2
325	44	13	1 조 무령왕 武靈王 위魏와 제齊에 패배	10 한韓과 무사巫沙에서 회맹	8 한거한韓擧가 위魏에 패배. 위魏와 무사에서 회맹	4	8	32 평읍平邑에서 조趙를 격파	4	18	19	10	3
324	45	14 장의張儀가 섬陝 땅을 취하다 1 개원改元	2	11 진秦에 입조. 제齊와 동아東阿에서 회맹	9 진秦에 입조	5	9	33 위魏와 동아에서 회맹	5	19	20	11	4
323	46	2 장의張儀가 제齊, 초楚와 설상齧桑에서 회맹	3 제후들과 서로 왕을 칭함	12 공손연이 연燕, 조趙, 중산中山, 위魏, 한韓이 서로 왕을 칭하도록 제창하다	10 제후들과 서로 왕을 칭하다	6 위魏나라 8읍을 빼앗다. 진秦과 설상에서 회맹	10 제후들과 서로 왕을 칭하다	34 진秦, 조楚와 설상에서 회맹	6	20	21	12	5 제후들과 서로 왕을 칭하다
322	47	3 장의張儀가 사직하고 위魏로 가다	4 한韓과 구서區鼠에서 회맹	13 진秦이 곡옥曲沃을 빼앗다	11 조趙와 구서에서 회맹	7	11	35 전영田嬰을 설薛 땅에 봉하다	7	21	1 노 평공平公	13	6
320	1 주 신정왕 愼靚王	5	6	15	13	9	1 연왕 쾌 燕王噲	37 진秦이 침략. 광장匡章을 시켜 방어.	9	23	3	15	8
319	2	6	7	16 공손연公孫衍이 상국이 됨	14 진秦이 침략, 언릉鄢陵 땅을 탈취	10	2	1 제 선왕宣王	10	24	4	16	9

년도	주周	진秦	조趙	위魏	한韓	초楚	연燕	제齊	송宋	월越	노魯	위衛	중산中山
318	3	7 다섯 나라가 함종책으로 진秦을 공격했으나 패퇴함	8 함종책으로 진秦을 공격, 패배함	1 위 양왕襄王, 함종책으로 진秦을 공격, 패배함	15 함종책으로 진秦을 공격, 패배함	11 함종책으로 진秦을 공격, 패배함	3	2 함종책으로 진秦을 공격, 패배함	11 스스로 왕을 칭함	25	5	17	10
317	4	8 한韓, 조趙와 싸워 8만 명을 참수. 장의가 재상에 복귀	9 한韓, 위魏와 진秦을 공격, 패배. 제齊에 패배	2 제齊, 송宋에게 패배함	16 진秦에게 패배, 신차申差 참하가다	12	4	3 송宋과 연합, 위魏에 승리	12 위魏를 공격	26	6	18	11
316	5	9 촉蜀을 멸함. 조趙를 공격	10 진秦이 침략	3	17	13	5	4	13	27	7	19	12
315	6	10	11 진秦에 패배	4	18 진秦이 탁택濁澤을 침략	14	6 연왕 쾌, 자지子之에게 양위. 세자 평平이 불복, 나라가 혼란에 빠짐	5	14	28	8	20	13
314	1 주 난왕赧王	11 위魏를 공격. 한韓을 공격	12 연燕 공자 직職을 귀국시킴	5 진秦이 침략	19 안문岸門에서 진秦에 패배	15	7 제齊의 공격으로 망국지경에 빠짐. 연왕 쾌와 자지가 죽다	6 맹자孟子가 오다. 광장匡章을 시켜 연燕을 공격	15	29	9	21	14 연燕을 공격, 수십 성을 탈취
313	2	12 저리질樗里疾이 조趙, 인藺땅을 공격, 조장趙莊을 사로잡다	13 진秦이 인藺땅을 침략, 조장趙莊을 잡아가다	6 진秦이 와서 공자 정政을 태자로 세움	20	16 제齊의 구원병이 진秦을 공격, 장의張儀가 상국이 됨	8	7 조楚를 도와 진秦을 공격	16	30	10	22	15

기원전(周)	주周	진秦	조趙	위魏	한韓	초楚	연燕	제齊	송宋	월越	노魯	위衛	중산中山
312	3	13 서장자 장章이 초楚를 공격. 8만 명을 참수하다	14	7 진秦과 함께 초楚를 공격	21 진秦과 함께 초楚를 공격	17 진秦 상어商於 명령을 공격하다 패배함	9 태자 평平 즉위	8 조전와 우호 단결	17	31	11	23	1 중산 왕 저樗
311	4	14	15	8	1 한 양왕襄王	18	1 연 소왕昭王	9	18	32	12	24	2
310	5	1 진 무왕武王 장의張儀 위장魏章 모두 위魏로 가다	16	9 진秦과 임진臨晉에서 회맹. 장의가 죽다	2	19	2	10	19	33	13	25	3
309	6	2 승상제 시행. 저리질樗里疾과 감무甘茂를 승상으로 임명	17	10	3	20	3	11	20	34	14	26	4
308	7	3 한韓 의양宜陽을 치다	18	11	4 진秦이 침략	21	4	12	21	35	15	27	5
307	8	4 한韓 의양宜陽을 함수. 6만 명을 참수. 무왕이 구정九鼎을 들다 정강이를 찢어 사망	19 전국에 호복胡服을 입게 하다	12 태자가 진秦에 입조하다	5 진秦이 의양을 빼앗이가다	22	5	13	22	36	16	28	6
306	9	1 진 소왕昭襄王	20 중산中山을 공격	13 진秦이 피씨皮氏를 침략	6	23 월越을 멸함	6	14 맹상군이 상국이 되다	23	37	17	29	7 조趙가 침략

기원전(周)	주周	진秦	조趙	위魏	한韓	초楚	연燕	제齊	송宋	노魯	위衛	중산中山
305	10	2 성군中山이 반란을 일으켜서 주살하다	21 중산中山을 공격	14	7	24	7	15	24	18	30	8 조趙가 침략

周		秦		趙		魏		韓		楚		燕	齊		宋	魯		衛	中山	
304	11	3	조 회왕懷王과 회맹, 상용上庸을 돌려주다	22		15		8		25	진 소양왕과 회맹, 상용을 돌려받다	8	16		25	19		31	9	
303	12	4	초楚를 구원	23	중산中山을 공격	16	초楚를 공격, 진秦이 침략	9	초楚를 공격, 진秦이 침략	26	초楚의 공격을 받고 태자를 보내 구원을 요청	9	17	위魏, 한韓과 함종책으로 초楚를 공격	26	20		32	10	조趙가 침략
302	13	5	양왕襄王, 한韓 태자 한영韓嬰이 입조하다	24		17	진秦과 회맹, 포판蒲阪을 돌려받다	10	태자 한영이 진秦에 입조하다	27	정교鄭袖가 문란을 일으키다	10	18		27	1 노 민공湣公		33	11	
301	14	6	초楚를 공격	25	중산中山을 공격	18	초楚 방성을 공격, 당매唐昧를 사로잡다	11	초楚 방성을 공격	28	성국이 방성을 침략, 장수 당매를 잃이감	11	19	위魏, 한韓과 함종책으로 초楚 방성을 공격	28	초楚를 공격, 회북淮北을 탈취하다	2	34	12	조趙가 침략, 왕이 제齊로 피란
300	15	7	초楚를 공격, 3만 명을 참수, 위염魏冉을 승상에 임명	26	중산中山을 공격	19		12		29	진秦이 신성新城을 빼앗아가다	12	1 제 민왕湣王, 진秦 경양군涇陽君을 인질로 보내고 맹상군을 초청하다	29	3		35	13	조趙가 침략
299	16	8	회왕을 위해 온 회왕懷王과 회맹에서 억류하다	27	중산中山을 공격	20	제왕齊王과 한韓에서 회맹	13	제왕齊王, 위왕魏王이 오다, 구슬을 태자로 세움	30	회왕이 진秦으로 들어가 억류되다	13	2 초楚 태자 횡橫을 귀국시킴, 진秦 경양군涇陽君을 맹신군이 진秦으로 가다	30	4		36	14	조趙가 침략, 왕이 제齊에서 죽다

주周	진秦	조趙	위魏	한韓	조초楚	연燕	제齊	송宋	노魯	위衛	중산中山
298	9 제후 연합군이 함곡관을 공격하다	28 무령왕이 보위를 태자에게 물려주고 자신은 주보主父라 칭함. 비의肥義가 상국이 됨. 1 조 혜문왕惠文王 조승趙勝을 평원군平原君에 봉함	21 제齊, 한韓과 연합. 진秦 함곡관을 공격하다	14 제齊, 위魏와 연합. 진秦 함곡관을 공격하다	1 초 경양왕頃襄王 진秦에게 성을 빼앗기다	14	3 맹상군이 진秦을 탈출해 귀국. 다시 상국에 임명. 위魏, 한韓과 함께 진秦 함곡관을 공격	31 구극仇郝이 상국이 되다	5	37	1 중산 왕 상尙
297	10 조 화양왕后이 조趙로 망명. 조趙가 허락하지 않다	2 조 화양왕后을 망명을 허락하지 않다	22	15	2	15	4	32 등鄧을 멸함	6	38	2
296	11 한韓과 함께, 위魏에 봉릉封陵을, 한韓에 무수武遂를 주고 강화	3 중산中山을 멸함	23 진秦으로 땅을 받고 강화하다	16 진秦으로 무수 땅을 받고 강화하다	3 초 회왕이 진秦에서 죽자 시신을 돌려받다	16	5 제후들과 진秦 함곡관을 격파하자 진秦이 강화를 요청. 연燕 함곡관 공격	33 제齊를 구원하러 진秦을 공격	7	39	3 조趙의 공격으로 멸망
295	12 양후穰侯 위염魏冉이 승상이 되다	4 공자 장章이 반란. 주보를 시해	1 위 소왕昭王	1 한 이왕釐王	4	17 소진蘇秦이 제齊로 사신 가다	6 연燕 소진蘇秦이 사신으로 옴	34	8	40	

주周	진秦	조趙	위魏	한韓	조초楚	연燕	제齊	송宋	노魯	위衛
294	13 임비任鄙를 한중漢中 태수에 임명	5	2	2	5	18 악의樂毅가 연燕으로 감	7	35	9	41
293	14 백기白起가 한韓 이궐伊闕에서 공격, 24만 명을 참수하다	6	3 한韓을 구원, 이궐에서 진秦에 패배	3 이궐에서 진秦에 패배. 24만 명이 참수됨	6	19	8	36	10	42
292	15 위염魏冉을 면직하다	7	4	4	7	20	9	37	11	1 위 회군懷君

표 1 (연도 291~286)

연도	주周	진秦	조趙	위魏	한韓	조초趙楚	연燕	제齊	송宋	노로魯	위위衛
291	24	16	8	5	5 진秦이 완성宛城을 빼앗다	8	21	10	38	12	2
290	25	17 위魏가 하동河東 땅 400리를 바치다	9 제齊와 한韓을 공격하다	6 진秦에 하동河東 땅 400리를 주다	6 진秦에게 무수武遂 땅 200리를 주다	9	22	11	39	13	3
289	26	18 위魏를 공격하여 6개 성을 빼앗다	10	7 진秦에게 6개 성을 잃다	7	10	23	12	40	14	4
288	27	19 제후를 침하다가 누 물 안에 그만둠, 엄비任鄙가 죽다	11 진秦에게 경양梗陽을 잃다	8	8	11	24	13 진秦의 청제稱帝 요청에 따르지 않음, 소진이 합종책으로 진秦를 공격하자고 약속	41 나라에 내란이 발생, 소진이 합종책으로 진秦를 공격하자고 약속	15	5
287	28	20	12	9 제후들과 진秦을 공격	9	12 제후들과 진秦을 공격	25	14 제후들과 진秦 공격	42 제후들과 진秦 침략	16	6
286	29	21 위魏가 안읍安邑과 하내河內를 바치다	13	10 송 강왕康王을 참수함	10	13 위魏, 제齊와 연합하여 송宋을 멸함	26	15 위魏, 조趙와 연합하여 송宋을 멸함	43 나라가 멸망	17	7

표 2 (연도 285~284)

연도	주周	진秦	조趙	위魏	한韓	조초趙楚	연燕	제齊	노로魯	위위衛
285	30	22 몽무蒙武가 제齊 이름 성을 빼앗다	14 진秦과 중양中陽 회맹	11	11	14 진秦과 완宛에서 회맹	27 조趙와 회맹	16 진秦에게 이름 성을 잃다	18	8
284	31	23 사이斯離가 한韓, 위魏, 연燕, 조趙와 연합하여 제齊를 격파하다	15 제후들과 제齊를 공격, 섬성陽을 빼앗다	12 제후들과 제齊를 공격, 진秦왕과 서주西周 회맹	12 제후들과 제齊를 공격, 진秦왕과 서주西周 회맹	15 제齊를 회북淮北을 취하다	28 제후들이 제齊를 공격할 때, 연燕 단독으로 보기寶器를 취하다	17 5국이 연합하여 공격, 민왕湣王이 거莒로 도망, 초楚 장수 요치淖齒에게 살해됨	19 제齊를 공격, 서주徐州를 빼앗다	9

주周	진秦	조趙	위魏	한韓	초楚	연燕	제齊	노魯	위衛
283 / 32	24 / 조趙 인상여藺相如가 화씨벽을 가지고 오다	16 / 인상여가 화씨벽을 갖고 진秦으로 갔다가 진秦이 무성의 들어오다	13 / 진秦이 대량大梁까지 왔다가 귀환. 연燕, 조趙가 구원 옴	13	16 / 진秦과 양襄 땅에서 회맹	29	1 / 제 양왕襄王	20	10
282 / 33	25 / 조趙나라 인廟과 기祁를 빼앗다	17 / 진秦에게 인廟과 기祁를 잃다	14 / 조趙가 백양伯陽을 취하다	14	17	30	2	21	11
281 / 34	26 / 위염이 다시 승상이 되다	18 / 위魏를 공격, 위魏가 황하 제방을 터뜨림	15 / 조趙가 쳐들어, 황하 제방을 터뜨림	15	18	31	3	22	12
280 / 35	27 / 조趙를 공격, 3만 명을 참수하다	19 / 진秦에 패배, 3만 명이 참수됨	16	16	19 / 진秦이 취략, 하북漢北, 상용上庸 땅을 함함	32	4	23	13
279 / 36	28	20 / 진秦과 민지澠池 회맹, 인상여가 수행, 수공으로 조초 연廬 땅을 공격, 수십만 명을 죽임	17	17	20 / 진秦이 수공水攻으로 연廬 땅 군민 수십만 죽임	33	5 / 제齊 전단田單이 기겁騎劫을 죽이고 70여 성을 수복하다	1 / 노 경공頃公	14
278 / 37	29 / 백기白起가 조초 영郢을 함락시키고 경릉竟陵을 이르러 남군南郡을 설치	21	18	18	21 / 진秦에게 도성 영郢을 빼앗기고 진陳으로 천도	1 / 연 혜왕惠王	6 / 군왕후君王后가 아들 건建을 낳다	2	15
277 / 38	30 / 조초 검중中을 빼앗다. 백기를 무안군武安君에 봉함	22	19	19	22 / 진秦에 검중中을 잃다. 굴원屈原이 멱라수에 투신 자결	2	7	3	16
276 / 39	31	23	1 / 위 안리왕安釐王 공자 무기無忌, 신릉군信陵君에 봉해짐	20	23	3	8	4	17

위衛	노魯	제齊	연燕	조楚	한韓	위魏	조趙	진秦	주周	
18	5	9	4	24	21 포연暴鳶이 위魏를 구원하다. 진秦에 패배	2 조趙에게 방릉과 안양을 얻다. 한韓이 구원 옴	24 위魏 방릉防陵, 안양安陽을 탈취	32	40	275
19	6	10 조趙에게. 창성과 안양을 얻다	5	25	22	3 진秦 4개 성을 함락시키고, 4만 명을 참수	25 제齊를 공격. 창성昌城, 안양安陽을 빼앗다	33	41	274
20	7	11	6	26	23 진秦이 구원 오다	4 조趙와 한韓을 공격. 진秦, 진秦 백기가 한韓을 구원	26 한韓을 공격	34 백기白起가 한韓을 구원. 화양華陽에 이르서 망묘芒卯는 도주. 군사 15만 명을 참수	42	273
21	8	12	7 공손조公孫操가 혜왕을 시해	27 연燕을 공격	1 한 환혜왕桓惠王. 연燕을 공격	5 연燕을 공격	27	35	43	272
22	9	13 조趙가 침략, 평음주읍에 이르다	1 연 무성왕武成王	28	2	6	28 인상여가 제齊를 공격하다	36	44	271
23	10	14 진秦, 조楚가 침략	2	29	3 진秦이 어여閼與를 공격	7	29 한韓을 구원	37 한韓을 구원	45	270
24	11	15	3	30	4	8	30 조사趙奢가 어여閼與에서 진秦에 대승. 마복군馬服君에 봉하다	38	46	269
25	12	16	4	31	5	9 진秦이 회성懷城을 빼앗다	31	39	47	268

위衛	노魯	제齊	연燕	조초	한韓	위魏	조趙	진秦	주周	
28	15	19 조趙가 정안군長安君을 인질로 보내고 구원을 요청	7 제齊 전단田單에게 중양中陽을 얻다	34	8 진秦에게 소곡少曲과 고평高平을 빼기다	12	1 조 효성왕孝成王, 진秦에게 세 성을 빼감. 평원군을 상국으로 삼음	42 안국군安國君을 태자로 삼다	50	265
29	16	1 제왕 건建	8	35	9	13	2	43	51	264
30	17	2	9	36	10 진秦이 침략	14	3	44 한韓에게서 남양南陽 탈취	52	263
31	18	3	10	1 조 고열왕考烈王 황헐黃歇(춘신군春申君)이 상국이 되다	11 진秦이 야왕野王을 탈취. 상당 태수 풍정이 조趙에 17개 성을 바침	15	4 한韓 상당上黨 태수 풍정馮亭이 17개 성을 바침	45 한韓을 공격. 10개 성을 탈취	53	262
32	19 초楚에게 서주徐州를 잃다	4	11	2 노魯를 공격. 서주徐州를 뺏다	12	16	5 염파廉頗가 장평長平주에서 진秦을 막다	46	54	261
33	20	5	12	3	13	17	6 조괄趙括을 장수로 백기白起에게 대패하다	47 백기가 장평에서 조趙 군사 45만 명을 죽이다	55	260
34	21	6	13	4	14	18	7 진秦이 침략	48 왕릉王陵이 조趙 한단邯鄲을 포위	56	259
35	22	7	14	5	15	19	8	49 왕기王齮가 한단을 포위	57	258
36	23	8	1 연 효왕孝王	6 춘신군春申君이 조趙를 구원하다	16	20 위魏 신릉군이 진秦을 격파, 조趙를 구원하다	9 조趙가 한단을 포위. 위魏가 구원 오다	50 왕흘王齕, 정안평鄭安平이 한단을 포위. 소왕이 정안평과 대립 한단 백기가 자결	58	257

연도	위衛	노魯	제齊	연燕	조楚	한韓	위魏	조趙	진秦	주周
256	37	24 초楚에게 나라가 망함	9	2 조趙 창성昌城을 탈취함	7 위魏, 한韓과 연합. 조趙를 구원. 노魯를 멸함	17 진秦이 양성陽城을 침략	21 한韓, 조趙와 연합. 조趙를 구원	10	51	59 난왕赧王이 합종책으로 진秦을 정벌하려 했으나 실패. 진秦 공격에 항복하여 진秦에 항복함
255	38		10	3	8	18	22	11	52 위魏와 내통한 왕계王稽를 참수함. 범수范睢가 죽다	
254	39 위魏에게 멸망		11	1 연왕 희喜	9	19	23 위衛를 멸함. 진秦이 하동河東을 침략	12	53	
253			12 위魏에게 평륙平陸을 잃다	2	10 거양鉅陽으로 천도	20	24 제齊를 공격, 평륙平陸을 취함	13	54	
252	위魏가 희군을 죽이고 원군元君을 세움		13	3	11	21	25 위衛 회군懷君을 죽이다	14	55	
251			14	4 조趙에 패배, 율복栗腹이 염파에게 참수되다	12	22	26	15 평원군이 죽다. 염파, 악승樂乘이 연燕을 격파하다	56	
250			15 연燕이 요성聊城을 침략	5 조趙가 도성을 포위	13	23	27	16	1 진 효문왕孝文王	

연도	주周	진秦	조趙	위魏	한韓	조楚	연燕	제齊	노魯	위衛
249	진秦이 동주東周를 멸함	1 진 장양왕莊襄王 呂오불위呂不韋가 삼천三川을 취함, 여불위가 됨. 동주東周를 멸함	17 연燕 도 성을 포위	28	24 진秦에게 삼천三川을 잃다	14	6 조趙가 다시 도성을 포위	16 군왕후君王后가 죽다	노 경공頃公이 죽다	
248		2 몽오가 조趙나라 37개 성을 함락시키다	18 진秦에게 37개 성을 뺏기다	29	25	15 춘신군이 봉토를 오吳로 옮기다	7	17		
247		3 왕王흘訖이 상당上黨을 공격, 진 한韓·위魏 연합, 진秦 연합군이 5국 연합군으로 진秦을 격퇴.	19 제후들과 연합, 진秦을 격퇴	30 신릉군이 위魏, 한韓, 조趙, 연燕, 조楚 연합, 진秦을 격퇴하다	26 제후들과 연합, 진秦을 격퇴	16 제후들과 연합, 진秦을 격퇴	8 제후들과 연합, 진秦을 격퇴	18		
246		1 진왕 정政, 조趙 진양晉陽을 뺏다	20 진秦에 진양을 뺏다	31	27 진秦에 성남을 잃다	17	9	19		
245		2 위魏를 공격, 3만 명을 참수하다	21	32 진秦이 침략	28	18	10	20		
244		3 몽오가 한韓 13개 성을 함락시킴, 왕흘이 죽다	1 조 도양왕悼襄王	33	29 진秦에게 13개 성을 잃다	19	11	21		
243		4	2 이목李牧이 연燕을 공격 무수武遂와 방성方城을 탈취	34 신릉군이 죽다	30	20	12 조趙에게 무수를 뺏기다	22		
242		5 몽오가 위魏 20개 성을 뺏아 동군東郡을 설치	3 방난龐煖이 연燕을 공격, 극신劇辛을 사로잡다	1 위 경민왕景湣王 진秦에게 20개 성을 뺏기다	31	21	13 극신劇辛이 조趙에서 죽다	23		
241		6 5국이 공격해왔으나 물리침	4 진秦을 공격	2 진秦을 공격	32 진秦을 공격	22 진秦을 공격, 수춘壽春으로 천도	14 진秦을 공격	24		

주周	진秦	조趙	위魏	한韓	조楚	연燕	제齊	노魯	위衛
240	7 몽오가 죽다	5 진秦에게 옹籠, 고狐, 경도慶都 세 땅을 잃다	3 진秦이 침략	33	23	15	25		
239	8 노애嫪毒를 장신후長信侯에 봉하다	6	4	34	24	16	26		
238	9 노애가 반란을 일으켰다 참수됨. 태후를 별궁에 유폐	7	5 진秦에게 동쪽 땅을 잃다	1 한왕 안安	25 이원李園이 춘신군을 죽이다	17	27		
237	10 여불위를 사면함. 태후를 다시 함양으로 모셔오다	8	6	2	1 초 유왕幽王	18	28		
236	11 여불위를 하남河南으로 보내다. 왕전王翦이 조趙 9개 성을 빼앗다	9 이목이 연燕 어양漁陽을 취함. 진秦 9개 성을 잃다	7	3	2	19 조趙 이목이 공격해오다	29		
235	12 위魏를 도와 조초趙楚를 공격. 여불위 자결.	1 조 유목왕幽繆王	8 진秦이 구원병으로 조초趙楚를 공격	4	3 진秦이 위魏를 도와 조초趙楚를 공격해옴	20	30		
234	13 환의桓齮가 평양平陽을 공격. 조졸趙卒의 군사 10만을 참수	2 진秦이 평양平陽을 함락함	9	5	4	21	31		
233	14 한비非가 오다. 이사李斯의 모함으로 한비가 죽다	3 이목李牧이 진秦 나라 군사를 막다	10	6 한비를 진秦으로 보내다	5	22	32		
232	15 조趙 낭맹狼孟을 빼앗다	4 이목이 진秦을 물리치다	11	7	6	23 진秦에 인질로 잡혔던 태자 단丹이 탈출해오다	33		
231	16 한韓이 남양南陽을 바침	5	12	8 진秦에게 땅을 바침	7	24	34		

주周	진秦	조趙	위魏	한韓	초楚	연燕	제齊	노魯	위衛
230	17 내사 등騰이 한왕 안安을 잡고 그 땅을 모두 취하다. 희창태후가 죽다	6	13	9 진秦이 한韓을 멸함	8	25	35 제왕 건建과 후승后勝이 서쪽 경계를 지키다		위원군衛元君이 죽다
229	18 조趙를 공격	7 이목李牧과 사마상司馬尙이 살해되다	14		9	26	36		
228	19 왕전王翦이 조趙를 공격, 조왕 천遷을 사로잡다. 왕태후가 죽다	8 조 왕천王遷이 진秦에 잡혀가고, 공자 가嘉가 대왕代王에 즉위	15		10 초 유왕幽王이 죽고, 그 아우 유왕哀王가 즉위. 서형 부추負芻가 또 애왕哀王을 시해함	27	37		
227	20 연燕 태자 단丹이 형가荊軻를 시켜 진왕秦王을 죽이려 했으나 실패. 왕전이 연燕을 공격	1 대왕 가嘉. 진興과 역수易水에서 전투하여 패배	1 위왕 가假		1 초왕 부추負芻	28 태자 단丹과 형가의 진왕 암살 계획이 실패하자, 진秦이 공격해옴	38		
226	21 왕분王賁이 조趙를 공격	2	2	한왕 안安이 죽다	2 진秦에게 10여 개 성을 잃다	29 태자 단丹을 죽여서 진秦에 주고 연왕은 요동遼東으로 피신	39		
225	22 왕분이 위왕 가假를 사로잡고 그 땅을 모두 취함. 이신李信이 초楚를 공격하다 대패하다	3	3 진秦이 위왕을 사로잡아가다. 위魏가 망함		3 초 영정項燕이 진秦을 격퇴하다	30	40		
224	23 왕전과 몽무蒙武가 초楚를 대파	4	4		4 항연이 창평군昌平君을 보위에 올림. 창평을 맞서 죽자, 항연도 자결하다	31	41		

연도	주周	진秦	조趙	위魏	한韓	조楚	연燕	제齊	노魯	위衛
223		24 왕전과 몽무가 초楚를 격파하고 초왕 부추負芻를 포로로 잡음	5			5 진秦이 초왕 부추를 잡아감. 초楚는 초楚가 멸망함	32	42		
222		25 왕분王賁이 연燕을 격파하고 연 왕희를 포로로 잡음. 또 대왕代王 가도 포로로 잡음	6 진秦 왕분이 대왕가를 잡아가고 조趙는 멸망함				33 진秦이 요동을 공격, 연왕 희를 포로로 잡아감. 연燕이 멸망함	43		
221		26 왕분이 제齊를 공격, 제왕 건建을 포로로 잡음. 진왕秦王 정政이 천하를 통일하고 황제를 칭함						44 제왕 건建이 포로로 잡혀가면서 제齊는 멸망함		
220		27 황하를 덕수德水로 개명하고, 금인金人 열둘을 세웠고, 백성을 검수黔首라 부름. 중국 전역을 36군으로 나눔								11년 후 진秦2세 진秦二世가 위군衛君 각角을 폐서인함

제 6 장

『동주열국지』 독법

『동주열국지』 독법讀法[1]

채원방蔡元放

『열국지列國志』는 여느 소설과는 다르다. 소설은 대부분 지어낸 이야기다. 예컨대 『봉신연의封神演義』 『수호전水滸傳』 『서유기西遊記』는 완전히 가공으로 꾸며낸 것이다. 『삼국지三國志』가 그나마 가장 사실과 가깝지만 그 속에도 꾸며낸 이야기가 많이 포함되어 있다. 『열국지』는 그렇지 않다. 어떤 역사 사실이 있으면 그것을 그대로 진술했고, 어떤 역사 기록이 있으면 그것을 그대로 기록했다. 실제 사실조차도 모두 기록할 수 없었는데 어떻게 조작

1_ 이 『동주열국지東周列國志』 독법讀法은 청나라 건륭乾隆 연간에 채원방이 『동주열국지』를 마지막으로 정리하고 비평하면서 권두의 서문 바로 다음에 실은 『동주열국지』 독서 종합 안내문이다. 청나라에서 중화민국에 이르는 시기의 모든 『동주열국지』 판본에는 이 독법이 실려 있었지만, 1955년 중국의 런민문학출판사에서 『동주열국지』 원문을 제외한 모든 부록을 삭제하면서 현재 통용되는 각 판본에서는 이 독법이 사라졌다. 『동주열국지』의 전반적인 특성이 자세하게 서술되어 있고, 채원방의 문학관도 구체적으로 드러나 있기 때문에 여기에 그 번역문을 실어 『동주열국지』 이해에 편의를 제공하고자 한다.

된 이야기를 보탤 겨를이 있었겠는가? 이 때문에 『열국지』를 읽는 독자들은 이 소설을 완전히 정사正史로 간주하여 읽어야지 꾸며낸 소설과 같은 부류로 읽어서는 안 된다.

『열국지』는 특히 동주東周에 있던 여러 나라의 역사 사실을 기록한 책이다. 동쪽 낙양洛陽으로 천도한 것은 평왕平王 때의 일이지만 대부분 사건의 발단은 유왕幽王 때에 비롯되었다. 그러나 이 책은 선왕宣王 때부터 이야기를 시작하고 있다. 그것은 대체로 평왕의 동천東遷이 견융犬戎의 난리 때문에 발생했고, 견융의 난리는 유왕이 포사褒姒를 총애하여 백복伯服을 태자로 세운 일 때문에 생긴 사단이며, 포사와 관련된 일은 선왕 때에 이미 그 화근이 잠복해 있었기 때문이다. 아울러 망국을 예견한 동요도 선왕 때에 벌써 그 조짐이 드러나고 있었다. 따라서 반드시 선왕으로부터 이야기를 시작하여 사건의 내력을 분명히 하려 한 것이다. 이것은 사건의 뿌리를 찾으려는 기록자의 묘사 기법으로, 그렇게 하지 않을 수 없는 이치가 담겨 있다.

『열국지』는 대체로 『좌전左傳』을 저본으로 삼고 『국어國語』 『전국책戰國策』 『오월춘추吳越春秋』 등의 책에서 내용을 보충해 넣었으며, 또 사마천司馬遷의 『사기史記』에서도 여러 가지 사실史實을 뽑아 섞어넣었다. 이 때문에 문장이나 어투가 그다지 일치하지 않는다. 독자들께서는 이 소설을 읽으며 문장의 모범을 찾지는 말기 바란다.

『열국지』는 여러 책의 내용을 뽑아 섞어 만든 책이기 때문에 사건의 상세함과 소략함을 본래 내용대로 채택할 수밖에 없었고, 따라서 작가가 마음대로 증감할 수 없었다. 만약 한바탕 일관된 수식을 덧붙인다면 물론 더욱 보기 좋은 책이 될 것이다. 그러나 열국列國의 일은 그 자체만으로도 고금을 통틀어 가장 기이한 국면이었고, 또 천지간에서 가장 변화막측한 국면이었다. 세상의 혼란이 끝 간 데까지 갔지만 그럴수록 더욱 올바른 정신을 추구하려 했다. 아울러 주 왕실의 쇠약 역시 쇠약한 상태로도 멸망하지 않고 남은 숨을 근근이 이어가며 200년 동안 천자 노릇을 했으니, 이건 정말 기이함의 극치라고 할 만하다.

점을 쳐서 얻은 주 왕실의 세대와 연수는 모두 그 숫자를 초과했다. 후대의 자손에 이르러 이미 쇠약이 극심해졌지만, 여전히 천자를 칭하며 느닷없이 멸망하지 않았다. 선인先人들 중에 어떤 사람은 주 왕실이 애초에 충후忠厚한 덕망으로 나라의 기틀을 놓았기 때문에 그 성덕盛德에 보답을 받은 것이라고 했고, 또 어떤 사람은 봉토를 나누고 제후국을 세워 왕실의 울타리로 삼았기 때문에 서로 유지하고 지탱해주는 힘을 발휘한 것이라고도 했다. 내가 보기에는 두 가지 설이 모두 일리가 있기 때문에 한편으로만 치우쳐서 논단할 수는 없다.

주나라에서 진秦나라에 이르는 때는 고금의 역사 중에서도 대변동의 중심에 해당하는 시대였고, 그 대변동은 주나라의 동천 이후로부터 시작되어 점점 변화가 커지게 되었다. 세상 운세의 변화, 풍속의 후박厚薄, 인정의 순도, 제도의 개혁 등이 모두 완전히 상이해졌다. 자제子弟들이 이러한 점을 세심하게 고찰할 수 있다면 옛것을 탐구하는 부문에서 큰 학문을 이룰 수 있을 것이다.

예를 들어 군사에 관한 일만 해도 춘추시대에는 춘추시대 나름의 용병술이 있었고, 전국시대에는 전국시대 나름의 용병술이 있었다. 이 두 시기의 용병술이 현격하게 달랐다는 것은 언급할 필요조차 없을 정도다. 춘추시대로 국한해 보더라도 제齊 환공桓公과 진晉 문공文公 시기가 매우 큰 차이를 보이고 있다. 제 환공 때의 출병은 열국列國의 죄를 성토하고 복종하게 하는 것에 불과했기 때문에 결국 서로 우호를 맺고 회맹을 하는 데에 그쳤다. 그러나 진 문공 때에 이르러서는 군대를 출동시켜 땅을 병탄하는 것을 일삼게 되었다. 이것이 바로 당시의 대변화 속에 포함된 한 가지 작은 변화였던 셈이다.

제 환공 때의 군사는 많아야 수백 수천에 불과했다. 그러나 진 문공 때에는 군사가 크게 불어나 한 번 전투를 치를 때마다 그 숫자가 늘 만 명이 넘었다. 제 환공 때의 용병술은 정정당당한 진법과 정정당당한 깃발을 사용했지만 진 문공 때는 대부분 간계奸計를 사용했다. 당시로서는 대세가 그러하니 어쩔 수 없었는데, 이로 인해 나라의 천운天運이 바뀌기 때문이었다. 만약 그렇게 하지 않았다면 송宋 양공襄公처럼 스스로 참패를 자초했을 것이다.

용병술은 변화막측하여 군사의 숫자를 적게 하기도 하고 많게 하기도 하며, 정당한 방법을 쓰기도 하고 기이한 계책을 쓰기도 하기 때문에 어느 것이 가장 적절한지 구별하기가 어렵다. 『열국지』는 그런 다양한 병법을 모두 갖추고 있다. 선인들은 『좌전』에다 용병의 계책을 모아놓고 군사전략 부문에 있어서 요령을 얻었다고 말하고 있다. 그런데 이 『열국지』에는 전국시대의 전법까지 보태져 있음에랴? 자제들이 이러한 점을 잘 이해하고 마음속에 무수한 병법을 터득하게 된다면 『열국지』가 많은 도움을 줄 수 있을 것이다.

외국으로 사신을 가서 전문적으로 대응하는 것은 성인(공자)께서도 매우 어려운 일이라고 말씀하신 적이 있다. 『열국지』에는 사신으로서의 대응 방법이 가장 많이 기록되어 있다. 좋은 말로 대응해야 할 때도 있고 나쁜 말로 대응해야 할 때도 있으며, 부드러운 말로 대응해야 할 때도 있고 강경

한 말로 대응해야 할 때도 있다. 이런 갖가지 기교가 모두 갖추어져 있다. 이 책을 읽으며 무수히 많은 대응 방법을 마음으로 터득할 수 있다면, 이 또한 『열국지』가 자제들에게 드리는 유익한 점이라고 할 수 있을 것이다.

김성탄金聖嘆은 『수호전』과 『서상기西廂記』를 비평하면서 자제들에게 유익한 점이 있다고 했다. 그가 말한 유익한 점이란 기실 글을 짓는 방법에 불과하다. 오늘날 자제들이 『열국지』를 읽어보면 실제 공부거리가 그 속에 무수히 많이 들어 있다는 사실을 알게 될 것이다. 이 점을 보더라도 이 책을 『수호전』이나 『서상기』와 어떻게 함께 거론할 수 있겠는가?

모든 연의소설演義小說은 대작이긴 하지만 그중의 유명한 등장인물은 많다고 해도 10여 명이나 100여 명에 불과하고, 사건도 수십 건이나 수백 건에 불과하다. 그러므로 여태껏 『열국지』처럼 인물과 사건이 지극히 다채롭거나 광범위한 경우는 없었다. 대체로 『열국지』는 시간이 상하 500여 년에 걸쳐 있으며 제후국도 수십 수백이나 되어 그 기세가 방대하게 되지 않을 수 없다. 이에 그 모습이 다른 책에 비교할 수 없게 되었으니, 이는 이 책이 다양한 책에서 많은 것을 모았기 때문이다. 자제들이 이 책 한 질帙만 읽더라도 다른 패관류稗官類 수십 부를 읽는 것과 맞먹게 될 것이다.

『열국지』에는 각종 인물과 사건이 천태만상으로 얽혀 없는 것이 없지만, 부처나 승려에 관한 이야기는 없다. 사설邪說이나 요언妖言도 포함되어 있지만 비교적 청정한 맛을 느낄 수 있다. 이 점 또한 다른 소설에 비해 훌륭한 점이다.

『열국지』에도 몇 군데 귀신 이야기가 나오기는 하지만 그것들은 『좌전』에서 뽑은 것이기 때문에 기타 사설邪說과 함께 비교할 수 없다.

『열국지』에는 악인惡人도 많이 등장하고 선인善人도 많이 등장한다. 그러나 선인도 선행을 행하는 약간의 방법을 갖고 있고, 악인도 악행을 행하는 약간의 방법을 갖고 있다. 자제들이 모름지기 자세히 살피고 깨달아 그들의 등급을 하나하나 분별할 수 있다면 학문의 길에 큰 도움이 될 것이다. 그러므로 단지 '선악善惡' 두 글자로만 대충 보아 넘기지 말기 바란다.

『열국지』에는 선인도 있고 악인도 있지만 결국 악인은 대부분 선인과 비슷하게 행동하고, 또 선인은 선행을 쉽게 달성하지 못한다. 그리고 대부분 각자 서로 다른 선행을 이루기 때문에 공통점이 별로 없다. 그러나 악인들이 악행을 저지를 때는 흔히 똑같은 모습을 보인다. 게다가 흉악한 악행을 끝 간 데까지 저지르면서 정밀한 방법을 더욱 정밀하게 강구한다. 그런데도 당시 임금들은 한사코 악인들을 편애한다. 선인과 악인이 동시에 활동하게 되는 경우에도 흔히 선인이 악인을 이기지 못한다. 하늘의 뜻이 악인을 흥하게 하려는 것인지, 인재를 등용하는 사람이 모두 맹인인지 정말 알다가도 모를 일이다.

악인들은 분명히 악행을 저지르면서도 스스로 변명을 잘한다. 부정할 수 없는 대간신이며 대악인인 경우에도 끝까지 그럴듯한 명분을 내세워 선인처럼 행동하면서 남몰래 음험하고 악독한 계략을 펼친다. 이러한 자들의 속셈을 알아채기는 정말로 어려우므로, 인재를 살펴 등용하려는 사람은 반드시 그런 상황을 알고 있어야 한다.

그러나 악인들은 그럴듯한 명분을 내세워 사람을 미혹하기는 하지만 결국에는 마각을 드리내게 마련이다. 상대를 자세히 살피지 않는 사람은 그들에게 속아 넘어가지만 눈이 밝은 사람은 절대 기만당하지 않는다.

대체로 선인과 악인은 '의義(대의大義)와 이利(이익利益)' 두 글자에 비춰보면 십중팔구는 그 진상을 파악할 수 있다. 현인賢人과 간적奸賊을 살펴보면 수만 가지 모습으로 나타나지만 그 근본을 따져보면 결국 앞의 두 글자에서 벗어나지 않는다.

'대의와 이익' 두 가지는 절대 병립할 수 없다. 하늘의 올바른 이치를 무겁게 보고 벼슬, 녹봉, 목숨, 집안을 가볍게 보는 사람은 바로 군자다. 사사건건 사리사욕만 도모하며 각박하고 음험하게 행동하는 사람이 있다면 그런 자에게서 어떻게 하늘의 올바른 이치를 찾을 수 있겠는가?

'대의와 이익', 이 두 가지는 처음에는 매우 미세한 차이에서 비롯되지만 나중에는 하늘과 땅처럼 현격한 모습을 보인다. 예를 들어 신하가 임금을 시해하고 자식이 부모를 시해하는 것은 천지간의 대사건이지만, 그 본래의 마음을 탐구해보면 '이익'에서 비롯된 일에 불과할 뿐이다. 만약 명예와 부귀를 가볍게 여겼다면 절대 그런 일이 일어나지 않았을 것이다.

『열국지』에는 찬탈과 시해가 무수히 발생한다. 난신亂臣이 된 신하와 적자賊子가 된 자식을 벌하지도 못한다. 그러나 그런 참화를 당한 임금과 부모를 자세히 살펴 그런 지경에 빠져든 까닭을 탐구해야 한다. 탐구하여 난신적자의 죄를 용서해주자는 것이 아니라, 임금과 부모에게 경계를 드리워 저들로 하여금 두려운 마음을 갖게 하자는 것이다. 이 때문에 성인께서는 "임금은 임금다워야 하고 신하는 신하다워야 하며, 부모는 부모다워야 하고 자식은 자식다워야 한다"고 말씀하셨다. 또 "임금은 인仁(인의仁義)에 머물러야 하고, 신하는 경敬(공경恭敬)에 머물러야 하며, 자식은 효孝(효도孝道)에 머물러야 하고, 부모는 자慈(자애慈愛)에 머물러야 한다"고 말씀하셨다. 또 "임금이 예의로써 신하를 부리면, 신하는 충성으로써 임금을 섬긴다"라고 말씀하셨다. 이러한 예는 이루 헤아릴 수 없이 많지만 대부분은 윗사람과 아랫사람의 상호 작용을 말한 것이다. 후세 사람들은 자식과 신하에게 과도한 책임을 돌리는데, 이는 흡사 임금과 부모가 된 사람은 함부로 악행을 저질러도 되는 것처럼 인식하게 될 수도 있다. 그러나 이것은 송대宋代 유학자들의 폐단으로 성인의 본뜻을 잃은 것이다.

적자嫡子를 후사로 세우고, 적자가 없으면 장자長子를 세우는 것은 옛날부터 전해 내려온 올바른 이치다. 적자를 폐하고 서자를 후사로 세운다던가, 장자를 폐하고 어린 아들을 후사로 세우는 것은 하늘의 이치나 사람의 정리로도 타당하지 못한 일이다. 그러나 서자를 후사로 세우고 어린 아들을 후사로 세우는 일이 일어나는 것은 그들을 총애하기 때문이다. 그들을 총애할 때는 반드시 그들이 안전하게 되리라고 생각하지만, 지금 정리를 어기면서까지 그들을 후사로 세우면 나중에 반드시 그들을 죽이고 보위를 찬탈하는 참화가 일어나게 된다. 따라서 부귀를 누릴 수 없을 뿐만 아니라 생명까지 잃게 되고 결국 국가가 뒤집히는 난리를 초래한다. 그 시시비비와 이해득실은 본래 분명하게 알 수 있지만 사심에 빠져서 마침내 안정을 버리고 위기로 빠져들며 이익을 버리고 손해를 자초하면서 스스로 참화와 혼란의 길로 치달려간다. 『열국지』에는 이러한 예가 이루 헤아릴 수 없이 많다. 앞 수레가 전복되어 뒤따라가던 수레가 똑같은 참화를 당했는데도 나중에 오는 사람들이 여전히 같은 전철을 밟고 있다. 그처럼 어리석은 사람을 보면 정말 가소롭고, 한스럽고, 가련하다.

충성을 다하고도 의심을 당하고 신의 있게 살면서도 비방을 받는 것은 일상적인 일이므로, 자신이 처한 상황과 자신이 만나는 사람이 어떤지 잘 살펴야 한다. 『열국지』에는 이러한 일이 비일비재하다. 그중에서 학문이 있고 계책이 있어서 요령 있게 대처한 사람은 거의 자신의 몸을 온전하게 보전한다. 그러나 한결같이 자신만 믿고 멍청하게 행동한 사람은 모두 재앙을 당했다. 예를 들면 신생申生과 숙무叔武 같은 사람이 그런 부류다. 이들의 행적을 읽어보면 학문이 깊지 못하고, 계책이 온전하지 못할까봐 두려움이 밀려온다. 자제들은 이들의 행적에 더욱 유념하여 절대로 소홀히 넘기지 말기 바란다.

『열국지』에는 출신이 미천하면서도 잠깐 사이에 임금과 의기투합하여 마침내 경상卿相의 지위에 오른 뒤 평생토록 영예를 누린 사람이 많다. 예를 들면 관중管仲, 영척寧戚, 백리해百里奚, 범수范雎(범저范雎) 등이 그러한데, 모두들 마음속에 경세제민經世濟民의 포부를 품은 매우 뛰어난 인재들이다. 이들은 임금을 처음 만났을 때부터 각각 고담준론을 펼쳐 임금의 마음을 깊이 사로잡았다. 나중에 정책을 펼칠 때에도 모든 일을 조리 있고 순서에 맞게 처리하면서 위로는 임금을 이롭게 했고 아래로는 백성을 유익하게 했다. 이로써 이들이 일시적으로 혓바닥이나 놀리는 부류가 아니라는 사실을 알 수 있다. 그러나 만약 기이한 인연의 매개가 없었다면 하릴없이 초야에서 곤궁하게 살며 일생을 허비했을 것이다. 천하 만세에 뛰어난 재능을 가지고서도 때를 얻지 못한 사람이 얼마나 많은가? 생각할수록 장탄식을 금치 못하겠다.

전국시대는 유세가의 세상이었다. 각자의 유세 방법은 그리 큰 차이가 없지만 그들의 인품에는 우열優劣, 선악善惡, 고하高下의 차이가 있다. 자제들은 모름지기 깊은 안목으로 그들을 모두 같은 부류로 간주하지 말고 분별하여 인식하길 바란다.

사물은 모두 좋아하는 것끼리 모인다. 임금이 어진 이를 좋아하는 것도 그러하다. 예를 들면 제 환공에게는 관중과 영척 같은 사람이 있었고, 진 문공에게는 호씨狐氏 형제와 조최趙衰 같은 사람이 있었으며, 위魏 문후文侯

에게는 전자방田子方과 단간목段干木 같은 사람이 있었다. 또 제 장공莊公은 용력이 뛰어난 사람을 좋아하여 식작殖綽과 곽최郭最 같은 사람들을 거느렸다. 무릇 힘으로 천 근의 무게를 들어올리고 화살로 일곱 겹의 갑옷을 꿰뚫는 사람은 매우 얻기 어렵지만, 그때에는 일시에 그렇게 많은 사람이 모여들었다. 여기에서도 알 수 있다시피 인재를 구할 때는 구하는 힘이 부족함을 근심해야지 어찌 인재가 없음을 근심하겠는가? 국가를 소유한 임금이 인재를 등용하는 권력을 손에 쥐고서도 인재가 부족하다고 자주 말하곤 하는데, 나는 그 말을 믿지 못하겠다.

임금의 재능이 중간 이상만 되면 나라 일에 현명한 신하가 필요하다는 이치를 모르는 사람은 없다. 그런데도 고위 관직과 많은 녹봉을 줄 때 군자에게는 난색을 표하고, 소인에게는 선뜻 내준다. 그러다가 나라에 큰 일이 생기면 현명하고 능력 있는 군자들에게 힘을 써달라고 요청하다가, 황급한 상황에서 대책을 강구할 만한 사람을 찾지 못하면 결국 인재가 부족하다는 탄식을 내뱉는다. 이 어찌 가소로운 일이 아니겠는가?

탐욕에 빠진 사람은 천리를 돌아보지 않고 양심을 내팽개친 채 수많은 악행을 저지르는데, 이는 그 의도가 종신토록 등용되려는 것에 불과하다. 그런데 양심을 잃은 것도 모르고, 여전히 등용되지도 못한 채 수많은 사람의 욕이나 얻어먹고 있으니 그런 행동에 무슨 이득이 있겠는가? 앞 사람이 넘어졌는데도 뒤 사람이 미끄러운 줄 모르는 것처럼 『열국지』에는 난신적자가 계속 발걸음을 잇고 있다. 그들은 도철饕餮처럼 황금에 탐닉하고 큰 뱀처럼 약자를 유린하고 있으니 진정으로 탄식할 만한 일이다.

성인께서는 이렇게 말씀하셨다. "본성은 서로 비슷하지만 습관이 인성을 서로 멀게 만든다." 또 옛 속담에 이런 말이 있다. "주사朱砂를 가까이

하면 붉게 되고, 먹을 가까이 하면 검게 된다." 재능이 중간인 임금이 현명한 신하를 얻으면 현명한 군주가 될 수 있지만 아부와 참소에 능한 자와 함께 있으면 악의 수렁에 빠져들면서도 깨닫지 못한다. 『열국지』에 나오는 여러 임금은 대부분 신하로 인해 행적이 바뀌어 그들이 남긴 명성 또는 악명이 천고의 역사 속에서 이야깃거리가 되고 있다.

"좋은 약은 입에 쓰나 병에는 이롭고, 충성스런 말은 귀에 거슬리나 행동에는 이롭다"고 한다. 우리 귀에 익숙한 이 말은 만고불변의 진리다. 『열국지』를 읽어보면 수많은 군주와 공경대부가 애초에 제 마음대로 행동하며 충언忠言을 듣지 않다가 재앙이 닥쳐오고 명성이 위태롭게 되고 나서야 충언을 생각하며 스스로 부끄러워하고 한탄한다. 하지만 그들은 결국 잘못된 일을 돌이키지 못하고 만다. 바라건대 천하의 현명한 사대부, 독서인, 좋은 친구, 가까운 친척들께서는 귀에 거슬리는 말을 들을 때 벌컥 화부터 내지 마시고 그 말을 자세히 음미해보시기 바란다. 설령 그 말이 옳지 않더라도 자신에게 손해나는 일은 없을 것이다. 만약 시행하고자 하는 일에 의심가는 점이 있고 귀에 거슬리는 말에 채택할 만한 점이 있으면 제때에 보충하고 바로잡아 뒷날 후회하는 일이 없도록 해야 할 것이다.

이 책의 비평 의론은 자제들을 권면勸勉하는 데 주안점을 두었기 때문에 종종 현실과 바로 들어맞지 않는 점도 있다. 또 특별히 자제들의 마음에 맞추기 위해 노력하지도 않았다. 물론 그중에서 한두 가지 말이라도 믿어준다면 어떤 일을 실행할 때에 전혀 도움이 되지 않는다고는 할 수 없을 것이다. 이 점이 나와 같은 비평가가 자제들에게 주는 털끝만 한 도움이라고 할 수 있으니, 시골 이야기꾼의 이야기가 일시적으로 관중들의 귀를 즐겁게 하는 일에 그치지 않는 것과 같다고 할 수 있다.

자제들에게 독서를 권하는 일은 늘 괴롭고 어려운 일이다. 태어나면서부터 자신을 연마하며 열심히 공부하는 사람은 천성의 바탕이 고매하여 학문과 인연이 있는 사람이다. 이러한 사람은 100명 중에서 한두 명에 불과하다. 나머지는 모두 책을 읽고 싶어하지 않는다. 그런 사람에게 도道를 논하고 학문을 논한 책을 읽게 하면 괴로움에 젖어 한사코 독서를 거부할 것이다. 그러나 소설을 읽으라고 하면 기쁨에 겨워 읽지 않는 사람이 없다. 하지만 소설이 시간을 보내기 좋은 점도 있는 반면 부적절한 내용이 포함되어 있는 것도 사실이다. 대체로 소설에 포함된 놀랍고 즐거운 내용은 문인들 입장에서는 흡족한 글솜씨를 발휘한 것이지만 자제들에게는 성령性靈을 해치는 내용이 될 수도 있다. 나는 지금 『열국지』를 비평하면서 역사 사실을 기록한 책이라고 말을 하고는 있지만, 이는 결국 소설의 형식을 갖추고 있으므로 자제들이 기뻐하며 거부감 없이 읽으려 할 것이다. 이 책이 소설이기는 해도 정식 역사책에서 모든 사건을 뽑았기 때문에, 자제들이 이 책을 읽으면 『춘추春秋』『좌전』『국어』『전국책』을 모두 읽은 것과 같을 것이니 이 어찌 즐거운 일이 아니랴?

어떤 사람은 『열국지』가 온전히 아름다운 일만 기록한 책이 아니므로 자제들에게 읽혀서는 안 된다고 한다. 그 까닭을 묻자 이렇게 대답했다. "이 책 속에 교만하고 음란한 내용과 마음을 울적하게 하고 천리天理를 해치는 사건이 많아서 자제들이 읽은 뒤 사악한 마음을 품을까봐 걱정이 되기 때문이오." 이것은 정말 심심산골 멍청한 훈장의 의견이 아니면 가짜 도학자나 어린아이들의 억지 견해에 불과하다. 대저 성인의 책에도 선善과 악惡이 병존하지만 선으로는 사람들을 권면하고 악으로는 사람들을 경계할 따름이다. 다른 소설도 흔히 선과 악 사이에서 경계가 그리 분명하지 않은 경우가 많다. 더욱 수준이 낮은 것은 음행만을 끝도 없이 늘어놓거나 간웅을 지나치게 찬미하기도 한다. 김성탄도 말했듯이 이러한 책은 작자를 처벌하고 그 책을 불태운 뒤 절대로 자제들에게 읽게 해서는 안 될 것이다. 『열국지』에 기록된 선악의 응보應報는 모두 옛 경서經書(『좌전』)에 뿌리를 두고 있어서, 진정 선으로는 사람들을 권면하고 악으로는 사람들을 경계할 만하다. 그러므로 어찌 교만하고 음란한 내용과 마음을 울적하게 하고 천리天理를 해치는 혐의가 있을 수 있겠는가?

다른 책들도 인과응보를 이야기하며 권선징악을 달성하고자 하지만 이들의 권선징악은 대부분 우언寓言인데 비해 『열국지』는 모든 사건이 실제 사실이기 때문에 그 권선징악이 더욱 절실하다.

『열국지』에 실린 참언讖言은 언어가 매우 고색창연하고 징험도 아주 정확하다. 당시에 어떤 고서를 사용했는지 또 어떤 점술을 사용했는지 모르겠다. 진秦나라에서 수많은 책을 불태운 후 그 책이 결국 실전되고 말았으니 대단히 한스러운 일이다.

『열국지』에 내가 앞뒤로 붙인 비평어는 모두 손 가는 대로 써둔 것으로 다시 윤색을 가하지 않았기 때문에 그 가운데 더러 적절하지 못한 자구도 있다. 나는 다만 사리의 잘잘못만 비평하고자 했지 문장의 좋고 나쁨에는 신경 쓰지 않았다.

『열국지』에는 오류도 매우 많다. 예를 들면 『좌전』과 『사기』에는 송 양공의 부인 왕희王姬가 공자 포鮑와 사통하려다 그만두었다고 기록되어 있다. 그러나 『열국지』에는 구본에 벌써 사통했다고 되어 있고 또 백성이 좋아하여 그 악행을 알지 못했다고 서술하고 있다. 이 일은 매우 중요한 일이기 때문에 바로잡지 않을 수 없었다. 또 다른 예를 들자면 혜성이 북두칠성에 나타나서 송宋, 제齊, 진晉 세 나라 임금이 죽는다는 내용은 본래 주 왕실의 내사內史 숙복叔服의 점괘인데, 이 책에서는 제나라 공자 상신商臣이 사람을 시켜 얻은 점괘라고 기록했다. 이러한 종류의 오류는 아주 많아서 두루 다 언급할 수 없다.[2]

2_ 『동주열국지』에 드러나는 오류는 지엽적이고 부분적인 경우가 대부분이다. 따라서 전체 독서 과정에는 전혀 방해가 되지 않는다. 그렇더라도 이 번역본에서는 가급적 오류에 각주를 달아 사실을 바로잡으려고 노력했다.

동주열국지 사전

| 1판 1쇄 | 2015년 6월 22일 |
| 1판 8쇄 | 2024년 10월 30일 |

엮은이	김영문
펴낸이	강성민
편집장	이은혜
마케팅	정민호 박치우 한민아 이민경 박진희 정유선 황승현
브랜딩	함유지 함근아 박민재 김희숙 이송이 박다솔 조다현 정승민 배진성
독자모니터링	황치영

| 펴낸곳 | (주)글항아리 | 출판등록 2009년 1월 19일 제406-2009-000002호 |

주소	10881 경기도 파주시 심학산로 10 3층
전자우편	bookpot@hanmail.net
전화번호	031-955-2689(마케팅) 031-941-5161(편집부)
팩스	031-941-5163

| ISBN | 978-89-6735-222-6   04900 |

잘못된 책은 구입하신 서점에서 교환해드립니다.
기타 교환 문의: 031) 955-2661, 3580

geulhangari.com